产管理局

CHANGUANLIJU

2003年全市危房改造工作正式启动，并力争在"十五"末完成全市208万平方米危旧房改造任务。2003年房地产开发及住房建设总规模达370万平方米，完成投资20亿元。今后我局将以市政府确定的21个危旧房片区为重点，按照"政府主导，统一规划，市场运作，社区居民参与"的运作机制，团结一心，开拓创新，奋发进取，制定优惠政策，调动社会力量，集中连片开发。注重综合配套，增强服务功能，改善居住条件，提高城市品位。不断加大房地产投资，加快房地产业的发展，为西宁房地产业继续保持健康、稳步的发展势头而做出新的更大的贡献。

局领导深入小区检查指导工作

西宁统计年鉴

XINING STATISTICAL YEARBOOK

2004

（总第七期）

西宁市统计局
西宁统计学会
编

中国统计出版社
China Statistics Press

(京)新登字 041 号

图书在版编目(CIP)数据
西宁统计年鉴 2004/西宁统计局编 .- 北京;
中国统计出版社, 2004.6
ISBN 7-5037-4391-3

Ⅰ.西… Ⅱ.西… Ⅲ.统计资料-西宁市-2004-年鉴
Ⅳ.C832.441-54

中国版本图书馆 CIP 数据核字(2004)第 055505 号

西宁统计年鉴-2004
作　　者　西宁市统计局
责任编辑　蔡启新　赵秋荣　邵建国
E-mail　yearbook@ stats.gov.cn
责任校对　集体
封面设计　集体
出版发行　中国统计出版社
通信地址　北京市西城区三里河月坛南街 75 号　中国统计出版社
邮　　编　100826
电　　话　(010)63262295
印　　刷　西宁东宝印务有限责任公司
经　　销　新华书店
开　　本　880 × 1230 毫米　1/16
字　　数　58 万字
印　　张　29
印　　数　1-1000 册
版　　别　2004 年 6 月第 1 版
版　　次　2004 年 6 月第 1 次印刷
书　　号　ISBN 7-5037-4391-3/F · 1850
定　　价　220.00 元

《西宁统计年鉴--2004》编辑委员会

编 辑 说 明

一、《西宁统计年鉴－2004》一是部图文并茂的集知识、信息、统计资料于一体的资料性年刊，其全面、系统、翔实地记载、介绍了2003年西宁的政治、经济、文化和社会发展等各系统的基本情况和发展状况。是各级党政部门以及国内外各界人士认识西宁、了解西宁、发展西宁必备的、不可缺少的综合性工具书。

二、《西宁统计年鉴－2004》其内容由文字部分、统计资料、宣传图片三大部分组成，具体分为特载、国民经济及社会发展情况、历年主要经济和社会发展指标、横向对比资料四部分。其中：国民经济和社会发展情况包括:(1)综合;(2)农业;(3)工业;(4)交通运输、邮电;(5)固定资产投资、建筑业、城市公用事业;(6)批发零售贸易、餐饮业;(7)金融、保险、财政;(8)物价、住户调查;(9)科研、文化、教育、卫生、体育;(10)劳动工资;(11)社会保障。

三、本年鉴中部分指标尾数因计算机取舍造成的误差未作调整。

四、本年鉴表中的使用符号说明："空格"表示该项统计指标数据不详或无该项数据；"#"表示其中的主要数据；"*"或①表示下有注解。

五、本年鉴的资料主要来源于2003年统计年报，部分资料来自抽样调查。

六、由于编写时间仓促和编写水平有限，难免有错漏之处，悬请广大读者批评指正。

七、《西宁统计年鉴》由中国统计出版社公开向国内外出版发行以来，受到有关部门广大读者的关心和支持，对此表示衷心感谢。

《西宁统计年鉴》编委会

2004年5月

西宁市商业银行

XINING CITY COMMERCIAL BANK

行长　崔钧

董事长　谢宝华

西宁市商业银行是经中国人民银行批准，由西宁市财政和其它法人股、个人股共同发起设立的地方性股份有限公司形式的商业银行。是青海省目前惟一一家股份制商业银行。该行于1997年12月30日正式挂牌成立 该行的市场定位为：“立足地方、立足中小、立足市民”；服务宗旨为：“贴近地方、贴近市场、贴近市民”。经营理念是：打造“市民银行”、“地方银行”、“中小企业主办银行”的特色品牌，努力把西宁市商业银行办成资本充足、内控严密、营运安全、服务和效益良好的现代金融企业。在建行较短的时间内，业务经营和效益取得了长足的发展，已成为青海省的一支重要金融力量。截止2003年末，资产总额39亿元，为建行初期的3.9倍；各项存款余额34.4亿元，为建行初期的4.3倍；各项贷款余额23.34亿元，为建行初期的7倍；2003年实现拨备前利润1500万元，实现利润为356.4万元。

立足地方　立足中小　立足市民

贴近地方　贴近市场　贴近市民

经人民银行核准，西宁市商业银行的业务范围为：1、吸收公众存款；2、发放短期、中期和长期贷款；3、办理国内结算；4、办理票据贴现；5、代理发行、代理兑付、承销政策债券；6、买卖政府债券；7、从事同业拆借；8、发行金融债券；9、提供担保；10、代理收付款项及代理保险业务；11、提供保管箱服务；12、办理地方财政信用周转使用资金的委托存贷款业务；13、经中国人民批准的其他业务。

西宁市商业银行设有股东大会、董事会、监事会、经营班子，分别履行决策、监督、执行、经营等职责，结构健全，运作规范，管理完善。总行内设办公室、人事教育处、资金信贷处、个人金融业务处、信贷风险管理处、特殊资产管理处、会计财务处、稽核监察处、规划发展处、科技处、安全保卫处、后勤服务中心、营业部等十三个职能部门。下辖8家管理行、2家直属支行，共有营业网点47个，分布在西宁市各个区域的大街小巷，均可办理存、贷、结算、中间业务等银行业务，功能齐全。根据银监会有关鼓励城市商业银行机构延伸的政策，目前正在进行有关区域外机构延伸调研论证工作，2004年机构有望能得到有效延伸。

办公大楼夜景

结算方面，该行具有快捷、优质、完备、安全、多元化的结算服务体系。拥有先进的资金电子汇划清算系统，汇划清算通畅便利，可保证各项结算资金实现同城转帐实时到帐，异地汇划实时到帐。一是从内部结算采用招商银行“大清算”模式实现了全辖联网，统一实时清算；二是与人民银行卫星结算汇划系统实现“天地对接”，实现异地实时清算。由人民银行主持建设，2003年12月份又成功上线运行了现代化银行大额支付系统，为该行的资金结算汇划打开一条崭新的跨行、跨区域实时清算的更加安全、快捷的通道；三是该行为全国城市商业银行清算中心会员单位，可在全国城市商业银行间实现实时清算；四是该行目前已代理工商银行汇票结算业务，近期全国城市商业银行汇票业务启动后，即可形成自身汇票结算业务体系。

西宁市商业银行自建行以来，时刻将科技兴行放在谋求发展的第一位，先后投入巨资，建成了处于我省先进水平的数据处理中心，建立了较为先进的综合业务网络系统，实现了全辖综合业务计算机联网核算，成功搭建了“银税网”、“银财网”。2002年，与国内著名商业银行招商银行进行合作，对现有网络系统进行了全面整合升级，建成新一代综合业务系统、“三江银行卡”系统、跨平台中间业务系统、多功能网络电话、数码银行系统、办公自动化系统、信贷管理系统等先进网络系统，该系统目前在西北五省银行业处领先地位，覆盖面广，运作畅通稳定，足以保证业务高速运转和信息快速传递的需要。并通过高科技平台，开办了票据贴现业务、银行承兑汇票业务及保函等业务。通过科技网络独家代理西宁地区地税税收业务，独家代理西宁市危旧房改造信托计划资金发行工作，代理国家开发银行项目资金结算业务。通过竞标成为省直单位预算外资金收缴代理行、省市两级国库集中支付代理行，全权代理省市财政资金结算业务。同时还代理部分电信、社保基金、民航、单位代发工资等业务，获得代理单位的信赖和好评。

在不断自我强筋壮骨的同时，西宁市商业银行始终不忘支持地方经济发展，建行六年来累计发放各类贷款60余亿。主要支持了城市基础建设、公路建设、水电资源开发、菜篮子工程建设、生态环境保护工程、各类商贸市场建设、藏药生产等项目。并通过大力支持中小企业，培育了西宁张氏集团公司仔猪繁育基地，三田集团创办“西宁书城”工程，王家庄小商品市场，西宁北山建材装饰材料市场等一批在西宁地区影响较大民营项目的建设，近年又新发展并积极支持了众多外省来宁投资发展的民营经济，银企双方均取得良性双赢。

市民自己的银行

XININGSHICHENGDONGQURENMINZHENGFU

西宁市城东区人民政府

区委书记　刘德

区长　马显民

西宁市城东区地处湟水河西宁段下游，辖两个镇、七个街道办事处，20个行政村、44个社区居委会。全区总面积114.59平方公里，29.6万人，有少数民族9.95万人，占总人口的33.6%。

城东区是省会西宁的东大门，区位优势比较明显，素有西宁旱码头之称。西宁火车站、货场、长途汽车站、海关均在区内，西宁飞机场距东区最近。东区交通便捷，109国道、南绕城路、互助路、西平高速公路穿越全境；通讯网络健全，服务设施齐全，金融、餐饮、旅店、运输、医疗、旅游等服务设施完善。

〔区域经济〕2003年，城东区国内生产总值20.09亿元，同比增长12.6%，其中第一产业增长2.7%，第二产业增长16.4%，第三产业增长10.1%。地方一般预算收入5723万元，增长13%；城镇居民人均可支配收入达6766.44元，增长8.72%；农民人均纯收入4709.87元，增长13.32%；全社会消费品零售总额12.10亿元，增长10.17%。

〔基础建设〕完成地区固定资产投资4.46亿元，同比增长16.94%。全区22个重点建设项目进展顺利，其中：宁湖项目湖区骨架已基本形成；南小街三期建设项目完成投资6000万元，已完成部分危旧房拆迁；中化城二期完成投资700万元；乐家湾畜产品交易加工园区已完成投资2000万元；仁杰粮油市场二期建设完成投资800万元；小商品批发市场改(扩)建完成投资510万元；小城建项目顺利实施，省地勘局招待所、汽车站住宅楼、铁道宾馆等三栋楼平改坡工程已全面完成。勤奋巷、北小街、北关街路灯安装工程和下南关道路改造工程全部完工。30个老年"星光计划"项目、10项技改项目、6项农业项目亦如期实施。

〔城市建设和管理〕2003年，严格落实各项管理措施，加大城管力度，重点对东关大街、建国路、火车站、德令哈路、祁连路等路段的市容市貌进行了整治。完成灯饰亮化24处，修复23处，楼体粉饰33栋，31700平方米，拆墙透景1270.5米。大力开展爱国卫生运动，先后组织开展了群众性环境卫生综合整治活动，对社区小街小巷、居(村)民院落、城乡结合部等地区的环境卫生进行集中整治，使城区面貌焕然一新。在部分地区开展城市管理体制改革试点工作，力求找到最佳的管理方式与运作机制，不断提高城市管理水平。旧城改造取得新成效，全年拆除违章建筑18360平方米。"煤改气"工作进展顺利，已完成区属12家单位的改造任务。

〔园林绿化〕城区新增园林绿地面积31.35公顷，公共绿地总面积增加5.64公顷，绿化覆盖率提高3%。为迎接郁金香花节，布设了上档次、高品位的园林景点7处，摆放盆花5.8万盆，铺草坪100平方米。

〔四创活动〕按照全市"四创"活动的总体部署，及时成立领导小组，召开动员大会，制订实施方案，对照全区在市容市貌、环境卫生、基础设施等方面与"四创"目标之间的差距，狠抓"四创"活动的组织落实工作，确保"四创"活动扎实进行。

〔社会保障〕"三条保障线"平稳运行，"两个确保"目标全面实现，社会保障体系日臻完善，再就业工作力度加大，收缴养老保险金1941.38万元，发放养老金2642.54万元，做到100%社会化发放。全年安置城镇失业人员就业3190人，社会安置1731人，失业率控制在3.9%以内。为全区6078户、21138人发放最低生活保障金931.59万元，收缴失业保险金204万元。加大劳动监察力度，清欠农民工工资111.71万元。

〔精神文明建设〕继续深入开展群众性精神文明创建活动，推进文明城区建设步伐，今年被省文明委评为先进集体。

〔社会事业〕坚持"两手抓"的方针，扎实做好防范"非典"工作，建立了以社区为基础，镇、街道办事处和区为主体的三级"非典"防控体系，按照"五个不放过"的要求和原则，全民动员，全力以赴，取得了防"非典"斗争的阶段性胜利。"两基"验收得到巩固和提高。课改工作稳步推进，师资培训进一步加强。全面实施素质教育，开展了多项教学竞赛活动。建立了9个社区就业服务中心、44个社区就业服务站。社区建设积极推进，在8个社区开展了示范社区达标创建工作，南小街社区被确定为全市消防进社区示范点。计划生育工作较好地完成了全年预期目标，全区计划生育率97.88%，综合节育率92%。"一月二村四社区"法制宣传活动有声有色，"四五"普法工作进展顺利。审计工作完成预定任务。创建民族团结进步先进集体和先进个人活动扎实有效，宗教管理工作贯彻执行两个《条例》情况良好。争创双拥模范城"四连冠"活动轰轰烈烈。

〔为民办实事项目〕有诺必践，年初确定的10项为民办实事项目全面完成。

西宁市城中区人民政府

XININGSHICHENGZHONGQURENMINZHENGFU

区委书记　朱惠民

区长　李勇

2003年，城中区紧紧围绕年初确定的目标任务，着眼于经济持续快速增长，努力培育和构建具有中区特色的优势产业和经济链，培植新的经济增长点，狠抓财政收入，确保了全区经济持续、快速、健康发展。全区实现国内生产总值21.67亿元，同比增长12.2%，其中，第一产业489万元，第二产业54000万元，第三产业162000万元，同比分别增长10.4%、13.3%和11.9%；城镇居民人均可支配收入6972元，同比增长9.23%。

积极调整优化种养殖结构，种植油料512亩，蔬菜、花卉、药材368亩，农民人均纯收入4075元，同比增长13.29%。实现工业总产值5.55亿元，增长15.18%。技改投资完成3190万元，增长26.79%。实现社会消费品零售总额16.27亿元，增长11.62%。全区个体工商户达9841户，私营企业达1060户。全地区固定资产投资8.99亿元，完成了水井巷小学续建、西关街小学住宅楼建设工程，实施了民主街市场改造和营房巷、大同街、南礼让街道路改扩建工程；完成了世贸大厦、神力广场等旧城改造工程；水磨村人畜饮水工程竣工；完成了区属15家单位30蒸吨“煤改气”和13栋楼房“平改坡”任务。财政一般预算收入7676万元，增长16.23%。垃圾袋装化收运率达到了60%以上，征收城市垃圾处理费303万元。完成了拆墙透绿1289米。建成了21个老年福利服务“星光计划”项目，创建了11个示范社区。积极开展“四创”活动，旅游业收入达1.18亿元。2003年，收缴养老保险费2150万元，收缴率121%，累计支付基本养老金3657万元，发放率100%，养老扩面3062人，完成年任务的153.1%。共为4433户12927人发放最低生活保障金564万元。

西宁市城西区人民政府

XININGSHICHENGXIQURENMINZHENGFU

城西区地处西宁中西部，东倚南川河，北临湟水河，西南与湟中县和城南区接壤，总面积82.9平方公里，区内有汉、回、藏、土、蒙等33个民族，总人口24万人，辖一镇、六个街道办事处(18个行政村、30个社区委员会)。全区设党政部门36个，事业单位37个(含小学14所)。

城西区是一个集科研、文化、教育、金融、商贸、旅游一体的新兴城区，科教领先、商贸发达、基础完善、环境优美、人文氛围浓厚。西部大开发战略实施以来，全区人民在市委、市政府的领导下，以邓小平理论为指导，认真贯彻党的十六大精神，努力实践"三个代表"重要思想，坚持"解放思想，改革开放，加快发展，强区富民"的工作方针，与时俱进，开拓创新，各项工作均呈现出在实践中发展、在改革中创新、在创新中整体推进的良好局面。2003年，全区实现国内生产总值30.31亿元，比上年增长12.2%；区属固定资产投资4.73亿元，增长18.1%；地方一般预算收入11762万元，增长18.5%；城镇居民人均可支配收入7651.44元，增长8.83%；农民人均纯收入4347.65元，增长13.29%。一是大力发展城郊型商品农业。全区涉农的彭家寨镇和南川西路、虎台办事处，共有农业人口20215人，共有耕地11.2万亩，其中水浇地9033亩，固定菜田5782亩。不断加大种植业结构调整力度，发展特色蔬菜、中藏药、食用菌、苗圃、花卉等多种经济作物的种植规模，已建成"小群体、大规模"的肉奶牛(羊)繁殖、育肥基地3处。2003年农业总产值达2507.63万元，其中畜牧业产值854.65余万元，占农业总产值的39.53%。全区18个村正在向富裕型小康生活迈进。二是工业经济稳步发展。以股份合作、资产重组等形式加快工业企业改革，初步形成了以建材、机械、化工、食品加工等为主的门类。2003年，完成工业总产值8.37亿元，工业产品产销率达99.1%。三是非公有制经济快速发展，成为国民经济的重要支柱。2003年，全区个体工商户和私营企业达到8999户和1215户，从业人员增加到7万人，实现全社会消费品零售总额15.59亿元。四是第三产业发展迅速。以纺织品大楼和古城台、商业巷市场为主的商品集散中心已经形成，其中省内最大的蔬菜批发市场——西宁交通蔬菜综合批发市场，是全省最早的"双过亿"市场，被农业部指定为全国农产品信息采集点。四是招商引资工作和项目工作成效显著。2003年，完成招商引资项目22个，协议额8.08亿元。五是交通便捷，通讯发达，城市建设和城市管理进一步加强，人居环境明显改善，城区载体功能逐步完善。南环城快速路、海湖路(桥)、西塔高速公路、冷湖路、同仁路高架路(桥)等城市主干道及涩北天然气管网贯穿全区，红房子、湟水花园、杰森花园、锦绣园等一批现代化住宅小区为群众提供了优越的居住条件，集商贸、居住、办公、文化为一体的万通中心项目等一大批房地产开发项目正在抓紧建设。农民新村建设和城区园林绿化步伐加快，新宁广场、文化公园、西郊乐园、西宁植物园、"三角地"花园等已成为人们休闲娱乐的好去处。六是党的建设、精神文明建设、民主法制建设、干部队伍建设和政府自身建设深入推进，社区建设步伐加快，社会保障体制不断完善，科技、教育、卫生、文化、体育等各项社会事业健康长足发展，创造了政通人和、社会稳定的良好局面。2003年，我区被评为国家级科技进步考核先进区；全省现代信息技术教育现场会在我区召开；建成市级示范社区8个，被评为全国社区残疾人工作示范区和全国康复服务工作典型区；荣获全省人口和计划生育工作先进集体称号。

省委常委、市委书记张裔炯视察南川西路办事处新办公楼建设情况

面对改革发展中出现的各类新情况，全区广大党员干部和各族群众，进一步解放思想，审时度势，更新观念，拓宽视野，深化"十五"期间的发展思路，把新措施、新办法不断应用到工作实践中去，并不断总结实践中的新经验，尝试打破常规，运用改革的办法和市场化手段解决发展中出现的新问题，通过工作思路、工作机制、管理体制的创新，初步走出了一条适应西区发展的新路子。今天的西区，经济繁荣、交通便利、通讯快捷、流通活跃、设施完善、环境优美、人文氛围浓厚，日益展现出现代化新型城区的良好形象。

西宁市城北区人民政府

XININGSHICHENGBEIQURENMINZHENGFU

区委书记　刘发德

区长　张治军

城北区是国务院1986年6月批准成立的，总面积137.7平方公里，位于西宁市西北部，人口24万人。下辖大堡子、二十里铺2个镇和小桥、朝阳、马坊、三其4个街道办事处，23个社区居民委员会和38个村。有汉、回、藏、蒙、土、撒拉族等25个民族，是西宁最大的市辖区。

[区域经济]

2003年实现国内生产总值232847万元，按可比价格计算比上年增长13.1%。其中：第一产业8705万元，增长3.5%，第二产业153274万元，增长15.4%，第三产业70868万元，增长2.76%。区级一般预算收入7572万元，同比增长19.9%；城镇居民可支配收入6599.28元，比上年增长8.93%；农民人均纯收入达3520.23元，同比增长13.19%；完成固定资产投资40138万元，比上年增长12.41%，

[农　业]

城北区是西宁市重要的以"菜篮子"、花卉生产、奶牛养殖、食用菌种植为主的农副产品生产基地，城郊型农业格局已基本形成，农家乐温室茶园初具规模。

[工　业]

城北区是全市最大的工业区，有大中型企业50余家，特种钢材、工程机械、精密机床、硅铁、铝制品、牛羊绒制品斐声海内外，形成了冶金、化工、建材、轻纺、制药、电力等门类齐全的工业体系，高品位产品和先进技术已辐射到外省市及海外10多个国家和地区。

[科　技]

城北区有各类科研机构及综合服务机构5所，科学技术专业人员5000余人，科技对经济发展的贡献率为43.7%。

[文化教育]

城北区形成以基础教育为主，高等、职业、成人、学前教育协调发展的教育格局。全区有各级各类学校67个，其中省属重点综合大学1所、高等职业技术学院1所、中小学校30所、幼儿园36所。

[医疗卫生]

建成了快捷有效的三级医疗卫生保健网络。有医疗卫生保健服务机构144家，医疗卫生技术人员1400余人，病床1089张。

[通　讯]

城北区形成四通八达的通讯网络，电话全部实现程控化，有面向国内外开办的无线通讯、互联网络等邮电业务。

[商贸流通]

城北区商业门类齐全、商品丰富、购销两旺、市场繁荣。北山家具石材装饰材料市场、湟水河建材家具装饰材料市场、朝阳建材综合市场、钢材市场等25处大型专业市场，把北区构建为全省最大的生产资料集散地，钢材、陶瓷、木材、化肥等物资市场主要集中在北区，向全省各地区配送，业务已辐射至周边省份，是全省最大的仓储集中区。还有惠客家超市、小桥食品商店等便民服务商场，丰富了广大人民群众物质需求。

[交通运输]

城北区地处交通要塞，交通便利，是兰西高速公路的终点站。青藏铁路、宁大铁路、青藏公路、宁张公路和海湖立交桥等在辖区内纵横交错，有22条公共汽车线路在区内穿梭。

[旅游事业]

城北区夏凉秋爽，是理想的避暑胜地，不同的民族风情及浓郁的地方特色、灿烂的河湟文化给城北区平添了无穷的魅力；丝绸南路上一颗闻名遐迩的明珠——北禅寺巍峨绚丽；绿树丛荫的北山林场，建筑风格独树一帜的大墩岭公园等，还有尚待开发的"吴仲汉墓群"、"沈那文化遗址"和"孙家寨张家窑文化遗址"，使游客流连忘返。

[对外开放]

自1998年以来，城北区先后出台《城北区招商引资政策》、《城北区关于大力发展个体私营经济的若干规定》等政策措施，吸引了各地商贾落户北区，投资发展。截止目前共完成招商引资项目147项，到位资金74745万元。

建区以来，城北区迈着年轻而富有朝气的步伐，坚持解放思想、改革开放、加快发展、富民强区的发展战略，大力倡导"团结奋斗、艰苦创业、开拓进取、勇于争先"的北区精神，以全面建设小康社会为总体目标，按照实施四大战略、争创五个优势、实现六个明显提高的工作思路，把北区建成现代化工业的聚集区、城郊型农业区和仓储式专业市场集中区，成为西宁新的中心城区。

展望未来，城北区进一步敞开区门，创造更为宽松的投资环境，提供更为优质的服务，众志成城，携手共建一个繁荣、富强、文明的新城区。

西宁市统计局

XININGSHITONGJIJU

局党组书记、局长　杨宝林

西宁市统计局是市政府主管全市统计和国民经济核算的职能部门，主要负责组织实施全市国民经济和社会发展统计并实行统计监督、统计咨询和统计信息服务；负责实施重大的国情国力普查工作；向市委、市政府反映全市社会经济发展状况；指导、协调全市各部门统计业务工作；统一核定、管理、公布全市基本统计资料。现设七处一室一站，实有职工46名，其中男24名，女22名，中共党员28人，大专以上文化程度40人，具有中级技术职称24人。

全局干部在局党组的正确领导下，以朝气蓬勃的精神状态，紧紧围绕把西宁建设成为一个山青水秀、人民富裕、文明开放的"青藏高原区域性现代化中心城市"的奋斗目标，深入开展统计基础管理创新年活动，使统计服务、统计基础建设、统计执法和统计信息化建设都跃上了一个新台阶，形成了集统计、科研、服务为一体的统计工作体系。每年编发《西宁统计信息》200多期，统计分析报告40余篇，被中央、省市新闻媒体和省市信息部门采用率达80%；利用研制的"西宁市国民经济和社会发展计算机多媒体查询系统"连续6年为市人大、市政协会议提供了统计信息现场查询服务；每年分两次召开西宁地区国民经济运行情况新闻发布会，并在《西宁晚报》刊登统计公报；按年度编辑出版《西宁统计年鉴》；完成了第五次全国人口普查、第一次全国农业普查、第一次全国基本单位普查、第二次全国基本单位普查的资料编印工作；每年接待社会各界统计咨询1000多人次，成为各级领导和社会各界了解西宁市情的一个重要信息源。已在全市建立了比较完善的统计调查网络，可承担社会各界的委托调查业务。

目前，市统计局局域网与国家统计信息网实现了贯通，联通了国际互联网，开通了全国3000家房地产企业联网直报系统和全国5000家工业企业联网直报系统，建立了"西宁市统计信息网站"，拥有各种型号计算机34台，计算机应用已达到较高水平，具备了承担各层次计算机培训的硬件和软件条件。

2003年，在局党组的领导下，西宁市统计局各项工作均取得了较好成绩。各统计专业在全省统计系统评比中获奖面达100%；连续8年被市委、市政府授予市级"文明单位"；连续9年获得市直"文明机关"称号；被国家统计局授予全国统计执法大检查先进集体；编辑的《2003西宁统计年鉴》在国家统计局组织的评比中获乙组一等奖。全年获得各种荣誉称号28项。

局领导班子成员（左起：副局长　沈宏亮、局长　杨宝林、副局长　汪志功）

城东区统计局

CHENGDONGQUTONGJIJU

局长　陈育德

求真务实　开拓进取
积极促进城东统计事业不断发展

城东区统计局作为城东区政府的职能部门，主要职责是负责全区目标责任考核中经济指标的考核监控，拟定统计改革和统计调查计划，组织指导全区各部门、各行业的统计和国民经济核算，监督检查统计法律、法规的执行情况，依法处理统计违法案件，负责组织实施重大国情国力普查，统一组织全区社会经济调查，汇总、整理全区的基本统计资料，对国民经济、科技进步和社会发展等情况进行统计分析、统计预测和统计监督，向区委、区政府有关部门提供统计信息和咨询，收集、整理、编印全区基本统计资料及发布统计信息等工作。

近年来，城东区统计局在区委、区政府的正确领导和上级统计部门的指导下，以“三个代表”重要思想为指导，紧紧围绕区第十一次党代会提出的“第三产业主发展、地区工业强发展、城郊农业精发展、民族团结促发展”的经济发展思路，以提高统计数据质量和服务水平为中心，加强统计调查监测，加快统计信息化步伐，夯实统计基础，完善工作体系，把握机遇、真抓实干，有效促进了城东区统计事业的不断发展。一是认真搞好统计服务。加强经济运行进度分析、专题调研分析和综合统计分析，及时上报国民经济与社会发展主要统计数据资料，大力开发统计信息资源，每年编发统计提要、统计分析、统计信息30余篇，根据需要编印了统计年鉴和各种统计资料汇编。二是强化统计基础工作。按照统计站“七个健全”的要求，建立了两镇七办统计站。目前，城东区有基层统计站9个，专(兼)职统计员9名，全部持证上岗。三是加强统计法制工作，树立统计队伍良好形象。倡导“忠诚统计、乐于奉献；实事求是、不出假数；依法统计、严守秘密；公正透明、服务社会”的职业道德，定期开展统计执法宣传和执法大检查，坚决维护统计工作秩序，保障统计数据质量，认真查处违纪违法现象，做到严格执法、公正执法、规范执法。2003年，以《统计法》颁布实施20周年为契机，在全区组织开展了统计普法宣传、培训、知识竞赛等一系列活动，取得较好效果，被省统计局评为统计“四五”普法先进集体。四是普查和调查成绩显著。多年来，高质量的完成了人口普查、工业普查、农业普查、基本单位普查等大型普查任务，及时上报了农村经济抽样调查、1%人口变动抽样调查、城镇劳动力抽样调查、个体经济抽样调查、批发零售贸易业抽样调查等资料，质量符合要求。五是统计信息化建设不断推进。逐步充实了机房软硬件设施，加强了计算机知识培训力度。目前，有网页制作人员2名，统计工作人员均能做到用计算机处理数据。

2003年，区统计局全体干部上下一心，励精图治，在大家的共同努力下，全面完成了统计工作任务，先后荣获集体奖励9项，其中国家级1项，省级5项，市级2项，区级1项。在今后，城东区统计局将进一步解放思想，实事求是，与时俱进，锐意进取，为建立科学、可靠、高效的现代化统计体系，开创统计改革发展的新局面而努力奋斗。

统计执法宣传

城中区统计局

CHENGZHONGQUTONGJIJU

局长　吴亚西

副局长　赵晓青

城中区统计局是主管城中地区统计和国民经济核算的政府职能部门，由6名工作人员组成，是一个团结、奋进的集体。近年来，全体同志在区委、区政府的领导下，在省、市统计部门的帮助支持下，发扬“团结、求实、开拓、进取”的精神，按照“快、精、准”的要求，较好地完成了各项统计工作任务。在第五次全国人口普查和第二次全国基本单位普查工作中，荣获了全国先进集体，在全市专业考核中连续2年评为一等奖。

局长　郑泽芝

城西区统计局

CHENGXIQUTONGJIJU

城西区统计局是城西区人民政府主管全区统计和国民经济核算的职能部门。主要职责是完成国家统计调查任务，执行国家统计标准，执行全国统一的基本统计报表制度，组织领导和监督检查本区内国民经济和社会发展的统计工作，负责实施重大的的国情国力普查、调查计划和统计调查方案，负责搜集、整理、汇总全区的基本统计资料，对国民经济和社会发展等情况进行统计分析、统计预测和统计监督，向区委、区政府及有关部门提供统计信息和咨询建议，协调全区各部门统计业务工作，负责全区目标责任考核中经济指标的考核监控。

近来，我局紧紧围绕区委、区政府的中心工作，充分发挥统计的信息、咨询、监督职能作用，认真完成国家统计局、省、市统计局布置的各项月报、季报、年报和各类普查任务，准确、及时、全面地反映了我区国民经济与社会发展运行情况，向区委、区政府及有关部门提供运行情况监测报告，为党政领导和社会各界提供数据咨询服务。在区政府领导和省、市统计局的支持下，我局统计信息自动化建设得到较快发展，配置了较为先进的计算机设备，形成了外网和内网，联通了国际互联网和政府机关局域网络，达到了信息资源共享，多次受到上级领导的好评。

2004年，在区委、区政府的正确领导下，我局一班人决心在今后的工作中，强化服务意识和创新意识，以高昂的斗志，团结协作，扎实工作，与时俱进，认真实践“三个代表”重要思想，为西区的现代化建设尽心尽力，为全区国民经济和社会各项事业的健康发展做出积极贡献。

计算中心

城北区统计局

CHENGBEIQUTONGJIJU

城北区统计局是区人民政府主管全区统计工作和国民经济核算工作的职能部门。2003年，在区委、区政府和省、市统计局的正确领导与大力支持下，统计工作取得了较好成绩，信息化程度和服务水平显著提高，统计的整体功能进一步增强，基础工作明显改善，各项工作迈上了新台阶，步入了新的发展阶段。

我局围绕经济建设这个中心，认真总结实施“十五”计划以来的工作，进一步深化对区情的认识，坚持“解放思想、改革开放、加快发展、富民强区”的工作方针，认真践行“三个代表”重要思想及十六届三中全会精神，加大统计制度方法改革力度，加强对形势的监测和分析，加快统计信息化建设和基础建设，改进工作作风，进一步提高了统计数据质量和服务水平。

2003年，我区经济增势良好，得益于宏观经济政策的稳定性和连续性，得益于微观经济主体活力的不断增强，特别是在党的十六届三中全会精神鼓舞下，全区人民聚精会神搞建设、一心一意谋发展的积极性持续高涨，全年实现GDP232847万元，同比增长13.1%；城镇居民人均可支配收入6599.28元，增长8.93%；完成固定资产投资40138万元，增长12.41%；农民人均纯收入达3520元，增长13.19%。

2003年，我局分别荣获西宁市综合统计二等奖、西宁市农经记帐二等奖、青海省非公有制经济先进集体、青海省劳动人口抽样先进集体、青海省网页评比优秀奖、全省基本单位普查先进集体、西宁市基本单位普查先进集体等多项荣誉称号。在新的一年里，我局决心进一步解放思想、开拓进取、与时俱进，不断开创统计工作新局面，为城北区经济建设工作做出更大的贡献。

局领导在研究工作。局长尚西宁（右三）、副局长曹昱曼（右四）

局领导班子成员，局长权世英（中）、副局长王有寿（右）、副局长王海玲（左）

大通回族土族自治县 统计局

DATONGHUIZUTUZUZIZHIXIANTONGJIJU

大通县统计局是大通县人民政府主管全县统计和国民经济核算的职能部门。主要负责组织实施全县的社会经济统计并实行统计信息服务、统计咨询和统计监督；向县委、县政府反映全县社会经济发展状况；指导、协调全县各部门统计业务工作。

我局现设综合科、执法检查科两个科室，有职工9名，其中大专以上文化程度6人，具有中级技术职称2人。

为了充分发挥统计的信息、咨询、监督职能作用，我局紧紧围绕把大通建设成为"全省综合实力最强县"的奋斗目标，全面提高统计工作效率和服务水平，每年编印各类统计信息、分析资料50多期，为党政领导和社会各界提供统计数据咨询服务。2003年，我局以开展"统计基础管理创新年"为契机，加大对基层统计人员的业务培训力度，狠抓基层统计基础建设。全县22个乡镇全部设立了统计站，累计有近100名乡镇及企事业单位统计工作人员取得了统计上岗资格证，基层统计工作进一步得到加强和规范。

2003年，大通县统计局各项工作均取得了较好成绩，荣获全省统计执法先进集体、基本单位普查先进集体等荣誉称号5项，有15人次荣获国家、省、市级先进个人。

湟中县统计局

HUANGZHONGXIANTONGJIJU

局长　刘生林

湟中县统计局设综合科、执法检查科、普查办公室和统计计算中心四个科(室)。现有办公用房7间，工作人员11名，其中大专以上文化程度的7人，占总人数的64%。目前，拥有机房面积33平方米、各类微机11台，其中奔Ⅳ微机2台、奔Ⅲ微机2台。各类打印机3台，其中激光打印机1台，喷墨打印机1台，扫描仪1台，传真机1台，数码相机1架。

近几年来，湟中县统计局在省、市统计局的关心支持下，在县委、县政府的正确领导下，高举邓小平理论伟大旗帜，全面贯彻“三个代表”重要思想，认真贯彻落实党的十六大、十六届三中全会精神，以提高统计数据质量和服务水平为中心，认真开展“统计基础管理年”活动，按照统计“快、精、准”的工作要求，加大统计方法、制度改革力度，加快信息化工程建设，强化统计执法检查工作，圆满地完成了各项统计业务工作，进一步提高了统计质量和服务水平，取得了良好成绩。改革开放以来，已取得各项先进集体、个人奖项20多个，其中国家级先进集体3个、省级先进集体6个、市(地)级先进集体8个，连续三年获得全县目标责任制考核先进单位。

湟源县统计局

HUANGYUANXIANTONGJIJU

局长　张佐奎

湟源县统计局现有人员12人。其中：行政编制5人。事业编制3人，工勤人员1人，公益人员3人。大专以上文化程度的7人，中专3人，高中2人。有中级职称1人，初级职称5人。下设统计综合调查队和县政府信息网站。

近年来，该局在县委、县政府的领导和省、市统计部门的业务指导下，以“三个代表”重要思想为指导，认真搞好国家、省、市统计局和县政府安排的统计工作任务，以提高统计数据质量为中心，大力加强统计基础建设，稳妥推进统计方法制度改革，加快统计信息化步伐，加大统计执法检查力度，使统计工作得到了上级业务部门的肯定和表彰。在2002年、2003年全市统计工作年度综合评比和县政府目标考核中荣获一等奖。

西宁市社会保险事业管理局

XININGSHISHEHUIBAOXIANSHIYEGUANLIJU

省委常委、市委书记张斋炯同志调研社保工作

西宁市社会保险事业管理局以“三个代表”和十六大精神为指导，牢固树立“社会保险，至诚为民”服务理念，内炼素质，外树形象，敬岗爱业，争创一流，积极推进社会保险制度改革，着力完善管理制度，逐步建立“多险合一”的社会保险网络体系，1998年6月以来，实现了全市8万多名企业离退休人员养老金100%的按时足额社会化发放；养老金待遇水平逐步提高；社区社会化管理服务工作取得了突破性进展，市区128个社区全部建立了社区劳动和社会保障管理站，市辖三县的社区社会化管理服务工作也在稳步推进；多层次医疗保险体系基本建立；“多险合一”的社会保险计算机信息管理网络正在建设之中；工伤、生育保险稳步发展，各项待遇及时支付，标准逐步提高；社会保险基金监管工作卓有成效。2000年，省政府将我市列为完善社会保障体系试点城市，2002年，我市又被列为全国社会保险社会化管理100个重点联系城市之一，全国“三项改革”试点城市之一，为确保稳定和西宁市社会保险事业健康快速发展发挥了积极的作用。

唱出军民鱼水真情

XININGSHISHEHUIBAOXIANSHIYEGUANLIJU

服务设施齐备、功能健全的新社保大厅

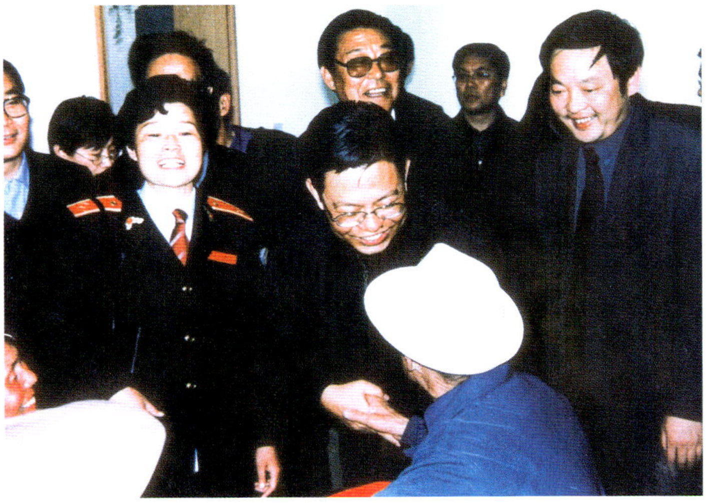

省委书记赵乐际同志与退休老职工亲切握手

市长王小青到社会保险局视察

人潮涌动——火爆的续保缴费场面

宽敞明亮的新社保大厅

西宁市劳动就业服务局

西宁市劳动就业服务局隶属西宁市劳动和社会保障局，承担着西宁地区城乡就业、失业保险、就业训练、职业介绍和劳服企业管理等工作的综合服务管理机构，下设职业介绍中心、就业培训中心、中心劳动力市场、社区就业指导中心和就业指导科、失业保险科、西宁市再就业工程领导小组办公室设在市就业局。

市就业局在上级部门的领导下，以“三个代表”为指导，认真贯彻党中央、国务院关于“劳动者自主就业、市场调节就业、政府促进就业”的就业方针，在全力做好“两个确保”工作的基础上，以就业再就业为重点，坚持城乡就业兼顾整体推进。中心劳动力市场信息网络建设逐步完善，辐射功能逐步提升；劳务输出力度不断加大，已在省外建立25个劳务输出协作点，开拓了省外劳务市场，发展对外劳务输出；职介中心大力开展求职登记、职业指导、职业介绍、培训申请、合同鉴证、鉴定申请、档案管理、社会保险关系接续等“一站式服务”；就业培训中心，以市场为导向，大力开展就业培训，着力提高下岗失业人员就业素质和竞争力；社区就业平台建设被列为全国首批百分之百完成城市，社区就业服务中心将就业服务工作全面向社区延伸；再就业办全面开展再就业扶持政策的落实和督促，以下岗失业人员的小额贷款、社保补贴、开发公益岗位等扶持政策，大力拓展再就业渠道，积极开展以“促就业、接保险、保生活”为主要内容的再就业援助活动，为下岗职工提供“一条龙”服务；失业保险科认真贯彻《条例》，对失业保险金征缴发放实行网络化管理，热情地为城镇企事业单位和下岗失业人员提供便捷的服务。

市就业局召开2003年培训就业工作会议。(左起第三为就业局局长王泽丽，副局长贯国君、副局长胡晓翔)

省委书记赵乐际在西宁市中心劳动力市场向下岗失业人员询问小额担保贷款情况

省委副书记宋秀岩（右三）在西宁市中心劳动力市场了解为下岗失业人员发放《再就业优惠证》情况

市就业局局长王泽丽（左二）检查工作时，做工作指导

在海晏路社区，宋秀岩副书记(右二)实地察看了社区办公活动场所，对社区工作给予了肯定

园林职工为中心广场扮靓

姹紫嫣红的郁金香

郊县荒山绿地见成效

西宁市林业局　西宁市园林局

城市街头绿地游园

西宁市林业局、西宁市园林局是市政府依法承担森林生态环境建设和维护的职能部门，负责组织开展全市的全民义务植树、封山造林、野生动植物资源保护、森林病虫害防治、森林安全防火以及退耕还林(草)工作和城市园林绿化系统规划、建设、保护的重要职责。全局21个行政事业单位，766名职工。近年来，局党委、行政领导班子锐意进取，开拓创新，组织和带领全局广大干部职工，认真贯彻落实党的路线、方针、政策和省委省政府、市委市政府的决策，围绕生态环境建设这一中心，艰苦奋斗，努力拼搏，造林绿化、退耕还林，公园、道路、街头以及广场绿化建设的力度不断加大，建成区绿化覆盖率和人均公共绿地面积不断增长，呈现出快速发展的良好局面。2002年完成了中国·青海郁金香节、西部之光大型灯会、中心广场绿化等7项重点工作。造林绿化各项任务超额完成，全市造林39.98万亩，完成计划任务的101%；城区绿化实现了预定目标，全市新增各类园林绿地60公顷，建成区绿化覆盖率增加1个百分点，达到23%；新增公共绿地38公顷，人均公共绿地增长0.4平方米，达到4.9平方米。精神文明建设取得实效，被省委、省政府授予2000—2002年度文明单位称号，被国家建设部评为全国建设系统第四批文明服务示范窗口单位，赢得社会各界的广泛赞誉。

XININGSHILINYEJU　XININGSHIYUANLINJU

南北两山绿化一角

西宁市城乡规划建设局

XININGSHICHENGXIANGGUIHUAJIANSHEJU

二00三年，我局以党的十六大精神和市委十一届四次全委会精神为指导，认真学习、贯彻“三个代表”重要思想，解放思想、与时俱进、改进作风、扎实苦干，紧紧围绕加快建设青藏高原区域性现代化中心城市这一目标，精心设计，合理规划，塑造城市特色，努力提升城市品位，加大城市基础设施建设力度，完善市政基础设施框架。通过争取国债资金、银行贷款、招商引资等多种渠道筹措建设资金，全年完成固定资产投资31251万元。实施市政基础设施建设项目13项，续建项目：七一路东延长段工程、滨河南路西段工程、南小街危房改造二期道路工程，新开工项目：共和路立交工程、海湖路北段二期工程、七一路西延长段工程、西宁南北过境公路新建工程、刚察路工程，大修整治道路：南川东路(水磨桥—西久公路)、祁连路西段(制药厂—海湖桥)、海西路、五一路、西川南路、八一路、宁大路等，完成德令哈路、虎台东巷、无名巷路灯安装为民办实事亮化工程，同时代建了海湖中学和青藏铁路花园学校项目。特别是共和路立交工程和海湖路北段二期工程实现了当年开工建设，当年竣工交付使用的预定计划。这些项目的建成，进一步完善了我市路网结构，减轻了城市交通拥挤状况，改善了城市面貌，增强了城市载体功能，方便了市民生活，从而使高原古城西宁更具有现代化城市风貌。

西宁市环境保护局

XININGSHIHUANJINGBAOHUJU

西宁市环境保护局成立于1990 4月，1996年4月升格为正县级建制，是市政府环境管理职能部门。主要职责为：负责全市环境污染治理，环境质量检测，建设项目工程环保审批、环保产品审查、环境监理（环境执法、排污费征缴、环保行政稽查）、环保法律、法规的收集、编制，以及环保宣传、环保信息等工作。全局有行政、事业编制工作人员84人。局机关设四处、一室，即：综合规划处、政策法规处、污染控制处、自然生态处(挂监督管理处牌子)、局办公室，局下辖一所、五站、一中心，即：西宁市环境监理所、西宁市城西区环保工作站、西宁市城中区环保工作站、西宁市城东区环保工作站、西宁市城北区环保工作站、西宁市环境监测站、西宁市环境信息中心。

局长　罗明宝

2003年全市环保工作在市委、市政府和国家局、省局的正确领导，认真贯彻环境保护基本国策及生态各项方针政策和法律法规，继续加大工业污染治理和生态环境保护建设力度，强化重点建设工程环境监督、监察，积极推进环保宣传。在全市国民经济持续快速增长的形势下，全市环境质量总体保持稳定，部分地区环境有所改善。环境保护工作取得了一定进展。一是围绕西宁市重点区域，流域及重点污染行业，组织实施了主要污染物排放总量控制，工业污染物达标排放工作，加大了技术落后，能耗物耗高、污染严重企业的整治力度，促进了工业企业的技改和产业优化升级。2003年全市主要污染物：化学需氧量、氨氮、二氧化硫、烟尘、工业粉尘和工业固体废物排放量控制在国家下达指标以内。西宁市城市空气质量进一步提高，二级和优于二级天数已占全年总天数的70%（265天）。二是生态环境保护与建设取得了一定成效。2003年继续实施和启动退耕还林（草），小流域等生态环境保护建设工程，使部分地区生态环境恶化的趋势得到一定程度的遏止。三是开展了“清理整顿不法排污企业，保障群众健康”等专项检查，共查处119余起环境违法案件，集中销毁“毒鼠强”等违禁鼠药，维护了公共环境安全。四是围绕“六·五”世界环境日进行系列报道，开展了生态环境警示教育，绿色学校创建等环保宣传活动，全民环保意识进一步增强。五是继续加大了重点项目建设，截止年底，煤改气工程已改造完成1242台，3364蒸吨，占总改造台数的76.8%和71.7%，2004年基本完成煤改气工作。六是全市“四创”活动全面启动。

下乡扶贫

环保110执法

项目环保审批

西宁市人民防空办公室

西宁市人民防空办公室为市国防动员委员会的常设办事机构，也是市政府人防工作的主管部门，受市政府和有关军事部门的双重领导。

1999年以来，西宁市人民防空建设工作，以邓小平理论、“三个代表”重要思想为指导，认真贯彻落实《中共中央、国务院、中央军委关于加强人民防空工作的决定》，在市委、市政府正确领导下，围绕中心任务，树立创新意识、抢抓机遇意识、争先发展意识，扎实做好各项工作。在组织指挥、通信警报、人防基础设施建设等方面，有了新突破。

向社会各界进行广泛宣传贯彻《人防法》，提高人民群众的人防意识，为人防建设营造良好的外部环境。将《人防法》纳入中学“三防”知识教育及国防教育体系之中。每年，对全市近7000名高一新生进行“三防”知识教育。向市党政军领导赠阅《中国人民防空》杂志，向领导及上级党政军机关报送自办的“人防信息”，使领导及时了解我市的人防建设情况。社会各界和各级领导增强了人民防空观念，提高了人民防空意识。

解放思想，与时俱进，努力提高人防工作的战略效益、社会效益、经济效益。加快指挥通信和警报体系的基础设施建设，自筹资金200万元修建了功能齐全、设施配套、自动化水平较高的西宁市人民防空地面应急指挥中习。依据《西宁市防空袭预案》重新组建、调整“防化、治安、消防、通信、运输、抢险抢修、医疗救护”7个防空专业队。为提高战时防空袭快速反应能力，消除空袭后果，平时为城市抢险救灾提供有效地应急救援服务奠定了基础。对西宁地区防空警报系统，进行更新改造。并定于每年9月5日为防空警报鸣放日。

对全市现有人防工程，进行了一次全面的普查核实。为今后有计划、有步骤地加强维护管理、开发利用，提供了可靠、科学的决策依据。努力探索投资主体多元化和投资来源多渠道修建人防工程的新路子。积极协助配合民营企业投资修建了天星地下商城(人防工程)。初步开始形成多元化、社会化投资建设人民防空的新格局。

坚持“以建为主”服务于经济的原则，主动协调城建、规划等有关部门，依法共同加强对结合民用建筑修建防空地下室报建的审批工作。近年来，有10个建设项目依照“人防法”规定结合地面民用建筑，同步修建了×××平方米防空地下室。4年共审核建设项目863个，根据地质原因和政策规定对部分项目免收或减收了易地建设费，实际收缴易地建设费×××万元。抓好已建人防工程的安全检查，以维修改造影响城市景观的工程和设施为重点，先后对东西大街、南北大街主干道和同仁路、北门坡的人防工程出入口、通气孔、进行了美化改建工作，始终依法坚持把人防工程建设纳入城市基础建设之中。

更新观念，适应“市场”，树立平战结合新的观念，推动平战结合深入发展，激发人防建设的生机和活力。进一步发挥好“948”人防“形象工程”的示范带动作用，规范内部管理，强化服务意识，抓好市场整治和规范化经营，经济效益不断增强。不断增强对早期人防工程及设备、设施管护和开发利用并重的观念，按市场经济规律办事，敞开“洞门”，在保持战略功能的前提下，采用多种形式，把使用权、经营权推向市场，多渠道利用各类资金加大早期人防工程开发利用的力度，增加了经济效益。至目前 全市共有平战结合项目84个，4年累计新增人防工程(结建式)开发利用面积×××平方米，平战结合收入(人防工程使用费)1，500万元，交纳税金近500余万元，安排从业人员逾千人。为发展城市经济、改善城市交通、提供社会就业和保持社会稳定，发挥了积极作用。

认真贯彻落实《中共中央、国务院、中央军委关于加强人民防空工作的决定》，按照“政治坚定、业务精湛、纪律严明、作风过硬、廉政高效”的总要求，结合机关作风建设、效能建设、公务员行为规范的要求，扎扎实实地开展人防机关“准军事化”建设，干部职工的政治素质、业务素质显著提高，机关工作作风发生了深刻的变化。2003年9月23日，在沈阳召开全国人防机关“准军事化”建设工作会议，我办作为“准军事化”建设经验介绍单位参加了会议。并获得全国人防机关“准军事化”建设先进单位的荣誉称号。

图 1

图 2

图 3

图 4

图1：省军区、省人防领导视察新建的市人防办公大楼

图2：省军区、省人防领导视察新建的市人民防空地面指挥中心

图3：省军区、省人防领导视察我市人防工程

图4：市人防通信人员在安装电声警报

西宁市发展计划委员会

主任 顾国权

团结奋进的领导班子

西宁市发展计划委员会是西宁市人民政府管理全市国民经济和社会发展的综合部门，承担研究战略、制定规划、宏观调控、总量平衡、产业政策、培育市场、重点建设、粮食政策、价格管理、协调服务的职能，为市委、市政府决策发挥"参谋部"的作用。

在市委、市政府领导下，按照加快发展、强市富民的方针，把握国家扩大内需的宏观调控政策，抓住中央实施西部大开发战略的历史机遇，圆满地完成了"九五"计划任务，现代化建设第二步战略目标如期实现。盛世事业旺，风华显峥嵘，进入新世纪，按照市委提出把西宁建设成为青藏高原区域性现代化中心城市的宏伟目标，先后制定了《西宁市十年发展战略》、《西宁市"十五"计划纲要》，绘制了西宁未来发展蓝图。2001年GDP首次突破面亿元大关，占全省的1/3强，总体上实现了从温饱向小康迈进。为落实省委对西宁提出要发挥"示范、带动、窗口、支撑四个作用和"七个走在前列"的要求，贯彻市委确定的"六大战略"，集中力量实施基础设施建设、生态环境建设、特色经济培育、科教事业发展四项重点建设，从1998年至2002年固定资产投资全地区达286.49亿元，其中西宁市属187.5亿元市计委共争取国家各类专项资金25亿元，新宁广场、中心广场、南绕城快速路、污水处理厂、城市天然气第一批标志性工程相继建成，西宁经济技术开发区和城南新区建设全面启动，城市焕发出大开发、大建设、大发展的蓬勃生机，体现了古城历史底蕴与现代文明交相辉映。

"殚精竭虑谋发展、勤政廉洁为人民"。市计委坚持政务公开、简化审批、有诺必践，先后获得"全国先进集体"、"实绩突出单位"、"文明标兵单位"等20余项荣誉。并将在"十六大"精神指导下，在全面建设小康社会进程中再立新功。

西宁市民族事务委员会
西宁市宗教事务局

主任 汪江川

市民委(宗教局)是市政府主管民族宗教事务的工作部门。2003年委(局)以党的十六大精神和"三个代表"重要思想为指导，全面贯彻执行党的民族宗教决策，认真抓好民族团结进步创建活动，加大对宗教事务的依法管理，保持了我市宗教领域的正常稳定。

大力开展党的民族宗教政策宣传教育活动，组织全市1400多名机关干部上街宣传党的民族宗教政策；在5000多名公务员中进行了党的民族宗教政策考试。召开了全市第六次民族团结进步表彰大会，市委市政府对五年来在民族团结进步活动中做出显著成绩的36个集体、74名个人进行了隆重地表彰。开展了少数民族传统节日的庆祝慰问活动，增进民族团结。克服困难，积极开展少数民族古籍编目整理工作。尊重少数民族风俗习惯，贯彻实施了《青海省清真食品生产经营管理条例》，成立了清真食品管理领导小组。

认真贯彻实施宗教管理方面的法律法规，依法加强对宗教事务的管理。年内召开了全市宗教工作会议，举办了宗教教职人员培训班、穆斯林自费朝觐人员培训班，开展了宗教活动场所的年度检查和维稳防范工作，查处了可能引发宗教领域矛盾和纠纷的重大问题。

2003年市民委(宗教局)以高度的政策责任感看待和处理民族宗教工作领域出现的问题，不断开拓进取，扎实工作，从而进一步巩固和发展了全市民族团结的大好形势，使宗教活动纳入了法律法规和政策允许的正常轨道。

西宁市民政局

抢抓机遇　加快发展　努力开创民政工作新局面

局长　王勇

今年以来，全市民政工作有了突飞猛进的发展。民政各项工作的全面落实，依法保障了人民群众的基本生活权益和民主政治权益，进一步密切了党同人民群众的联系，维护了全市改革发展稳定的大局。2004年民政工作要以邓小平理论和“三个代表”重要思想为指导，认真贯彻党的十六大和十六届三中全会精神，进一步全面落实第十一次全国民政会议确定的各项任务，紧紧围绕“三个服务”的要求和市委、市政府的中心工作，突出重点，理清思路，完善措施，明确责任，转变作风，扎实做好农村救灾救济工作，提高低保工作管理水平，加快社区建设步伐，组织实施“星光计划”项目，促进双拥工作的创新发展，强化社会行政事务专项管理工作，努力做到围绕中心有新作为，服务大局有新贡献，不断开创民政工作新局面。发扬四种民政职业精神、充分利用五个平台、努力做好六项重点工作的思路。发扬民政职业精神，就是发扬“孺子牛”精神，实际内涵主要包括四种精神：即发扬一心一意为民服务的精神；善于改革的创新精神；争创一流的进取精神；求真务实的实干精神。充分利用“五个平台”，创新民政行政管理体制，逐步发挥民政部门在社会管理和公共服务中的综合协调作用。“五个平台”：即一是以社会困难群众救助领导小组办公室为平台，整合救助资源，提高救助的综合效益；二是以社区建设工作领导小组办公室为平台，加大社区建设力度；三是以老龄工作委员会办公室为平台，推动老龄工作的发展；四是以双拥工作领导小组办公室为平台，促使双拥丰富内容，拓展领域；五是以民间组织领导小组办公室为平台，加强民间组织的能力建设。努力抓好六项重点工作；一是城市低保抓规范。二是救灾救济抓完善。三是社区建设抓服务。四是双拥工作抓创新。五是社会福利抓改革。六是民间组织抓培育。

NINGSHIMINZHENGJU　XININGSHIMINZHENGJU　XININGSHIMINZHENGJU　XIN

西宁市国家税务局

西宁市国家税务局于1994年正式挂牌成立。下辖城东、城中、城西、城北、城南五个区和大通、湟中、湟源县国家税务局，10个基层税务所、5个分局，内设10个行政处(室)和2个事业单位，1个直属稽查局，设机关党委办公室。现有干部职工1，178人。担负着五区三县区24，179户纳税人的税收征管工作。

二00三年，该局在省国税局和市委、市政府的领导下，以党的十六大、十六届三中全会精神和“三个代表”重要思想为指导，以组织收入为中心，以深化改革为动力，以创新机制为重点，以加强基层建设为出发点和落脚点。认真贯彻落实市局党组提出的“抓落实、重管理、见成效、上台阶”12字工作思路，科学规划、不断创新，全面推进税收信息化建设步伐。在规范执法行为和提高服务质量上取得了新成效，全局干部队伍素质明显提高，各项税收任务超额完成，为我市的经济发展和社会稳定做出了显著成绩。

省国税局副局长兼西宁市国税局局长饶勇同志

市国税局领导班子

开展多种形式的税法宣传

在税收任务方面，继2002年突破10亿元大关后，今年又超额完成了年初计划任务，预计完成12，300万元，为西宁市乃至青海省的经济建设做出了突出贡献。在队伍建设方面，市国税局机关先后被市委市政府等有关部门命名为“文明单位标兵”、授予“先进集体”、“精神文明建设先进集体”和“文明机关”等称号。

目前，全局系统有9个单位被中央精神文明建设委员会、全国城镇妇联、国家人事部、团中央、税务总局命名为“全国创建文明行业先进单位”、“青海文明号”、“文明税务所”、“先进集体”、“全国税务系统最佳办税服务厅”、“巾帼文明示范岗”、“全国税务系统纪检监察先进集体”；32个单位被团省委、省国税局命名为“文明单位”、“青海文明号”、“文明税务所”；7个单位被市委、市政府命名为“文明单位”。

该局领导班子经验丰富，学历层次高，富在远见卓识。十六大召开后，他们结合本局实际，围绕全面建设小康社会的奋斗目标，与时俱进，开拓创新，引导全局干部职工努力工作，继续为当地经济建设做贡献。

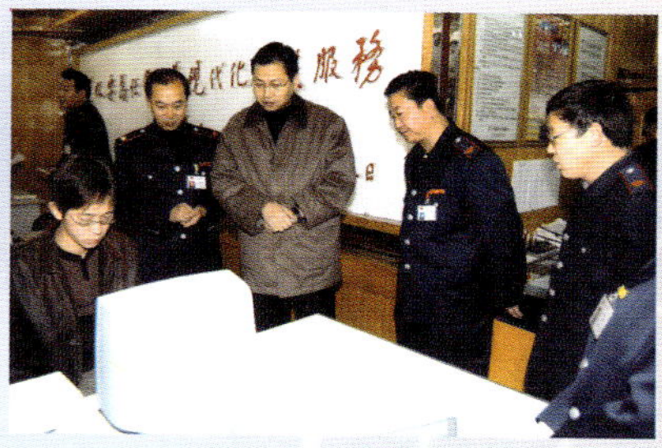

市国税局副局长阮余农（右三）12月1日在大通县CTAIS上线运行后检查工作

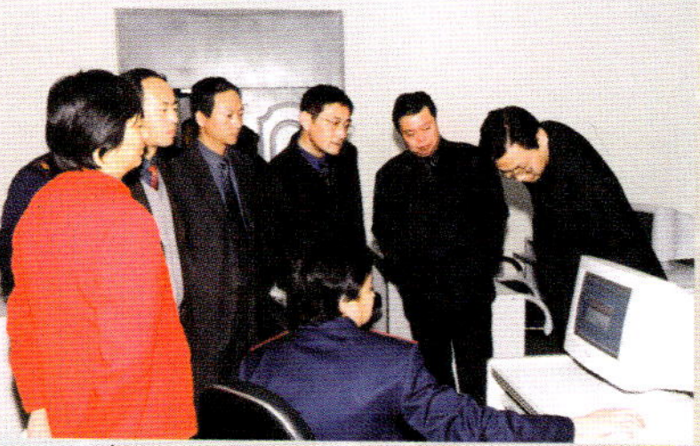

省国税局副局长兼西宁市国税局局长饶勇（右二）等领导在城中区向市政府有关部门领导介绍办公自动化情况

西宁市审计局

XININGSHISHENGJIJU

西宁市审计局成立于1984年1月1日。建局以来，在市委、市政府和省审计厅的领导下，认真贯彻《审计法》，紧紧围绕市委、市政府经济工作中心，积极履行审计监督职能，深入开展了预算执行及财务收支审计、财经法纪审计、领导干部经济责任审计、基本建设项目审计以及各种行业和专项资金的审计，有针对性地组织审计调查，在维护财经秩序，提高资金使用效益，促进廉政建设等方面发挥了积极作用。2003年审计工作截止10月底，全市共完成审计项目161个，查出违规行为金额1，271万元，损失浪费金额11万元，审计决定处理处罚应上缴财政484万元，已上缴365万元(包括以前年度数)；全年撰写审计论文40篇；撰写审计信息46篇。被有关部门采用10篇。

多年来，市局领导班子解放思想、创新观念，带领全局干部职工研究新的形势对审计工作的新要求，积极探索审计工作新思路、新方法，继续加大对重点部门、重点资金的审计力度，使审计工作有了很大的发展。尤其是在班子建设、思想政治工作、精神文明建设、审计业务质量、审计成果转化等方面取得了显著的成绩。1994年至2001年连续两次被国家人事部、审计署授予全国审计系统先进集体的光荣称号；连续四次被省厅评为全省审计系统先进集体、局机关和党总支连续三年被市直机关工委评为文明机关、先进党支部、标兵党组织的光荣称号。

局长董秀敏在审计工作会议上讲话

工交审计科在西宁印刷厂进行资产、负债、损益审计

西宁市土地估价事务所

西宁市土地估价事务所成立于一九九五年六月，隶属西宁市国土资源局，是经国土资源部门确认的土地评估专门机构。并已取得人民法院认定的司法鉴定机构资格。

西宁市土地估价事务所现拥有一支一流专业技术队伍，国家注册土地估价师达到从业人员的3/4，具备丰富的土地法律、法规及相关建筑、房产、经济方面的知识，并在八年的工作中积累了大量的地价评估经验，深谙土地政策、法规；坚持每年参加国土资源部土地估价师协会的再教育培训，以讯捷、全面的了解更多的土地、法规、房地产基础建设等方面的信息，为广大客户提供高效、优质、专业的服务。

法人代表　邵金芳

业务范围：基准地价评估；出让或国家收回土地的的地价评估；转让、出租、抵押、作价入股的评估；上市或非上市股份有限公司或有限责任公司涉及的土地评估；企业兼并、破产、清产核资涉及的地价评估；司法仲裁中涉及的土地评估；征收土地税费涉及的土地评估；其他法律、法规需要进行的土地评估；地价咨询等。

咨询服务：提供有关土地问题的政策法规免费咨询服务；为房地产开发企业提供各种前期手续及后期的有关事宜的咨询。

西宁市土地估价事务所始终坚持独立、客观、公正、公平的评估宗旨，严格执行国土资源部制定的《城镇土地定级规程》、《城镇土地估价规程》，为西宁市各类土地价格的制定及实施做出了大量的工作，我所并以热情的态度、规范化的程序、诚信的服务、高质量的评估报告服务于每一位客户。

团结奋进的领导班子成员

奋进中的
大通县人民检察院

近年来，大通回族土族自治县人民检察院认真学习实践“三个代表”重要思想，坚持检察工作“二十字”方针，以“夯实基础、强化监督、狠抓队伍，争创一流”的工作思路，紧紧围绕全县工作大局，全面正确履行检察职能；不断深化检察改革，努力创新队伍管理机制和工作运行机制；狠抓队伍建设，进一步优化队伍整体结构；以党和人民满意为最高标准，严格执行，热情服务，以优异的工作成绩和良好的社会形象，始终走在全省基层检察院的前列，多次受到最高人民检察院、省政法委、省检察院以及西宁市委、市政府的表彰奖励。2002年2月，被最高人民检察院评为“全国检察机关人民满意的检察院”；2002年年底，被西宁市检察院和青海省检察院分别授予“先进检察院”称号；2003年被最高人民检察院确定为全省唯一的“全国基层检察院建设示范院”，成为我省检察机关基层建设的一面旗帜。

全国检察机关基层院建设示范院

院领导班子

省委副书记白玛、市委常委、市政法委书记吕本谦在大通检察院调研工作

高检院胡克惠副检察长、省检察院刘晓检察长在大通县检察院调研工作

与企业召开预防职务犯罪座谈会

西宁市城东区园林绿化管理处

XININGSHICHENGDONGQUYUANLINLVHUAGUANLICHU

建国路

西宁市城东区园林绿化管理处成立于1978年，隶属于城东区建设和国土资源局，1992年分成城东区绿化队和湟乐公园两个独立的单位，1998年由原城东区绿化队更名为城东区园林绿化管理处，2004年湟乐公园又归属到城东区园林绿化管理处管理。现有在职职工95人，其中职员3人，党员12人，工程师2人，具有初级职称的37人。

城东区园林绿化管理处自成立二十多年来，在不断学习和借鉴科学的城市园林绿化工作理念和先进的城市园林绿化技术的过程中，逐渐形成了一支具有较强政治思想素质，较高的专业知识水平和专业能力的城市园林绿化专业队伍，处领导带领职工，紧紧围绕“加快发展、强区富民”这个中心任务，解放思想，更新观念，锐意进取，以无私奉献的胸怀和高度负责的主人翁精神，本着“敬业、勤奋、团结、务实”的原则积极投身到城市园林绿化建设事业中，为增加东区的人均绿地面积、美化城区街道、创造良好的外部投资环境、郁金香节的成功举办等工作做出了突出的贡献，先后多次受到市、区两级政府的表彰和奖励。

双凤齐飞（湟光景点）

城东区园林绿化管理处在对辖区28条街道上万株行道树50多公顷公共绿地的管理工作中，采取有效措施，加大管理力度，特殊问题特殊对待，普遍问题重点治理，彻底改变了城区景观中脏、乱、差的现象。2000年接管八一路后，经过一年的强化管理，获得“城东区绿化样板示范街”的称号。2001年接管滨河路游园和绿地后，配置了大量的不同品种和花色的草花，形成了城东区沿湟水河一道靓丽风景线，赢得了市民的好评。2002年中国·青海郁金香节期间，由于郁金香花卉种植整齐美观，街头园林景点设计制作主题鲜明、艺术性强，城东区园林绿化管理处获得“郁金香节先进集体”称号。在每年的中国·青海郁金香节和“青洽会”期间，城东区园林绿化管理处做好重点地段园林景点的制作和盆花摆放工作，突出奋发向上的精神风貌和艺术品位，达到了以花为媒，以优美的景观、整洁的市容为经济合作和投资营造良好的外部环境的目的。2004年，接管湟乐公园后，重新进行园林景观设计，栽植各种乔、灌木，配植草花、种植草坪，彻底进行了改建。不到两个月的时间，湟乐公园的面貌得到改观，赢得游客的好评。

辉煌（西宁大厦景点）

八一路

西宁市公物拍卖中心

XININGSHIGONGWUPAIMAIZHONGXIN

青海省西宁市公物拍卖中心是青海省西宁市人民政府批准组建，于1996年11月成立的西宁市首家综合性拍卖机构，国家经贸委和海关总署缉私罚没车辆定点拍卖企业，是青海省人民政府、西宁市人民政府、青海省高级人民法院、青海省工商行政管理局、青海省地方税务局等部门唯一指定拍卖机构，是建行青海省分行、农行青海省分行、长城资产管理公司、信达资产管理公司、东方资产管理公司、华融资产管理公司等金融机构指定的资产处置拍卖机构。属中国拍卖行业协会理事单位，中国拍卖A级企业。

西宁市公物拍卖中心法人代表：南建青(国家注册拍卖师)。中心下属拍卖业务一部、拍卖业务二部、拍卖业务三部、拍卖业务四部、综合办公室、计划财务部、机动车拍卖行、艺术品拍卖行、特价商店等。中心员工20人，国家注册拍卖师3人，经中国拍卖行业协会培训取得拍卖从业人员资格证书12人，大中专以上学历16人。

中心主要经营范围：依法缉私罚没物品；充抵税款罚没物品；闲置物资设备、破产企业的各类设备物资；无形资产；国有土地使用权、工业用地、商业用房、公民私宅等不动产；邮政运输和仓储部门的无主物；中国古代、近代、现代字画、精品及古玩艺术品，个人的合法物品、藏品、邮品、产业；国家允许拍卖的公私财物。

中心自成立以来，在全省范围内举办了国有企业资产、出租汽车经营权、罚没抵扣物资、抵税物资、街道冷饮摊位、破产企业固定资产、家用电器、艺术品、民品、机动车辆、房地产、公交站亭经营权、市场摊位经营权、商业铺面、省级储备粮轮换竞价交易和采购交易，矿产采矿权、探矿权等几十个不同标的的拍卖会，并先后在格尔木市、德令哈市、湟源县、大通县、平安县等地举办了拍卖活动。拍卖成交总额达3亿元人民币。这些拍卖活动的成功举办，取得了较好的社会效益，在培育青海拍卖资源，活跃青海拍卖市场、拓宽拍卖渠道等方面创造了较好的条件。

中心企业信誉好，拍卖运行规范，是青海省规模最大、实力最强的拍卖行，在近六年的拍卖实践中，从无发生任何法律纠纷。中心专业特长主要是房地产、机动车、企业资产、无形资产、土地使用权、厂房设备等，多次为公检法、海关等执法机关拍卖公物、罚没物资、破产资产等，为金融机构长城公司、信达公司、东方公司等拍卖不良资产，取得了一定的效果，深得客户的信赖。2003年被共青团青海省委命名为“全省青年文明号”单位。

单位地址:青海省西宁市西关大街28号
联系电话:(0971)6113389　6113397　6113965　6166317
传　　真:(0971)6113389　6113965
邮　　编:810001
网　　址:www.xnpm.com

PICC Property and Casualty Company Limited Xining City Branch

中国人民财产保险股份有限公司 西宁分公司

中国人民财产保险股份公司西宁市分公司是中国人保财险在西宁地区的分支经营机构，也是西宁地区经营保险业务时间最久，经营规模最大的商业保险机构。公司内设承保中心、财务中心、现赔/客户服务中心等6个部门，下设11家经营网点遍布西宁四区三县及海北地区，从事财产保险、责任保险、信用保险等业务，范围覆盖非寿险保险业务的所有领域，经营的险种达110多项，截止2003年底，保费收入14531.9万元，占西宁财险市场份额90%，全年支付赔款7049.6万元，保险经济补偿作用得到充分发挥。

随着公司股份制改造的完成，公司将秉承和光大“以人为本，效益为先，笃守信誉，稳健经营”的宗旨，引进国际市场成熟的保险理念，经营机制和管理方法，密切观注广大消费者的需求，充分发挥人才、技术、资金和管理方面的优势，不断完善客户服务体系，提高服务水平，为社会各界的财产安全和西宁经济发展提供更加广泛、便捷、优质的服务。努力稳健经营，不断开拓保险服务领域，积极支持国民经济的发展，推动社会的全面进步。

总经理　陈海勇

查勘定损人员进行现场损失鉴定

中保财险西宁分公司办公大楼

文明单位

中共西宁市委
西宁市人民政府

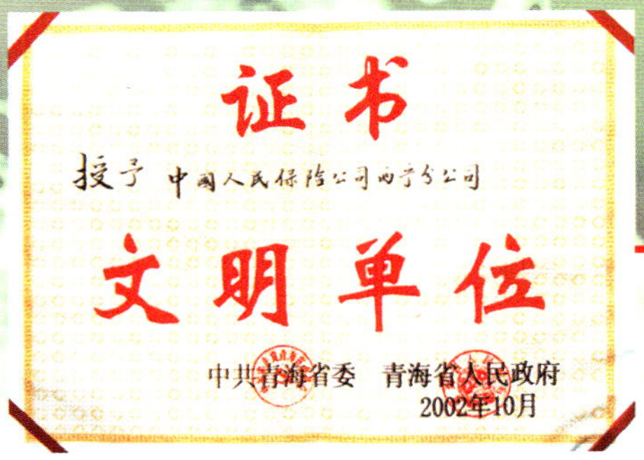

证书

授予 中国人民保险公司西宁分公司

文明单位

中共青海省委　青海省人民政府
2002年10月

西宁市住房担保置换公司

XININGSHIZHUFANGDANBAOZHIHUANGONGSI

经理　任国海

西宁市住房担保置换公司成立于二OOO年四月。是我省目前唯一一家既具住房贷款担保，又兼房屋置换业务的国有专业性房地产中介服务企业。公司隶属于西宁市房产管理局。注册资金1000万元。公司总经理任国海。公司不仅能运用自己所掌握的大量最新的房源信息储备和严格规范的操作程序，为买房、卖房、换房、租房等一切房屋交易活动提供正规的交易渠道和安全快捷的中介服务，避免私下交易所产生的各种风险，而且能凭借良好的信用和雄厚的资金实力为资金有困难的购房人提供贷款信用担保而及时获得住房贷款。

公司成立以来，以服务房改、支持广大居民住房消费，改善居住条件，活跃住房二三级市场为己任，坚持“诚信为本，客户至上，房屋超市，交易桥梁”的宗旨，瞄准市场，围绕客户，不断创新业务品种，完善服务手段，规范操作程序，成为广大居民住房置业的桥梁和纽带，是西宁地区住房二三级市场一支重要的生力军。二OO三年被评选为青海省商业“服务名牌”和“全国诚信建设示范单位”。

公司目前已开办的业务共有两大类九个品种：

第一大类：住房贷款担保业务

1)职工个人住房公积金贷款担保业务；

2)银行个人住房商业性贷款担保业务；

3)个人住房组合贷款担保业务；

4)二手房按揭贷款担保业务；

第二大类：房屋置换业务

1)散户房屋置换业务；

2)整体收购，低价零销置换业务；

3)预购代销置换业务；

4)委托代销置换业务；

5)委托租赁业务。

广大居民、商家和单位，需要买房(商品房、二手房)、卖房、换房、租房以及需向银行贷款，我公司均可以为您提供优质、安全、快捷的全程服务(业务咨询、信息查询、信息发布、寻找买主、签定合同、产权过户、贷款担保、房款交割、房屋交付)。

房屋超市　交易桥梁

公司地址：西宁市黄河路23号国源大厦十楼
电　　话：6136069　6136009
网　　址：http://www.nfzh.com
邮　　编：810001

青海师范大学

QINGHAISHIFANDAXUE

青海师范大学始建于**1956**年，初名青海师范专科学校。1958年扩建为青海师范学院。1984年经青海省人民政府批准，更名为青海师范大学。近年来，青海师范大学经历了两次大的合并、调整。1997年，原青海教育学院与原青海师范大学合并组建新的青海师范大学；2000年青海民族师范高等专科学校并入青海师范大学。目前青海师范大学已经发展成为一所学科门类比较齐全，师资力量比较雄厚，教学科研具有一定水平的省属重点高校。

(一)学科与专业

青海师范大学目前设有成人教育学院、民族师范学院2个副厅级建制学院，校本部设19个教学、科研单位。共31个本科专业，其中师范专业14个，非师范专业17个，5个专科和高职专业。10个硕士学位授权点，是教育硕士试办单位，有4个省级重点学科，3个省级重点实验室，7项省级重点课程。

(二)师资队伍

青海师范大学目前共有教职工1252人，校本部教职工892人，其中教师668人。专任教师中，具有正高级专业技术职务的43人，副高级专业技术职务的216人，高级职务占专任教师总数的39%，各级教师专业技术职务比为0.7∶3.3∶4.7∶1.4；具有博士学位的6人，硕士学位的99人，占专任教师总数的16%；具有研究生学历的62人，占教师总数的10.1%。

(三)教学与人才培养

牢固树立教育教学质量是高等学校发展生命线的观念，高度重视本科教学的基础地位，加大力度建设硕士学位授权点，积极培育博士点生成的基础。以学科、专业、课程的结构调整和优化为基础，全面推进素质教育，努力为本地区和国家造就更多的优秀人才。建校迄今，培养、输送各类专业人才25000余人，培训13000余人，为青海省的经济建设和社会进步做出了积极贡献。

李岚青副总理来我校视察

省委书记赵乐际到学校视察工作

学校理科教学楼

团结奋进的新一届校领导班子

青海南方药业有限责任公司

总经理　张嵩林

青海南方药业有限责任公司始建于一九九八年，是一家集中药、西药、中药材、营养滋补保健品等八大类3000多个品种的批发、零售为一体的股份制企业。在公司法人、董事长兼总经理张嵩林同志的正确领导下，经过多年努力，公司不断发展壮大，目前总资产为1500万元。公司已建立起完善的销售网络体系和质量监督管理体系，并按国家食品药品监督管理局的要求，通过了国家GSP达标验收。与此同时，员工队伍及其整体素质也有了相应的扩充和提高。截止目前，公司有员工80人，大专以上文化程度的占公司总人数的28.5%，专业技术管理人员实力雄厚，具有高中级以上专业职称的6名、药师4名，为公司长远的发展奠定了坚实的人才基础。

公司领导班子

公司一直奉行“勤奋求实、团结协作、发展药业、健民富国”的企业精神；并一贯坚持“适应社会主义市场经济要求，在国家产业政策指导下，充分发挥自身优势，积极致力于发展地方医疗卫生事业，努力提高广大人民群众的医疗健康水平和生活质量”的经营宗旨。在此前提下，公司把药品的质量问题明确为公司的首要问题，坚持把“一流的服务、一流的质量、一流的管理、一流的信誉服务大众，奉献社会”当成企业生存发展之根本，从而为企业的健康发展提供了有力的保证。另外，公司还把“以人为本”的人才观念明确为一切工作的基础，认为“人是任何事业发展的根本”。为此公司把员工的思想道德素质和业务知识技术素质明确为一项长抓不懈的重要工作，并建立了相应的管理及考核制度。

公司已从以前靠单纯零售为主的简单经营模式逐步形成为全方位、立体式科学管理经营模式，目前已形成了以药品批发、零售、医疗保险为一体的综合经营模式，同时正向规范化、模范化、多元化的目标发展。

公司在董事长兼总经理张嵩林同志的正确领导下，经过几年努力，不仅取得了巨大的经济效益，同时还取得了较好的社会效益。公司取得的成绩得到上级主管部门的认可和社会的广泛好评。公司曾多次荣获西宁市“重合同、守信用企业”、“重点企业保护单位”、“青海创名牌企业”、“公众形象无投诉企业”、“再就业贡献企业”、“放心药店先进单位”、“先进示范药店”等荣誉称号。公司经过几年发展已取得令社会各界所瞩目的成就。

目前，公司实行科学化的管理体制，实现了20台微机联网监控等销售管理工作，为企业的腾飞奠定了良好的基础，为青海的医疗卫生事业做出贡献。

授予：医药纠风“放心药店”竞赛活动

先进单位

西宁市政府纠风办　西宁市医药管理局
西宁市卫生局　西宁市物价局
西宁市工商局　二○○○年九月

主任　白云胜

青海省农村信用社联合营业部

QINGHAISHENGNONGCUNXINYONGSHELIANHEYINGYEBU

领导班子

青海省农村信用社联合营业部成立于一九九七年九月，位于西宁市花园北街五十五号，是由全省农村信用社入股组成的，是独立的金融法人机构，现有员工二十人，其中大专以上学历的员工十二人，中级职称职工八人。主要办理存款、贷款，票据贴现，国内结算业务，办理个人储蓄业务，代理其他银行的金融业务，为县联社统一办理资金融通拆借调剂业务，办理经中国银行业监督管理委员会批准的其他业务。营业部成立以来，各项业务迅速发展。二OO一年与全国各商业银行之间开通了电子联行资金汇划业务，二OO二年三月实现了与人民银行电子联行的“天地对接”，解决了电子联行“天上三秒、地上三天”的瓶颈问题。同时，参加了全国农村信用社特约电子汇兑业务。同年二月成立了全省农村信用社省辖电子汇兑清算服务中心。二OO三年十二月一日参加并顺利实现了人总行推广运行的大额支付系统。上述各项业务的开通，彻底解决了长期以来我省农村信用社异地资金汇路不畅的问题，有效地提高了在农村信用社开户企业资金汇划到帐的速度，达到了开户企业资金随汇随到的目的，加快了农村信用社和开户企业资金的周转速度，提高了资金使用效益。

营业室

青海神力房地产开发有限公司

QINGHAISHENGLIFANGDICHANKAIFAYOUXIANGONGSI

总经理　钟良基

青海神力房地产开发有限公司是中国·神力集团主要成员之一。青海神力房地产开发有限公司成立于1999年，立足于改造西宁、建设西宁的方针，以“西宁市西大街旧城改造工程”为龙头项目，积极参与西宁市现代化城市建设。

青海神力房地产开发有限公司自成立以来至今，实现销售收入8000万元，累计上交税金350万元左右。

在西宁市西大街旧城改造工程中，公司所开发的一期工程“光彩广场”已于2001年12月全面竣工并交付使用，在行业中获得了“优良工程”；二期工程“神力世纪大厦”已于2003年12月底全面竣工并交付使用，该工程是一座全框架结构，集商贸、办公、住宅为一体的大型现代化综合性商厦，其在立面造型上突出大型现代化建筑的特征，整体形象浑厚、稳定、大方、考究，以深厚内涵的建筑人文文化展现在西宁人面前。

青海神力房地产开发有限公司于2001年度被评为优秀民营企业，总经理钟良基先生被评为优秀民营企业家；于2002年被青海日报社授予青海省公众形象优秀企业、无投诉商品(单位)；于2003年7月荣获“贡献企业奖”称号。

看明天，“雄关漫道真如铁”，我公司将继续谨守“以人为本、团结奋斗、开拓进取、报效中华”的企业精神，在西部大开发的前沿力争闪耀最强的火花。

西宁卉源农业有限公司

XININGHUIYUANNONGYEYOUXIANGONGSI

西宁卉源农业有限公司是城西区彭家寨镇政府为加快当地农业产业化结构调整，推动特色农业发展而建的一座以生产百合、剑兰、郁香金等鲜切花为主的花卉生产基地。公司始建于2000年8月，位于西宁市城西区彭家寨镇汉庄村，占地近600亩。

近3年来，公司在镇党委及镇政府的领导下通过自身努力取得了较好的成绩。

公司现建有日光节能温室100亩，种球繁殖基地500亩，1500立方米种球处理库一座，水质软化池5000立方米，水、电、路等基础设施完善，年产鲜切花260万枝，种球320万粒，盆栽植物46.8万盆，可带动农户300户。主要品种有亚洲百合、东方百合、麝香百合三大系列以及郁金香、剑兰等24个品种。产品主要销往北京、上海、广州、重庆、成都、昆明、西安、乌鲁木齐等十几个大中城市。

公司2001年被国家财政部农业开发办评为省级龙头企业，2002年被定为青海郁金香节分会场，2004年被省科技厅及其它部门评为省级科技示范园。

2002年5月，国家主席胡锦涛同志亲临园区视察，对园区的定位和发展模式给予了较高评价。

公司培育的“东方百合”

公司生产的矮牵牛

公司生产的红掌

公司生产的草花

公司生产的盆花

青海省瑞昇建筑有限公司

QINGHAISHENGRUISHENGJIANZHUYOUXIANGONGSI

经理　崔凯

青海省瑞昇建筑有限公司为建筑工程施工总承包三级企业，经省建设厅依法批准成立的具有法人资格的建筑企业，公司法人代表及总经理为甘富珍。

本公司经青海省建设厅审查，核准为房屋建筑工程施工总承包三级企业，可承建14层以下，单跨跨度为24米及以下的房屋建筑工程，高度70米以下的构筑物；建筑面积6万平方米以下的住宅小区建筑群体。市政公用工程施工总承包三级：可承担城市道路工程、公共广场工程等。专业承包三级：承担工程造价60万元及以下建筑室内外装饰工程的施工。建筑防水工程专业承包三级：承担工程造价200万元以下房屋建筑防水工程的施工。

公司拥有资产总额953万元，其中：企业资本金650万元，固定资产原值300万元。现公司拥有QT315A塔吊等各类大中型施工机械85台，车辆5台，机械总功率3180千瓦，具备大型工业厂房及高层建筑施工能力。公司企业性质为有限公司，注册资金为650万元。

瑞昇建筑有限公司系二级管理，公司机关下设经营、生产、技术、质量、安全、材料、财务、办公室等部门。公司下属五个项目经理部，公司拥有员工550多名。其中：高级工程师5人，工程师7人，大中专以上学历43人，初级以下职称人员130余人，项目经理部项目经理及“五大员”都持证上岗，特殊工种人员全部有上岗证。

瑞昇建筑有限公司近年来承建的工程优良率为100%。2001年开始按新验收标准均为一次性验收符合设计要求。三次荣获全省建筑业质量最高荣誉——“江河源”杯工程：青海医学院10#住宅楼(1999年度)；西宁市城北区建设局综合住宅楼(2001年度)；西宁幸福小区6#楼(2002年度)。

公司连续三年被西宁市工商行政管理局评为“重合同，守信用”企业，被西宁市人民政府授予1999-2002年度连续三年重合同守信用牌匾。

2000年11月13日我司承建的银城公司住宅综合楼工程，在2000年全省质量安全检查中被青海省建设厅评为质量安全双优工程。

2002年9月13日，我司承建的湟中县法院综合办公楼工程，在2002年西宁市整顿规范建设市场秩序综合执法检查中，安全文明施工成绩突出，被西宁市城乡规划建设局通报表扬。

2002年我司承建的湟中文化广场，被湟中县政府树为2002年度样板工程，一次性评为优良。

瑞昇建筑有限公司资金实力雄厚，生产经营正常，财务情况良好，树立以人为本的人才思想，经营管理严谨，技术力量过硬，员工整体素质高，领导班子富有朝气、勇于开拓。因此，创建了许多优质的工程，赢得了卓越的社会信誉，具有较强的市场竞争能力，树立了良好的企业形象。

我们的宗旨是：用户是上帝。信用至上，服务第一。承诺质量终身负责制，以优质的售后服务保证客户百分之百的满意。

我们企业的精神是：勤勉敬业、真诚待人、力争最优、力争最快、力争最好。

本公司法人代表甘富珍愿携全体员工对一贯支持我公司工作的各单位，各级领导和新老朋友表示衷心的感谢！

“江河源”杯

公司获市政府颁发“重合同、守信用企业”

公司承包湟中县广场竣工典礼

市法院住宅开工典礼

公司办公地点：西宁市城西区西山三巷2号
邮编：810008
电话：0971-6152903-8000
传真：0971-6100685

西宁市银城房地产开发有限责任公司

XININGSHIYINGCHENGFANGDICHANKAIFAYOUXIANZERENGONGSI

法人代表　甘富珍

本公司是经青海省建设厅审批并依法成立的三级房地产开发企业。拥有固定资产850万元，流动资金660万元。职工36人，其中各专业职称技术人员23人。

公司宗旨：信用至上，服务第一。承诺质量终身负责制，以优质的售后服务保证客户百分之百的满意，为西部大开发作贡献。

公司业务：

一、为社会各界朋友、企事业单位、州县驻宁办事处(基地)提供各种形式的联建、各个地段的土地征用、搬迁、安置以及房地产代办综合开发、城市危旧房改造；

二、积极开发安居工程，贴近百姓，为低收入家庭保本售房；

三、精心构筑住宅精品，为成功之士提供高品位住房。

公司历年所开发的工程项目，经省、市质量监督部门验收，优良率100%。其中：1995年开发建设的农行城北办综合住宅楼优良工程，在建设部全国质量大检查抽查中受到表扬；1997年开发建设的农行城中办综合住宅楼，获省优质工程，我公司被授予全省先进房地产开发企业；1998年代办建设的青海省医学院10#住宅楼优良工程，获全省"江河源"杯最高荣誉奖；1999年省电影发行放映公司住宅楼优良工程，在全国安全大检查中被评为"施工现场文明工地"；2000年市城北建设局综合住宅楼(该工程2002年获全省"江河源"杯最高荣誉奖)、银城公司综合楼、银城公司1#、3#住宅楼等工程项目均被省、市质监站评为优良工程。2003年度被青海省消费者协会授予青海省房地产行业"诚信单位"。

我公司资金实力雄厚，经营管理严谨，技术力量过硬，员工整体素质高，领导班子富有朝气、勇于开拓，对未来充满信心。

我们的目标是：工程质量优良率100%；用户满意率100%。

我们企业的精神是：勤勉敬业、真诚待人、力争最优、力争最快、力争最好。

公司地址：西宁市城西区西山三巷2号

电话：0971-6152903-8000

公司领导班子

微机化管理

公司法人代表兼总经理甘富珍携全体员工对以往支持我公司发展业务工作的各级领导和新老朋友表示衷心的感谢

中央储备粮西宁直属库

主任　马旌升

中央储备粮西宁直属库地处青海省东部农业区北部，库点位于西宁市所辖县区大通县境内，距省会西宁市29KM，距大通县城6KM，227国道(宁张公路)从库区门口经过，交通便利。由于本地区的气候特点是低温、干燥、湿度小、储粮虫害少，因此对粮食储存具有得天独厚的优势。

我库是1998年500亿斤国家粮库规划新建项目之一，1999年4月开工，当年11月底全部竣工，总投资额为1596万元，占地面积72亩。2000年9月28日上划为中央直属粮库，隶属中国储备粮管理总公司兰州分公司管理。现有职工15人，其中本科学历3个；大专学历2人；中专4人；具有初级职称人数为6人。主要职能及作用是承担中央储备粮油的储存和保管任务，保证所储存的中央储备粮油数量真实、质量良好、储存安全，保证国家急需时调得动、用得上。

目前，建成有高大平房仓5座和储备油罐3座，并配套高齐全的生产及生活设施、仓储机械设备和先进的检化验仪器。粮食储藏全部采用计算机粮情检测分析系统、机械通风和环流熏蒸等科学储粮技术，机械化、自动化程度较高。

展望未来，面对充满挑战和机遇的二十一世纪，我库将在中储粮兰州分公司的领导下，树立高度的责任感和使命感，秉承“忠诚、团结、务实、高效”的企业理念，以崭新的姿态、规范的管理，努力开创中央储备粮经营管理的新局面，谱写新世纪中储粮发展事业的新篇章。

西宁颐贤新城房地产开发有限公司

西宁颐贤新城房地产开发有限公司于二OO二年六月二十六日经工商行政机关批准成立，注册资本为贰仟万元人民币，主要从事房地产的开发和经营。

颐贤新城房地产公司是青海白唇鹿股份有限公司和西宁市国新投资控股有限公司共同出资组建的股份公司，白唇鹿股份公司占70%的股份，国新公司占30%的股份。颐贤公司通过拓展地产项目，扩大两个公司的经营范围，灵活多样的经营机制，更快更好地打造公司的品牌项目。

蒋洁敏副省长视察颐贤新城售楼中心，蒋洁敏（左一）、颐贤公司董事长褚晓东先生（左二）

公司现有人员16人，有职称的专业技术人员14人。开发的颐贤新城住宅小区总建筑规模10万平方米，总投资1.2亿元。小区地理位置优越，整体规划引用沿海城市先进的理念，设计出国际式的花园小区。整个小区小桥流水、绿树成荫，每一小小的局部都成为经典之作，并且此项工程已被评为“西宁市重点项目工程之一”，年内建成的颐贤小区必将成为西宁地区房地产开发和城市建设的又一亮点。

公司总部是在广州的贤成集团，贤成集团经过十多年的发展，历经了由广东兴宁--广州-西部--海外的一个发展过程，已形成跨行业、跨区域、多渠道发展公司业务，各行业专业人才都集于贤成，使贤成集团已成为走向国际化的外向性企业。

目前公司各部门主要管理人员均由在广州、贵阳、长沙等地从事多年房地产开发的成功人士担任，他们已成功地开发了广州贤人图、聚龙阁、广州大道北逸贤大厦，贵阳市中海房地产城市花园，长沙市湘城房地产1600亩正式启动。特别是颐贤小区的物业管理，将采用全新理念、全方位、细致周到的服务，使业主更深切体会那种高品质的服务意识。

颐贤公司未来的发展，将会在不断积累财富中拓展新的项目，充分利用西部大开发的大好时机，不断开拓新的市场，使颐贤的地产项目打造品牌效应，为公司创造辉煌的未来。

绿色食品

DINGXIANGLIANGYOUJITUAN

丁香粮油集团

党委书记　张世君

董事长　段韶军

国有大型企业--青海丁香集团是青海省粮食行业的龙头企业，也是西北地区同行业中综合实力最强的企业之一，以粮油生产、购销、仓储及饲料加工等为主业，同时积极开发农业产业化及相关产业，多元经营、多头并进、效益可观、前景广阔。

公司拥有总资产2.93亿元，注册资金12477.42万元，仓容量8.2万吨，铁路专用线四条，全长4.8公里，三条进口粮油生产线设备精良、工艺一流，年产系列面粉8.4万吨，系列油品1.5万吨，年经营系列大米2万吨，年产饲料5万吨。公司现有注册商标三枚，分别是“丁香”、“三江源”及“新禾”，其中“丁香”作为主打商标，已入选青海省著名商标，丁香集团也因此成为广大消费者公认的诚信企业。1999年公司通过了ISO10012-1国际计量检测体系认证，丁香牌系列菜籽油获“绿色食品”证书，2000年公司荣获“全国安全优质食品承诺企业”奖牌；2001年公司了ISO9002国际质量保证体系认证；2002年公司主打产品被中国粮食行业协会首届评选为“放心面、放心油”，同年8月获国家质检总局颁发的“质量免检”证书；2003年1月获全国首届五大类食品市场准入审核合格产品证书。

丁香集团本着“坚守品牌信誉、打造金色丁香”的发展理念，诚邀国内外客商广泛合作，共谋发展。

青海谦信化工有限责任公司

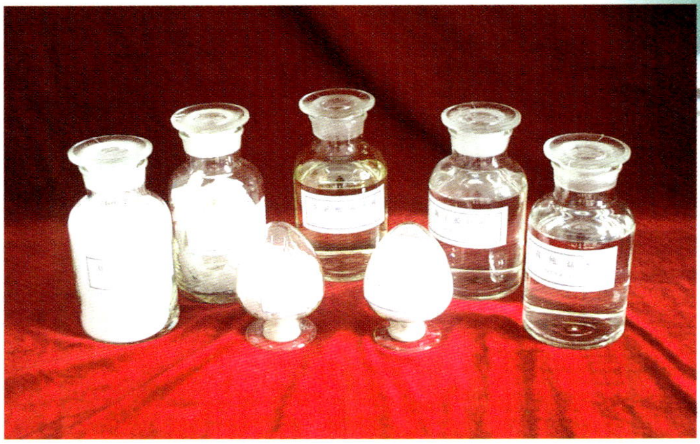

青海谦信化工有限责任公司是2001年2月由青海油田职工持股会、青海石油管理局、青海省投资控股公司共同发起组建的股份有限责任公司。公司现已于2002年建成投产，生产经营聚氯乙烯、离子膜烧碱等相关产品，并进行与上述相关产品的技术咨询、服务工作。

公司位于青海省西宁市东川韵家口，厂区距西宁火车站9公里，距西宁火车东站2公里，铁路专线与兰青铁路线相接，交通便利。

公司注册资金4000万元，现拥有固定资产1.7亿元，公司拥有目前同行业中较为先进的生产装置和工艺技术，生产过程中采用DCS控制系统，自动化程度高，主导产品为聚氯乙烯树脂(PVC)、离子膜烧碱、离子膜片碱、高纯盐酸、液氯、次氯酸钠等。现有生产能力分别为年产1万吨/年聚氯乙烯树脂(PVC)装置、1万吨/年离子膜烧碱装置和3000吨/年离子膜片碱装置、5000吨/年高纯盐酸装置。

公司自组建以来，以注重市场开发为出发点，经过近两年的生产经营销售，现已形成了自己的销售网络，产品主要销售区域从本省跨越到了甘肃，广东，福建，浙江，陕西，西藏等省份，并享有较高的市场知名度和信誉。

公司自成立以来始终坚持谦虚守信的经营理念，以经济效益为中心，以人为本形成了“团结、务实、开拓、创新”为核心的企业文化。面对西部大开发机遇的挑战，公司以“做精、做强”为发展理念，积极实施可持续发展的战略，力争在较短的时间内，充分有效地利用好当地的优势资源，以技术改造和现有产品结构调整为立足点，做到“人无我有，人有我精”。使我公司的离子膜烧碱、聚氯乙烯等产品成为青海省化工行业的拳头产品，为青海省的经济建设做出自己应有的贡献。

公司竭诚为国内外用户提供高效可靠的产品和服务，同时欢迎新老客户惠顾，携手共创辉煌。

董事长：马力行
总经理：郑　辉
地　址：西宁市城东区韵家口朱家庄路4#
电　话：(0971)8016261、8016389
传　真：(0971)8016227
邮　编：810015

中油天然气西宁销售分公司

ZHONGYOUTIANRANQIXININGXIAOSHOUFENGONGSI

经理　段朝明

石油，在人类的交通运输生活，起着不可缺少的作用。作为担负着西宁市的汽、柴、煤、润滑油等成品油零售供应的中国石油青海西宁销售分公司，是西宁市成品油流通的主渠道，为西宁市的经济建设发挥着重要的作用。

中国石油青海西宁销售分公司成立于1994年，1998年7月上划中国石油天然气集团公司，隶属中国石油天然气股份有限公司青海销售分公司管理。目前，全公司拥有总资产12886万元，加油站46座，职工总数560人。

我司自1998年以来，在中油青海销售公司的正确领导下，走过了一条艰辛而又不平凡的道路，取得了显著的经济效益。年销售量由1998年的2940吨增加到2002年92800吨，增长2.2倍，职工人均收入由1998年的4713元增加到2002年16500元。加油站由1998年21座，增加到2002年的46座，五年以来共上缴利税1773万元。

公司新一届现任领导班子，在经理段朝民的领导下，以开拓创新的勇气，克难制胜的魄力和真抓实干的精神，解难扭亏，摆脱不利局面，消化了过去许多沉重包袱和遗留问题，健全完善了各项规章制度和操作规程，夯实了企业家底。公司奉行“以优质服务求生存，以开拓经营求发展”的经营宗旨，树立了良好的企业形象和社会信誉。目前，公司正朝着良性发展轨道不断向前发展。

公司领导班子

西宁市中油燃气有限责任公司

董事长兼总经理　曲国华

西宁中油燃气有限责任公司位于西宁市柴达木路26号

联系电话：0971-5133181

西宁中油燃气有限责任公司成立于2000年3月，同年7月西宁市天燃气工程开工，2001年5月31日主体工程建成并顺利投产通气。

西宁城市天燃气工程项目主要包括连接“涩宁兰”天燃气管线的城南门站、柴达木路天燃气调配站及CNG加气站、八一路CNG加气站，长达270多公里的城市地下天然气管网等。

目前，西宁中油燃气有限责任公司年销售天燃气突破1亿立方米。西宁市公共交通车辆已全部使用天然气作燃料，其它公用车及出租车正逐步进行双燃料改造。2004年西宁地区煤改气工程将全面完成。这将标明西宁市在开发利用天然气方面已走在全国大中城市前列。也正因为天然气的开发和利用，使西宁地区的大气环境不断改善，空气质量越来越好，天空愈来愈蓝。

西宁中油燃气有限责任公司承担着整个西宁地区的天然气安全供输，配套工程建设及日常维护管理等多项综合性任务。公司本着“为用户着想，为用户解决问题，令用户满意”的宗旨，热情为社会服务，并为推动西宁地区的经济建设和发展作贡献。

西宁市排水公司

XININGSHIPAISHUIGONGSI

公司领导视察排水设施养护基地的建设

污水处理厂办公楼

西宁市排水公司成立于一九九九年八月一日，现隶属于市水务局，负责全市城市排水设施的管理养护，城市排水管网工程的规划设计、审批、接管入网、建设，城市污水处理等。现有职工115人，其中具有大中专以上学历的80人，下设公司机关和排水管理处、市第一污水处理厂。

公司成立四年来，在市委、市政府、市水务局的关心支持和正确领导下，组织实施了西宁市排水管网改造工程，西宁市污水处理厂一期工程的建设，完成投资3.5亿元，两项工程的建成，完善了城市排水体系，给市民创造了一个良好的人居环境并填补了我省没有城市大型污水处理厂的空白，对湟水河两岸及下游地区生态环境的治理起到积极的作用。

污水处理厂初沉池

西宁市劳动和社会保障局

西宁市劳动和社会保障局下设两个局(西宁市社会保险事业管理局、西宁劳动就业服务局)、七个处室、一个中等职业学校(西宁市二轻中专),共有干部职工 147 人。近年来,在市委、市政府的正确领导下,在省市有关部门的帮助支持下,全局干部职工以创新为目的,以发展为目的,以落实“三个代表”要求为目的,内炼品质,外树形象,发扬团结协作,拼搏奉献,锐意进取,求实创新精神,在“两个确保”和再就业及社会保险等方面都取得了新的成绩。

2004 年,全市劳动保障工作总体要求:以邓小平理论和“三个代表”重要思想为指导,进一步增强做好劳动保障工作的使命感和责任感,着力做好就业再就业,完善社会保障体系和维护劳动者合法权益的工作,协调推进收入分配、劳动关系、劳动保障法制建设等各项工作,努力实现我市劳动保障工作全面持续协调健康发展。

西宁市总工会

西宁市总工会作为全市工会的领导机关,肩负着组织和带领各级工会认真履行维护职工合法权益基本职责,充分发挥工会在经济建设、民主管理、职工教育等方面的社会职能作用的重要任务。

西宁市总工会把为职工办实事,特别是为困难职工群体提供帮扶和援助,作为工会组织贯彻十六大精神,实践“三个代表”重要思想的主要工作来抓。全面实施“送温暖工程”,建立困难职工档案,实行帮扶困难职工制度。坚持“两节”送温暖活动,千方百计筹集资金,向困难企业、困难职工和劳动模范送去党和政府的温暖。西宁市总工会把坚持“送温暖工程”与积极协助政府搞好“再就业工程”结合起来,成立困难职工帮扶中心,面向下岗失业人员、困难职工开展职业介绍、技能培训、困难帮助、法律咨询、信访接待等综合帮扶援助活动。

西宁市总工会坚持维护职工权益与提高职工素质相统一,创建学习型组织、知识化职工,紧紧围绕企事业单位生产经营和科技进步,发动职工开展形式多样的劳动竞赛、合理化建议、技术革新、技术比武、岗位练兵等群众性经济技术创新活动,动员和组织职工为全市经济建设建功立业。

西宁市总工会始终把如何维护职工队伍和社会稳定作为一项义不辞的重要政治任务,以加强维权机制建设,加大调整劳动关系力度为工作切入点。加强调查研究,积极参与涉及职工权益政策的制定和各项工作的开展。建立西宁市劳动关系三方协商会议制度,协调稳定社会劳动关系。全面推行平等协商,签订集体合同制度和以职工代表大会为载体的厂务公开制度,促进基层民主政治建设。

西宁市总工会坚持以建设先进文化为已任,发动和组织全市各级工会因地制宜,组织开展职工群众喜闻乐见、丰富多彩的文化娱乐活动,弘扬主旋律,宣传新风尚,为丰富职工群众节日文化生活,促进精神文明建设发挥了十分重要的作用。

西宁市城市管理局

西宁市城管工作紧紧围绕全市经济发展、社会进步这一中心，以“四创”活动为契机，以“塑造城市特色，实现城市面貌新突破”为要求，通过深化改革、整治环境、落实责任、完善规章、塑造形象等工作，为西宁市经济发展，社会进步提供了良好的服务。

去年，西宁市针对环卫设施薄弱和投入不足的实际，制定出台了《关于进一步理顺环卫作业机制实施意见》，进一步明确了市、区、街道环境卫生管理职责，积极推行了大街小巷道路清扫保洁和垃圾清运作业承包责任制。开展了楼体垃圾道封闭工作，对市区内具备条件的1412栋楼体垃圾道进行了封闭；开展了社会垃圾密闭运输和建筑垃圾、渣土运输车密闭改造工作，减少了“二次污染”；对农村垃圾采取了减半收费，准许农用车运输，设置规范、小型生活垃圾填埋场等措施，解决了农村垃圾污环境和城乡结合部环境卫生管理不到位的问题。加大了城市垃圾处理费收缴力度，全年共收缴垃圾处理费1165.5万元，对市区内公厕及冷饮摊点经营权进行了公开拍卖，拍卖收入122万元集中用于各区环卫基础设施建设。

与此同时，引资200万元，建成了西宁市废旧塑料处理厂，为垃圾减量化、分类收集和有效利用迈出了实质性的一步。四区共改造旱厕108座，新建公厕10座，新建垃圾中转站3座，设置果皮箱422个，完成了投资3500万元的尹家沟垃圾卫生填埋场项目前期工作。开展了集贸市场、旅游景点、物业小区及行政村等环境卫生达标活动，目前，全市有17个集贸市场、10个旅游景点环境卫生达标。围绕“四创”和“四大节日”工作内容，清除垃圾死角62处，清理垃圾9000余吨。拆除不规范广告牌2327块，拆除违章建筑、临时建筑38485平方米，拆除实体围墙7024米。开展了以“三片一线”为重点的城市亮化工程建设，全年共亮化楼体193栋，粉饰楼体96栋。

西宁市老年公寓

西宁市老年公寓是全省第一家由政府投资兴建的福利事业单位，是为适应我市人口老龄化的发展趋势，满足社会上部分老人对福利事业社会化的需求，加快社会福利事业由封闭型、供养型向开放型、供养康复型、福利经营型转变，在省市政府及民政部、民政厅的亲切关怀和大力支持下，在市民政局的直接领导下，投资800余万元，于2002年5月建成运营的。

老年公寓按建设部、民政部颁布的《老年建筑设计规范》进行施工，总建筑面积4763平方米，现有床位144张，设有餐厅、医疗室、康复室、洗衣房、浴室、书画阅览室、娱乐活动室，房间配有电视机、沙发床、写字台、大衣柜、电话及呼叫系统，具有宾馆式的现代化设施，集生活、娱乐、休闲、健身、医疗于一体。

公寓工作人员实行聘用制，全部经过专业培训，她们爱岗敬业、乐于奉献、业务能力强，能针对老年人的生活习惯和心理特点，进行个案护理，个案服务。

公寓严格执行民政部颁布的《老年人社会福利机构基本规范》的要求，坚持以“老人健康长寿”为中心，以“全心全意为老人服务”为宗旨，制定和完善28项制度，充分利用社会福利院五十多年来的办院经验，发挥人才、服务和设备方面的优势，使之在服务形式、服务范围、服务质量上创特色、做样板。在对老年人的吃、住、护理、服务等方面做到“不是亲人，胜似亲人”，以高质量的服务、科学的管理，使生活在这里的老人尽享家庭般的温馨和亲情，努力使西宁市老年公寓在全省社会福利事业中发挥示范、辐射和带动作用。

这里环境优雅，交通便利，设备齐全，职工素质强，服务热情周到，是老人轻松、愉快、舒适、安享晚年的理想场所。

欢迎广大老年朋友光顾。

您的光临，是对老年福利事业的支持！

（我们的承诺：“为老人献孝心、爱心和热心，让老人舒心，让亲人放心！）

地址：西宁市城西区南川西路福路巷1号市社会福利院院内

（市内乘7、12、20、27、32、80路在海山轴承厂下车向南到路口后往西100米即到）。

咨询电话：(0971)6259007　　6264833—8200

欢迎您到老年公寓来

西宁住房资金管理中心

我市住房公积金累计归集突破十亿元大关

个人住房公积金贷款累计发放逾四亿元

我市住房公积金制度自1995年建立以来，在历届公积金管理委员会、市房产管理局的正确领导和各有关部门的大力支持及广大单位职工的积极参与下，取得了重大进展。截止2003年12月底，除省级行政事业、电力系统单位外的1230家单位158427名职工在西宁住房资金管理中心建立了住房公积金制度，累计归集住房公积金10.11亿元，累计向8556户职工个人发放住房贷款4.1亿元，职工累计支取使用公积金3.31亿元，通过发放个人住房贷款和职工提取的方式，已有7.41亿元资金造福职工，为职工住房建设做出了积极贡献。2003年，切实加大公积金制度及业务宣传力度，扩大公积金制度的影响和住房贷款的品牌效应，强化公积金归集，拓展归集范围，资金归集稳步增长。全年归集公积金2.16亿元，归集额同比增加0.27亿元，增长率为14%。在此基础上，大力发展个人住房贷款，强化运作"一条龙"服务、代办手续服务，实行会签审批制，加快审贷进度，最长在11个工作日内完成贷款审查、办理手续并发放贷款。加大贷款额度，拓展贷款范围，在较短时间内向一大批州县职工发放贷款，支持他们在西宁地区购置住房。大力推行上门便民服务活动，先后抽调人员到西钢、邮政实业公司、果洛州玛沁县政府等20家大户业务单位宣传政策，联系和办理业务。通过上门服务为上述单位的822户职工现场办理住房贷款0.51亿元。住房公积金使用力度不断加大，全年向2056户职工个人发放住房贷款1.51亿元，同比上年增加0.25亿元，增长率为22%。与此同时，职工因购房等原因支取使用公积金0.72亿元。职工贷款、提取两项合计2.23亿元，公积金年度使用金额首次超过归集金额，为职工购房提供了有力的资金支持，帮助他们解决住房，改善了居住条件。中心一贯重视党建和行风建设各项工作，推行政务公开，推动创建文明行业活动，始终营造方便快捷、优质规范的服务环境，努力让办事职工称心满意。中心连续6年被市房产管理局评为先进单位。

西宁住房资金管理中心为全市职工住房建设储备能量，加足马力！

西宁市疾病预防控制中心

为适应现代医学模式的转变，提高疾病控制能力，在省卫生厅、市卫生局的领导下，按照卫生部关于疾病预防控制体制改革的文件精神，经市人民政府批准，于2001年11月在原市卫生防疫站的基础上组建成立了西宁市疾病预防控制中心。为市卫生局直属的公益性卫生事业单位。是我市预防控制疾病、重大疫情和突发公共卫生事件的市级专业机构和技术指导中心。

根据工作性质和业务范围，中心下设规划免疫科、传染病防治科、职业卫生科、慢性非传染病防治科、地方病防治科、消杀灭科、体检科、结核病防治科、检验科、门诊、健康教育培训科，以及办公室、人事科、财务科、总务科、业务科。现有职工90人，男38人，女52人，其中高级技术人员4人，占7%；中级专业技术人员29人，占49%；研究生2人，占2%；本科2人，占2%；大专25人，占28%；中专27人，占30%。

开展的主要工作业务：

(1)传染病预防控制；

(2)慢性非传染性疾病的预防控制；

(3)地方病预防与控制；

(4)职业卫生与公共卫生；

(5)公共卫生检验、检测；

西宁市卫生监督所

西宁市卫生局卫生监督所成立于2001年11月，编制41人，现有人员41名，具有中专以上学历34人，设四科一室，卫生监督所为全额拔款的科级事业单位，卫生监督人员参照国家公务员管理，由市人事局从现有卫生监督员中公开考试，择优录用。

目前管辖范围是全市的食品、公共场所、医疗机构、学校托幼机构、放射、职业卫生等卫生监督执法工作，并指导三县的卫生监督工作。

新组建的卫生监督所在市委、市政府及卫生局的正确领导和关心支持下，全所干部职工团结一致、齐心协力，严格执法、依法行政，为保障广大市民的饮食、医疗用品、公共场所、学校等卫生安全方面做了大量卓有成效的工作，赢得了社会各界和广大市民的高度赞誉。先后被卫生部授予"全国卫生监督先进集体"称号、被青海省人民政府授予"人民满意的公务员集体"、被省卫生厅授予"全省抗击非典先进集体"、被市委授予"西宁市防治非典型肺炎工作先进基层党组织"、被市卫生局评为"白求恩杯、卫生质量管理年活动先进集体"、"地方卫生事业发展目标责任实施工作一等奖"、"全市卫生工作先进集体"、"全市卫生系统行风评议先进集体"、"西宁市卫生局先进党组织"等称号。

青海青川房地产开发有限公司

青海青川房地产开发有限公司(是由香港毅时科技有限公司在西宁成立的外商独资公司，资质叁级，注册资本有1000万元)在青海省会西宁开发的大型住宅小区——美丽家园。地处城西文化区，邻近湟水河畔、文化公园、大型综合批发市场和多所重点中学。交通十分便利，周边生活设施齐全、环境堪称一流。其地理位置优越，户型布局合理，配套齐全，绿化植被覆盖率高的环保型住宅小区。

公司本着"高起点开发，高标准建设"的宗旨，在开发建设中努力遵循"以人为本、以社会为本、以科技为本、以可持续建设为本"的新思路。该小区占地面积68亩，建筑面积约90000平方米，中心广场占地面积约7000平方米，中心广场设有喷泉和花园式绿地。采用观景凸窗。第一期工程于2003年10月底交付使用。第二期工程于2003年7月全面动工。小区有住宅650套，商铺10500余平方米，小区内设地下车库、露天车位。

该小区每栋楼均为南北朝向，楼间距大，日照充足，有四种主力户型和部分跃层住宅。户内设施齐全，采用新型的壁挂锅炉分户地热辐射取暖；天燃气、有线电视、电话线终端到户；户内实木门；厨房、卫生间铺贴地砖、瓷砖到顶；防盗门、单元电子对讲门；楼道防滑地砖。

物业管理现已委托青川物业公司专职为住户提供全方位的服务，将成为西宁人民理想的住宅小区。

目　　录

特　　载

一、综合

二、农业

三、工业

四、交通运输、邮电

五、固定资产投资、建筑业与城市公用事业

六、批发零售贸易、餐饮业

七、金融、保险、财政、旅游

八、物价、住户调查

九、科研、文化、教育、卫生、体育

十、劳动工资

十一、社会保障

十二、月度统计资料

十三、主要年份统计资料

十四、区县主要年份统计资料

十五、全国重点城市主要指标对比资料

特载

TE ZAI

政府工作报告

——2004年2月10日在西宁市第十三届人民代表大会第四次会议上

市长　王小青

各位代表：

现在，我代表市人民政府向大会作政府工作报告，请予审议，并请市政协各位委员提出意见。

一、2003年政府工作回顾

2003年是十分不平常的一年。在省委、省政府和市委的正确领导下，全市上下以"三个代表"重要思想为指导，认真贯彻落实党的十六大和省、市代精神，坚持一手抓防范非典不放松，一手抓经济建设和社会发展不动摇，团结奋斗，开拓创新，取得了经济建设与社会发展的新成绩，全面完成了市十三届人大三次会议确定的各项任务。

国民经济保持快速增长。实现国内生产总值144.8亿元，增长13.7%，其中第一产业增长3.5%，第二产业增长19.6%，第三产业增长9.7%。农业结构调整力度加大，设施农业和订单农业有新突破，农区畜牧业加快发展，畜牧业产值占农业总产值的比重由上年的42.8%提高到46.7%。完成造林12.9万亩、退耕还林9.6万亩。工业经济增长较快，完成工业增加值46.2亿元，增长25.6%，对国民经济的支撑作用日益增大，拉动国内生产总值增长7.7个百分点。工业运行质量继续提高，地区规模以上工业企业盈亏相抵后实现利润4.6亿元。总投资15.7亿元的14项工业国债项目开工建设。园区建设有新进展，"四区一带"新投产规模以上企业23户，新增产值10亿元。旅游、交通、商贸等服务业得到较快发展，实现社会消费品零售总额63.6亿元，增长10.2%，旅游业总收入达8.2亿元，占国内生产总值的5.7%。财政收入继续增长，完成地方一般预算收入8.4亿元，增长17.3%。

固定资产投资规模持续扩大。实施了一批重点项目，完成固定资产投资85.4亿元，增长10%，其中市属55.9亿元，增长18.1%。基础设施和生态环境建设步伐加快，海湖路北段二期、七一路东延长段、共和路立交桥、8所高中扩招等项目已建成。七一路西延长段、盘道水库枢纽、沈家寨桥改造、宁湖、殡仪馆新馆、乡村道路改造、园区基础设施、湟水河二期治理、四区小城建、第二批"星光计划"等项目顺利实施。同仁路高架桥已开工建设。六一桥新建、城南新区跨河大桥、第二污水处理厂、尹家沟垃圾处理场等项目正在抓紧进行前期工作。城市"煤改气"取得明显进展，煤烟型污染得到有效治理。房地产业稳步发展，完成投资21.7亿元，建设总规模370万平方米，竣工面积153万平方米，以周家泉、南小街二期为重点的危旧房改造全面启动。

改革开放不断深化。以产权制度改革为核心的企业改革继续推进，企业发展活力增强。农村税费改革成果得到巩固。行政审批制度改革进一步深化，市政府行政审批服务中心和行政效能监察投诉中心运转良好，政府工作效率明显提高。实施了市对区县新的财政分配体制，启动了转移支付制度，缓解了区县财政困难。对23个部门、51个单位实行了国库集中支付试点。放手发展非公有制经济，全年新增756户私营企业和9034户个体工商户。对外开放和招商引资水平进一步提高，招商引资项目235项，到位资金

18.5亿元，新批准设立外资企业28户，合同利用外资9588万美元。参与组织"青洽会"、环湖自行车赛等大型活动，扩大了对外经济文化交流，提高了西宁的知名度。用市场化机制运作的海湖路中学建设、体育馆改造、南川河二期治理等项目顺利实施，对6个社会公益项目进行了法人公开招标，进一步发挥了市场对资源配置的基础性作用，经营城市的能力增强。

人民生活水平有新的提高。城镇居民人均可支配收入达到7025元，农民人均纯收入达到2054元，分别增长9%和11.7%。人民生活质量继续改善，人均公共绿地增加0.4平方米，人均水面达到1平方米，优良天气达到262天，比上年增加61天。"两个确保"目标全面实现，发放离退休人员养老金6.9亿元、下岗职工基本生活保障金960万元，完成养老保险扩面1.3万人。发放低保金4993万元。城镇职工医疗、工伤、生育保险稳步推进。安置各类城镇下岗失业人员就业3.5万人，城镇登记失业率控制在4%以内。在沿海城市建立了市县两级劳务协作点，输出城镇下岗失业人员6000人，农村剩余劳动力就业24.5万人次。解决了2.6万贫困人口的温饱和6.8万人、6.7万头只牲畜的饮水困难。以大病统筹为主的农村新型合作医疗开始试点。市政府确定的为民办实事项目全面完成。

城市规划和管理进一步加强。围绕建设高原山水城市和塑造城市特色，加强了城市规划设计。城市总规已经部际联席会议审查通过。编制了13个片区的控制性详细规划和胜利路等主干道的景观规划，城市规划管理进一步规范，控制更为严格。创建中国优秀旅游城市、国家园林城市、国家卫生城市和国家环保模范城市的"四创"活动全面启动。城市绿化迈出新步伐，荣获全国园林绿化先进城市称号。实施了"蓝天、碧水、宁静"工程，城市面貌进一步改变，"中国夏都"的知名度不断扩大。城市管理的方法不断完善，综合服务功能明显增强。

各项社会事业协调发展。教育、卫生、文化等事业的投入大幅度增加。教育基础设施和信息化工程顺利实施，办学条件不断改善，课改试验和教育管理运行机制改革取得新进展。抗击"非典"工作取得阶段性成果，初步建立了突发公共卫生事件应急机制，疾病控制、预防保健工作进一步加强。科技进步步伐加快，获国家"科技进步先进市"称号。群众文化日趋活跃，自创剧目《湟水情》首获全国"五个一"工程奖。全民健身运动更加普及。再次被评为全省人口与计划生育综合考核优秀单位。30个示范社区硬件建设加快，社区基础设施得到改善，社区服务有所加强。"双拥"工作深入推进，第四次荣获"双拥模范城"称号，民兵预备役建设继续加强。开展了民族团结进步创建试点活动，取得了比较好的效果。民族宗教、广播电视、统计、气象等各项事业取得新成绩。

精神文明、民主法制和政治文明建设取得新成效。广泛开展了精神文明创建活动，市民文明素质和城乡文明程度不断提高。人大、政协对政府工作的法律监督、工作监督和民主监督继续加强。全年出台并实施地方性法规和政府规章7件，办理人大代表建议、政协委员提案347件。政府与民主党派、工商联和人民团体的沟通联系进一步密切，基层民主政治建设得到加强。政府依法行政水平不断提高，司法为民，面向基层，开展了法律援助和矛盾调处工作。强化了审计监督与行政监察，廉政建设取得新成果。加强了社会治安综合治理，严厉打击了各类刑事犯罪和经济犯罪。信访工作得到加强，党和政府联系群众的渠道更加通畅，群体性上访事件得到妥善处理，保持了社会定。

各位代表，2003年是我市经济发展快、建稳设力度大、人民群众得到实惠多的一年，成绩来之不易，是省委、省政府和市委正确领导的结果，是全市各族群众团结奋斗的结果,与各级人大的有效监督和政协的大力支持是分不开的。在这里,我代表市人民政府,向各位人大代表、政协委员,向工作在各条战线上的工人、农民、知识分子和干部职工,向驻宁中央及省级各部门、各单位,向解放军驻宁部队指战员、武警官兵和政法干警致以崇高的敬意!向所有关心和支持西宁建设与发展的各界人士表示诚挚的谢意!

在肯定成绩的同时,我们也清醒地看到,西宁面临的新情况、新问题比较多,与其他中心城市相比还有很大差距,主要表现在:一是经济基础差距大,经济总量小,财政支配能力低,人均收入水平低,综合经济实力弱;二是教育、文化、卫生等社会事业发展滞后;三是基础设施还很不完善,道路交通体系和水电暖及通讯、垃圾处理、污水处理等设施不完善,城市载体服务功能较弱,建设资金供求矛盾突出;四是体制和管理方式与市场经济要求还不完全适应,市区两级事权关系还需要进一步理顺,投资环境需要进一步改善,城市管理水平和服务水平总体还不高,政府部门工作人员执政为民的意识亟待增强;五是城市环境建设特别是生态环境、投资环境、人居环境、社会治安环境等软硬环境与其承担的责任还不够适应。我们一定要采取更加有力的措施,逐步解决好这些问题。

二、坚持以发展为第一要务,进一步加大工作力度,全面完成2004年各项工作任务

各位代表,今后几年,西宁处于发展的关键时期。我们一定要紧紧抓住发展这个第一要务,围绕消除贫困、富民强市和深化改革、创新体制两大历史任务,抓住机遇,锐意进取,决不慢步,力争在新的起点上加快发展,着力使西宁的中心地位更加突出,城市功能更加健全,人居环境更加优化,人民生活更加改善,文明程度更加提高,"四个作用"更加发挥,努力成为全省完善社会主义市场经济体制的开路先锋。根据省委、省政府对西宁工作的新要求,西宁今后一个时期的发展目标,总的就是要围绕全面建设小康社会,按照"五个统筹"的要求,实现"四创"目标。在本世纪头10年实现以下发展目标:

经济发展保持平均增长12%的速度,在优化结构和提高效益的基础上,综合经济实力和竞争力明显增强。

加快城市化进程,城镇人口的比重有较大幅度提高,力争城市人口年均机械增长5万人左右,城乡一体化进程有明显进步。

加快教育事业发展,率先普及高中阶段教育。到"十五"末实现85%以上适龄人口享受高中阶段教育。

加快公共卫生事业建设,争取用3年左右时间,建立健全突发公共卫生事件应急机制、疾病预防控制体系和卫生执法监督体系;基本形成完善的农村卫生体系、城镇基础医疗服务体系、环境卫生体系和经费保障体系。

不断提高人民生活质量和水平,城镇居民人均可支配收入增长保持在8%以上,农民人均纯收入增长保持在6%以上。恩格尔系数达到35%。建成区绿化覆盖率达到37%,人均占有水面2平 方米,空气、人饮水质量全面达标,使西宁山清水秀,文明开放,人民富裕。

做好2004年的各项工作,事关长远,意义重大。今年政府工作的总体要求是:以邓小平理论和"三个代表"重要思想为指导,全面贯彻十六届三中全会、省委十届三次全委会和省委、省政府西宁工作会议精神,以全面建设小康社会和建设青藏高原区域性现代化中心城市为目标,大力弘扬求真务实精神,大兴求真务实之风,坚持以人为本,树立科学的发展观,继续加强基础设施和生态环境建设,加快工业化和城市化进程,不断完善社会主义市场经济体制,统筹城乡经济发展,高度重视各项社会事业发展,提高人民生活水平，加强社会主义政治文明和精神文明建设，保持和发展经济社会持续快速协调健康发展的势头，保持和发展全市各族人民群众生活水平不断提高、不断得到实惠的势头，保持和发展全市社会稳定、各族人民团结和谐、积极奋进的势头。

经济社会发展的主要预期目标是：国内生产总值增长14%，其中第一产业增长5%，第二产业增长19%，第三产业增长11%；地区固定资产投资95亿元，其中市属62亿元；地方一般预算收入增长13%；城镇居民人均可支配收入和农民人均纯收入分别增长10%和8%；社会消费品零售总额增长10%；人口自然增长率控制在9‰以内；城镇登记失业率控制在4%以内。

为确保实现上述目标，要重点抓好以下工作：

（一）深入推进改革开放，加快完善社会主义市场经济体制

全面贯彻十六届三中全会精神，继续加大改革力度，加快开放步伐，积极完善社会主义市场经济体制。

一是继续完善所有制结构，提高非公有制经济在国民经济中的比重。采取产权转让、增资扩股、上市融资、合资合作等形式，大力发展混合所有制经济，实现投资主体和产权构成的多元化，建立归属清晰、产权明确、保护严格、流转顺畅的现代产权制度。继续深化企业改革，处理好企业资产重组后的遗留问题。落实扶持非公有制经济发展的各项政策，引导和保护好非公有制经济健康发展。

二是深入推进投融资体制改革。完善项目备案和核准制管理办法，确立企业在竞争性领域的投资主体地位。规范政府投资方式，完善监管制度。健全代建制的运作模式和管理办法，扩大实施范围。引导和鼓励社会资金投向基础设施、公用事业建设和经营，推进供水、污水处理、垃圾处理等有收益的城市基础设施项目产业化经营。建立积极的金融合作机制和完善的偿债机制，以基础设施和基础产业项目为重点，以政府信用为基础，建立政府承贷主体，扩大信贷资金规模。

三是深化行政管理体制改革。继续推进政府机构改革和事业单位改革，严格人员编制管理。合理划分各级政府间的事权范围，明确各级的责权利，调动基层的工作积极性。继续清理行政审批，再取消、归并、规范一批审批项目，提高办公和收费透明度。完善"一厅三中心"制度，四区各建立一个集社会保障、就业登记、户籍办理、民政服务为一体的为民服务大厅。

四是稳步推进财税体制改革。认真落实市对区县新的财政分配体制，充分调动区县发展经济、增加收入的积极性，确保新体制平稳运行。进一步加大市对困难区县的转移支付力度。在市级预算单位全面推行国库集中支付制度，规范和完善政府采购、“收支两条线”，加强财政资金监督管理。

五是提高对外开放水平。进一步优化投资软环境，努力营造公平公正的法制环境、务实高效的行政环境、竞争有序的市场环境、诚实守信的社会环境和尊重劳动、尊重知识、尊重人才、尊重创造的人文环境，努力把西宁对外开放提高到一个新水平。办好“郁金香节”，配合省上办好青洽会、环湖自行车赛等活动。千方百计扩大招商引资，加强与上海浦东等国内外友好城（区）市的合作与交流，做好签约项目的后续落实和跟踪服务工作。

（二）认真做好项目工作，加快基础设施和生态环境建设

加强基础设施建设，扎扎实实打基础，这个方向要长期坚持，不能动摇。今年重点抓好五个方面的项目：建好路。进一步调整和做好路网规划，适度超前，逐步形成四通八达，干支结合，以路串点，辐射状态，畅通发达的交通网络体系。今年要开工建设宁大高

速公路、西宁一互助一级公路、南北过境公路和南川东路。城镇小街小巷要经过几年努力全面实现路面硬化,今年完成市区20条主干道和支路改扩建工程。重视桥梁建设,今年要实施好沈家寨桥、六一桥、海山桥等工程。进一步抓好县际公路、三县路网和县乡道路建设,今年修建9条县乡油路,力争民湟公路西宁段年内开工。

治好水。开工建设第七水源和供水配套管网,逐步实现自来水由采用地下水转向地表水。开工建设第二污水处理厂、城南污水处理厂和三县污水处理及配套管网工程,第一污水处理厂今年要达到设计处理能力。继续实施北川河、西川河、南川河和三县河道治理,启动宁湖景区建设。完成盘道水库大坝主体建设,抓紧申报灌区配套工程。抓好小流域治理,把山上的水留住,开工治理6条灾害沟道,完成8条小流域综合治理,治理水土流失面积70平方公里。继续加快重点灌区节水改造,抓好病险水库除险加固和节水灌溉示范工程。解决5.9万人和3.6万头只牲畜的饮水问题。

治好山。实施好退耕还林、天然林保护、"三北"防护林、西宁南山二期绿化等工程,确保任务、资金、责任、质量四落实。加快造林绿化步伐,积极调整树种结构,美化环境。加大林业基础设施投入,市区(县)政府和有关部门都要安排相应投入,确保完成造林21万亩、新增园林绿地1020公顷的目标。

建好房。确保房地产开发及住宅建设施工面积380万平方米,完成投资25亿元。加快饮马街、周家泉、南小街片区改造进度,启动水井巷商务区、交通巷商业街改造。加快激活房地产二、三级市场,满足不同层次的住房需求,拉动住房消费。进一步规范房地产开发中的拆迁行为。

治污染。开工建设尹家沟垃圾处理场及大通、湟源垃圾处理工程。继续加强环境污染治理,大力推行清洁生产,严格控制"源头污染"。完成西宁地区"煤改气"任务,推进汽车"油改气"工作,优化用气结构。努力做好项目的储备、筛选和争取工作,提高项目成功率。认真搞好"十一五"规划编制工作,用规划指导和推动项目建设。

(三)继续推进产业结构调整,大力发展特色经济

充分发挥城市生产要素集聚、背靠省内丰富资源的优势,改造提升传统产业,发展壮大优势产业,培育扶持高新技术和新兴产业,构建适应市场经济要求的特色经济体系,把优势产业和工业园区做大做强。今年地区工业增加值达到57亿元,增长25%。

加快优势特色工业发展。重点围绕冶金、建材、化工、电力、中藏药和农畜产品深加工等行业,加大技改力度,培育和壮大这些优势产业。大力发展以明胶系列产品为主的生物制品,以乳制品、矿泉水、植物饮料、青稞系列酒、蜂系列产品、牛羊肉制品为主的天然绿色食品,以牛绒羊绒驼绒面料、针织品、民族地毯和工业用纺织品为主的针纺制品。

大力发展园区经济。将招商引资作为园区建设的重点,特别要在招大商上有突破,力争园区经济以"翻番"的速度递增,把园区建成对外开放的窗口和基地、高素质人才集聚的科技创业基地、高水平研发机构集聚的技术创新基地和资源精深加工业的最佳载体。深化园区管理体制改革,完善"一站式"办公制度。结合园区建设,优化城市功能布局,做好中心城区符合条件的工业企业向园区搬迁的工作。

大力发展旅游业。把旅游业作为特色经济的支柱产业来发展,建设以市区为中心、集自然与人文为一体的两小时通达的旅游圈,把西宁建成全省旅游业的中心、枢纽和龙头。打好"中国夏都"这个品牌,不断丰富其内涵。增加旅游景点,完善景区建设,搞好塔尔寺广场、沈那遗址和虎台遗址公园建设。抓好旅

游市场培育和旅游产品开发，做好旅游营销，发挥旅行社在旅游市场中的主体作用。

促进服务业发展。提高商贸、餐饮、休闲娱乐等传统服务业水平，加快发展信息、金融、保险、证券、咨询、社区服务、中介等新型服务业，促进服务业上水平、上规模。

(四)高度重视“三农”问题，促进农村经济全面发展

我市全面建设小康社会的重点和难点在农村，核心是增加农民收入，根本是统筹城乡经济与社会发展。

深入推进农业经济结构调整，突出发展设施农业和畜牧业。着力培育壮大油料、蔬菜、马铃薯、蚕豆、中藏药、花卉、饲草、苗木、食用菌等特色优势产业，力争经济作物种植面积达到70%。加大投入力度，进一步抓好以日光节能温室为重点的设施农业建设，并确保发挥效益。加强农业产业化基地建设，积极发展“订单农业”和创汇农业。大力发展农区畜牧业，推进良种繁育、畜种引进、规模养殖、饲草商品化，提高畜产品商品率，畜牧业产值占农业总产值的比重达到50%。大力培育和扶持一批以农畜产品加工、储藏、保鲜、运销为主，与农民利益共享、风险共担的龙头企业。发挥农村经济“能人”的示范、带动作用，发展农畜产品营销中介组织和经纪人队伍。重视科技兴农，完善农牧业服务体系。高度重视禽流感和其他畜禽疫病防治工作。

加快城镇化进程。统筹城乡发展，首先是统筹城郊经济发展。城郊要发挥信息快捷、交通便利、人口素质较高和易与资本结合的优势，依托城市重点发展高效农业、加工业、运输业、养牛业、流通业、农家旅游业、花卉业、房屋出租业等。消除阻碍城乡一体化的政策性障碍，加快户籍、用地、住房等方面的改革，做好"村改居"方案制定和策划工作，启动第一批试点，着力解决“城中村”的问题。要更多地引进高素质人群入住西宁投资、置业、生活，提高人口素质。加快三县县城和一批卫星城镇的建设，搞好道路、供电、通讯、供排水、垃圾处理等基础设施，形成中心城市、卫星城镇、农村建制镇、乡村集镇“四位一体”的城镇体系。引导乡镇企业、龙头企业、商品市场、服务设施和富裕农民向小城镇集中，走产业聚集、人口聚集、集中发展的路子。

要跳出农业和农村传统界限，有组织、有计划地把“走出去”和“送出去”结合起来，千方百计使更多的农民进城出省，居住创业，积极主动地融入全国农村人口转移潮流，放活农民、转移农民、减少农民、富裕农民。要积极与用人地区联系，依托各级各类培训机构，做好农民工特别是青年劳动力的培训，提高农民 的创业能力。今年实现农村剩余劳动力就业22万人次。

巩固农村税费改革成果。坚决纠正农村税费改革过程中存在的转移支付资金拨付不及时、帐务设置不规范、违规使用资金等问题，确保农民负担不反弹，保证基层组织正常运转和农村义务教育经费正常需要。取消农业特产税，逐步降低农业税税率，认真研究给农民增加直接补贴的具体办法。

(五)以“四创”活动为契机，提高城市管理和规划水平

深入推进创建中国优秀旅游城市、国家园林城市、国家卫生城市和国家环保模范城市的“四创”活动，严格城市管理及规划，努力塑造西宁新形象。

扎实推进“四创”活动。将具体指标纳入区县和有关部门年度考核目标，确保完成各阶段的创建任务。今年重点做好旅游创优工作，确保年内实现创建优秀旅游城市的目标。加大力度做好小街巷整修、“平改坡”、楼体粉饰、拆煤房、建绿地等工作。继续增加环卫基础设施建设投资。强化城市管理，完善两

级政府、三级管理、四级网络的城市管理体制。城市管理要增强辖区意识、服务意识、统筹意识,认真落实辖区环境卫生和控制违章建设责任制以及严管重罚措施,严厉打击破坏公共设施的行为。

严格执行城市规划。优化布局、完善功能、突出特色,高起点做好城市规划设计工作。严格按照城市总体规划安排各类建设项目,维护规划的严肃性。精心做好城市主要景观、新建道路两侧、河道两侧和建筑物的设计,打造精品建筑和街路。加快编制四个城区的控制性详细规划,完善西门口城市中心区的功能和形象。实行最严格的土地管理,健全土地收购、储备、交易等制度,经营性土地一律公开挂牌出让,严厉查处乱占滥用土地的违法行为。

(六)不断改善人民生活,努力实现好各族人民的根本利益

实现好全市各族人民的根本利益,是政府工作的出发点和落脚点。要采取有力措施,促进城乡居民收入稳定增长,不断改善和提高人民生活水平。

把就业工作放到更加突出的位置,认真落实就业和再就业的政策措施。引导下岗职工转变就业观念,鼓励和提倡自谋职业、自主创业。大力发展社区服务、现代物流、餐饮、旅游、文化等服务行业和劳动密集型中小企业,建设好90个社区就业服务中心。安置城镇下岗失业人员2.8万人,再增加1000个公益岗位。继续开展“再就业援助行动”。做好行政事业单位清岗腾位工作。加强就业和再就业培训,积极筹集小额贷款担保基金,切实维护进城务工人员的合法权益。做好养老保险、失业保险扩面和下岗职工再就业后的续保工作,稳步推进下岗职工基本生活保障向失业保险并轨。继续做好低保工作,推进社会救助体系建设,抓好救灾救济工作,保障困难群体的基本生活。

加大扶贫攻坚力度。做好贫困地区水、电、路等基础设施建设,改善贫困地区生产生活条件,增强自我发展的能力。实施好扶贫开发规划,做到帮扶对口到村,资金安排到村,措施落实到村,项目覆盖到户。今年要实现4.5万人的脱贫目标。

(七)加强财税金融工作,增强宏观调控能力

以构建地方公共财政基本框架为主要目标,切实搞好财政工作,增强政府对经济社会发展的调节能力。

认真组织财政收入,调整优化支出结构。把财源建设同优化产业结构和培育新的经济增长点结合起来,壮大工业主体财源,提高第三产业、民营经济和经营城市对财政收入的贡献份额。加强税收征管,依法治税,强化稽查,严厉打击虚开增值税发票、做假账、偷逃抗税等违法行为。充分发挥街道和社区的作用,建立协税制,加强对零散税源的监控和征收。严格执行财政支出预算,继续做好部门预算,优先安排工资发放和社会保障支出,重点支持教育、农业、“四创”、科技强警、农村合作医疗、人口控制和环境保护方面的支出,严格控制一般性支出。加大审计监督力度,严肃查处财经领域的各种违纪违法行为。金融部门要深化改革,加大对地方经济建设、城市建设和再就业的支持力度。继续整顿和规范市场经济秩序,开展社会信用体系建设,保护消费者和经营者的合法权益。依法加强安全生产和安全监察,强化安全生产责任制,防止重特大事故发生。

(八)大力发展社会事业,促进经济与社会协调发展

强化政府的社会管理和公共服务能力,提高管理水平,改善服务质量,向人民群众提供更多更好的公共服务。

扎实做好“两基”巩固提高工作,加快普及高中教育,推进素质教育,重视民族教育、幼儿教育和特殊教育,提高教育质量。调整优化教育结构,实行办学

模式多元化，推进联合办学、集团化办学，支持社会力量办学。积极发展职业教育和继续教育，加快远程教育网络建设。深化教育改革，推进教师资格准入、考聘分离、自主招生、后勤社会化和校长年薪制等改革措施。加快教育基础设施建设，年内完成6所高中国债扩招项目，建成海湖路中学、青藏铁路花园中学和城南学校，再开工建设2所学校。继续抓好薄弱学校转化工作。深化科技体制改革，引导、支持企业技术创新和产学研联合。加强人口与计划生育管理，搞好优质服务和综合改革。推进文化体制改革，加快文化产业发展，加强文化市场管理。重视社区公共体育设施建设，促进全民健身运动。推进医疗体制改革，加快公共卫生事业建设，加强传染性疫病防控、突发性公共卫生事件应急救治和执法监督体系建设，基本完成市疾控中心改造和四区三县疾控中心建设。积极推进以大病统筹为主的农村新型合作医疗制度和医疗救助制度改革。继续做好国防教育、人防、广播电视、残疾人事业等各项工作。

推进城市社区建设。切实落实社区工作有关政策，辖区政府要逐步增加社区运转所需的经费，实施好第三批“星光计划”等基础设施建设。深化社区体制改革，发挥社区自治组织的作用，完善社区功能，搞好社区服务，发展社区经济，拓展社区发展空间，增强社区的凝聚力和承载能力。认真做好社区换届工作，将社区干部待遇同工作实绩挂起钩来，适当充实大中专毕业生到社区，推动社区干部队伍向知识化、年轻化迈进。

进一步做好人才工作。牢固树立人才是第一资源的观念，用好现有人才，吸引外来人才，培养后备人才，为经济社会发展提供智力支持和人才保证。深化干部人事制度改革，完善对各类人才的选拔任用、考核评价、激励监督制度。继续向上海浦东新区、天津红桥区等地派出挂职干部，搞好教师、医生等专业技术人员培训，并把培训的重点放在基层。

（九）加强精神文明和民主法制建设，全力维护社会稳定

建设社会主义政治文明和精神文明是政府工作的重要目标，也是经济持续快速健康发展和社会全面进步的根本保证。

推进社会主义思想道德建设。坚持用邓小平理论和"三个代表"重要思想教育广大干部群众，加强社会公德、职业道德和家庭美德教育，规范市民行为，提高市民素质。倡导科学、文明、健康的生活方式，深入开展文明城市、文明行业、文明单位、文明社区和军警民共建等创建活动，进一步提高城市的文明水平。

做好民族宗教工作。扎实推进民族团结进步创建活动，为民族地区和少数民族群众办实事、办好事。依法加强对宗教事务的管理，认真研究解决宗教工作中出现的新情况、新问题，积极引导宗教和社会主义社会相适应。

坚持依法治市。认真执行人民代表大会及其常务委员会的各项法规、决定和决议，自觉接受人大的法律监督和工作监督。加强与人民政协的联系，支持政协履行好政治协商、民主监督和参政议政的职能。办好人大代表议案、建议和政协委员提案。主动听取民主党派、工商联和各界人士的意见建议。加强基层民主政治建设，完善政务、厂务、村务公开制度，建立社会公示和听证会制度，扩大群众对社会事务的知情权、参与权、监督权。牢固树立司法为民的思想，进一步搞好法律援助、人民调解、矛盾调处和法制宣传等工作，不断提高公民的法律素质和政府的依法行政水平。

强化社会治安综合治理。把社会治安环境作为第一环境，完善群防群治的防控体系。继续保持对刑事犯罪和“黑恶”势力的“严打”高压态势。加大对经济犯罪、职务犯罪的惩治力度。坚决打击达赖集团和

"法轮功"等邪教组织的分裂破坏活动。从严抓好公安队伍作风建设,实施好派出所基础设施项目,推行无线报警、汽车卫星定位等安全防范措施。

高度重视信访工作。进一步完善领导信访接待日和政府公开电话制度,加大矛盾纠纷排查调处力度,注意从源头上减少和防止群访事件,努力把问题解决在辖区。从今年开始,市区(县)两级政府每年都要下决心解决几件久拖不决的信访积案,并作为为民办实事的新内容、新任务。

(十)按照"三个代表"重要思想要求,切实加强政府自身建设

各级政府及其工作人员必须认真践行"三个代表"重要思想,坚持立党为公、执政为民,大力弘扬求真务实精神,大兴求真务实之风,认真查找在解放思想、改革开放、加快发展、发挥作用和工作作风等方面的差距,努力建设廉洁、勤政、务实、高效的政府。

一要加强学习、提高素质,建设学习型政府。要树立终身学习理念,不断强化政治理论和专业知识学习,增强政治敏锐性和鉴别力,提高理论水平、政策水平,增强统揽全局、科学决策和解决实际问题的能力。

二要转换职能、转变作风,建设服务型政府。按照完善社会主义市场经济体制的要求,合理界定政府与市场、企业和社会的关系,加快推进政府职能转变和体制创新。要大力提倡求真务实,力戒官僚主义、形式主义和衙门作风,善待群众,善待基层。进一步严明工作纪律,强化效能监察,坚决消除"中梗阻"现象,确保政令畅通。

三要解放思想、与时俱进,建设创新型政府。冲破一切妨碍发展的思想观念,改变一切束缚发展的做法和规定,革除一切影响发展的体制弊端,树立科学的发展观和正确的政绩观,尊重自然规律,按经济规律办事,用新理念来促进政府决策水平、管理水平和服务水平的提高。

四要依法行政、讲求诚信,建设法制型政府。要严格按照法律法规及相应程序办事,用法律法规规范政府行为,加强执法监察,坚决纠正各种违法违规行为,为各类市场主体依法有序竞争创造条件。完善政府决策程序,继续推行行政监察和行政投诉,提高行政决策的科学化、民主化和法制化水平。加强公务员队伍建设,不断提高公务员依法办事的素质。

五要廉洁自律、率先垂范,建设廉政型政府。全面落实廉政建设责任制,坚持领导干部述职和述廉制度,健全重大事项报告制度、质询制度和民主评议制度。深入开展反腐败斗争,强化廉政监察,纠正损害群众利益的不正之风,严肃查处各类违法违纪案件。切实加强制度建设,努力从源头上治理腐败。牢固树立艰苦奋斗、勤俭创业的思想,坚决反对讲排场、摆阔气和挥霍奢侈、铺张浪费,以廉洁的政府形象取信于民。

各位代表!党的十六大和十六届三中全会为我们指明了前进的方向。让我们高举邓小平理论和"三个代表"重要思想伟大旗帜,在省委、省政府和市委的领导下,万众一心,奋发图强,求真务实,开拓进取,圆满完成今年的各项任务,为建设青藏高原区域性现代化中心城市、开创西宁全面建设小康社会的新局面而努力奋斗!

关于西宁市2003年国民经济和社会发展计划执行情况与2004年国民经济和社会发展计划（草案）的报告

——2004年2月10日在西宁市第十三届人民代表大会第四次会议上

西宁市发展计划委员会主任　　顾国权

各位代表：

我受市人民政府的委托，向大会报告西宁市2003年国民经济和社会发展计划执行情况与2004年计划草案，请审议，并请市政协委员提出意见。

一、2003年国民经济和社会发展计划执行情况

2003年，全市各地区、各部门在市委的正确领导下，忠实践行"三个代表"重要思想，按照市十三届人大三次会议审议批准的2003年国民经济和社会发展计划，积极进取，共同努力，保持了国民经济持续快速健康发展的良好态势，经济总量和增幅再创历史新高。全年实现国内生产总值144.83亿元，同比增长13.7%，超计划1.7个百分点；其中：第一产业增长3.5%，第二产业增长19.6%，第三产业增长9.7%。

（一）农村经济稳步发展，农民收入快速增长

农业生产获得丰收。种植业结构调整深入推进，特色优势作物种植面积占农作物播种面积的比例达到68%。畜牧业发展取得新进展，畜牧业产值增长12.93%，占农林牧渔业总产值的比重达到46.7%。农业产业化经营迈出实质性步伐，落实"订单农业"4.85万公顷，优质农产品生产基地4.3万公顷。农民收入继续快速增长，人均纯收入达到2054元，增长11.68%。全年共完成造林面积0.89万公顷。

（二）工业发展速度加快，发展后劲不断增强

工业对国民经济的支撑作用进一步增强。实现工业增加值46.2亿元，增长25.6%，对GDP的贡献率为56.42%拉动经济增长7.73个百分点。园区经济取得新进展，新投产规模以上企业23户，新增产值10亿元。工业经济效益继续改善。规模以上工业企业实现利润总额4.61亿元，增长18.38%。

（三）项目工作成效显著，固定资产投资规模不断扩大

继续扩大投资规模，积极争取国家和省上的大力支持，确保重点建设项目顺利推进。全地区固定资产投资完成85.4亿元，增长10%，其中市属完成55.9亿元，增长18.1%。海湖路北段二期、共和路立交桥、市公安局指挥中心、四区小城建等重点项目已建成并交付使用。七一路西延长段、盘道水库枢纽工程、园区基础设施、宁湖、湟水河城区段综合治理、乡村道路改造等项目进展顺利。城市"煤改气"工程继续推进，完成1900蒸吨改造任务。房地产开发继续保持快速增长。房地产开发及住宅建设完成投资21.7亿元，增长18.5%。以用家泉、两小街二期片区改造为重点的危旧房改造工程全面启动。

（四）市场消费稳步增长，物价总水平基本稳定

"非典"过后，居民消费心理稳定，消费市场呈现出恢复性增长。全年实现社会消费品零售总额63.6亿元，增长10.2%。接待国内游客274万人（次），海外游客1.45万人（次），实现旅游收入8.2亿元。商

品房销售额9.5亿元,增长37.18%。居民消费价格指数同比上升1.8个百分点。

(五)各项改革稳步推进,对外开放取得新进展

投资体制改革不断深化。对第七水源、第二污水处理厂、尹家沟垃圾卫生填埋场等公益性项目进行公开法人招标,公共基础设施项目产业化经营开始启动。行政审批制度改革进一步完善,市政府行政审批服务中心和行政效能监察投诉中心功能不断增强,工作效率明显提高。城市管理体制不断创新,以创建中国优秀旅游城市、国家园林城市、国家卫生城市和国家环境保护模范城市为目标的"四创"活动全面启动。对外开放取得新进展。组织开展了一系列以塑造"中国夏都"品牌为主题的活动,成功承办了青洽会、环湖自行车赛等活动。外经外贸工作成效显著,全年共实施招商引资项目235项,引进资金18.5亿元,新批准设立"三资"企业28家,合同利用外资9588万美元。实现进出口总额2.9亿美元,增长79.9%;其中出口2.4亿美元,增长76.2%。

(六)社会保障力度不断加大,人民生活质量继续改善

"两个确保"继续巩固。重点加强了城镇职工基本养老保险、失业保险和城镇低保扩面工作,城镇职工基本养老保险扩面人数1.3万人,失业保险扩面人数9600人,城镇低保人数7.94万人。开展了以大病统筹为主的农村新型合作医疗试点工作。再就业各项扶持政策落实力度进一步加大,全年共安置城镇下岗失业人员3.5万人,城镇登记失业率3.8%。

人民生活水平继续提高。城镇居民人均可支配收入达到7025元,增长9.02%。生活环境质量继续改善,人均公共绿地增加0.4平方米,人均水面达到1平方米,污水处理率达到26%。农村税费改革成果得到巩固,农民人均负担从40.6元下降到23.4元。贫困地区基础设施建设力度继续加大,改造乡村道路1405公里,解决了2.6万贫困人口温饱和6.8万人、6.7万头(只)牲畜饮水问题。

(七)科教兴市继续加强,各项社会事业协调发展

"科教兴市"战略稳步推进。荣获国家"科技进步先进市"号。教育事业投入力度加大。虎台中学等8所高中扩招项目全部建成并交付使用;海湖中学、城南新区学校建设进展顺利;40所校园网建设顺利完成。

文化、卫生、体育、民政等各项社会事业同步发展。群众文化活动蓬勃开展,自创剧目《湟水情》首次获得全国"五个一"工程奖。公共医疗救治体系建设步伐加快,医疗装备水平有所提高。积极开展各类全民健身和体育竞赛活动,体育馆改扩建工程基本建成。社区建设进展顺利,实施了30个社区示范建设,中英城市社区卫生服务与贫困救助项目正式启动。人口与计划生育工作继续加强,年末全市总人口204.97万人,人口自然增长率7.55‰。

在过去的一年,我市经济与社会发展取得了显著成绩,但在发展过程中,我们仍将面临一些不容忽视的问题和困难:一是由于我市地方财力有限,融资渠道单一,随着我市投资规模不断扩大,建设资金短缺的问题日益突出。二是由于电力紧张将对工业生产及经济效益产生负面影响。三是就业与再就业形势依然严峻。这些困难和问题都有待于我们在今后的工作中认真研究解决。

二、2004年国民经济和社会发展主要目标

2004年是继续深入贯彻党的十六大精神,为全面建设小康社会打基础的重要一年,也是全面超额完成"十五"计划奋斗目标的关键之年。根据市委十一届五次全委会对全市各项工作的总体要求,综合考虑各方面因素,2004年全市国民经济和社会发展的主要预期目标是:

——国内生产总值增长14%;

——地区固定资产投资规模95亿元以上,市属62亿元以上;

——地方一般预算收入增长13%;

——社会消费品零售总额增长10%;

——居民消费价格总水平同比上升2%左右;

——城镇居民人均可支配收入增长10%,农民人均纯收入增长8%;

——新增城镇就业人数1.5万人,城镇登记失业率控制在4%以内;

——人口自然增长率控制在9‰以内。

实现上述目标,关键是按照市委确定的总体要求,进一步加大固定资产投资力度,继续加强基础设施建设,切实保持投资对经济增长的拉动作用;大力推进经济结构的战略性调整,加速培育特色经济,紧紧抓住加快发展这个第一要务,加快工业化进程,务实我市加快发展的基础;加快体制创新,进一步深化改革,扩大对外开放,努力提高我市科技、教育水平,充分利用国际、国内两个市场、两种资源,依靠科技进步,促进我市加快发展;继续加强社保体系建设,努力扩大就业,切实加大扶贫攻坚力度,不断增加城乡人民收入,改善人民生活。

三、2004年国民经济和社会发展的主要任务

(一)切实加强农业基础地位,努力促进农业增效、农民增收

围绕增加农民收入和提高农业整体效益,进一步调整优化农村种养结构,扩大效益高、市场前景好的优势作物生产,不断提高农产品的质量档次和附加值。2004年优势作物种植面积占农作物总播种面积的比例达到70%。大力发展农区畜牧业,努力在畜种改良、规模养殖、畜病防治、饲草商品化方面实现新突破,使畜牧业成为带动农村经济发展和增加农民收入的重要产业。2004年农林牧渔业总产值增长5.5%,畜牧业产值占农林牧渔业总产值的比重达到50%,农民人均纯收入达到2220元。

大力发展设施农业和“订单农业”,加快农业产业化经营。继续加快目光节能温室和农田水利基本设施建设,加大投入力度.2004年新增1万栋目光节能温室,新增设施农业面积5000亩。积极扶持龙头企业,推进农业产业化经营。加强农业产业化基地建设,大力推广“公司+农户”模式,加大对重点企业、重点产品的扶持力度,带动基地和分散农户实现滚动式发展。

多渠道增加农民收入,加快非农产业发展。加大劳务输出力度,做好农民工的技能培训,积极引导和组织农民利用农闲时间外出务工,不断提高劳务收入在农民收入中的比重。继续抓好与农民生产生活密切相关的人畜饮水、乡村道路、农村能源等农村“六小”基础设施建设,改善农村生产、生活条件,2004年解决5.9万人、3.6万头(只)牲畜饮水问题,力争年内完成9个乡的通乡油路建设计划任务。巩固农村税费改革成果,确保农民负担不反弹。加大扶贫攻坚力度,继续做好以工代赈工作,增强贫困地区自我发展能力,2004年解决4.5万贫困人口的温饱问题。

(二)继续加快实施"工业强市"战略,不断增强经济发展后劲

把工业发展摆在更加突出的位置,坚持以园区建设为载体,以项目工作为重点,不断做大做强优势特色产业,加快中小企业发展,充分发挥工业对经济增长的支撑作用。2004年全地区力争实现工业增加值57亿元,增长25%。

继续下大力气抓好工业园区的软硬环境建设,合理确定园区主导产业,吸引优势企业向园区集中,把工业园区建设与优化工业布局、推动产业结构调整、促进产业升级结合起来,形成各具特色、优势互补、竞相发展的工业发展新格局。2004年经济技术开发

区、甘河工业区、生物产业园力争新入驻企业88家，投产28家。北川经济带要加快发展有色金属产业，尽快建成重要的有色金属及其制品生产基地。

继续发展壮大优势特色产业。集中力量扶持好冶金、建材、化工、电力、中藏药和农畜产品深加工等产业的发展。以西部矿业等企业为依托，加快开发电解锌、电解铜、粗铅、铝型材等有色金属冶炼及深加工。以晶珠藏药、青海制药等企业为依托，继续加快中藏药企业的GMP达标改造和新产品开发步伐。以明胶、康普德等企业为依托，进一步扩大软、硬胶囊、沙棘系列等生化制品生产能力。以通路、金溢等企业为依托，着力发展复合墙体材料、铝塑复合管等新型建材产品。以中青棉纺、雪舟三绒等企业为依托，大力发展纺织业。

多种方式放开搞活中小企业。集中力量发展一批劳动密集型、农副产品加工型、社区服务型、科技型和资源综合利用型等技术高、效益好、成本低、污染少、就业广的中小企业。

（三）进一步强化项目工作，千方百计扩大投资规模

紧紧围绕国家投资和西部开发的重点，集中力量抓好一批对全市经济和社会发展有重大影响的项目。重点做好基础设施、工业、教育、卫生和社区服务等重点项目的规划和前期工作，为更多争取国家投资、扩大投资规模奠定基础。同时，针对西宁未来经济社会发展的需要，组织、筛选、策划、论证一批大项目，充实长远项目储备，为"十一五"乃至更长一段时期西宁的开发建设提供项目支撑。

继续做好国债资金的争取工作。针对国债资金使用的重点和方向，认真抓好农村基础设施、公共医疗卫生体系、基础教育、企业技术进步和产业升级、生态环境、水利设施建设等方面项目的筛选、申报及组织实施工作，争取国家资金和项目支持，发挥国债项目的投资效应。

强化项目管理。严格按照项目法人制、招投标制、工程监理制、项目合同制等完善项目建设和管理。加大对重大项目的协调管理力度，及时解决工程建设中出现的问题，强化对国家和省投资项目的稽察，确保投资效益和建设质量。

交通道路。配合省上有关部门做好宁大高速路、宁互一级公路的建设工作；加快建设南北过境公路，4月份开工建设南川东路改扩建工程，做好东西过境公路等项目的前期准备工作。实施好沈家寨桥、六一桥等工程，力争年内建成通车。上半年开工建设县际和县乡道路，确保民湟公路西宁段按期开工。

城市基础设施。3－4月陆续开工建设城市供水管网改造工程、第七水源工程、第二污水处理厂一期工程、尹家沟垃圾卫生填埋场、城南污水处理厂等项目；加快开发区、城南新区道路及排水工程的实施进度，西宁经济技术开发区新增建成区面积1.6平方公里，城南新区新增建成区面积1.9平方公里。加快城市气化工程建设步伐，4月底陆续开工建设"煤改气"工程，确保国庆节前改造燃煤锅炉1200蒸吨，基本完成西宁地区锅炉"煤改气"任务。

房地产开发。2004年房地产开发及住宅建设完成投资25亿元，施工面积380万平方米。续建项目3月份全面复工，尽早开工建设水井巷商务区、交通巷片区改造，完成周家泉、南小街、饮马街等危旧房改造年内计划任务。

水利设施建设。加快推进盘道水库建设进度，努力争取水库配套工程立项及实施。继续实施河道治理工程，启动宁湖景区建设。继续抓好病险水库的除险加固、重点灌区渠道维修改造和节水灌溉示范工程建设。

生态环境建设。继续抓好天然林保护、"三北"防护林、南北两山二期绿化等工程建设，开工治理6

条灾害沟道，完成8个小流域的综合治理。2004年全市造林21万亩，治理水土流失面积70平方公里。

(四)大力发展第三产业，进一步促进消费需求

以扩大就业、刺激消费为重点，积极发展以商贸流通、餐饮、公共服务和社区服务为重点的劳动密集型产业，大力推行连锁经营、物流配送等现代化流通经营方式，提高第三产业对劳动力的吸纳能力和扩大消费的作用。加快发展信息、金融、法律、保险等现代服务业，提高第三产业的层次和水平，增强城市的载体和服务功能。以旅游业发展为龙头，促进相关产业发展。加强重点旅游景区道路、供水、供电、垃圾处理、安全保障等基础设施建设，精心建立以西宁为中心、200公里范围内的精品旅游线路，重点打造塔尔寺、日月山等旅游景点。力争2004年接待国内外游客315万人(次)，实现旅游收入7.8亿元。

积极培育新的消费热点。不断加大危旧房改造力度，完善商品房、经济适用房和廉租房供应体系，激活房地产二级市场。建立健全个人消费信贷制度，扩大城乡居民买房、教育、购车及大宗耐用消费品等方面的消费信贷规模。进一步清理和整顿抑制消费的政策性和体制性障碍，研究出台有关鼓励和引导消费的政策措施。逐步改善农村水、电、路等基础设施，扩大农村消费。整顿和规范市场经济秩序，严厉打击各类消费欺诈行为，维护消费者合法权益。

(五)稳步推进重点领域改革，全方位扩大对外开放

继续深化所有制改革。大力发展非公有制经济，加快调整国有经济产权结构，积极引导非公有资本参与国企改革和资产重组，大力发展国有资本、集体资本和非公有资本等参股的混合所有制经济。力争2004年个体和私营企业产值分别增长25%和35%。

加快投融资体制改革步伐，运用市场机制，大力推进政府项目法人招标制，积极推进供水、垃级处理、污水处理等有收益的城市基础设施项目产业化经营改革。启动政府投资公益性项目代建制，有效实现政府资金在规模、投资、工期、质量、效益方面的控制，充分发挥政府资金的引导带动作用。

深入推进行政审批制度改革。对已取消和下放的审批项目，研究制定配套政策和加强后续监管的具体措施，搞好行政审批制度改革和贯彻实施《行政许可法》的衔接，提高审批效率。继续完善“一厅三中心”制度，建立企业投诉中心，在四区各建立一个集社保、就业登记、户籍办理、民政服务为一体的为民服务大厅，不断提高工作效率。

以提高城市化水平，扩大城市规模为目标，增强城市综合竞争力，继续推进投资、消费、人才引进、户籍制度等方面的配套改革，在提升人口素质的同时，扩大城市人口规模。进一步解放思想，更新观念，认真研究和探索城市聚集人流、物流、资金流和信息流的有效途径，逐步形成与之相适应的政策机制。

进一步扩大对外开放。全力以赴举办和承办好“郁金香节”青洽会、环湖自行车赛等活动，全方位展现西宁对外开放新形象。创新招商引资工作机制，企业招商、产品招商与行业招商、技术招商、资源招商相结合。以企业为主体，扩大基础设施、农畜产品加工、高新技术产业和现代服务业等领域的对外合作和资产重组。加强对已签约项目的跟踪落实，提高合同履约率。进一步做好外国政府贷款和国际金融组织贷款的争取工作，鼓励民营企业积极利用外国贷款进行技术改造。不断扩大招商引资规模，力争2004年全市引进省外资金18亿元人民币，合同利用外资1.05亿美元。

千方百计扩大出口。进一步推进外贸主体多元化进程，加快赋予各类企业进出口经营权，扩大民营企业出口。调整和优化出口商品结构，扩大重要原材料的进口。2004年力争外贸进出口总额增长6%。

(六)深入推进"四创"活动,切实改善城市面貌

围绕建设青藏高原区域性现代化中心城市和全面建设小康社会的总体目标,坚持以人为本,全民动员、全市联动,深入推进"四创"活动,进一步加强城市环境整治,使城市面貌实现新的突破,城市环境卫生有更大改善,园林绿化有更大进展,不断提升城市品位。

今年要突出抓好"创优"工作,强化目标任务动态监控,以有序的管理体制和有效的运行机制,确保年内实现创建中国优秀旅游城市的目标。与此同时,要进一步加快"创绿"、"创卫"、"创模"工程基础设施建设步伐。建成塔尔寺广场,完成日月山、省博物馆、南山公园等6处旅游区(点)的A级等级评定。打好"蓝天、碧水、宁静、洁净、绿化"等五大绿色环保攻坚战役,抓紧绿色机关、绿色学校、绿色社区的建设。力争2004年建成区绿化覆盖率新增5个百分点,人均公共绿地新增1平方米,完成饮马街等20条小街小巷改造和40%旱厕改水厕任务,生活垃圾无害化处理率达到80%,市区优良天气率达到70%。

(七)继续做好"两个确保"工作,进一步加强就业和再就业工作

继续巩固两个"确保"成果,完善"三条保障线"。强化养老、失业保险基金征缴工作,进一步加大养老保险、失业保险的扩面工作力度,将具有一定经济规模、经济效益好、劳动关系稳定的个体和私营企业纳入失业保险的覆盖范围。继续扩大低保覆盖面,建立和完善社会救助制度,重点解决好特困家庭的生活困难问题。

继续做好就业与再就业工作。积极扶持发展就业容量大的劳动密集型产业和中小企业,大力开发公共卫生、城市环保以及各类社区、家政服务等就业岗位。全面落实国家和省上有关税收减免、社保补贴、小额贷款、就业服务等方面的优惠政策,鼓励下岗失业人员自谋职业和自主创业。完善再就业服务体系,千方百计帮助大龄就业困难人员实现再就业,政府投资的公益性岗位,优先安排"4050"人员就业。2004年安置城镇下岗失业人员2.8万人,城镇登记失业率控制在4%以内。

(八)大力发展各项社会事业,促进经济和社会全面协调发展深入实施科教兴市战略。围绕经济结构调整、发展特色经济和企业技术进步,集中力量抓好一批科技攻关项目,计划新安排科技项目20项。继续有选择、有重点地推进高新技术产业发展,做好高新技术产业化项目的申报和组织实施工作。大力推进教育结构和布局调整,合理扩大和配置教育资源。扎实做好"两基"巩固提高工作,加快西宁地区普及高中教育进程,加快教育基础设施建设,确保8月底完成西宁二十二中等6所高中国债扩招项目。加快中小学危旧房改造步伐。建成海湖中学、青藏铁路花园学校和城南新区学校,力争三年新建5所中学。继续抓好薄弱学校转化,年内改造2-3所薄弱学校。积极推进教育现代化进程,力争建设15-20所学校校园网。

加强精神文明建设,促进文化、体育、卫生、广播电视、民政等社会事业全面进步。进一步加快文化产业发展,稳步推进文化体制改革,加强文化市场管理。深入开展全民健身活动,不断增加公共体育设施。加快公共卫生事业建设,建立满足人民健康需求的医疗预防保健体系,完成区县疾控中心建设。继续推进以大病统筹为主的农村新型合作医疗制度和医疗救助制度改革。高度关注和切实解决城市弱势群体的基本生活问题,搞好农村救灾救济工作。加强服务,努力做好计划生育工作。强化社会治安综合治理,增加科技强警投入,继续做好广播电视、人防、残疾人事业等各项工作。

(九)坚持科学的发展观,努力做好"十一五"规

划的编制工作

按照省委、省政府西宁工作会议提出的“六个更加，一个努力”的要求，围绕全面建设小康社会和青藏高原区域性现代化中心城市的目标，深入开展调查研究，提出“十一五”规划的基本思路，到2010年全市经济发展保持12%的增速，城镇居民人均可支配收入和农民人均纯收入分别增长8%和6%以上，恩格尔系数达到35%，城镇人口年机械增长5万人左右，率先普及高中阶段教育，实现山青水秀、文明开放、人民富裕的总目标。

在搞好总体规划的同时，抓好专项规划和区域规划的编制。组织编制好基础设施、基础产业、生态环境建设和保护、重要资源开发和保护、社会事业以及战略产业发展等领域的专项规划，用规划指导、规范经济和社会事业发展。

健全规划咨询机制。广泛吸收专家、学者、专业技术人员组成规划咨询委员会，对规划进行咨询论证。实行公示和听证制度，广泛听取社会各方面对“十一五”发展目标、战略、任务和政策的意见，不断增强规划的民主参与度，提高规划水平，努力绘制好全面建设小康社会第一个五年规划的宏伟蓝图。

各位代表，全面实现2004年国民经济和社会发展预期目标，保持全市经济社会持续快速健康发展的势头，任务艰巨，意义重大。我们将在市委的正确领导下，狠抓各项工作落实，锐意进取，开拓创新，为提前一年实现“十五”计划目标，为建设青藏高原区域性现代化中心城市而努力奋斗！

西宁市2003年财政预算执行情况和2004年财政预算草案的报告

——2004年2月10日在西宁市第十三届人民代表大会第四次会议上

西宁市财政局局长　葛永法

各位代表：

我受市人民政府的委托，向大会报告西宁市2003年财政预算执行情况和2004年财政预算草案，请予审议，并请市政协各位委员提出意见。

一、2003年财政预算执行情况及主要特点

2003年，在市委的正确领导下，在各级人大及其常委会的有效监督指导下，全市各地区、各部门继续抓住西部大开发的有利时机，克服"非典"带来的不利影响，认真贯彻落实市委确定的财政经济工作的各项要求，克服预算执行过程中出现的种种困难，同心同德，扎实工作，努力推进各项改革，积极发挥财政的职能作用，使财政收支规模进一步扩大，较好地完成了预算收支任务，为全市经济和社会各项事业的发展提供了有力的支持。

2003年，全市一般预算收入完成135580万元，为年度预算的105.3%，比上年增长21.4%，增加收入23913万元。其中，中央一般预算收入完成51183万元，为年度预算的106.6%，比上年增长29%，增加收入11491万元；地方一般预算收入完成84397万元，为年度预算的104.5%，比上年增长17.3%，增加收入12422万元。

全市地方一般预算支出数达到208550万元。执行结果，全市地方一般预算支出完成191586万元，为预算的91.9%，比上年同比增加支出26235万元，增长15.9%。支出分类看，公共类支出110039万元，比上年增加16790万元，增长18%，其中：教育支出34100万元，比上年增加4415万元，增长14.9%；社会保障类支出38853万元，比上年增加2365万元，增长6.5%；经济建设类支出28101万元，比上年增加2467万元，增长9.6%；政策性补贴等其他支出14593万元，比上年增加4613万元，增长46.2%。

一般预算执行结果，全市总财力达到223450万元。其中：地方一般预算收入84397万元，中央及省财政补助收入128240万元，调入资金134万元，上年结余收入10679万元。地方一般预算支出191586万元，上解省财政16294万元，收支相抵后，年终滚存结余15570万元，减去按规定需要结转到下年继续使用的支出指标16327万元，全市财政净结余为－757万元，实现了当年收支平衡并比上年减少赤字160万元。

市本级总财力为107448万元。其中：地方一般预算收入30246万元，比上年增长12.1%，增收3273万元，中央及省财政补助收入56303万元，下级上解收入11955万元，上年结余收入8944万元。地方一般预算支出92667万元，为预算的87.6%，比上年同比增加支出11039万元，增长13.5%。其中：公共类支出35908万元，比上年增加3398万元，增长10.5%，其中：教育支出8478万元，比上年增加1229万元，同比增长19.1%；社会保障类支出34466万元，比上年增加2080万元，增长6.4%；经济建设类支出15966万元，比上年增加2761万元，增长20.9%；政策性补贴等其他支出6327万元，比上年增加2800万元，增长

79.4%。收支相抵后,年终滚存结余14781万元,扣除结转下年支出13154万元,市本级财政净结余为1627万元。

全市基金预算收入完成6918万元,为年度预算的54.2%,下降42.2%;市本级基金预算收入完成4265万元,为年度预算的39.4%,下降46.3%,其中土地部门组织征收的土地有偿使用收入完成2327万元,下降68.8%。全市基金预算支出完成7045万元,为年度预算的76.6%,下降55%;市本级基金预算支出完成3304万元,为年度预算的71.7%,下降57.1%。执行结果,全市基金滚存结余7239万元。市本级滚存结余1306万元。

过去的一年,我市各级财政部门围绕市十三届人大三次会议确定的预算和工作目标,认真落实西部大开发政策,积极推进财政改革,进一步加强财政管理,各项工作进展顺利。

(一)全面完成了预算任务,收支总量进一步增加。一方面,以积极的财政政策和财政资金为引导,培植利税大户、放水养鱼、涵养财源、开辟多元化的聚财渠道;严格收入目标考核,及时足额分解落实税收任务,协调支持征管部门坚持依法治税,强化税收征管和非税收入收缴工作,努力做到应收尽收;在餐饮服务行业积极推行发票刮奖,鼓励消费者索取发票,有效地促进了收入增长;坚持收入分析制度,及时采取有效措施,确保收入的增长。另一方面,加强与各区(县)、各有关部门的协调配合,加大项目工作力度,积极争取上级财政部门的支持,各项补助比上年同口径增加了11847万元,确保了全年预算目标的实现。

(二)加快公共财政建设步伐,支出结构进一步优化。按照公共财政的要求,继续坚持"保工资、保稳定、保运转、保重点"的支出原则,进一步调整支出结构,在严格控制一般预算支出的同时,集中财力保障了重点支出需要。一是确保了工资的发放,与各区(县)签订工资发放目标责任书,进一步明确了事权,强化了区(县)政府的任务和责任,同时市级财政通过转移支付等形式,尽可能地帮助困难区(县)解决财力不足问题,保证了工资发放的财力需要。二是积极筹措资金确保了"三条保障线",支持了就业和再就业工作。2003年,全市共安排社会保障资金38842万元,比上年同比增长6.5%。全市共有城镇各类下岗失业人员3.5万人实现再就业;筹集资金900万元建立了60个社区就业服务中心;安排小额贷款担保基金700万元,发放小额贷款756万元,使440名下岗失业人员实现了再就业。三是积极支持改革、调整和发展。在保工资、保社保和努力保证机构正常运转的前提下,积极调整支出结构,努力改变财政支持经济发展的方式,安排财政贴息和项目前期费750万元,支持城市建设、教育等基础设施建设及项目前期工作。安排科技三项费用和企业技术改造资金1146万元,支持科技攻关和企业技术改造。增加支农资金投入,通过争取中央及省财政专项补助资金以及市级财力安排,共投入资金17082万元,有力地支持了农业结构调整和农村经济的发展。四是集中资金解决了社会事业方面的突出问题。市本级安排教育专项400万元,重点解决了教育危房改造及薄弱学校的转化问题,通过省财政的支持安排了1200万元的中小学建设资金;安排87万元支持了我市农村新型合作医疗改革试点工作。五是积极支持防治"非典"经费的需要,及时从市级预算总预备费中设立"非典"疫情处理预备金,同时积极争取中央和省财政的支持,建立"非典"防治经费保障机制,保证了"非典"防治经费的基本需要。六是安排3407万元资金,确保了宁湖建设、城市道路维修整治、南川河污水管道处理项目、法幢寺搬迁等城市基础设施重点建设项目的顺利实施。

（三）财政改革在稳步推进的基础上，取得了新的进展。按照以改革强管理、增效益、促发展的工作思路，继续推进了七个方面的改革，努力创新财政管理机制，并取得了新的进展。一是在省对下调整完善财政管理体制的基础上，制定了《调整和完善市对区（县）财政管理体制的意见》和《西宁市市对区（县）财政转移支付办法》，在进一步理顺各级政府之间的分配关系，明确各级政府的财权和事权的基础上，通过转移支付的形式逐步解决了困难区、县财政运行中的一些突出矛盾。二是部门预算改革进一步深化，按照零基预算的方法和细化预算项目编制的原则，将部门预算内外资金统一纳入预算管理，初步实现了预算内外资金的整合，强化了预算执行，增强了预算的约束力。三是进行了财政国库集中收付管理制度改革试点，并取得了初步成效。从2003年4月1日起在市本级23个部门51个预算单位进行的改革试点工作中，我们坚持“三个集中”、“三权不变”、“六个直达”的原则，使单位打消了顾虑，增进了对改革的理解和支持，保证了改革试点工作平稳运行，使财政资金在支出过程中更加规范、快捷、方便。四是建立了政府偿债机制。根据《西宁市政府偿债基金管理暂行办法》及《实施细则》，编制了政府偿债预算，政府偿债机制开始运行。全年共偿还利息5745万元，偿还本金2600万元，维护了政府的信誉，为再融资、再建设、再发展创造了良好的外部环境。五是加强财政预算外资金管理工作，逐步推行综合财政预算，政府对预算外资金调控由30%提高到70%。六是加强政府采购管理，规范财政支出渠道。编制了政府采购预算，采取有效措施，扩大政府采购范围和规模，加强对采购行为的监督。全年完成采购金额为3003万元，节约资金334万元，节约率为10%。七是继续推进农村税费改革，切实履行财政职能，重点搞好督办、协调和服务工作。认真督促落实有关政策，加强资金监管，巩固了改革成果。八是制定了《西宁市财政专项资金监督检查暂行办法》和《西宁市财政专项资金管理责任制暂行办法》，强化了财政监督职能，资金监管得到了加强。

（四）切实转变工作作风，认真做好调查研究工作。一是对城东区财政状况进行了深入细致的调查研究，按照客观公正的原则，实事求是的给予了评价，对提出的意见和建议，在体制调整和建立市对区、县转移支付办法中都予以体现，使调查研究工作落到了实处。二是结合财政工作实际，深入市级各单位进行调查了解，为进一步做好2004年部门预算的编制工作奠定了基础。三是通过对银川市财政及经济发展状况的调查研究，对两市经济及财政状况进行了对比分析，找到了差距并从中得到启示，以利于进一步做好财税工作，促进地方经济发展。四是在税收政策的调查研究方面，先后组织实施了西宁地区城市房地产税、印花税、农业税、农业特产税、企业所得税等的调研工作，针对存在的问题，提出进一步深化改革的意见和建议，为指导财政工作奠定了良好的基础。五是积极做好其他方面的调查研究。对全市2000－2002年技改贴息和科技三项费用项目的实施和资金使用情况进行调研；对我市耕地占用税征收情况进行了专题调研，针对园区开发建设过程中耕地占用税的征收管理问题提出了意见和建议；对市属学校教育经费、公安系统罚没收入及经费情况、行政事业单位面包车企业化经营、贫困家庭子女义务教育等情况进行了调研，为进一步做好财政工作奠定了基础。

一年来，各项工作虽然实现了年初确定的目标，取得了较好的工作成绩，但财政工作中的一些困难和问题，仍不容忽视。一是财政收支矛盾尖锐，对上级财政部门的依赖性比较强；市级财政调控能力较弱，用于基础设施建设和支农、科技、教育事业发展的专项资金主要依靠上级的支持。二是个别区（县）财政收入水平低，历史欠账严重，尽管市财政采取了加大转移支付力度等一系列补助措施，但受财政供养人员多等因素的影响，仍有部分区（县）财政运行困难，职工应享受的医疗、房改等政策难以兑现。三是财政专项资金使用效益不高，对有些专项资金的监督管理还不够到位。四是财政改革进展不平衡，尤其是区（县）财政改革有待于加强指导加快推进。对此我们将高度重视，认真调查研究，采取有力措施认真加以解决。

二、2004年财政预算草案

按照市委十一届五次全委会和全省财政工作会议精神，今年财政工作的指导思想和总体要求是：**以邓小平理论和“三个代表”重要思想为指导，正确处理改革、发展、稳定的关系，紧紧抓住国家积极财政政策和实施西部大开发战略的机遇，充分运用财政职能，重视培植后续财源，做大经济和财政“蛋糕”。按照建立健全公共财政体制框架的要求，推进财政管理体制改革。继续深化部门预算、国库集中收付、政府采购和“收支两条线”管理改革；确保职工工资按时足额发放，安排好对社会保障的投入，支持做好再就业工作；继续调整和优化支出结构，按照统筹发展的要求，支持社会各项事业发展；突出重点地区、重点项目，整合生产性专项资金，加大贴息资金和项目前期费的支持力度；完善财政监督机制，提高资金使用效益；加强财政内部管理，切实推进依法理财进程；继续发扬艰苦奋斗的作风，坚决制止铺张浪费。**

根据上述指导思想和2004年全市财政经济形势及国民经济宏观调控的主要指标，综合考虑省、市财政管理体制调整中增值税打破企业隶属关系地方25%部分省与市五五共享等因素，2004年全市地方一般预算收入安排95369万元，增长13%。主要收入项目的安排情况是：

——增值税15900万元，同口径比上年完成数增长17.5%，增加2365万元。

——地方工商税收（含所得税）62370万元，比上年完成数增长16.5%，增加8903万元。

——地方其他各项收入16599万元，比上年完成数增长1.3%，增加213万元。

根据地方一般预算收入安排，全市年初总财力160738万元，其中：地方一般预算收入95369万元，中央补助收入49799万元，上年结余结转15570万元。按照收支平衡的原则，全市地方一般顶算支出安排160738万元。其中：年初财力安排支出145168万元，比上年初增加22401万元，增长18.3%；上年结余结转安排支出15570万元。

用年初财力安排的主要支出项目情况是：公共类支出98440万元，比上年初安排数增长20.8%；经济建设类支出15726万元，比上年初安排数增长29.9%；社会保障类支出6920万元，与上年初安排数基本持平；政策性补贴等其他类支出24082万元，比上年初安排数增长9.1%。

市本级一般预算收入安排37884万元，比上年实际完成数增长25.3%，增加7638万元，同比增长13%。主要收入项目的初步安排是：

——增值税7865万元，增长17.5%。

——地方工商税收（含所得税）19931万元，增长16.4%。

——地方其他各项收入10088万元，增长4%。

市本级年初总财力79094万元。其中：年初财力64313万元（地方一般预算收入37884万元，中央补助收入52万元，下级上解收入26377万元），上年结余结转14781万元。

用年初财力安排市本级一般预算支出64313万元，比上年初增加11056万元，增长20.8%，主要支出项目：

——公共支出类34967万元，比上年初安排数增长20.9%。其中:教育支出增长38.8%;农(林、牧、水)业事业发展支出增长100%;公检法司支出增长18.6%;文体广播事业费增长22.2%。

——经济建设类支出10526万元,比上年初安排数增长32.2%。其中:科技三项费用增长10.1%。

——社会保障支出类3065万元,同比与上年初安排数持平。

——政策性补贴等其他类支出15755万元,比上年初安排数增长21.2%。其中:债务利息支出3000万元;总预备费2000万元,比上年初安排数增长17.6%。

根据全市财政预算草案,预计区(县)级年初财力80855万元,比上年初增加11345万元,增长16.3%;安排支出80855万元。

按照以收定支的原则,全市基金预算收入安排5640万元,比上年完成数下降18.5%,基金预算支出安排12879万元,比上年初预算下降31.3%。其中:市本级基金预算收入安排3540万元,比上年完成数下降17%,基金预算支出安排4846万元,比上年初预算下降到59.6%。

三、2004年财政主要工作任务

按照市委对财政工作的总体要求和上述财政收支安排,今年将切实抓好以下工作:

(一)继续抓好组织收入工作,确保财力稳定增长。组织收入,壮大财力,始终是财政部门的首要任务,也是缓解收支矛盾的关键,必须切实抓好。一是在正确分析财政经济形势的基础上,积极稳妥的安排好财政收入预算,并尽快分解下达,明确责任。二是支持征收部门加强税收征管,扩大发票刮奖的范围规范和完善税收征管制度,认真执行国家的各项税收优惠政策,正确处理政策优惠和规范征收的关系,强化对收入重点地区、重点税源和税种的监管。严厉打击各种偷、逃、骗税等涉税违法犯罪活动,采取切实措施,狠抓清欠工作。做到依法征收,应收尽收,确保收入目标的实现。三是要继续坚持财政收入分析制度和收拨挂钩的办法,加强信息沟通,强化责任意识,对存在的问题和薄弱环节,有针对性地及时采取措施,确保收入均衡入库。四是抓好非税收入。在进一步规范行政审批行为的同时,对按照政策法规规定应收的各项非税收入要严格征收。五是认真研究国家的投资政策和导向,继续加强组织协调工作,围绕社会保障、支农扶贫、科技教育、公共卫生体系等重点项目,以进一步争取上级财政的支持,不断增加财力。

(二)充分运用财政职能,进一步支持财源建设。按照"生财有道、聚财有度、用财有方"的理财思路,正确处理好财政与经济的关系,充分运用财政职能,支持经济发展,培植后续财源。一是按照市场经济规律进一步转变财政支持经济发展的方式。通过财政贴息和财政政策等宏观调控手段,培育和发展各类市场主体,为企业自我发展、自我创新创造更加公平开放、宽松和谐的财税环境。二是认真落实财政管理体制和税费优惠政策。落实好财政管理体制改革的有关措施,鼓励有条件的区(县)加快经济发展,促进财源建设,确保各项优惠政策的落实到位。三是尽可能地整合支持生产性的专项资金,突出重点,培植新的财源增长点。

(三)继续调整和优化支出结构,确保重点支出需要。要按照公共财政的要求,从维护改革发展稳定的大局出发,合理配置有限的财力资源,进一步调整和优化支出结构,在严格控制一般性支出的同时,集中财力确保工资和社会保障资金需要,确保科技、教育、支农等法定增长,保障重点支出需要,解决突出问题,促进经济社会协调发展。第一,确保工资性支出需要,在预算中打足留够,进一步强化工资发放分级管理责任,确保工资发放。同时,为机构正常运转提供必要的支持。第二,确保社保资金需求,通过社会统筹、个人缴费、财政安排和争取上级财政支持等多种筹资渠道，进一步筹措好社保资金。切实做好“两个确保”工作，加大对社会保障的投入力度，衔接好“三条保障线”；全面落实下岗失业人员再就业优惠政策，合理安排好各项再就业资金，进一步促进就业和再就业工作；努力帮助困难群众解决生产生活中的实际困难。第三，大力支持农业和农村经济发展，支持改善基础条件，调整经济结构，培育特色经济，保障粮食安全，扩大劳务输出，做好扶贫和农业综合开发工作，促进农民增收。第四，大力支持义务教育和公共卫生体系等社会公益性事业发展，推进公共卫生体系建设和农村新型合作医疗制度改革试点工作；加大对公检法部门技术装备和科技强警的投入；支持文化事业单位改革。第五，继续做好政府偿债基金的管理工作，充分运用财政手段支持基础设施建设。第六，安排使用好企业技术改造资金和科技三项费用，支持企业技术进步和科技创新。第七，继续支持城市基础设施重点建设项目的实施，支持优势产业、科技进步、生态环境等项目的建设，结合"四创"进一步支持小城建项目、城市道路改造及城市亮化、绿化、“创优”等工作。

（四）不断深化财税改革，推进公共财政体系建设。按照市委十一届五次全委会的要求，各级财政部门必须树立全局观念，在力推进财税制度的改革和创新的同时，大力支持其他方面的改革创新，发挥各方面制度改革和体制创新的聚合效应，从而有效地推动经济发展和社会全面进步。一是积极参与和稳步推进社会保障、住房、教育、文化、粮食流通体制市场化和分配制度以及企业所有制、社会公益事业、行政审批制度等方面的改革，努力推进农村新型合作医疗制度改革试点和“村改居”工作，为这些改革提供必要的资金保障和政策支持。二是切实抓好市对区（县）、区（县）对乡（镇、街道办事处）财政管理体制的调整完善和衔接工作，调动各级政府尤其是乡（镇、街道办事处）增收节支的积极性，确保新体制的平稳运行；指导区（县）加强财政管理工作，推行会计集中核算，不断提高基层财政的管理水平。要努力加大转移支付力度，逐步缩小地区间政府公共服务水平的差距。三是继续深化部门预算改革，不断完善项目支出管理方法和手段，通过加强部门综合预算的编制管理改革，增强政府预算的统筹能力。四是在市本级58个一级预算单位和96个基层单位全面推行国库集中支付管理制度改革，不断扩大财政直接支付资金的范围和规模，完善财政国库管理与监督制度，提高资金运行效益。五是加强对行政事业单位国有资产的监管，把管资产和管资金结合起来，探索建立国有资产统一配置、合理流动、有效使用的机制，将公益性国有资产逐步向产业化、多元化、商业化推进。六是积极推进政府采购制度改革，分别设立政府采购管理机构及执行机构。扩大政府采购范围和规模，推进政府采购工作规范化，强化政府采购监督，确保政府采购工作依法进行。

（五）完善财政监督机制，提高财政管理水平。近年来随着国家积极财政政策和西部大开发战略的实施，上级财政部门对我市的专项投入在不断增加，使其充分发挥效益，是财政部门应尽的职责。一是切实抓好财政监督检查处理决定的落实工作，使财政监督真正起到监督、促管、增效的作用。二是继续坚持财政、审计、监察、社会中介组织等多部门、多层次、多角度的监督检查方式，加强对重点地区、重点项目资金使用情况的监督，做好追踪问效工作，坚决纠正挤占挪用等违规行为，确保专项资金按规定使用并发挥效益。三是建立财政专项资金绩效评价机制。切实落实好重点项目资金公示制、政府公益性投资项目代建制、农业综合开发土地治理项目招投标制、财政支农扶贫资金报帐制和农口专项资金管理目标责任制，建立起有效的监督约束机制，防止项目投资超规模、超标准、超预算现象的发生。四是严格预算约束。强化预算审查，严格执行经本级人代会审议通过的收支预算。严格控制预算追加，不断增强预算的科学性、严肃性，防止预算执行中的随意性和盲目性。同时，加大对预算单位的监督力度。五是继续整顿和规范会计工作秩序。开展会计信息质量抽查，强化会计基础管理工作，加强财会人员的财会知识和职业道德培训，不断提高财会工作管理水平。六是坚持财政内部稽查制度和内部控制制度。加强日常财务监督，落实好对重点部门，关键岗位的监督制约制度。自觉接受人大、审计等方面的监督。坚持依法理财，不断提高依法行政水平。

（六）继续发扬艰苦奋斗的作风，坚决制止铺张浪费。精打细算、厉行节约，管好、用好每一笔财政资金，是财政工作必须长期坚持的方针。一是牢固树立长期过"紧日子"的思想，大力提倡艰苦创业，勤俭办事的作风，坚决制止各种奢侈浪费行为。二是认真执行支出预算，严格控制一般性支出，大力压缩会议、出国考察、招待等费用。预算安排除政策规定需要增加的雪点和法定支出外，下决心控制和压缩其他一般性支出。三是加强各预算单位的财务管理，挖掘机关事业单位增收节支潜力，努力降低机关运行成本。四是财政部门带头执行各项财经纪律，积极支持配合纪检、监察、审计等部门严肃查处各种挥霍、浪费财政资金的行为，维护财经秩序。

各位代表，今年是实现"十五"规划的关键一年，做好今年的财政工作对促进我市改革开放、发展稳定具有十分重要的意义。我们将认真贯彻落实党的十六届三中全会和市委十一届五次会委会议精神，切实加强自身建设，进一步更新思想观念，积极探索财政部门践行"三个代表"重要思想的有效途径，统一思想、坚定信心、开拓创新、扎实工作，为实现全面建设小康社会的目标做出新的贡献。

中华人民共和国2003年国民经济和社会发展统计公报

中华人民共和国国家统计局

2004年2月26日

2003年,全国各族人民在党中央、国务院的正确领导下,以邓小平理论和"三个代表"重要思想为指导,全面贯彻落实党的十六大和十六届三中全会精神,沉着应对突如其来的非典疫情、多种自然灾害和复杂多变的国际形势带来的严峻困难和挑战,万众一心,奋力拼搏,实现了经济和社会发展的主要预期目标。国民经济较快增长,运行质量明显提高,经济活力进一步增强;结构调整取得积极进展,改革开放稳步推进;科技、教育、文化、卫生、体育等社会事业取得新成绩;城乡居民生活继续改善。

一、综合

国民经济较快增长。全年国内生产总值116694亿元,按可比价格计算,比上年增长9.1%,加快1.1个百分点。其中,第一产业增加值17247亿元,增长2.5%,减慢0.4个百分点;第二产业增加值61778亿元,增长12.5%,加快2.7个百分点;第三产业增加值37669亿元,增长6.7%,减慢0.8个百分点。在第三产业中,金融保险业增长6.9%,批发和零售贸易餐饮业增长6.6%,房地产业增长5.3%。

价格总水平有所上涨。全国居民消费价格总水平比上年上涨1.2%。其中,城市上涨0.9%,农村上涨1.6%(见表1)。居民消费价格中,食品价格上涨3.4%,服务价格上涨2.2%。商品零售价格下降0.1%。工业品出厂价格上涨2.3%。原材料、燃料、动力购进价格上涨4.8%。固定资产投资价格上涨2.2%。农产品生产价格上涨4.4%,其中,谷物上涨2.3%,棉花上涨35.3%,油料上涨19.4%,畜产品上涨1.8%。

就业人数增加。年末全国就业人员74432万人,比上年末增加692万人。其中城镇就业人员25639万人,增加859万人。全年有440万下岗失业人员实现了再就业。年末城镇登记失业率为4.3%,比上年末上升0.3个百分点。

国际收支状况良好。全年对外贸易顺差255亿美元,比上年减少49亿美元。利用外资继续增加。外汇储备大幅度增长,年末国家外汇储备达到4033亿美元,比上年末增加1168亿美元。人民币汇率保持基本稳定。

国民经济和社会发展中存在的主要问题是:农民收入增长缓慢;就业和社会保障任务较重;能源、交通供需关系紧张;固定资产投资规模偏大,部分行业盲目投资、低水平重复建设比较严重;部分社会成员收入差距过大,不少低收入居民生活还比较困难,资源环境压力增大等。

二、农业

农作物种植结构继续调整。全年粮食种植面积9941万公顷,比上年减少448万公顷;糖料种植面积165万公顷,减少17万公顷;棉花种植面积511万公顷,扩大92万公顷;油料种植面积1497万公顷,扩大20万公顷;蔬菜种植面积1791万公顷,扩大56万公顷。

粮食、棉花、油料、糖料等大宗农产品减产;蔬菜、水果在调整品种、优化品质的基础上稳定增长。全年粮食产量43067万吨,比上年减产2539万吨,下降5.8%。

畜牧业、渔业生产稳步发展。全年肉类总产量达6920万吨,比上年增长5.1%。其中,牛、羊肉产量分别增长12.9%和10.8%。牛奶产量增长迅速。全年水产品产量达4690万吨,增长2.8%。

全年新增有效灌溉面积78万公顷,新增节水灌溉面积137万公顷。

三、工业和建筑业

工业生产高速增长。全年全部工业增加值

53612亿元，比上年增长12.6%，其中规模以上工业企业（即国有工业企业及年产品销售收入500万元以上的非国有工业企业）增加值增长17.0%（见表3）。工业产品销售率98.1%，比上年提高0.1个百分点。

高技术产业增长较快。规模以上工业中，高技术产业增加值比上年增长20.6%。光通信设备、程控交换机、移动电话机和微型电子计算机等信息通信产品产量分别增长25.9%至1.2倍。

能源生产增长加快。全国一次能源生产总量16.03亿吨标准煤，比上年增长11.0%。全年发电量19107.6亿千瓦小时，比上年增长15.5%；原煤生产量16.67亿吨，增长15.0%；原油生产量1.70亿吨，增长1.8%。

主要原材料生产快速增长。全年黑色金属冶炼及压延加工业增加值比上年增长22.6%，有色金属冶炼及压延加工业增长18.1%，化学原料及化学制品制造业增长14.1%，非金属矿物制品业增长16.6%。分产品看，钢产量2.22亿吨，增长21.9%；钢材产量2.41亿吨，增长25.3%；十种有色金属增长19.1%；氧化铝增长11.2%；烧碱增长7.7%；水泥增长18.9%。

汽车工业增势强劲。全年交通运输设备制造业增加值比上年增长22.0%。汽车产量444.4万辆，增长36.7%，其中轿车产量202.0万辆，增长85.0%。

工业经济效益大幅度提高。规模以上工业企业实现利润总额8152亿元，比上年增长42.7%，其中国有及国有控股企业实现利润3784亿元，增长45.2%；集体企业实现利润480亿元，增长31.4%；股份制企业实现利润3764.6亿元，增长46%；外商及港澳台投资企业实现利润2680.5亿元，增长40.5%。亏损企业亏损额同比下降1.9%。行业盈利面明显扩大。39个工业大类行业中有38个行业利润保持增长。石油和天然气开采业、交通运输设备制造业、黑色金属冶炼及压延加工业、化学工业和电力工业新增利润占全部规模以上工业新增利润的48.7%。

建筑业保持较快发展。全年全社会建筑业实现增加值8166亿元，比上年增长11.9%。全国具有建筑业资质等级的总承包和专业承包建筑业企业实现利润459亿元，增长23.8%。

四、固定资产投资

固定资产投资大幅度增长。全年全社会固定资产投资55118亿元，比上年增长26.7%（见表5）。国有及其他经济类型投资中，东部地区投资24666亿元，增长33.6%；中部地区投资10092亿元，增长33.1%；西部地区投资7171亿元，增长26.4%。

工业投资增长明显快于其他产业。全年国有及其他经济类型投资中，第一产业投资1156亿元，增长3.7%，增速比上年回落19.8个百分点。第二产业投资15007亿元，增长39.1%，加快16.2个百分点。其中工业投资14460亿元，增长39.0%，加快16.8个百分点。部分工业行业投资高速增长。在500万元以上项目中，钢铁投资增长96.6%，电解铝增长92.9%，水泥增长121.9%，汽车增长87.2%，纺织增长80.4%，煤炭增长52.3%。第三产业投资继续保持较快增长，全年完成投资26480亿元，增长24.2%，加快9.8个百分点。房地产开发投资10106亿元，比上年增长29.7%；全年商品房销售额7671亿元，增长34.1%，其中销售给个人增长35.8%，所占比重为92.5%。

重点工程建设进展顺利。长江三峡工程实现了蓄水、通航、发电的目标；青藏铁路建设累计完成新线铺轨317公里，占应铺轨里程的28.6%；西电东送工程向广东送电能力已突破500万千瓦；西气东输管道工程已完成总投资的48%，东段线路全面完工，实现向华东地区供气；南水北调工程东线和中线已开工4个单项工程；19项治淮骨干工程已完成总投资的49%。

五、国内贸易

消费品市场稳定增长。全年社会消费品零售总额达到45842亿元，比上年增长9.1%，扣除物价因素，实际增长9.2%。其中，城市消费品零售额29777

亿元，增长10.3%；县及县以下消费品零售额16065亿元，增长6.8%。分行业看，批发零售贸易业零售额37693亿元，增长9.2%；餐饮业零售额6066亿元，增长11.6%；其他行业零售额2083亿元，增长0.2%。

全年限额以上批发零售贸易业销售额中，汽车类零售额比上年增长68.5%，通信器材类增长70.9%，家用电器和音像器材类增长18.3%，家具类增长28.2%。

六、对外经济

对外贸易快速增长。全年进出口总额达8512亿美元，比上年增长37.1%。其中出口额4384亿美元，增长34.6%；进口额4128亿美元，增长39.9%。对主要贸易伙伴的进出口均增长较快。

能源和原材料进口大幅度增加。全年进口原油9112万吨，比上年增长31.3%；成品油2824万吨，增长38.8%；钢材3717万吨，增长51.8%；氧化铝561万吨，增长22.6%；铁矿砂及其精矿14813万吨，增长32.9%。

外商直接投资保持较大规模。全年批准设立外商直接投资企业41081个，比上年增长20.2%；合同金额1151亿美元，增长39.0%；实际使用金额535亿美元，增长1.4%。

对外经济技术合作保持良好发展势头。全年对外承包工程、对外劳务合作、对外设计咨询新签合同额209亿美元，比上年增长17.0%；完成营业额172亿美元，增长20.1%。

七、交通、邮电和旅游

交通运输和邮电通信业全年实现增加值6531亿元，比上年增长7.0%。

全年完成货物周转量57152亿吨公里，比上年增长13.1%；港口完成货物吞吐量33亿吨，增长17.9%。受非典疫情的影响，旅客周转量13795亿人公里，下降2.3%。

全年完成邮电业务总量7282亿元，比上年增长27.8%。其中，邮政业务总量543亿元，增长9.7%；电信业务总量6739亿元，增长29.6%。全年新增局用交换机6744万门，总容量达到3.5亿门。新增固定电话用户4908万户，年末达到26330.5万户，其中城市电话用户17129.2万户，乡村电话用户9201.3万户。新增移动电话用户6269万户，年末达到26869万户。年末全国固定及移动电话用户总数达到53200万户，比上年末增加11177万户，电话普及率达到42部/百人。

旅游业受非典疫情影响较大。全年入境人数9166万人次，比上年下降6.4%。其中，外国人1140万人次，下降15.2%；香港、澳门和台湾同胞8026万人次，下降5.0%。在入境旅游者中，过夜人数3297万人次，下降10.4%。国际旅游外汇收入174亿美元，下降14.6%。全年国内出境人数达2022万人次，增长21.8%。其中因私出境1481万人次，增长47.2%，占出境人数的73.2%。国内旅游人数达8.7亿人次，下降0.9%；旅游总收入3442亿元，下降11.2%。

八、金融、证券和保险

货币供应量增长加快。年末广义货币供应量(M2)余额为221223亿元，比上年末增长19.6%，增速加快2.8个百分点；狭义货币供应量(M1)余额为84119亿元，增长18.7%，加快1.9个百分点；流通中现金(M0)余额为19746亿元，增长14.3%，加快4.2个百分点。

金融机构存贷款增加较多。年末全部金融机构本外币各项存款余额220364亿元，比上年末增长20.2%；全部金融机构本外币各项贷款余额169771亿元，增长21.4%。贷款结构继续改善。全国农村信用社人民币贷款余额16979亿元，比上年末增加3186亿元。人民币消费贷款余额15736亿元，增加5091亿元，其中个人住房贷款余额11780亿元，增加3528亿元。

金融机构不良贷款减少。按照五级分类统计，年末银行业主要金融机构不良贷款余额为2.44万亿元，比年初减少1906亿元，不良贷款的比例为17.8%，比年初下降5.32个百分点。

证券市场稳定发展。全年证券市场通过发行、配售股票共筹集资金1358亿元，比上年增加396亿元。其中，发行A股（包括增发及可转债）97只，配股24只，筹集资金820亿元，增加40亿元；发行B股、H股共24只，筹集资金537亿元，增加355亿元。年末境内上市公司（A、B股）数量由上年末的1224家增加到1287家，市价总值42578亿元，比上年末增长11%。

保险事业发展较快。全年内外资保险公司保费收入3880亿元，比上年增长27.1%。其中，寿险保费收入2669亿元；健康险和意外伤害险保费收入342亿元；财产险保费收入869亿元。支付各类赔款及给付841亿元。其中，寿险业务给付264亿元；健康险和意外伤害险赔款及给付101亿元；财产险赔款476亿元。

九、教育和科学技术

教育事业保持较快发展。全国研究生教育招生26.9万人，在学研究生65.1万人，毕业生11.1万人。全国普通高等教育招生382.2万人，在校生1108.6万人，毕业生187.8万人。各类中等职业教育招生504.1万人，在校生1240.2万人，毕业生343.8万人。全国普通高中招生752.1万人，在校生1964.8万人，毕业生458.1万人。全国初中招生2220.1万人，在校生6690.6万人，毕业生2018.4万人。普通小学招生1829.4万人，在校生11689.7万人，毕业生2267.9万人。特殊教育招生4.9万人，在校生36.5万人。幼儿园在园幼儿2004万人。

科技事业取得新突破。全年全国科学研究与试验发展（R&D）经费支出1520.1亿元，比上年增长18.1%，占国内生产总值的1.3%，其中基础研究经费86亿元。年末国有企事业单位共有各类专业技术人员2834.4万人。全年国家安排了1573项科技攻关计划项目和4479项“863”计划项目，新安排高技术产业化示范工程项目274项，滚动安排重大技术装备研制项目15项，新建国家工程研究中心9家，安排国家重点实验室改造项目46项。认定国家级企业（集团）技术中心302家。全年共取得省部级以上科技成果29870项。其中，基础理论成果2029项，应用技术成果26425项，软科学成果1416项。全年受理国内外专利申请30.8万件，授权专利18.2万件，分别比上年增长22.1%和37.6%。全年共签订技术合同26.8万项，技术合同成交金额1082.7亿元，比上年增长22.5%。首次载人航天飞行的圆满成功，使我国成为世界上第三个独立掌握载人航天技术的国家。

全国共有产品检测实验室15676个，其中国家检测中心245个。全国现有产品质量、体系认证机构113个，已累计完成对4.6万个企业的产品认证。全国共有法定计量技术机构3815个，全年强制检定计量器具2691万台件。制定、修订国家标准1653项，其中新制定734项。全国共有天气雷达观测站点250个，卫星云图接收站点386个。全国共有地震台站1253个，地震遥测台网30个。全国共有1737个海洋观测、监测站点。测绘部门公开出版地图1572种，测绘图书454种。

十、文化、卫生和体育

文化事业稳步发展。年末全国共有艺术表演团体2587个，文化馆2892个，公共图书馆2708个，博物馆1519个。广播电台282座，中、短波广播发射台和转播台744座，电视台320座，教育台62个。全国有线电视用户10508万户。生产故事影片140部，科教、纪录、美术片61部，特种影片1部。出版全国性和省级报纸243.6亿份，各类期刊29.9亿册，图书67.5亿册（张）（见表13）。年末全国共有档案馆3978个，已开放各类档案5583万卷（件）。

卫生事业发展加快。2003年上半年，24个省、自治区、直辖市先后发生非典疫情，全年累计临床确诊病例5327例，累计死亡349人。非典疫情发生后，中央和地方政府增加了卫生投入，应对突发公共卫生事件应急机制逐步建立，医疗救治和疾病预防控制机构得到较大加强。年末全国共有卫生机构30.5万个，其中医院、卫生院6.4万个，妇幼保健院(所、站)3058个，专科疾病防治院(所、站)1811个。医院和卫生院床位290万张。卫生技术人员424万人，其中执业医师和执业助理医师183万人，注册护士124万人。全国疾病预防控制中心(防疫站)3600个，卫生技术人员15.9万人。卫生监督检验机构755个，卫生技术人员1.5万人。乡镇卫生院4.5万个，床位66.8万张，卫生技术人员90.7万人。

体育事业取得新成绩。全年我国运动健儿共获得了87个世界冠军；9人1队19次创16项世界纪录。全民健身运动蓬勃发展。

十一、人口、人民生活和社会保障

人口自然增长率继续下降。年末全国总人口为129227万人。全年全国出生人口1599万人，出生率为12.41‰；死亡人口825万人，死亡率为6.40‰；全年净增人口774万人，自然增长率为6.01‰。

居民生活继续改善。全年全国城镇居民人均可支配收入8472元，扣除物价上涨因素，实际增长9.0%；农村居民人均纯收入2622元，实际增长4.3%。居民家庭恩格尔系数(即居民家庭食品消费支出占家庭消费总支出的比重)，城市为37.1%，比上年降低0.6个百分点；农村为45.6%，降低0.6个百分点。年末全国私人轿车拥有量已达489万辆，比上年末增加146万辆。年末农村贫困人口为2900万人。

社会保障进一步加强。年末全国参加基本养老保险人数为15490万人，比上年增加753万人。其中参保职工11638万人，参保的离退休人员3852万人。全国参加失业保险的人数为10373万人，增加191万人。全国参加医疗保险的人数为10895万人，增加1494万人。其中参保职工7977万人，参保退休人员2918万人。年末全国企业参加基本养老保险离退休人员3551万人，绝大部分实现了养老金按时足额发放；年末全国有195万国有企业下岗职工进入再就业服务中心，进入再就业服务中心的人员全部按时足额领到了基本生活费和代缴了社会保险费；年末全国领取失业保险金人数为415万人，比上年减少25万人；全国共有2235万城镇居民得到政府最低生活保障，增加170万人。

年末全国各类收养性社会福利单位床位122.2万张，收养各类人员92.4万人。城镇建立各种社区服务设施19.2万个，其中综合性社区服务中心9251个。全年销售社会福利彩票200亿元，筹集社会福利资金近70亿元，直接接收社会捐赠款30.1亿元。

十二、资源与环境

耕地面积继续减少。全年建设占用耕地22.9万公顷，灾毁耕地5.0万公顷。生态退耕223.7万公顷，因农业结构调整减少耕地33.2万公顷。土地整理复垦开发补充耕地31.1万公顷。全年净减少耕地253.7万公顷。

能源和主要原材料消费明显上升。初步测算，全年能源消费总量16.78亿吨标准煤，比上年增长10.1%。其中，原油消费量2.52亿吨，增长12%；原煤15.79亿吨，增长13.6%。主要原材料消费中，钢材2.71亿吨，增长28.6%；氧化铝1168万吨，增长15.7%；水泥8.36亿吨，增长15.3%。

水资源供求关系依然紧张。当年人均水资源2076立方米，比上年下降5.6%。全年平均年降水量640毫米，下降3.0%。年末全国454座大型水库蓄水总量1864亿立方米，增加210亿立方米。全年总用水量5410亿立方米，比上年下降1.5%。其中生活用水增长5.0%；工业用水增长1.1%；农业用水下降3.5%。全国人均用水量为420立方米，下降1.9%。

总体水质状况略有下降。七大水系干流地表水水质有52.5%的断面满足国家地表水三类水质标准要求，比上年下降0.4个百分点；38.1%的断面为四类、五类水质，比上年上升11.3个百分点；超过五类水质标准断面的比例为9.3%，比上年下降11个百分点。237个近岸海域海水水质监测点中，达到国家一类海水水质标准的监测点占19.8%，比上年下降

1.5个百分点。

矿产资源勘探取得新进展。全国已发现的矿种为171种。有查明资源储量的矿种共计158种，其中，能源矿产10种，金属矿产54种，非金属矿产91种，水气矿产3种。国土资源调查及地质勘查新发现大中型矿产地157处。有59种矿产新增查明资源储量，其中，石油7.99亿吨，天然气5035.4亿立方米，原煤51.95亿吨。

城市环保工作有所加强。监测的340个城市中，有141个城市空气质量达到二级标准，占监测城市数的41.5%，比上年提高7.7个百分点；有108个城市为三级，占31.8%，比上年下降3.2个百分点；有91个城市为劣三级，占26.7%，比上年下降4.5个百分点。城市污水集中处理率、城市生活垃圾无害化处理率和工业固体废物综合利用率，分别达到42.1%、58.0%和53.5%，比上年提高2.1、3.8和1.5个百分点。全国建成烟尘控制区3.3万平方公里，环境噪声达标区2.0万平方公里。

生态环境建设力度加大。全年完成造林面积930万公顷，比上年增长19.7%。其中，六大林业重点工程完成造林面积831万公顷。截止2003年，全国共批准国家级生态示范区82个，自然保护区达到1999个，国家地质公园44个，地质遗迹保护区457个，三峡库区完成地质灾害治理项目158个。综合治理水土流失面积5.6万平方公里。

赤潮发生次数增多。全年发现赤潮119次，比上年增加40次，上升50.6%；累计面积约14550平方公里，直接经济损失约4280万元。

各种自然灾害比较严重。全年全国农作物受灾面积5438.6万公顷，比上年上升15.4%；其中成灾面积3251.6万公顷，上升19.0%；绝收854.6万公顷，上升30.3%。全年因海洋灾害造成的直接经济损失约80.5亿元，比上年上升22%。全年共发生5级以上地震29次，比上年增加20次，其中6级以上地震7次。地震共造成319人死亡，直接经济损失46.6亿元。

注：1. 本公报为初步统计数。

2. 各项统计数据均未包括香港特别行政区、澳门特别行政区和台湾省。

3. 国内生产总值、各产业增加值绝对数按现价计算，增长速度按可比价计算。

4. 基本建设新增生产能力中新增局用交换机容量、新增光缆线路长度及新增数字蜂窝移动电话交换机容量含更新改造增加的能力。

5. 邮电业务总量完成额按2000年不变价格计算。

2003年青海省国民经济和社会发展统计公报

青海省统计局

2004年2月27日

2003年，我省各族人民在省委、省政府的领导下，高举邓小平理论和“三个代表”重要思想伟大旗帜，坚持与时俱进，正确处理改革发展稳定的关系，认真实施西部大开发战略，走发展之路、改革之路、创业之路、跨越之路，抗击国内“非典”疫情和省内地震等自然灾害，全面完成了国民经济和社会发展的各项任务，城乡居民所得实惠增多。“富民强省，全面建设小康”迈出新步伐。

一、经济总量和经济结构

国民经济继续保持高速增长。2003年全省GDP 390.16亿元，按可比价格计算，比上年增长12.1%（国内生产总值将改进和规范地区核算，2004年起地区的GDP改称生产总值）。人均GDP7276元，增长11.0%。在经济结构战略性调整深入推进的过程中，优势产业、特色经济的发展亮点增加，GDP三次产业的构成发生变化，第一产业增加值47.00亿元、第二产业增加值184.26亿元、第三产业增加值158.90亿元，分别比上年增长3.8%、16.4%、9.7%。一、二、三产业占GDP的比重分别为12.1%、47.2%、40.7%；第二产业对经济增长的拉动力继续增大，工业化水平得以提升。地区经济结构向突出优势、打造特色演变，资源开发步伐加快，总体产出效益上升。所有制结构进一步优化，非公有制经济发展分量加重。

二、农业和畜牧业

全省努力解决“三农”问题，各项工作措施到位，在结构调整中，特色种养业、订单和设施农牧业的发展面扩大，退耕还林还草工程顺利实施，区域基础设施建设协调并进，支持了优势资源开发，加之气候好，农牧业是一个丰收年，整体上实现了生产增效和农牧民增收的目标。

种植业结构调整加快。农作物种植向适应市场需求和展示高原特色调整优化，产值高、收入好的品种增加。全年在落实退耕还林还草任务中，粮食作物种植面积24.80万公顷，比上年减少12.9%，总产量86.80万吨，减产4.9%，亩产量由上年的213.8公斤提高到233.3公斤，增产9.1%；其中薯类种植面积6.57万公顷，比上年增长8.2%，总产量28.20万吨，增产15.6%。油料种植面积15.21万公顷，比上年下降0.5%，总产量26.20万吨，增产12.0%，亩产量由上年的102.0公斤提高到114.8公斤，增产12.6%，单产创历史最高记录。蔬菜种植面积2.41万公顷，比上年增长18.1%，总产量77.1万吨，增产13.7%。粮食作物、经济作物、其它作物种植面积之比由上年的58:36:6转变为53:39:8，种植业是一个收入较丰、效益较好的年景。

畜牧业好的发展局面进一步形成。全省坚持合理有效利用草地资源和广泛推进科学养畜，努力增强防灾抗灾能力，狠抓"四配套"建设和"西繁东育"，畜牧业生产和效益双增。全年草食牲畜成活率、出栏率和商品率分别为89.6%、29.1%和23.7%，各比上年提高0.30、0.81和0.68个百分点；年末草食牲畜存栏总数2217.65万头（只），比上年增长1.03%；能繁殖母畜比例由上年的47.03%提高到48.03%。全年肉类总产量23.67万吨，比上年增长3.9%，其中，牛肉产量7.09万吨，增长0.9%，羊肉产量8.49万吨，增长6.1%。羊毛产量1.73万吨、牛奶产量22.14万吨，分别比上年增长3.6%和0.5%。

退耕还林还草任务全面完成。全年完成造林种草面积13.67万公顷，其中，造林面积9.69万公顷。退耕还林还草面积6.78万公顷，比上年增长28.4%，其中林增草减，退耕还林6.06万公顷，增长51.9%，退耕还草0.72万公顷，下降44.2%。荒山造林2.76万公顷,比上年增长26.6%,荒山种草3.25万公顷,比上年增长10.5%。取得了历年来投资规模最大、质量最好的成绩,全省有20多万户、100多万人从中收益;遏制生态环境恶化,和谐人与自然关系的工作扎实。

渔业资源得到合理保护。全年水产品产量0.13万吨,比上年下降27.8%。

农田水利建设取得新成就。2003年末,全省农田有效灌溉面积(水浇地面积)为18.17万公顷;年内完成灌区维修配套和节水改造面积2.11万公顷,综合治理水土流失面积827平方公里;解决了42万人、170万头(只)牲畜饮水困难的问题,水利设施配套项目建设进程加快,农村牧区的生产和生活条件不断改善。

三、工业和建筑业

全省工业企业结构调整、项目建设、招商引资的力度继续加大,通过深化改革、企业整合、推进工业园区建设,完善管理机制,为优势产业、特色产业的发展和参与市场竞争注入了新的活力。全年工业生产克服了电力紧张、运力不足和原材料价格上涨等不利因素,实现了速度、规模、效益同步提高,取得了近十年来的最好成绩,工业经济已成为国民经济增长的主要拉动力。

工业生产增幅创新高。全省全部工业增加值达120.77亿元,按可比价格计算,比上年增长17.1%。规模以上工业增加值95.53亿元,增长15.9%,其中国有及国有控股企业完成84.55亿元,增长14.5%。规模以上的股份制企业增加值72.87亿元,增长15.3%;集体企业增加值0.83亿元,下降5.5%;外商及港澳台投资企业增加值1.69亿元,增长36.4%。从轻重工业看,规模以上轻工业增加值6.15亿元、重工业增加值89.38亿元,分别比上年增长17.7%和15.8%。工业新产品产值6.83亿元,比上年增长10.29%。高新技术产业的现价工业总产值5.48亿元,比上年增长7.3%。四大支柱产业和四大优势产业的份额继续增大。

主要工业产品产量增加。全年原煤产量310.57万吨,比上年增产24.6%;天燃气15.41亿立方米,增产33.9%;原油220.02万吨,增产2.8%;发电量129.48亿千瓦小时,下降6.6%;钢47.73万吨,增产14.3%;十种有色金属43.90万吨,增产18.8%,其中铝40.04万吨,增产15.4%;水泥307万吨,增产16.3%;硫酸7.32万吨,增产104.7%;纯碱6.08万吨,增产15.6%;钾肥72.97万吨,原盐66.35万吨,轻革9.15万平方米。

产销衔接状况得到改善。规模以上工业企业产品销售率为97.20%,其中,轻工业产销率达97.43%,重工业产销率为97.18%;外商及港澳台企业产销率上升到118.93%。高新技术工业销售产值5.70亿元,比上年增长25.9%,产销率为103.9%。工业品出口交货值4.65亿元,增长28.0%,新的品牌增加。

整体经济效益明显提高。规模以上工业企业经济效益综合指数为102.51,比上年上升8.12个百分点;全年规模以上工业实现利润12.7亿元,比上年增长49.45%,其中,国有及国有控股企业实现利润11.03亿元,增长39.50%。

建筑业生产活跃。全年建筑业创造增加值63.49亿元,按可比价格计算,比上年增长15.2%。据初步统计,全省具有资质等级的建筑企业施工单位工程个数为3014个,其中投标承包工程个数2188个,占72.6%;施工房屋面积511.91万平方米,比上年增长13.4%,竣工房屋面积238.83万平方米。地质勘察工作继续加强。矿产储量勘探、地质环境监测、地质灾害预报都创造了新业绩。

四、固定资产投资

全省上下认真贯彻落实西部大开发的各项政策,继续加大改善投资环境、广筹各项建设资金的工作力度,狠抓项目开工建设和续建收尾工程,固定资产投资保持较快增长,对经济社会发展起到了重要的支撑作用。

投资规模扩大。全省完成固定资产投资285.12亿元，比上年增长16.4%。其中，国有经济及其他经济类型完成250.55亿元，增长17.9%；集体经济完成7.86亿元，增长21.5%；城乡居民个人投资26.71亿元，增长2.8%。国有经济及其他经济类型投资按计划管理渠道划分：基本建设投资184.19亿元，增长11.9%；更新改造投资37.83亿元，增长50.1%；房地产开发投资22.31亿元，增长32.1%；其他投资6.22亿元，增长5.6%。国有经济及其他经济类型投资按行业划分：第一产业投资11.18亿元，比上年下降14.7%；第二产业投资104.04亿元，增长18.2%，其中，能源工业投资50.31亿元，增长1.79倍；第三产业投资135.33亿元，增长21.4%，其中，交通运输、仓储及邮政业投资41.01亿元，下降22.1%，房地产公用服务咨询业投资22.62亿元，增长30.7%。全年民间投资完成105.46亿元，比上年增长26.6%，一些民间投资者开始参与盐湖、藏药、煤炭、电力等资源开发和大型房地产项目建设，扩大了领域和规模，上了新的档次和台阶。

投资结构改善。全省生产性项目投资比重上升，重点工程建设喜迈新步。全年四大支柱产业完成投资66.10亿元，其中，电力工业投资20.74亿元，天然原油开采业投资19.09亿元，盐湖化工工业投资10.39亿元，有色金属工业投资15.87亿元。四大优势产业完成投资12.41亿元。百万吨钾肥项目、尼那水电站4台机组投入试生产，高等级公路修建进展顺利，全年新建公路574公里，其中高速公路83公里。基础设施、重点工业、生态环保等富民强省的建设项目不断增加。全年基本建设新上项目1454个、竣工项目1004个，分别比上年增长21.1%和9.3%，一批新增生产能力陆续发挥经济效益和社会效益。

国债项目投资情况良好。全省年内完成国债项目投资51.33亿元，其中，国有单位完成41.82亿元，股份有限公司完成9.51亿元，办成了一些大事，支持了经济发展。

五、国内贸易和市场物价

在全省经济增长、城乡居民增收的背景下，消费品市场运行活跃，物价稳中小幅上涨。

社会消费品零售额增长。全年实现社会消费品零售总额102.66亿元，比上年增长11.5%。其中，国有经济23.97亿元，增长8.0%；集体经济9.83亿元，增长8.6%；个体经济51.94亿元，增长12.9%；私营经济11.44亿元，增长18.0%；其它经济5.48亿元，增长6.4%。分城乡看，城市的消费品零售额66.14亿元，增长11.4%；农村（县及县以下）消费品零售额36.52亿元，增长11.5%。分行业看，批发零售贸易业83.37亿元，增长11.0%；餐饮业16.44亿元，增长11.5%；其它行业2.85亿元，增长25.0%。限额以上批发零售贸易企业（批发企业年销售额在2000万元以上，零售企业年零售额在500万元以上统称为限额以上企业）通信器材类零售额0.17亿元，比上年增长1.02倍；限额以上批发零售贸易企业家用电器类零售额2.20亿元，增长39.9%。

物价总水平适度回升。全省居民消费价格上涨2.0%，其中，城市居民消费价格上升1.8%，农村居民消费价格上升2.5%。分类别看：食品价格上涨4.1%，其中，粮食价格上涨1.5%、肉禽及其制品上涨4.5%、蛋下降1.4%、水产品上涨1.2%、鲜菜上涨23.8%、鲜果上涨10.2%；烟酒及用品价格下降1.0%；衣着类价格上涨1.9%；家庭设备用品及维修服务类上涨0.1%；医疗保健和个人用品价格上涨4.8%；交通和通讯类价格下降1.3%；娱乐教育文化用品及服务类价格上涨0.9%；居住类价格下降0.1%；服务价格上涨4.0%。商品零售价格上升0.8%；工业品出厂价格上升5.5%；原材料、燃料、动力购进价格上升1.8%；固定资产投资价格上升2.0%。西宁市区房地产价格水平上涨2.1%，其中，房屋销售价格上升1.9%；土地交易价格上涨6.2%；房产租赁价格上升3.1%。

六、对外经济贸易

全省开发、开放的影响力扩大，对外经济贸易和对外经济技术合作取得了新成果。

进出口贸易增加。据海关统计,全年进出口总额3.39亿美元,比上年增长72.4%。其中,出口额2.74亿美元,增长81.3%,进口额0.65亿美元,增长43.1%。在出口额中,一般贸易出口1.93亿美元,增长68.1%,加工贸易出口0.81亿美元,增长1.22倍;机电产品出口0.18亿美元,增长1.68倍,高新技术产品出口0.05亿美元。出口市场主要是美国0.27亿美元,增长66.4%;香港特别行政区0.48亿美元,增长1.63倍;日本0.50亿美元,增长69.3%;韩国0.62亿美元,增长64.1%;欧洲0.29亿美元,增长87.9%;台湾省0.08亿美元,增长8.6倍。在进口额中,一般贸易进口0.32亿美元,下降6.8%,加工贸易进口0.33亿美元,增长2.3倍;机电产品进口0.24亿美元,增长2.6倍,高新技术产品进口0.02亿美元,增长7.4倍。

招商引资数额扩大。2003年,成功地举办了第四届中国东部企业参与西部结构调整投资贸易洽谈会等招商引资活动,中信国安、浙江玻璃股份有限公司等知名企业投资青海。全年新批外商投资项目44个;合同使用外商直接投资额2.86亿美元,比上年增长18.3%;实际使用外商直接投资额1.69亿美元,比上年增长14.7%。

七、交通、邮电和旅游

交通运输和邮电通信业运营条件不断改善,服务经济与社会发展的功能增强,高原特色旅游业向改善基础、提升品位推进。全年运输和邮电业创造增加值32.01亿元,比上年增长14.7%。

货物周转量增长。全年交通运输业共完成货物周转量133.76亿吨公里,比上年增长13.3%。其中,铁路81.43亿吨公里,增长17.3%;公路43.30亿吨公里,增长8.9%;民航236.70万吨公里,增长25.3%;管道9.00亿吨公里,增长2.7%。全年完成货运量6189.65万吨,比上年增长9.5%。其中,铁路1092.50万吨,增长9.2%;公路4890万吨,增长9.9%;民航0.15万吨,增长25.0%。全年完成旅客周转量40.74亿人公里,比上年增长5.9%。其中,铁路16.40亿人公里,增长1.0%;公路22.00亿人公里,增长9.6%;民航2.34亿人公里,增长7.8%。全年客运量4323.80万人,比上年增长7.9%。其中,铁路408万人,减少6.4%;公路3900万人,增长9.7%;民航15.80万人,增长6.8%。2003年底,全省通车公路总里程24377公里,其中高速公路里程118公里。

邮电业务扩大。全年邮电业务总量达21.37亿元(2000年不变价),比上年增长26.4%。其中,邮政业务总量1.53亿元,增长4.8%;电信业务总量19.84亿元,增长28.5%。年末固定电话用户76.16万户,其中本年新增18.29万户。城市固定电话用户达64.69万户,其中住宅电话用户51.72万户;乡村固定电话用户为11.47万户,其中住宅电话用户10.96万户。年末移动电话用户100.3万户(含CDMA),其中本年移动电话新增用户23.1万户。全省电话普及率上升,互联网用户和网民增多。

旅游业发展升温。全省旅游业基础设施建设进程加快,全力打造西宁"夏都"品牌的工作有声有色,优势品牌宣传创新力度加大,"民族文化旅游节"等活动引人注目,成功地举办第二届"环青海湖国际公路自行车赛",极大地提高了青海的知名度,旅游产业开发广受赞誉、进程加快。但由于青海旅游的黄金季节受"非典"冲击,外来游客和实现收入减少。当年全省接待国内游客394.3万人次,减少5.7%;国内旅游收入14.24亿元,比上年下降1.0%。境外游客入境人数1.77万人次,减少59.3%,其中,外国人0.77万人次,减少59.6%;港、澳、台同胞1万人次;旅游外汇收入472万美元,下降52.0%。

八、财政、金融和保险

财政积极发挥了统筹经济和社会发展的调控职能,金融和保险事业对建设小康的支持力增加。

财政收支增长较快。全省一般预算收入43.67亿元,比上年增长14.5%;其中,地方一般预算收入24.02亿元,增长13.8%。财政一般预算支出123.13亿元,增长3.9%;其中,公共支出63.45亿元,增长8.2%;经济建设支出39.43亿元,下降6.7%;社会保障支出14.12亿元,增长15.7%。

金融保持稳健运行。年末金融机构人民币各项存款余额538.58亿元,比年初增加71.37亿元。其中,企业存款187.83亿元,增加20.60亿元;城乡居民储蓄存款260.50亿元,增加37.51亿元。金融机构各项贷款余额564.84亿元,比年初增加83.95亿元。其中,短期贷款204.53亿元,增加18.85亿元;中长期贷款309.73亿元,增加60.95亿元。发放个人消费贷款0.83亿元,增加0.07亿元。

保险事业不断进步。全年全省获得保费收入7.61亿元,比上年增长15.61%,其中财产险收入2.84亿元,增长9.72%,寿险收入4.77亿元,增长19.45%,各类保险造福于社会的功能增强。

九、教育和科学技术

科教兴青战略深入实施,全省科技、教育事业发展充满生机,科技活动成果丰硕。

各级各类教育事业全面进步。全省有研究生培训单位6个,招生数172人,在校研究生387人,毕业生45人;普通高校9所,招生数0.91万人,比上年增加0.20万人,在校生2.61万人,毕业生0.57万人;成人高校2所,在校生、毕业生保持一定规模;职业中学19所,招生数0.19万人,在校生0.50万人,毕业生0.14万人;普通高中148所,招生数3.28万人,比上年增加0.47万人,在校生8.03万人,毕业生1.76万人;初中学校356所,招生数7.75万人,比上年增加0.33万人,在校生21.4万人;普通小学2998所,招生数9.46万人,在校生50.69万人,毕业生8.15万人;特殊教育学校招生数240人,在校生0.24万人。幼儿园在园幼儿7.40万人,比上年增加0.46万人。成人技术学校在校生25.95万人,比上年增加0.96万人。"两基"教育人口覆盖率达到80%,适龄儿童入学率为96.14%。贫困生资助面不断扩大,受益学生增加。

科学研究充满活力。年末全省从事研究与发展(R&D)活动人员2079人,比上年增长2.1%;全年研究与发展(R&D)经费支出2.34亿元,比上年增长12.5%,其中基础研究经费支出520万元,增长3.4%。全省取得科技成果100项,其中,基础理论成果1项,应用技术成果91项,软科学成果8项。

全年专利申请173件;授权专利91件;签订技术合同205项,成交金额8291万元。全省共有法定计量技术机构156个,法定质量体系认证机构1个,完成强制性产品认证的企业4个,气象雷达观测站点3个,卫星云图接收站点4个,地震台站15个,地震遥测台网4个,服务功能进一步完善。

十、文化、卫生和体育

文化、卫生和体育事业均向好发展,成为加强精神文明建设和体现社会和谐进步的重要标志。

文化事业不断繁荣。当年末,全省共有艺术表演团体14个;文化馆43个,公共图书馆38个,博物馆16个,档案馆62个;广播电台4座,中短波广播发射台和转播台8座,广播综合人口覆盖率为85.0%;电视台8座,电视综合人口覆盖率达91.3%,有线电视用户31.72万户。全年报纸出版量0.64亿份;杂志出版量0.01亿册,图书出版量0.09亿册(张)。"特色文化乡"、"小康文化村"等基层文化建设活动蓬勃开展,为城乡居民提供了更加丰富的精神食粮。

卫生事业健康发展。当年末,全省拥有各类卫生机构5570个,床位数1.66万张。其中:县及县以上医院131个,床位数1.40万张;乡镇卫生院405个,床位数0.22万张;城市社区卫生服务中心8个、疾病预防控制中心(防疫站)56个,卫生监督所42个,妇幼保健院(所、站)19个,村卫生室4162个。卫生技术人员共计1.77万人,其中,执业医师0.61万人,执业助理医师0.16万人,注册护士0.56万人。农村有医疗点(卫生室)的村占总村数的比重为91.7%。结合防治"非典"工作,初步建立了突发公共卫生事件应急机制,加快了公共医疗救治体系建设步伐,农村牧区新型合作医疗制度改革试点在8个县有序推进，城乡医疗保健事业发展水平提高。

体育事业取得新成绩。全年全省优秀运动队中共有282人次参加了国内外比赛，13人次获第一名，8人次获第二名，6人次获第三名，41人次获第四名和第八名，获得世界冠军1个。体育对外交流继续扩大，年内接待来青登山、探险、考察等团队32个、2010人次；连续成功举办"环青海湖国际公路自行车赛"标志着体育事业发展势头强劲。城乡各地群众性体育竞赛活动不断涌现，全民健身运动的开展呈现多样化。

十一、环境保护

2003年，全省环境保护和生态建设力度加大，改善人与自然的关系广受关注。到年底，环境保护系统人员数为620人，各类环境检测站共计18个；拥有生态示范区建设试点地区和单位2个；自然保护区8个，面积2060.83万公顷，占全省土地总面积的28.53%；其中，国家级自然保护区5个，面积2052.25万公顷。当年完成环境污染限期治理项目20个，项目总投资1389.50万元；煤改气工程在西宁地区进展加快，烟尘控制区、环境噪声达标区的面积扩大。进一步遏制了生态环境恶化的趋势，可持续发展的能力不断提高。

十二、人口、人民生活和社会保障

人口和计划生育工作取得新成效。省委、省政府高度重视人口和计划生育工作，各地严格落实各项计划生育政策，人口自然增长率降低。据人口变动抽样调查资料推算，2003年末，全省总人口533.8万人。其中：城镇人口203.8万人，城镇人口比重（城镇化率）达38.18%；乡村人口330.0万人，乡村人口比重为61.82%。城乡男性人口272.33万人，女性人口261.47万人，分别占总人口的51.02%和48.98%。0－14岁人口131.53万人、15－64岁人口370.88万人、65岁及以上人口31.39万人，分别占总人口的24.64%、69.48%、5.88%。全年出生人口9.0万人，出生率为16.94‰，下降1.11个千分点；死亡人口3.24万人，死亡率为6.09‰，下降0.26个千分点；全年净增人口5.2万人；人口自然增长率为10.85‰，下降0.85个千分点，是降幅比较大的一个年份。全省人口素质有所提高，人力资本存量扩大。

劳动就业工作得到加强。2003年末，全省就业人员达295.4万人；城镇登记失业率为3.8%。下岗职工再就业人数1.69万人。高校毕业生一次就业率为45.6%。

城乡居民生活水平继续提高。2003年，全省城镇居民人均可支配收入6731.88元，比上年增长8.58%；农牧民人均纯收入1817.38元，比上年增长6.23%。城乡居民恩格尔系数分别为36.79%、49.07%。城乡居民居住条件进一步改善，生活质量得到提升，消费追求新时尚、享受型、发展型的群体扩大。扶贫开发卓有成效，全年解决了15.53万贫困人口的温饱问题。

社会保障工作取得积极进展。年末参加基本养老保险人数56.5万人，其中，城镇职工40.5万人，离退休人员16万人。全省企业离退休人员社会化管理服务率达到70.5%。参加失业保险人数33.2万人，比上年增长3.1%；领取失业保险金人数2.1万人，比上年下降4.5%。参加基本医疗保险人数55.77万人，比上年增长9.1%。国有企业离退休人员养老金和下岗职工基本生活费全部按时足额发放；社会保障扩面工作稳妥运转，城镇新纳入低保人数2.7万人，到年底累计达20.2万人，基本实现了动态管理下的应保尽保。对灾区群众和困难群体的安置救助等工作扎实有效，上下形成的亲和力增大，各类收养性社会福利单位收养人员0.30万人，多方面协作联手，拓展了依法为民维权谋利的通道。社区建设和社区服务深入广泛推进，年末城镇各种社区服务设施达1150个，其中综合性社区服务中心40个。全年销售社会福利彩票6992万元，筹集社会福利资金2447万元，直接接受社会捐赠777万元。

全省经济社会发展中存在的主要问题是：经济体制和经济结构的深层次矛盾尚未得到根本解决，保持经济持续快速增长的基础仍不稳固，促进经济社会和区域协调发展的任务艰巨；城乡居民收入水平与全国还有不小差距，扶贫任务繁重，本年末全省农牧业区还有145万贫困和低收入人口，农牧民增收和农牧区富余劳动力转移的难度加大，农业产业化水平低，劳动力素质不高，统筹城乡发展还需要采取新举措；电力、运力供需矛盾比较突出，成为工业经济增长的制约因素；投资渠道比较单一，利用外资规模小，吸纳社会资金不足，投资环境有待进一步改善；就业形势依然严峻，社会保障体系亟待完善。全省上下要认真落实十六届三中全会和省十次党代会、十届人大二次会议精神，围绕新世纪初“消除贫困、富民强省”和“深化改革、创新体制”两大历史任务，坚持树立和落实以人为本，全面、协调、可持续的科学发展观，全面提升综合经济实力和竞争力，保持和发展全省经济社会持续快速协调健康发展的势头，保持和发展全省各族人民群众生活水平不断提高、不断得到实惠的势头，保持和发展全省社会稳定、各族人民团结和谐、积极奋进的势头。

注：本公报部分数据为初步统计数或预计数。

2003年西宁市国民经济和社会发展统计公报

西宁市统计局

2004年1月18日

2003年,全市各族人民在市委、市政府的正确领导下,以"三个代表"重要思想为指导,认真贯彻落实党的十六大和市十一届四次全委会精神,紧紧抓住国家扩大内需的方针、实行积极的财政政策和西部大开发的战略机遇,解放思想,加快发展,围绕加快建设青藏高原区域性现代化中心城市的目标,努力增加投资和扩大消费,稳步推进各项改革,保持了国民经济健康发展。全市经济运行质量和效益进一步提高,人民生活水平继续改善,各项社会事业全面进步。

一、综合

国民经济持续快速增长。全年实现国内生产总值144.83亿元,按可比价格计算,比上年增长13.7%。其中:第一产业增加值9.46亿元,增长3.5%,对国内生产总值的贡献率为1.83%,拉动经济增长0.3%;第二产业增加值67.75亿元,增长19.6%,对国内生产总值的贡献率为65.03%,拉动经济增长8.9%;第三产业增加值67.62亿元,增长9.7%,对国内生产总值的贡献率为33.14%,拉动经济增长4.5%。

三次产业结构由上年的7.3:42.7:50.0变化为6.5:46.8:46.7。

二、农业

农业生产稳定增长。从农业结构看,继续向优质、高效方向发展。种植业中优质农作物种植面积增加,特色农业、订单农业、畜牧业发展迅速。全市实现现价农林牧渔业总产值16.45亿元,按同口径计算,比上年增长4.35%,其中:农业产值8.03亿元,增长2.94%;林业产值0.29亿元,下降49.19%;牧业产值7.33亿元,增长12.93%;渔业产值0.02亿元,下降49.77%;农林牧渔服务业产值0.78亿元,增长5.00%。粮食总产量24.59万吨,下降5.16%;油料总产量8.80万吨,增长11,62%;蔬菜产量30,74万吨,增长11.45%在畜产品产量中:肉类总产量5.14万吨,增长1.78%;禽蛋产量0.45万吨,下降6.27%;牛奶产量6.33万吨,增长8.07%;水产品产量214.00吨,下降42.63%。

年末,大牲畜存栏头数30.00万头,增长0.37%,其中:牛存栏22。20万头,增长3.79%;羊存栏47.61万只,增长0.51%;猪存栏34.89万头,下降12.75%。年内出栏牛9.66万,增长3.32%;羊55.18万只,增长9.75%;猪40.29万头,下降3.84%。畜牧业产值占农林牧渔业总产值比重由上年的42.80%提高到46.74%。

种植业结构调整取得新进展。全市农作物播种面积12.78万公顷,比上年下降2.18%,其中:粮食作物播种面积7.36万公顷,下降11.22%;油料作物播种面积4.25万公顷,增长10.10%;蔬菜种植面积0.86万公顷,增长23.22%。粮食作物播种面积占总播种面积的比例由上年的63.48%下降到57.60%;油料作物播种面积的比例由上年的29.56%上升到33.29%;蔬菜种植面积的比例由上年的5.34%上升到6.73%。

造林工作进展顺利。2003年,全市完成造林面积0.86万公顷,其中:退耕地造林面积0.29万公顷;周边荒山造林种草面积0.32万公顷。零星植树390.47万株,本年育苗面积0.03万公顷。

农业基础条件继续改善。农业机械总动力119.39

万千瓦，增长7.12%；大中型拖拉机413台，同上年基本持平；农用运输车6690辆，增长29。33%；全年化肥施用量（折纯）2.67万吨，同上年基本持平。

三、工业

工业生产快速增长、结构调整步伐加快。全年实现现价工业总产值162.11亿元，增长19.50%（按1990年不变价计算），其中：规模以上工业企业实现工业产值114.87亿元，增长18.42%。在规模以上工业企业中，国有经济20.24亿元，增长10.02%；集体经济2.03亿元，增长4.91%；股份合作制经济3.82亿元，下降1.02%；股份制经济80.09亿元，增长17.50%；外商及港澳台经济6.58亿元，增长57.62%；其他经济2.09亿元，增长106.52%。市属工业企业实现产值79.49亿元，增长25.58%，其中：市属规模以上工业企业实现产值32.25亿元，增长32.10%。

实现新产品产值5.99亿元，比上年增长9.10%。企业出口能力进一步增强，完成出口交货值2.71亿元，增长4.74%。

全市实现工业增加值46.20亿元，比上年增长25.60%，对国内生产总值的贡献率为56.42%，拉动全市经济增长7.73个百分点；其中：规模以上工业企业实现增加值34.46亿元，增长21.40%。

工业企业经济效益继续提高。规模以上工业企业经济效益综合指数为110.81；实现产品销售收入102.80亿元，增长19.13%；利润总额达到4.61亿元，增长18.38%；亏损企业亏损额下降30.24%。

主要产品产量：原煤97.40万吨，增长4.27%；发电量59.83亿千瓦小时，增长31.76%；供电量92.70亿千瓦小时，增长14.11%；自来水生产量7512万吨，增长2.06%；服装77万件，增长49.01%；小麦粉3万吨，增长20.77%；食用植物油2.85万吨，增长153.02%；鲜、冻畜肉1.16万吨，下降4.77%；白酒1281吨，增长26.08%；硫酸5.47万吨，增长209.28%；水泥142万吨，增长10.31%；砖22384万块，增长19.36%；钢47.73万吨，增长14.27%；成品钢材40.29万吨，增长13.36%；铝32.79万吨，增长13.44%；锌2.73万吨，增长172.93%。

四、交通、邮电、旅游

交通运输业平稳增长。全年货运总量2037.05万吨，增长6.85%，其中：铁路213.90万吨，增长21.33%；公路1823.00万吨，增长5.37%；航空0.15万吨，增长25.00%。货物周转量672516.90万吨公里，增长13.11%，其中：铁路489196.20万吨公里，增长17.42%；公路183084.00万吨公里，增长3.00%；航空236.67万吨公里，增长25.30%。全社会客运量2788.36万人，增长1.08%，其中：铁路177.60万人，下降20.61%；公路2595.00万人，增长2.98%；航空15.76万人，增长6.27%。客运周转量306597.10万人公里，增长1.43%，其中：铁路130965.60万人公里，增长0.86%；公路152256.00万人公里，增长1.00%；航空23375.54万人公里，增长7.86%。

邮电通信业快速发展。全年完成邮电业务总量11.76亿元，增长9.45%，其中：邮政0.83亿元，下降0.21%；电信10.93亿元，增长10.27%。年末局用交换机容量65.62万门，增长69.60%；年末市话用户47.18万户，增长26.89%，其中，住宅电话38.63万户，增长31.52%；移动电话用户56.12万户，增长22.51%。互联网业务快速发展，年末互联网用户达到3.45万户，增长16.33%；数字数据用户达到0.14万户，增长23.85%。

旅游业发展势头看好。全年全市旅游接待总人数274万人次，增长12.30%；实现旅游总收入8.20亿元，增长11.80%，其中：旅游外汇收274万美元。

五、固定资产投资

固定资产投资规模不断扩大。全年固定资产投资85.42亿元，比上年增长9.99%，其中：市属完成固定资产投资55.88亿元,增长18.08%。在固定资产投资中:基本建设投资34.49亿元,下降6,71%;更新改造投资22.73亿元,增长28.51%;房地产开发投资18.90亿元,增长25.51%;城乡集体、私人投资9.31亿元,增长19.67%。2003年,用于农林牧渔业的投资1.09亿元,下降6.71%;用于交通运输、邮电通讯业的投资7.70亿元,下降11.49%;用于工业的投资23.32亿元,增长8.42%,其中:用于工业更新改造的投资19.33亿元,增长56.03%,为工业持续快速发展奠定了坚实的基础。

重点项目建设进展顺利。西宁地区基本建设、更新改造施工项目个数429个,其中:市属施工项目333个。桥头电解铝股份有限公司电解铝工程、西部矿业百河铝业三期、湟水河河道治理、盘道水库枢纽等重点项目进展顺利。

城市基础建设步伐加快,公用设施继续完善。全年完成投资10.53亿元,增长0.5%。七一路延长段、海湖路北段、共和路立交桥、互助路扩建以及东关大街等8条线路整治基本完成。

房地产开发及住宅竣工面积153万平方米,增长7.75%。商品房销售建筑面积57.92万平方米,增长22.15%,其中:售给个人51.91万平方米,增长59.71%。

危旧房改造顺利实施。危旧房改造竣工面积2.7万平方米,完成投资2.5亿元,以周家泉为重点的危旧房改造全面启动。

六、贸易、物价

消费品市场平稳,居民消费价格稳定。全年社会消费品零售总额63.58亿元,增长10.20%。按销售地区分,市的零售额55.01亿元,增长10.60%;县及县以下的零售额8.57亿元,增长7.70%。按经济类型分,国有经济实现零售额17.33亿元,增长9.04%;集体经济实现零售额8.38亿元,增长10.77%;个体经济实现零售额26.49亿元,增长10.10%;私营经济实现零售额8.92亿元,增长12.55%;其他经济实现零售额2.46亿元,增长9.35%。按行业分,批发零售贸易业实现54.00亿元,增长9.99%;餐饮业9.09亿元,增长11.53%;其他行业0.49亿元,增长9.28%。

全市各类消费品交易市场111个,成交额36.20亿元,增长0.84%,其中:超亿元市场7个,成交额12.01亿元。

外贸进出口增幅较大。据海关统计,全年实现外贸进出口总额28973.40万美元,增长79.89%,其中:进5039.40万美元,增长6.67%;出23934万美元,增长76.18%。

市区居民消费价格指数101.8,商品零售价格指数102.0。

七、财政、金融、保险

财政收入快速增长。全年实现地方一般预算收入8.44亿元,增长17.30%;实现地方一般预算支出19.05亿元,按可比口径,增长15.20%。

金融业平稳运行,各项存贷款稳定增长。年末全市金融机构各项存款余额391.04亿元,比年初增长18.19%,其中:企业存款余额147.90亿元,增长19.70%;城乡居民储蓄存款余额174.93亿元,增长17.60%。各项贷款余额437.32亿元,增长20.02%。现金收入690.26亿元,增长20.05%;现金支出704.88亿元,增长19.48%;现金净投放14.62亿元,下降2.63%。

保险业快速发展。全年保费收入5.29亿元,增长25.32%,其中:财产险保费收入1.75亿元,增长28.82%;人寿险保费收入3.54亿元,增长65.79%。全年保险赔款支出1.03亿元,增长13.76%,其中:财产险赔款支出0.79亿元,增长27.69%;人寿险赔款支出0.27亿元,增长17.07%。赔付率19.38%。

八、教育、广播电视、文化、卫生

教育事业稳步发展。年末,全市共有普通高校9所,在校学生26124人,增长17.69%;普通中等专业学校5所，在校学生6907人，下降24.92%；普通中学153所，在校学生123984人，增长8.90%；职业高中6所，在校学生2303人，下降2.12%；小学765所，在校学生163018人，下降2.62%；特殊教育学校4所，在校学生1148人，下降7.79%；幼儿园143所，在园幼儿39593人，增长4.25%。

广播电台2座，电视台2座，广播和电视人口覆盖率分别为95.00%和98.00%，有线电视用户25.27万户。

年末，全市共有艺术表演团体5个；图书馆5个；博物馆3个；出版报纸10种，3210万份；杂志52种，105.50万册；图书416种，446.88万册。

卫生事业稳步发展。年末，全市有各类医疗卫生机构391个，其中：医院54个；卫生技术人员9651人，其中：医生4190人；卫生机构床位数8706张。

九、人口、人民生活、社会保障

年末，全市总人204.97万人，增长12.39‰。人口出生率12.11‰，人口死亡率4.56‰，人口自然增长率7.55‰，计划生育率97.39%。

人民生活水平继续提高。我市单位从业人员年末数21.11万人，下降4.59%，其中：在岗职工人数20.41万人，下降4.06%；在岗职工年平均工资14632元，增长7.72%；城市居民人均可支配收入7024.56元，增长9.02%；农民人均纯收入2054.03元，增长11.68%。

城市居民人均消费性支出5507.28元，增长7.35%，其中：食品支出2054.28元，增长7.15%；衣着支出606.48元，增长12.24%；家庭设备用品及服务支出382.56元，增长31.25%；医疗保健支出477.60元，增长2.34%；娱乐教育文化服务支出708.12元，增长8.16%；居住支出567.00元，下降6.99%；交通和通讯支出497.04元，增长7.39%；杂项商品及服务支出214.20元，增长14.42%。年末每百户城市居民家庭拥有家用电脑11.92台、移动电话65.31部、彩色电视机119台、电冰箱79台、组合音响20台、摩托车3辆、洗衣机97.42台、影碟机59台、家用汽车0.67辆。

社会保障体系日趋完善。据劳动保障部门统计，年末失业保险参保单位1196个，参保人数12.77万人，失业保险基金总支付748.63万元；基本养老保险缴费单位2034个，参保职工20.36万人，养老保险基金累计支出74232.00万元；参加基本医疗保险的人数为11.71万人，医疗保险费用支出9510.00万元。

全年累计城镇登记失业人数4.13万人，年末实有城镇登记失业人数1.78万人，城镇登记失业率3.80%。

城市居民享受最低生活保障补贴7.94万人，全年累计兑现最低生活保障金5098.80万元。

注：本公报部分数据为初步统计数。

一、综合

ZONG HE

1-1 乡(镇)街道办事处一览表

县(区)	乡(镇)街道办事处一览表
城东区	韵家口镇、乐家湾镇。 东关大街办事处、大众街办事处、清真巷办事处、周家泉办事处、林家崖办事处、火车站办事处、八一路办事处
城中区	仓门街办事处、人民街办事处、礼让街办事处、饮马街办事处、南滩办事处、南川东路办事处
城西区	彭家寨镇 西关大街办事处、虎台办事处、古城台办事处、胜利路办事处、兴海路办事处、南川西路办事处
城北区	廿里铺镇、大堡子镇。 小桥办事处、马坊办事处、三其办事处、朝阳办事处
大通县	桥头镇、城关镇、塔尔镇、东峡镇、黄家寨镇、长宁镇、景阳镇、多林镇、新庄镇。 逊让乡、青林乡、青山乡、西山乡、宝库乡、斜沟乡、极乐乡、良教乡、向化乡、桦林乡、窎沟乡、朔北乡、石山乡
湟中县	多巴镇、鲁沙尔镇、总寨镇、田家寨镇、李家山镇、拦隆口镇、上五庄镇、甘河滩镇、上新庄镇、共和镇。 大才乡、海子沟乡、西堡乡、汉东乡、土门关乡、群加乡、丹麻乡、大源乡
湟源县	城关镇、大华镇。 城郊乡、东峡乡、日月乡、和平乡、波航乡、申中乡、塔湾乡、巴燕乡、寺寨乡

1-2 行 政 区 划

项 目	县(区)	乡镇街道办事处	乡	民族乡	镇	街道办事处	社区居委会	村委会
总 计	7	73	24	6	26	23	165	935
一、市区	4	28			5	23	128	80
城东区		9			2	7	44	20
城中区		6				6	31	4
城西区		7			1	6	30	18
城北区		6			2	4	23	38
二、县	3	45	24	6	21		37	855
大通县		20	11	2	9		18	290
湟中县		15	5	3	10		11	418
湟源县		10	8	1	2		8	148

1－3　市区 2003 年气候概况

	单位	全年	一月	二月	三月	四月	五月	六月
平均气温	℃	7.6	－4.4	－0.3	3.5	9.5	12.8	16.2
极端最高气温	℃		12.4	14	28.2	27.1	27.9	27.9
极端最低气温	℃		－16.4	－11.8	－9.7	－2.3	2.7	6.5
大风日数	天							
最大风速	米/秒		11.7	6.2	14.4	13.6	6.5	5.8
平均风速	米/秒	1.6	1.5	1.8	2.1	2.3	1.8	1.6
沙尘暴日数	天	0						
日照时数	小时	2398.1	206	185.9	189.1	236.9	218	260.5
占可照时数比重	%	54.1	67.1	61.3	51.1	60.2	49.9	59.4
降水日数(≧0.1mm)	天	102			5	6	16	10
降水量	毫米	208.9			4.6	26.6	25.1	48
蒸发量	毫米	1353.2	36.1	58.9	105.6	168.4	167.7	195.8
冰雹日数	天	2						
平均相对湿度	%	52	33	38	44	45	55	53
冻土最大深度	厘米	73	73	62	4		0	
地温(20 厘米日平均)	℃	9.8	－4.8	－0.5	5.4	12.3	16	20.5
气压(平均)	毫巴	774.7	775.8	772.1	772.2	772.7	773.1	773.2

1－3　续

	单位	七月	八月	九月	十月	十一月	十二月
平均气温	℃	18	17.7	13.9	7.3	1 4	－4.5
极端最高气温	℃	32.7	30.1	29	22.8	19	7.7
极端最低气温	℃	9.5	8.9	2.6	－1.2	－10 1	－12.7
大风日数	天						
最大风速	米/秒	5.4	5.5	5.6	5.1	5 1	5.5
平均风速	米/秒	1.5	1.6	1.5	1.1	1 2	1.5
沙尘暴日数	天						
日照时数	小时	216.5	179.6	190	165.7	165 2	184.7
占可照时数比重	%	48.6	42.9	51.2	47.8	54 3	61.9
降水日数(≧0.1mm)	天	18	16	15	9	5	2
降水量	毫米	26.8	46.1	20.7	11		
蒸发量	毫米	173.3	145.7	126.8	74.7	43	57.2
冰雹日数	天	2					
平均相对湿度	%	61	66	62	62	58	50
冻土最大深度	厘米					11	46
地温(20 厘米日平均)	℃	20.9	20.1	17	9.1	3.6	－2.5
气压(平均)	毫巴	772.6	774.5	776.9	779.4	776.3	778.0

1－4　市区土地面积、地势、气候

	单　位	数　量	附　注
土地面积	平方公里	350	全市总面积7665平方公里
城市中心经度(东经)	度	101°77′	上半年降霜终止时间:4月15日
城市中心纬度(北纬)	度	36°62′	下半年降霜最早时间:10月16日
海拔高度	米	2261	上半年降雪终止时间:4月18日
平均气压	毫巴	774.7	下半年降雪最早时间:10月11日
无霜期	天	183	海拔高度测量点:西宁市廿里铺

1－5　西宁市人口状况

	单　位	数　量
总人口	人	2049700
总户数	户	570305
年平均人口	人	2037144
城镇人口	人	1176874
乡村人口	人	872826
出生人口	人	24669
死亡人口	人	9289
自然增长人口	人	15380
出生率	‰	12.11
死亡率	‰	4.56
自然增长率	‰	7.55

1－6　城镇失业人员情况(一)

单位:人

	本期由就业转失业人数	本期失业人员就业人数
总　　计	**19245**	**23538**
按企业、事业、机关分组		
1. 企业	16523	18260
内资企业	16523	16739
其中:国有企业	9694	256
国有联营企业	475	287
国有独资企业		
集体企业、集体联营企业	2985	4579
私营企业	3048	9853
其他企业	321	1764
港、澳、台商投资企业		1202
外商投资企业		319
2. 事业单位	159	612
3. 机关团体	160	414
4. 个体经济组织	2403	4252
按国民经济行业分组		
1. 农、林、牧、渔业	12	247
2. 采掘业	836	647
3. 制造业	5921	2399
4. 电力、煤气及水的生产和供应业		414
5. 建筑业	2721	3111
6. 地质勘察业、水利管理业		98
7. 交通运输、仓储及邮电通信业	1726	1077
8. 批发和零售贸易、餐饮业	3687	6837
9. 金融、保险业	271	109
10. 房地产业	374	916
11. 社会服务	3355	5781
12. 卫生、体育和社会福利业		172
13. 教育、文化艺术和广播电影电视业		163
14. 科学研究和综合技术服务业		69
15. 国家机关、党政机关和社会团体	121	766
16. 其他行业	215	399

1－7　城镇失业人员情况(二)

单位:人

	本期新登记的失业人数	女性	由就业转失业人数	本期失业人员就业人数	女性	期末实有登记失业人数	女性	长期失业者	期末从业人员总数	登记失业率%
总计	24838	12862	19245	23538	11068	17809	10204	11060	445176	3.8

1－8　劳动就业服务企业、社区就业实体和生产自救基地综合情况

单位：人

	期末实有实体数（个）	本期新举办数	上期末结转从业人数	女性	本期新增从业人数	女性	失业人员
总　计	**75**		**7716**	**3397**	**1729**	**232**	**183**
一、按企业类型分组					1729		
1. 劳动就业服务企业	75		7716	3397		232	183
其中：股份合作制企业	3		153	102			
2. 社区就业实体							
3. 生产自救基地							
二、按产业分组							
1. 第一产业							
2. 第二产业	17		3691	1693	1555	129	53
3. 第三产业	58		4025	1704	174	103	130

1－8　续表

单位：人

	下岗职工	富裕人员	其他人员	本期减少从业人数	期末实有从业人数	女性	残疾人
总　计	**66**		**1480**	**1572**	**7873**	**3410**	**35**
一、按企业类型分组							
1. 劳动就业服务企业	66		1480	1572	7873	3410	35
其中：股份合作制企业				18	135	11	
2. 社区就业实体							
3. 生产自救基地							
二、按产业分组							
1. 第一产业							
2. 第二产业	22		1480	1474	3772	1599	30
3. 第三产业	44			98	4101	1811	5

1－9 西宁市人口变动情况

	单位	合计	西宁市区	大通县	湟中县	湟源县
年末总人口	万人	180.96	78.85	42.44	46.23	13.44
年平均人口	万人	179.67	77.7	42.53	46.01	13.43
出生人口	人	25272	12816	5618	5248	1590
死亡人口	人	7154	3649	1983	1099	423
自然增长人口	人	18118	9167	3635	4149	1167
出生率	‰	14.07	16.49	13.21	11.41	11.84
死亡率	‰	4.05	4.70	4.66	2.39	3.15
自然增长率	‰	10.02	11.79	8.55	9.02	8.25
迁入人口	人	24268	16985	2322	3347	1614
迁出人口	人	20294	9276	5047	4699	1272
净迁入(＋)迁出(－)人口(净增)	人	3974	7709	－2725	－1352	342
实增人口	人	22092	16876	910	2797	1509

注:此表按公安部门户籍常住人口数计算。

1－10 计划生育情况

	单 位	合 计	西宁市区	大通县	湟中县	湟源县
出生人口	人	19020	5847	5320	6164	1689
一孩人数	人	12962	4896	3317	3687	1062
二孩人数	人	5989	944	1976	2451	618
多孩人数	人	69	7	27	26	9
计划生育内生育人数	人	18522	5770	5148	5950	1654
计划生育率	%	97.39	98.68	96.77	96.34	98.58
已婚育龄妇女	人	389257	159683	97178	103277	29119
节育率	%	88.85	88.9	89.77	87.42	90.56
已领取独生子女证夫妇	对	55816	40842	8052	3606	3316
领证率	%	14.34	25.58	8.3	3.5	11.38
女性初婚人数	人	10615	3729	2777	3189	920
晚婚率	%	62.79	79.32	36.84	40.83	61.09
采取节育措施人数	人	345844	141954	87239	90281	26370

1－11 西宁市分民族人口状况

单位:人

	总　计	汉　族	藏族	回族	土族	撒拉族	蒙古族	其他
总　　计	**2049700**	**1523051**	**106858**	**339458**	**53403**	**4819**	**11262**	**10849**
一、西宁市区	995385	815222	23034	132455	6511	4508	3996	9659
城东区	312247	200203	8280	94121	2385	2575	1125	3558
城中区	175029	156273	3780	10949	1054	553	830	1590
城西区	267156	237033	8246	15666	2087	972	1245	1907
城北区	240953	221713	2728	11719	985	408	796	2604
二、大通县	442973	233898	29913	127962	45152	185	4886	977
三、湟中县	476148	357479	39976	76728	1330	33	453	149
四、湟源县	135194	116452	13935	2313	410	93	1927	64

1－12　生产总值构成项目

（按当年价格计算）　　　　　　　　　　　　　　　　单位：亿元

	增加值	劳动者报　酬	生　产税净额	补贴	固定资产折旧	营业盈余
生产总值	144.84	78.05	18.25	0.03	23.53	25.01
第一产业	9.45	7.50	0.31	–	0.76	0.88
农业	4.32	3.43	0.14	–	0.35	0.40
林业	0.14	0.11	0.01	–	0.01	0.01
畜牧业	4.45	3.51	0.15	–	0.37	0.42
渔业	0.01	0.01	–	–	–	
第二产业	67.75	29.14	13.82	–	15.11	9.68
工业	46.21	18.36	12.79	–	12.98	2.08
采掘业	0.77	0.31	0.21	–	0.22	0.03
制造业	37.50	14.90	10.38	–	10.53	1.69
电力、煤气及水的生产和供应业	7.94	3.15	2.20	–	2.23	0.36
建筑业	21.54	10.78	1.03	–	2.13	7.60
第三产业	67.64	41.41	4.12	0.03	7.66	14.45
农林牧渔服务业	0.57	0.44	–	–	0.13	–
地质勘查业、水利管理业	1.19	1.09	–	–	0.09	0.01
交通运输、仓储及邮电通信业	12.91	9.17	0.83	–	2.80	0.11
交通运输和仓储业	8.83	7.52	0.58	–	1.17	–0.44
邮电通信业	4.08	1.65	0.25	–	1.63	0.55
批发和零售贸易、餐饮业	14.84	11.94	0.93	0.03	0.27	1.70
批发和零售贸易业	12.34	10.57	0.47	0.03	0.14	1.16
餐饮业	2.50	1.37	0.46	–	0.13	0.54
金融保险业	18.07	2.58	1.23	–	1.23	13.03
金融业	4.41	2.26	1.00	–	1.18	–0.03
保险业	1.09	0.32	0.23	–	0.05	0.49
其他	12.57	–	–	–	–	12.57
房地产业	1.20	0.24	0.12	–	0.88	–
房地产管理业	0.15	0.08	–	–	0.07	–
房地产开发与经营业	0.28	0.16	0.12	–	0.04	–0.04
城市居民自有住房	0.39	–	–	–	0.39	–
农村居民自有住房	0.38	–	–	–	0.38	–
社会服务业	2.61	1.93	0.92	–	0.22	–0.46
卫生、体育、社会福利业	2.85	2.50	0.07	–	0.21	0.07
教育、文艺广播电影电视业	6.20	5.38	–	–	0.79	0.03
科学研究和综合技术服务业	1.22	1.05	–	–	0.17	–
国家机关、政党机关和社会团体	5.82	4.96	–	–	0.86	–
其他行业	0.16	0.13	0.02	–	0.01	–

1－13　按可比价格计算的生产总值

单位:亿元

	绝对数		以上年为100的速度(%)	
	本年	上年	本年	上年
一、生产总值	134.82	118.54	113.7	112.9
第一产业	8.83	8.53	103.5	102.3
农业	4.04	4.11	98.2	97.6
林业	0.13	0.38	34.8	118.7
畜牧业	4.25	4.02	105.6	103.6
渔业	0.01	0.02	57.3	109.5
第二产业	64.72	54.13	119.6	114.1
工业	45.10	35.91	125.6	118.5
采掘业	0.75	0.58	129.9	118.1
制造业	36.60	29.23	125.2	115.1
电力、煤气及水的生产和供应业	7.74	6.10	126.8	138.1
建筑业	19.62	18.22	107.7	106.8
第三产业	61.28	55.88	109.7	113.6
农林牧渔服务业	0.49	0.45	109.2	115.8
地质勘查业、水利管理业	1.04	0.95	109.2	115.8
交通运输、仓储及邮电通信业	10.81	10.05	107.6	114.2
交通运输和仓储业	7.39	6.87	107.6	120.4
邮电通信业	3.42	3.18	107.5	110.0
批发和零售贸易、餐饮业	14.83	13.80	107.5	111.1
金融保险业	17.00	14.93	113.9	115.7
房地产业	1.07	1.01	105.4	120.1
社会服务业	2.13	1.95	109.2	122.5
卫生、体育、社会福利业	2.41	2.21	109.2	118.7
教育、文艺广播电影电视业	5.35	4.90	109.2	116.6
科学研究和综合技术服务业	1.03	0.94	109.2	118.6
国家机关、政党机关和社会团体	5.00	4.58	109.2	116.9
其他行业	0.14	0.13	109.2	115.9

1－14　按支出法计算的生产总值

单位:亿元

	按当年价格计算		按可比价格计算			
			绝对数		以上年为 100 的速度	
	2003 年	2002 年	2003 年	2002 年	2003 年	2002 年
支出法生产总值	143.26	121.94	132.3	116.03	114.0	112.3
一、最终消费	79.81	70.43	73.47	66.27	110.8	109.4
居民消费	64.45	56.38	60.21	53.88	111.9	107.4
农村居民	16.78	14.44	15.68	13.8	113.6	105.8
城镇居民	47.67	41.94	44.53	40.08	111.1	107.9
政府消费	15.36	14.05	13.26	12.39	107.0	114.9
二、资本形成总额	90.19	77.77	85.58	75.01	114.1	113.6
固定资本形成总额	78.43	68.26	74.29	66.69	111.4	115.6
存货增加	11.76	9.51	11.29	8.32	135.6	105.2
三、货物和服务净出口	－26.74	－26.26	－26.75	－25.25	－	－
出　口	54.9	50.14	52.68	48.22	109.3	115.3
进　口	81.64	76.4	79.43	73.47	106.6	113.7
统计误差	1.58	－0.58	2.53	0.61	－	－

1－15　居民消费水平

	计量单位	2003 年	2002 年	以上年为 100 的速度	
				2003 年	2002 年
当年价格居民消费水平	元/人	3164	2800	113.0	108.4
农村居民	元/人	1929	1668	115.7	107.6
城镇居民	元/人	4085	3654	111.8	108.5
可比价格居民消费水平	元/人	2955	2668	110.8	110.1
农村居民	元/人	1802	1589	113.4	109.4
城镇居民	元/人	3816	3480	109.7	110.3
居民年平均人口	万人	203.72	201.33	101.2	101.3
农村居民	万人	87.01	86.57	100.5	100.5
城镇居民	万人	116.71	114.76	101.7	101.7

1－16 总　产　出

单位:亿元

	按当年价格计算		按可比价格计算			
					以上年为100的速度(%)	
	本年	上年	本年	上年	本年	上年
总产出	456.48	398.60	436.41	385.85	113.2	110.2
第一产业	16.45	15.32	15.33	14.64	104.7	100.5
农业	8.03	8.15	7.49	7.78	96.2	93.3
林业	0.29	0.58	0.27	0.56	48.6	121.2
畜牧业	7.33	6.56	6.84	6.27	109.0	109.4
渔业	0.02	0.03	0.02	0.03	59.2	113.2
第二产业	269.05	230.16	260.31	227.48	114.4	113.5
工业	183.63	152.50	181.80	154.04	118.0	114.1
采掘业	11.33	9.41	11.21	9.50	118.0	127.0
制造业	152.57	128.41	151.06	129.71	116.5	122.0
电力、煤气及水的生产和供应业	19.73	14.68	19.53	14.83	131.7	72.9
建筑业	85.42	77.66	78.51	73.44	106.9	111.6
第三产业	170.98	153.12	160.77	143.73	112.0	106.3
农林牧渔服务业	0.94	0.83	0.88	0.77	114.8	108.6
地质勘查业、水利管理业	1.78	1.57	1.66	1.45	114.8	108.5
交通运输、仓储及邮电通信业	23.78	21.57	20.37	18.53	109.9	103.6
交通运输和仓储业	15.60	14.15	13.40	12.16	110.2	104.4
邮电通信业	8.18	7.42	6.97	6.37	109.3	102.1
批发和零售贸易、餐饮业	36.88	33.92	36.88	34.33	107.4	107.8
批发和零售贸易业	30.44	28.00	30.45	28.29	107.6	107.7
餐饮业	6.44	5.92	6.43	6.04	106.6	108.7
金融保险业	62.12	54.87	58.42	51.29	113.9	103.8
金融业	59.39	52.46	55.85	49.04	113.9	103.6
保险业	2.73	2.41	2.57	2.25	113.8	109.1
其他						
房地产业	2.87	2.74	2.73	2.48	109.9	113.4
房地产管理业	0.29	0.28	0.27	0.25	111.1	116.8
房地产开发与经营业	1.49	1.42	1.42	1.25	113.2	112.8
城市居民自有住房	0.67	0.64	0.64	0.62	103.2	123.7
农村居民自有住房	0.42	0.40	0.40	0.36	109.1	117.1
社会服务业	5.24	4.63	4.90	4.26	114.8	108.7
卫生、体育、社会福利业	8.09	7.14	7.46	6.58	113.3	108.7
教育、文艺广播电影电视业	15.63	13.80	14.72	13.00	113.3	111.1
科学研究和综合技术服务业	1.93	1.71	1.81	1.51	119.9	104.1
国家机关、政党机关和社会团体	11.34	10.01	10.59	9.22	114.8	107.4
其他行业	0.38	0.33	0.35	0.31	114.9	120.4

1－17 西　宁　一　日

国内生产总值	3968	万元
工业总产值	4441	万元
农业总产值	451	万元
财政收入	390	万元
社会消费品零售总额	1742	万元
固定资产投资额	2340	万元
房地产开发及住宅竣工面积	4192	平方米
出生人口	68	人
死亡人口	25	人
旅客发送量	6.51	万人
货物运输量	4.27	万吨
粮食产量	674	吨
蔬菜产量	842	吨
肉类产量	141	吨
发电量	1639	万千瓦时
供电量	2540	万千瓦时
原煤产量	2668	吨
钢	1308	吨
铝	898	吨
自来水生产量	21	万吨
邮电业务量	322	万元

二、农业

NONG YE

2－1　西宁市农村基本情况

	单位	合计	城中区	城西区	城东区	城北区	大通县	湟中县	湟源县
一、乡（镇）政府个数	个	**55**		**1**	**2**	**2**	**22**	**18**	**10**
#民族乡镇	个	6					2	3	1
1. 乡政府	个	30					13	8	9
2. 镇政府	个	25		1	2	2	9	10	1
二、村委会个数	个	**934**	**4**	**18**	**20**	**38**	**289**	**418**	**147**
三、合作社个数	个	**4643**	**14**	**62**	**70**	**159**	**1059**	**2535**	**744**
四、乡村户数	户	**228646**	**962**	**5472**	**7168**	**13519**	**75249**	**100980**	**25296**
五、乡村人口数	人	**998370**	**3927**	**21021**	**28658**	**54687**	**341004**	**440038**	**109035**
六、农村基础设施									
1.有电视差转台的乡数	个	20			2		5	8	5
2. 通汽车村数	个	932	4	18	20	38	287	418	147
3. 通电村数	个	934	4	18	20	38	289	418	147
4. 通电话村数	个	792	4	16	20	38	265	341	108
5. 自来水受益村数	个	800	4	14	20	38	236	343	145
6. 集市贸易市场数	个	81		4	12	11	11	36	7

注：乡镇个数不包括湟源县城关镇。

2－2　农村家庭从业人员及主要行业分布情况

单位：人

	合计	城中区	城西区	城东区	城北区	大通县	湟中县	湟源县
一、乡村从业人员总数	**570584**	**1885**	**12063**	**15008**	**31364**	**193814**	**258608**	**57842**
（一）按性别分组								
男	300133	1004	5656	7420	15622	101508	137941	30982
女	270451	881	6407	7588	15742	92306	120667	26860
（二）按行业分组								
1. 农林牧渔从业人员	400040	336	4578	6224	15940	128384	194356	50222
2. 工业从业人员	49090	225	1314	1498	1811	13123	29082	2037
3. 建筑业从业人员	36844	570	1823	650	5169	17100	9842	1690
4.交通运输和邮电业从业人员	21820	85	866	2196	2071	8488	5898	2216
5.批零贸易餐饮业从业人员	17415	143	971	2397	1508	4332	7394	670
6.其他从业人员	45375	526	2511	2043	4865	22387	12036	1007
二、乡村劳动力资源	**598064**	**2257**	**12246**	**16997**	**35616**	**200586**	**269392**	**60970**

2-3 耕地面积

单位:公顷

	合计	城中区	城西区	城东区	城北区	大通县	湟中县	湟源县
一、年初实有耕地面积	**150692**	**212**	**909**	**968**	**4234**	**57574**	**66796**	**19999**
二、年内新增耕地面积	**283**					**1**	**79**	**203**
其中:新开荒面积	203							203
三、当年减少耕地面积	**2817**	**2**	**108**	**175**	**156**	**655**	**976**	**745**
其中:1. 国家基建占地	339	2	24	122	117		63	11
2. 其他基建占地	75		24	31	15		5	
3. 退耕还林还草面积	2293					653	906	734
4. 耕地改园地	36		23	2	11			
四、年末实有耕地面积	**148159**	**210**	**802**	**793**	**4078**	**56920**	**65899**	**19457**
1. 水浇地	36984	119	522	497	3546	11211	15760	5329
2. 浅山地	43303	91	280	296	532	20129	16473	5502
3. 脑山地	67882					25580	33666	8626
五、年末耕地中								
全民所有制耕地面积	365					285		80

2-4 农林牧渔业总产值

(1990 年不变价)

单位:万元

	合计	城中区	城西区	城东区	城北区	大通县	湟中县	湟源县
农林牧渔业总产值	**85713**	**416**	**2508**	**1376**	**7088**	**30652**	**34098**	**9575**
一、农业产值	41610	117	1160	535	3608	13959	17233	4998
二、林业产值	2134	4	43	39	107	641	902	398
三、牧业产值	38545	124	855	738	3110	15043	14802	3873
四、渔业产值	100	4	8	7	31	25		25
五、农林牧渔服务业产值	3324	167	442	57	232	984	1161	281

2-5 农林牧渔业总产值(当年价格)

单位:万元

	合计	城中区	城西区	城东区	城北区	大通县	湟中县	湟源县
农林牧渔业总产值	**164461**	**833**	**5229**	**2829**	**12622**	**56994**	**69261**	**16693**
一、农业总产值	80344	205	2443	1122	5823	29206	33408	8137
二、林业产值	2892	7	80	42	271	977	1043	472
三、牧业产值	73275	220	1659	1521	5927	24468	32101	7379
四、渔业产值	182	9	13	10	59	43		48
五、农林牧渔服务业产值	7768	392	1034	134	542	2300	2709	657

2-6 农林牧渔业增加值(当年价格)

单位:万元

	合计	城中区	城西区	城东区	城北区	大通县	湟中县	湟源县
农林牧渔业增加值	**94602**	**489**	**4352**	**1564**	**8705**	**31320**	**37904**	**10268**
一、农业	43248	115	2183	788	3684	14382	18454	3642
二、林业	1415	4	55	27	125	391	590	223
三、牧业	45533	149	1537	669	4558	15248	17370	6002
四、渔业	134	6	8	7	40	34		39
五、农、林、牧、渔服务业	4272	215	569	73	298	1265	1490	362

2-7 水 果 生 产 情 况

	单位	合计	城中区	城西区	城东区	城北区	大通县	湟中县	湟源县
一、水果产量	吨	**1277**	**9**	**4**	**8**	**83**	**234**	**936**	**3**
#1. 苹果	吨	1176	6	3	2	49	198	915	3
2. 梨	吨	34	3	1	6	21	2	1	
二、年末果园面积	公顷	**58**	**2**		**10**	**11**		**29**	**6**
#苹果园	公顷	51	1		6	9		29	6
梨园	公顷	7	1		4	2			
三年末实有零星果树	百株	**2203**	**4**	**3**	**531**	**92**	**344**	**1197**	**32**
#1. 苹果树	百株	1830	2	3	300	49	310	1134	32
2. 梨树	百株	325	2		231	43	2	47	

2－8　分项目农业总产值

单位：万元

	农业总产值	
	按1990年不变价格计算	按当年价格计算
农、林、牧、渔业总产值合计	**85713**	**164461**
一、农业产值合计	**41610**	**80344**
（一）主产品产值	38927	75099
1.粮食作物	16186	30931
（1）小麦	7011	10786
（2）杂粮	688	836
（3）马铃薯	3907	10726
（4）豆类	4580	8583
2.油料作物	12271	21927
其中：油菜籽	12255	21894
3.蔬菜、瓜类	9583	16567
4.水果	148	130
5.其他农作物	739	5544
（二）农作物副产品产值	1566	3827
1.粮食作物	1300	2726
2.油料作物	266	1101
（三）其他农业产值	1117	1418
二、林业产值合计	**2133**	**2892**
（一）营林	1476	2218
（二）林产品	98	110
（三）村及村以下木材采伐	559	564
三、牧业产值合计	**38545**	**73274**
（一）大小家畜	29538	59408
（二）家禽	615	995
（三）活的畜、禽产品	7657	11972
（四）捕猎野禽、野兽	257	303
（五）其它动物及产品	478	596
四、渔业产值合计	**100**	**182**
养殖	100	182
五、农、林、牧、渔服务业产值	**3325**	**7769**

2-9 播种面积与产量

单位:公顷、吨

	合计	城中区	城西区	城东区	城北区	大通县	湟中县	湟源县
农作物播种总面积	**127791**	**92**	**841**	**503**	**3359**	**46875**	**60713**	**15408**
一、粮食作物	73613		99	28	692	24741	38720	9333
播种面积总产量	245915		522	141	3535	83603	127567	30547
(一)小麦	36219		37	28	360	14187	18940	2667
播种面积总产量	113186		222	141	2066	45736	55115	9906
(二)杂粮								
1. 青稞播种面积	3302					535	100	2667
总产量	8631					1326	312	6993
2. 其他杂粮播种面积	236		7		20	122	87	
总产量	547		15		100	321	111	
(三)豆类	18319		17		269	3641	11726	2666
1. 蚕豆播和面积	16911		10		267	3588	10713	2333
总产量	52328		33		1145	10231	33585	7334
2. 豌豆播和面积	1408		7		2	53	1013	333
总产量	2650		10		5	107	1818	710
(四)马铃薯播种面积	15537		38		43	6256	7867	1333
总产量	68573		242		219	25882	36626	5604
二、油料作物播种面积	42542	41	116	40	606	19092	17980	4667
总产量	88048	130	420	105	1867	38449	38004	9073
其中:油菜籽播种面积	42372	41	116	40	606	19092	17810	4667
总产量	87921	130	420	105	1867	38449	37877	9073
胡麻播种面积	170						170	
总产量	127						127	
三、蔬菜播种面积	8597	30	518	299	1962	2101	2500	1187
总产量	307427	2662	22836	14367	89303	75237	68725	34297
#菌类产量	2627		2101	121	145	190	55	15
四、其他农作物播种面积	3039	21	108	136	99	941	1513	221
其中:青饲料	2039	19		123	26	717	940	214
药　材	547				12	155	380	
花　卉	408	2	108	13	61	24	193	7

2－10 林 业 生 产 情 况

	单位	合计	城中区	城西区	城东区	城北区	大通县	湟中县	湟源县
一、营林情况									
1. 当年造林面积	公顷	8551		140	193	670	1931	2834	1980
2. 当年造林合格面积	公顷	8272		125	151	629	1828	2781	1965
3. 迹地更新面积	公顷								
4. 封山育林面积	公顷	39441	400	533	400	1033	5333	19755	11987
5. 零星四旁植树	百株	39047	20	749	260	460	20860	12198	4500
6. 育苗面积	公顷	341	2	29	13	34	90	147	26
7. 幼林抚育面积	公顷	19292	133	400	333	427	6666	8000	3333
8. 成林抚育面积	公顷								
当年造林面积按用途分									
防护林	公顷	8282		125	151	629	1818	2781	1965
二、主要林产品产量									
花椒	公斤	6187		100		843	100	5144	
三、木材采伐量	立方米	12416			180	27	4277	5532	2400

注：造林面积和合格面积合计数中包括南北两山造林面积803公顷。

2－11　牲畜出栏、存栏数

单位:万头(只)

	合计	城中区	城西区	城东区	城北区	大通县	湟中县	湟源县
一、当年出栏肉用畜								
1. 大牲畜	10.36	0.04	0.04	0.05	0.17	5.05	3.40	1.61
#牛	9.66	0.04	0.04	0.05	0.17	4.93	2.82	1.61
2. 羊	55.18	0.18	1.16	0.63	4.03	17.04	21.88	10.26
山羊	1.94					0.95	0.85	0.14
绵羊	53.24	0.18	1.16	0.63	4.03	16.09	21.03	10.12
3. 猪	40.29	0.08	1.85	1.56	3.19	14.34	15.83	3.44
二、年末存栏数								
1. 大牲畜	30.00	0.04	0.04	0.08	0.50	16.26	8.74	4.34
牛	22.20	0.04	0.04	0.07	0.44	12.40	5.98	3.23
#良种乳牛	9.29	0.04	0.02	0.06	0.41	5.32	2.82	0.62
马	2.98				0.01	2.16	0.48	0.33
驴	0.87				0.03	0.35	0.36	0.13
骡	3.95			0.01	0.02	1.35	1.92	0.65
2. 羊	47.61	0.01	0.16	0.37	1.00	21.66	11.38	13.03
山羊	3.76					1.77	1.25	0.74
绵羊	43.85	0.01	0.16	0.37	1.00	19.89	10.13	12.29
3. 猪	34.89	0.05	0.84	0.37	0.93	9.82	17.81	5.07
在大牲畜合计中:								
役畜	11.99			0.01	0.05	5.89	3.88	2.16
母畜	37.85	0.02	0.05	0.12	0.66	19.71	9.25	8.04
当年生仔畜	23.53			0.05	0.17	11.87	6.27	5.17

2－12 主要畜产品产量

	单位	合计	城中区	城西区	城东区	城北区	大通县	湟中县	湟源县
一、奶类产量合计	吨	63318	380	914	1488	10287	17785	30024	2440
二、肉类产量合计	吨	51395	130	997	1152	3288	20785	18912	6131
#猪肉	吨	29728	57	786	965	2389	11078	11872	2581
牛肉	吨	10496	42	36	48	215	5666	2876	1613
羊肉	吨	8475	29	171	134	605	2541	3155	1840
禽肉	吨	1324	2	4	5	79	552	585	97
三、羊毛产量	吨	874		4	10	26	354	235	245
1. 山羊毛	吨	24					10	11	3
2. 绵羊毛	吨	850		4	10	26	344	223	243
四、山羊绒	公斤	4657					2667	1260	730
五、牛毛绒	公斤	9766					7806	1960	
六、禽蛋产量	吨	4541	11	35	42	658	1171	2302	322
七、年末养蜂	箱	400					400		

2－13 渔业生产情况

	单位	合计	城中区	城西区	城东区	城北区	大通县	湟中县	湟源县
一、水产品产量	吨	**214**	**9**	**16**	**19**	**98**	**54**		**18**
（一）捕捞	吨								
（二）养殖									
1. 草鱼	吨	9	6			3			
2. 鲤鱼	吨	95	3	16	4	25	43		4
3. 鲫鱼	吨	13			1		9		3
4. 鲢鱼	吨	62			14	46	2		
5. 其他鱼	吨	35				24			11
二、淡水养殖面积	公顷	**139**	**2**	**6**	**11**	**53**	**62**		**5**
池塘养殖	公顷	139	2	6	11	53	62		5

2－14　农业主要能源物资消耗及农田水利情况

	单位	合计	城中区	城西区	城东区	城北区	大通县	湟中县	湟源县
一、乡村办水电站	个	**9**			**1**		**1**	**6**	**1**
二、农村用电量	万千瓦/小时	**6334**	**62**	**1230**	**383**	**528**	**1075**	**2538**	**518**
三、农用化肥施用量:									
实物量	吨	66740	61	627	536	4169	22343	33305	5699
折纯量	吨	26702	31	133	166	3122	8399	11719	3132
1. 氮肥实物量	吨	24915	32	248	226	1649	9381	10907	2472
折纯量	吨	11492	16	86	104	1175	3466	5583	1062
2. 磷肥实物量	吨	29234	13	274	190	854	7862	20001	40
折纯量	吨	9118	7	25	23	604	2934	5509	16
3. 钾肥实物量	吨	2689	4	23	37	90	2535		
折纯量	吨	1012	2	1	20	70	919		
4. 复合肥实物量	吨	9903	12	82	84	1576	2565	2397	3187
折纯量	吨	5080	6	20	20	1273	1080	627	2054
四、农用塑料薄膜使用量	公斤	**226947**	**1149**	**14628**	**32937**	**34690**	**40266**	**64254**	**39023**
#地膜使用量	公斤	41375	989	2408	5650	3999	7213	3360	17756
地膜覆盖面积	公顷	1128	11	92	54	180	516	44	231
五、农用柴油	吨	**20235**	**51**	**33**	**97**	**1847**	**7015**	**7606**	**3586**
六、农药使用量	公斤	**788316**	**370**	**3788**	**5065**	**11278**	**420324**	**284143**	**63348**
七、农业机械化水平									
1. 机械耕地面积	公顷	51311		120		2397	19182	23611	6001
2. 机械播种面积	公顷	42002				1533	12348	22351	5770
3. 机械收获面积	公顷	5834				526	1186	4052	70

2－15　农业机械年末拥有量

	单位	合计	城中区	城西区	城东区	城北区	大通县	湟中县	湟源县
农业机械总动力	千瓦	**1193919**	**2955**	**18655**	**13372**	**52830**	**330390**	**651687**	**124030**
1. 柴油发动机动力	千瓦	840370	1352	9188	5595	36647	297084	378566	111938
2. 汽油发动机动力	千瓦	271235	193	6000	5347	7730	6867	241751	3347
3. 电动机动力	千瓦	62900	1205	1608	1603	6285	20220	25270	6709
4. 其他机械动力	千瓦	19414	205	1859	827	2168	6219	6100	2036
一、耕地机械									
大中型拖拉机	台	413	2	5	2	66	93	168	77
	千瓦	14318	41	103	81	1912	2948	5707	3526
小型拖拉机	台	83737	133	864	534	2879	28393	40442	10492
	千瓦	759076	1241	7906	4765	26442	252932	372859	92931
大中型拖拉机配套农具	台	216		12		10	90	69	35
小型拖拉机配套农具	台	55489	111	687	634	3015	21958	24782	4302
二、农用排灌机械动力	千瓦	12667	1190	1250	1445	3906	258	2751	1867
其中：电动机	台	456	16	32	18	52	21	292	25
	千瓦	12366	1190	1202	1445	3906	258	2751	1614
柴油机	台	31		4					27
	千瓦	301		48					253
机电井	眼	8					8		
农用水泵	台	653	16	36	18	52	151	292	88
三、收获机械									
联合收割机	台	21				4	5	6	6
	千瓦	906				163	188	303	252
机动割晒机	台	69					6	63	
	千瓦	438					17	421	
机动脱粒机	台	1470		29	8	83	912	389	49
	千瓦	6401		177	46	571	3020	2266	321
四、植保机械									
喷雾机	台	420				22	13	322	63
	千瓦	593				24	11	445	113
五、运输机械									
农用载重汽车	辆	6690	5	53	42	411	2538	3041	600
	千瓦	303107	70	801	748	8131	40887	241328	11142

2-16 农村经济收入、分配和效益

单位:万元

	合计	城中区	城西区	城东区	城北区	大通县	湟中县	湟源县
一、农村经济总收入	**494266**	**2005**	**14788**	**54489**	**78168**	**152692**	**163807**	**28317**
#出售产品收入	208558	270	7241	20750	25220	86000	61611	7466
1.农业	155170	263	3426	2695	9394	51696	66517	21179
①种植业	77345	132	2281	1122	5516	27000	33407	7887
②林业	1601	4	73	42	74	193	1043	172
③牧业	76039	123	1019	1522	3751	24460	32067	13097
④渔业	185	4	53	9	53	43		23
2.工业	124595	339	2480	21046	8149	41969	49822	790
3.建筑业	25470	259	1987	752	3979	10999	5969	1525
4.交通运输业	43694	330	1181	2991	2986	17239	17300	1667
5.批零贸易餐饮业	56955	256	793	22853	8124	16943	7544	442
6.服务业	12036	336	2175	1689	3158	3849	548	281
7.其它	76346	222	2746	2463	42378	9997	16107	2433
二、农村经济总费用	**282098**	**372**	**5318**	**39705**	**58481**	**83101**	**84192**	**10929**
1.农业总费用	83076	319	3970	3700	9949	24458	31958	8722
2.非农总费用	199022	53	1348	36005	48532	58643	52234	2207
三、农村经济纯收入	**212168**	**1633**	**9470**	**14784**	**19687**	**69591**	**79615**	**17388**
1.农业总费用	5793	33	327	1287	814	913	2050	369
2.农村居民纯收入	205461	1600	9139	13497	18873	68678	76655	17019
附:农民人均纯收入(元)	**2054**	**4076**	**4710**	**4348**	**3520**	**2014**	**1742**	**1486**
市郊农民人均纯收入	**4017**							

三、工业

GONG YE

3－1　全部工业企业总产值

单位:万元

	合计		中央和省属企业		市属	
	1990 年不变价	现价	1990 年不变价	现价	1990 年不变价	现价
总　　计	**1265396**	**1621064**	**563805**	**826136**	**701591**	**794928**
一、规模以上工业企业	**845821**	**1148959**	**563805**	**826136**	**282016**	**322823**
按登记注册类型分组						
内资企业	776877	1079630	553637	816893	223240	262737
国有企业	74078	123003	60818	105433	13260	17570
集体企业	14194	19582			14194	19582
股份合作企业	46806	44372	441	610	46365	43762
联营企业	500	668			500	668
有限责任公司	93041	106849	53989	66359	39052	40490
股份有限公司	513542	737578	438389	644491	75153	93087
私营企业	34716	47578			34716	47578
港、澳、台商投资企业	46294	52191			46294	52191
外商投资企业	22650	17138	10168	9243	12482	7895
按轻、重工业分						
轻工业	122462	145900	36913	45879	85549	100021
重工业	723359	1003059	526892	780257	196467	222802
按企业规模分						
大型企业	405697	602161	405697	602161		
中型企业	252281	343773	101521	158872	150760	184901
小型企业	187843	203025	56587	65103	131256	137922
二、规模以下工业企业	**419575**	**472105**			**419575**	**472105**

3-2 地区国有及年产品销售收入500万元及以上非国有工业企业主要经济指标

单位:万元

	企业单位数(个)	亏损企业	工业总产值(不变价)	工业总产值(当年价)	新产品产值
总计	129	34	845821	1148959	59937
一、按登记注册类型分组					
内资企业	119	33	776877	1079630	51948
国有企业	25	12	74078	123003	998
中央企业	5	3	30900	62129	0
地方企业	20	9	43178	60874	998
集体企业	9	3	14194	19582	0
股份合作企业	13	3	46807	44373	9592
联营企业	1	0	500	668	208
集体联营企业	1	0	500	668	208
有限责任公司	32	11	93041	106849	6588
国有独资公司	3	2	28525	37767	0
其他有限责任公司	29	9	64516	69082	6588
股份有限公司	24	1	513542	737578	33274
私营企业	15	3	34716	47578	1289
私营独资企业	4	0	2052	2082	0
私营有限责任公司	10	3	32214	45046	1289
私营股份有限公司	1	0	450	450	0
港、澳、台商投资企业	5	1	46294	52191	644
合资经营企业(港或澳、台资)	4	1	45470	51367	644
港澳台商独资经营企业	1	0	824	824	0
外商投资企业	5	0	22650	17138	7345
中外合资经营企业	5	0	22650	17138	7345
二、按经济组织类型分组					
独资企业	39	15	91147	145491	998
国有企业	25	12	74078	123003	998
集体企业	9	3	14194	19582	0
私营独资企业	4	0	2052	2082	0
港澳台商独资经营企业	1	0	824	824	0
合作、合伙企业	14	3	47307	45041	9800
股份合作企业	13	3	46807	44373	9592
集体联营企业	1	0	500	668	208
股份有限公司	25	1	513991	738028	33274
股份有限公司(内资)	24	1	513542	737578	33274
私营股份有限公司	1	0	450	450	0
有限责任公司	51	15	193376	220400	15866
国有独资公司	3	2	28525	37767	0
私营有限责任公司	10	3	32214	45046	1289

3－2 续表1

单位:万元

	企业单位数(个)	亏损企业	工业总产值(不变价)	工业总产值(当年价)	新产品产值
合资经营企业(港或澳、台资)	4	1	45470	51367	644
中外合资经营企业	5	0	22650	17138	7345
其他有限责任公司	29	9	64516	69082	6588
三、在总计中:亏损企业	34	34	86177	128991	3890
国有控股企业	47	17	590511	860439	22987
农村工业	3	2	3734	4145	0
轻工业	44	12	122462	145900	13601
重工业	85	22	723358	1003059	46336
在总计中:大型企业	4	0	405697	602161	15188
中型企业	26	4	252281	343773	17654
小型企业	99	30	187843	203024	27096
四、按工业行业分组					
煤炭开采和洗选业	1	0	5137	11933	0
有色金属矿采选业	1	0	1933	2956	0
农副食品加工业	12	2	23474	39739	1
食品制造业	2	0	1424	1424	0
饮料制造业	4	2	10659	11020	1103
纺织业	5	1	14186	10540	2561
纺织服装、鞋、帽制造业	2	0	15589	15819	2339
造纸及纸制品业	2	1	621	500	0
印刷业和记录媒介的复制	4	2	3082	3854	0
化学原料及化学制品制造业	13	4	53656	54686	5496
医药制造业	6	2	40469	44487	7598
塑料制品业	3	1	3002	3032	0
非金属矿物制品业	18	3	38408	56474	3581
黑色金属冶炼及压延加工业	7	3	154344	215927	17811
有色金属冶炼及压延加工业	6	0	301588	402855	0
金属制品业	7	2	10005	10042	0
通用设备制造业	7	4	51591	50449	7357
专用设备制造业	2	1	6667	6561	2686
交通运输设备制造业	7	1	14056	13395	7345
电气机械及器材制造业	3	0	4912	5796	0
通信设备、计算机及其他电子设备制设备制造业	1	0	941	941	828
仪器仪表及文化、办公用机械制造业	2	0	7367	5778	1233
工艺品及其他制造业	4	0	11126	11172	0
电力、热力的生产和供应业	7	3	69753	162233	0
水的生产和供应业	3	2	1832	7346	0

	工业销售产值(当年价)	出口交货值	工业中间投入合计	工业增加值(当年价)	资产合计
总　　计	1134241	27075	856369	357376	2780381
一、按登记注册类型分组					
内资企业	1051038	24479	803031	337925	2685484
国有企业	117811	8197	69307	61907	464966
中央企业	62129	0	26633	38983	319406
地方企业	55682	8197	42674	22924	145560
集体企业	19342	2	14027	7383	34061
股份合作企业	42528	0	27950	17828	64865
联营企业	695	0	515	241	874
集体联营企业	695	0	515	241	874
有限责任公司	104439	3542	83516	29204	237373
国有独资公司	36675	0	31371	8834	84858
其他有限责任公司	67764	3542	52146	20370	152515
股份有限公司	711847	12356	573735	206318	1810475
私营企业	54377	383	33981	15045	72870
私营独资企业	1761	0	1574	580	1675
私营有限责任公司	52235	383	32092	14317	68200
私营股份有限公司	381	0	315	148	2995
港、澳、台商投资企业	63667	0	42670	12490	70609
合资经营企业(港或澳、台资)	62852	0	42080	12256	68985
港澳台商独资经营企业	816	0	590	234	1624
外商投资企业	19536	2596	10668	6961	24288
中外合资经营企业	19536	2596	10668	6961	24288
二、按经济组织类型分组					
独资企业	139729	8199	85497	70103	502326
国有企业	117811	8197	69307	61907	464966
集体企业	19342	2	14027	7383	34061
私营独资企业	1761	0	1574	580	1675
港澳台商独资经营企业	816	0	590	234	1624
合作、合伙企业	43223	0	28465	18069	65739
股份合作企业	42528	0	27950	17828	64865
集体联营企业	695	0	515	241	874
股份有限公司	712228	12356	574050	206466	1813470
股份有限公司(内资)	711847	12356	573735	206318	1810475
私营股份有限公司	381	0	315	148	2995
有限责任公司	239061	6520	168356	62738	398847
国有独资公司	36675	0	31371	8834	84858
私营有限责任公司	52235	383	32092	14317	68200

3－2 续表3 单位:万元

	工业销售产值(当年价)	出口交货值	工业中间投入合计	工业增加值(当年价)	资产合计
合资经营企业(港或澳、台资)	62852	0	42080	12256	68985
中外合资经营企业	19536	2596	10668	6961	24288
其他有限责任公司	67764	3542	52146	20370	152515
三、在总计中:亏损企业	123429	444	76848	58254	502007
国有控股企业	842357	8614	652718	259439	2203567
农村工业	4602	0	3169	1073	3970
轻工业	144470	2167	99770	51761	378878
重工业	989771	24908	756599	305615	2401503
在总计中:大型企业	578293	36	482683	155144	1339147
中型企业	360181	21452	229579	135063	1028679
小型企业	195768	5587	144108	67168	412555
四、按工业行业分组					
煤炭开采和洗选业	11933	0	8847	4147	31251
有色金属矿采选业	3606	0	1257	1699	45800
农副食品加工业	39568	0	30871	9345	59767
食品制造业	1404	0	1057	373	1786
饮料制造业	10136	0	8791	2484	28523
纺织业	9430	383	7242	3486	21190
纺织服装、鞋、帽制造业	16814	0	10674	5745	108239
造纸及纸制品业	497	2	340	172	1274
印刷业和记录媒介的复制	3342	0	2999	1052	6353
化学原料及化学制品制造业	48721	428	40420	17452	149619
医药制造业	46199	0	31383	16129	92397
塑料制品业	3029	0	2045	989	5203
非金属矿物制品业	57001	0	41634	20375	117224
黑色金属冶炼及压延加工业	210333	18674	166967	62546	486203
有色金属冶炼及压延加工业	400181	0	338327	80691	495964
金属制品业	10199	0	6922	3369	21998
通用设备制造业	49705	492	37450	16069	139554
专用设备制造业	3739	0	4710	1854	10479
交通运输设备制造业	16106	1933	8998	4863	25412
电气机械及器材制造业	5819	0	4625	1410	4620
通信设备、计算机及其他电子设备制造业	941	0	501	454	691
仪器仪表及文化、办公用机械制造业	6240	3381	3564	2495	12655
工艺品及其他制造业	9752	1782	4740	6884	14779
电力、热力的生产和供应业	162221	0	90332	87204	854831
水的生产和供应业	7326	0	1675	6091	44570

	资　产　合　计				
	流动资产小　计	短期投资	应收帐款净　额	存货	产成品
总　计	1144383	4282	230174	336464	75957
一、按登记注册类型分组					
内资企业	1111854	4282	225842	321613	73400
国有企业	231383	68	26476	19739	8970
中央企业	165892	0	6396	1535	34
地方企业	65491	68	20081	18205	8936
集体企业	19382	0	5387	6454	485
股份合作企业	32184	0	6343	17089	10792
联营企业	512	0	270	187	25
集体联营企业	512	0	270	187	25
有限责任公司	95333	31	25399	41218	18728
国有独资公司	29558	0	7066	12607	3685
其他有限责任公司	65775	31	18333	28611	15044
股份有限公司	699864	840	156326	231120	32704
私营企业	33197	3342	5640	5806	1695
私营独资企业	495	0	191	246	181
私营有限责任公司	32051	3342	5357	5217	1304
私营股份有限公司	651	0	93	342	210
港、澳、台商投资企业	21440	0	274	10850	1488
合资经营企业(港或澳、台资)	19967	0	81	9942	1002
港澳台商独资经营企业	1473	0	193	908	486
外商投资企业	11089	0	4058	4001	1069
中外合资经营企业	11089	0	4058	4001	1069
二、按经济组织类型分组					
独资企业	252732	68	32247	27348	10122
国有企业	231383	68	26476	19739	8970
集体企业	19382	0	5387	6454	485
私营独资企业	495	0	191	246	181
港澳台商独资经营企业	1473	0	193	908	486
合作、合伙企业	32696	0	6613	17276	10817
股份合作企业	32184	0	6343	17089	10792
集体联营企业	512	0	270	187	25
股份有限公司	700515	840	156419	231462	32914
股份有限公司(内资)	699864	840	156326	231120	32704
私营股份有限公司	651	0	93	342	210
有限责任公司	158440	3373	34895	60377	22104
国有独资公司	29558	0	7066	12607	3685
私营有限责任公司	32051	3342	5357	5217	1304

单位:万元

	资产合计				
	流动资产小计	短期投资	应收帐款净额	存货	产成品
合资经营企业(港或澳、台资)	19967	0	81	9942	1002
中外合资经营企业	11089	0	4058	4001	1069
其他有限责任公司	65775	31	18333	28611	15044
三、在总计中:亏损企业	229296	31	22552	28927	10260
国有控股企业	905236	405	182819	252646	42625
农村工业	1028	0	118	759	340
轻工业	178849	30	36742	59251	22818
重工业	965534	4252	193432	277212	53139
在总计中:大型企业	501263	337	124784	176181	21813
中型企业	466230	3777	70842	95477	23243
小型企业	176891	167	34548	64806	30900
四、按工业行业分组					
煤炭开采和洗选业	11300	0	2090	1506	0
有色金属矿采选业	15000	0	2700	2500	0
农副食品加工业	14832	0	2468	6210	2643
食品制造业	1599	0	280	947	486
饮料制造业	12667	0	8807	3099	2427
纺织业	8592	0	2506	4538	1959
纺织服装、鞋、帽制造业	74062	0	13680	18073	2056
造纸及纸制品业	530	0	122	352	187
印刷业和记录媒介的复制	2787	0	1248	693	403
化学原料及化学制品制造业	63389	16	20075	17955	5929
医药制造业	46367	30	7131	16440	8084
塑料制品业	2228	0	119	520	172
非金属矿物制品业	48927	78	9990	18445	5966
黑色金属冶炼及压延加工业	227012	337	44607	84738	3085
有色金属冶炼及压延加工业	146391	3762	6934	81135	18074
金属制品业	11680	0	1834	5401	2447
通用设备制造业	78244	0	22876	29055	10565
专用设备制造业	8119	0	815	5146	2199
交通运输设备制造业	12359	0	2807	4886	473
电气机械及器材制造业	3588	0	358	2806	1417
通信设备、计算机及其他电子设备制造业	381	0	70	153	104
仪器仪表及文化、办公用机械制造业	6353	0	935	3749	2621
工艺品及其他制造业	7522	0	61	6135	4574
电力、热力的生产和供应业	330564	58	77223	19218	87
水的生产和供应业	9893	0	440	2763	0

单位:万元

	资产合计				
	流动资产年平均余额	长期投资	固定资产小计	固定资产原价	生产经营用
总　　计	1056674	72154	1406525	1585468	1492074
一、按登记注册类型分组					
内资企业	1024435	70905	1348675	1517571	1424436
国有企业	227679	20854	209118	270348	240054
中央企业	165150	2740	150662	189139	188227
地方企业	62529	18114	58456	81209	51827
集体企业	18208	3284	9785	20635	17171
股份合作企业	29765	1342	30221	37149	30598
联营企业	550	40	322	607	607
集体联营企业	550	40	322	607	607
有限责任公司	93321	6388	110541	131722	111098
国有独资公司	30076	1660	45382	53872	46386
其他有限责任公司	63244	4728	65158	77850	64712
股份有限公司	624745	38607	963259	1034039	1004888
私营企业	30168	390	25430	23072	20020
私营独资企业	582	0	1180	1403	679
私营有限责任公司	28935	390	21921	19340	17012
私营股份有限公司	651	0	2329	2329	2329
港、澳、台商投资企业	22886	1249	46766	56005	55903
合资经营企业(港或澳、台资)	21413	1249	46614	55907	55805
港澳台商独资经营企业	1473	0	152	98	98
外商投资企业	9353	0	11084	11892	11735
中外合资经营企业	9353	0	11084	11892	11735
二、按经济组织类型分组					
独资企业	247942	24138	220234	292483	258001
国有企业	227679	20854	209118	270348	240054
集体企业	18208	3284	9785	20635	17171
私营独资企业	582	0	1180	1403	679
港澳台商独资经营企业	1473	0	152	98	98
合作、合伙企业	30315	1382	30543	37755	31205
股份合作企业	29765	1342	30221	37149	30598
集体联营企业	550	40	322	607	607
股份有限公司	625396	38607	965588	1036369	1007218
股份有限公司(内资)	624745	38607	963259	1034039	1004888
私营股份有限公司	651	0	2329	2329	2329
有限责任公司	153021	8027	190160	218861	195650
国有独资公司	30076	1660	45382	53872	46386
私营有限责任公司	28935	390	21921	19340	17012

	资产合计				
	流动资产年平均余额	长期投资	固定资产小计	固定资产原价	生产经营用
合资经营企业(港或澳、台资)	21413	1249	46614	55907	55805
中外合资经营企业	9353	0	11084	11892	11735
其他有限责任公司	63244	4728	65158	77850	64712
三、在总计中:亏损企业	226769	21977	233987	300490	273462
国有控股企业	834220	48026	1138125	1341479	1280505
农村工业	996	8	2690	2672	1640
轻工业	172711	17871	167640	183171	148312
重工业	883963	54283	1238885	1402297	1343762
在总计中:大型企业	430635	4428	748179	866259	866009
中型企业	458765	40856	480917	507059	454493
小型企业	167274	26870	177430	212150	171572
四、按工业行业分组					
煤炭开采和洗选业	11942	1246	18675	27060	13095
有色金属矿采选业	14000	8700	13700	3100	2981
农副食品加工业	14766	230	42130	50090	40715
食品制造业	1598	0	187	140	140
饮料制造业	12829	8	14955	15107	10253
纺织业	5025	0	8931	9000	6694
纺织服装、鞋、帽制造业	74368	5502	24531	21408	18318
造纸及纸制品业	87	0	611	519	343
印刷业和记录媒介的复制	2794	2	3563	5638	4853
化学原料及化学制品制造业	68300	7090	66434	70618	64621
医药制造业	44018	8136	35701	34182	23801
塑料制品业	2233	368	1774	1699	644
非金属矿物制品业	47643	5740	51865	76855	72732
黑色金属冶炼及压延加工业	210124	1390	191529	218413	209779
有色金属冶炼及压延加工业	134134	1200	336626	429810	428883
金属制品业	10422	631	8921	10552	8370
通用设备制造业	73959	17877	32944	54482	48025
专用设备制造业	7772	0	2358	2540	2514
交通运输设备制造业	11318	307	7257	10537	7867
电气机械及器材制造业	3432	0	908	1764	1500
通信设备、计算机及其他电子设备制造业	286	22	288	131	131
仪器仪表及文化、办公用机械制造业	6288	356	5644	3841	3121
工艺品及其他制造业	7846	2138	4222	4196	4010
电力、热力的生产和供应业	282110	9357	499963	490896	479500
水的生产和供应业	9381	1856	32809	42890	39185

	资产合计				
	累计折旧	本年折旧	固定资产净值	固定资产净值年平均余额	无形资产
总计	541803	69233	1043665	999468	130733
一、按登记注册类型分组					
内资企业	530473	67140	987098	948680	128490
国有企业	74305	11918	196043	180286	2813
中央企业	45690	8253	143449	131665	54
地方企业	28615	3666	52595	48621	2759
集体企业	12232	3036	8402	8197	639
股份合作企业	9778	1013	27371	26728	335
联营企业	284	20	322	305	0
集体联营企业	284	20	322	305	0
有限责任公司	34468	5292	97254	90484	19339
国有独资公司	13177	2599	40695	40099	8073
其他有限责任公司	21292	2694	56559	50385	11266
股份有限公司	397825	45010	636215	619908	103358
私营企业	1581	850	21491	22773	2006
私营独资企业	223	25	1180	857	0
私营有限责任公司	1335	802	18005	19587	1991
私营股份有限公司	23	23	2306	2329	15
港、澳、台商投资企业	10158	1484	45847	40202	226
合资经营企业(港或澳、台资)	10146	1481	45761	40116	226
港澳台商独资经营企业	12	4	86	86	0
外商投资企业	1172	609	10721	10585	2017
中外合资经营企业	1172	609	10721	10585	2017
二、按经济组织类型分组					
独资企业	86771	14983	205711	189426	3452
国有企业	74305	11918	196043	180286	2813
集体企业	12232	3036	8402	8197	639
私营独资企业	223	25	1180	857	0
港澳台商独资经营企业	12	4	86	86	0
合作、合伙企业	10062	1033	27694	27033	335
股份合作企业	9778	1013	27371	26728	335
集体联营企业	284	20	322	305	0
股份有限公司	397848	45033	638521	622238	103373
股份有限公司(内资)	397825	45010	636215	619908	103358
私营股份有限公司	23	23	2306	2329	15
有限责任公司	47121	8184	171740	160771	23574
国有独资公司	13177	2599	40695	40099	8073
私营有限责任公司	1335	802	18005	19587	1991

3－2　续表9　　单位：万元

	资产合计				
	累计折旧	本年折旧	固定资产净值	固定资产净值年平均余额	无形资产
合资经营企业(港或澳、台资)	10146	1481	45761	40116	226
中外合资经营企业	1172	609	10721	10585	2017
其他有限责任公司	21292	2694	56559	50385	11266
三、在总计中：亏损企业	80783	13431	219708	203024	12333
国有控股企业	480131	57092	861348	817931	105923
农村工业	457	126	2215	2397	14
轻工业	41151	5322	142020	150118	7757
重工业	500652	63911	901645	849349	122976
在总计中：大型企业	352516	37945	513744	492159	84256
中型企业	136678	23932	370382	360206	24716
小型企业	52609	7356	159540	147102	21762
四、按工业行业分组					
煤炭开采和洗选业	8808	724	18252	18117	30
有色金属矿采选业	400	66	2700	2600	8400
农副食品加工业	9057	844	41034	42010	1371
食品制造业	18	7	122	122	0
饮料制造业	1441	325	13666	13853	663
纺织业	200	23	8800	9292	3546
纺织服装、鞋、帽制造业	4415	721	16993	24718	0
造纸及纸制品业	151	16	367	430	0
印刷业和记录媒介的复制	2085	451	3553	3468	0
化学原料及化学制品制造业	16386	3761	54232	52267	10575
医药制造业	8010	1312	26172	26611	2165
塑料制品业	158	38	1541	1562	541
非金属矿物制品业	32053	5998	44801	44277	6176
黑色金属冶炼及压延加工业	89092	2556	129322	126311	64834
有色金属冶炼及压延加工业	199230	23223	230580	232540	499
金属制品业	3287	348	7265	4544	720
通用设备制造业	26905	2697	27578	27322	10412
专用设备制造业	235	114	2305	2270	2
交通运输设备制造业	3293	454	7244	6330	5430
电气机械及器材制造业	1883	128	－119	988	124
通信设备、计算机及其他电子设备制造业	2	2	129	129	0
仪器仪表及文化、办公用机械制造业	1737	261	2104	2450	302
工艺品及其他制造业	1344	190	2852	2901	0
电力、热力的生产和供应业	117183	23541	373712	327643	14932
水的生产和供应业	14429	1433	28461	26712	12

3－2　续表10　　单位：万元

	负债合计	流动负债小　计	应付账款	长期负债小　计
总　　计	1810558	1094899	159120	703629
一、按登记注册类型分组				
内资企业	1757639	1054013	156374	691901
国有企业	240927	146740	16521	94187
中央企业	150372	68205	5933	82167
地方企业	90555	78535	10588	12020
集体企业	23858	19390	5340	2121
股份合作企业	39052	27517	7792	6777
联营企业	785	329	100	456
集体联营企业	785	329	100	456
有限责任公司	122570	89136	24798	33414
国有独资公司	36534	26131	7527	10403
其他有限责任公司	86036	63005	17272	23011
股份有限公司	1291917	736606	95967	553866
私营企业	38529	34295	5856	1079
私营独资企业	390	301	83	89
私营有限责任公司	37639	33494	5773	990
私营股份有限公司	500	500	0	0
港、澳、台商投资企业	39751	31451	1447	8300
合资经营企业（港或澳、台资）	38231	29931	995	8300
港澳台商独资经营企业	1519	1519	452	0
外商投资企业	13169	9435	1299	3429
中外合资经营企业	13169	9435	1299	3429
二、按经济组织类型分组				
独资企业	266694	167950	22396	96397
国有企业	240927	146740	16521	94187
集体企业	23858	19390	5340	2121
私营独资企业	390	301	83	89
港澳台商独资经营企业	1519	1519	452	0
合作、合伙企业	39837	27846	7892	7233
股份合作企业	39052	27517	7792	6777
集体联营企业	785	329	100	456
股份有限公司	1292417	737106	95967	553866
股份有限公司（内资）	1291917	736606	95967	553866
私营股份有限公司	500	500	0	0
有限责任公司	211610	161996	32865	46133
国有独资公司	36534	26131	7527	10403
私营有限责任公司	37639	33494	5773	990

	负债合计	流动负债小　计	应付账款	长期负债小　计
合资经营企业(港或澳、台资)	38231	29931	995	8300
中外合资经营企业	13169	9435	1299	3429
其他有限责任公司	86036	63005	17272	23011
三、在总计中:亏损企业	268414	156362	28663	112051
国有控股企业	1465721	815128	81223	649782
农村工业	1855	1139	0	716
轻工业	210633	153069	21500	54408
重工业	1599926	941830	137620	649221
在总计中:大型企业	999129	505400	46956	493379
中型企业	584604	434917	71619	149286
小型企业	226826	154581	40546	60964
四、按工业行业分组				
煤炭开采和洗选业	17690	16153	316	1537
有色金属矿采选业	21000	16000	1400	4600
农副食品加工业	28020	16468	4597	8396
食品制造业	1637	1637	452	0
饮料制造业	14299	7283	636	7016
纺织业	7975	6721	3534	1254
纺织服装、鞋、帽制造业	68922	61580	620	7342
造纸及纸制品业	1041	932	215	109
印刷业和记录媒介的复制	4015	3834	1498	181
化学原料及化学制品制造业	68466	49615	12368	14093
医药制造业	47831	35467	6765	12364
塑料制品业	3206	2844	415	361
非金属矿物制品业	74449	53615	12107	17832
黑色金属冶炼及压延加工业	355458	270443	25521	85015
有色金属冶炼及压延加工业	371638	274241	35651	97397
金属制品业	9888	7202	1617	2686
通用设备制造业	77700	65046	15278	12304
专用设备制造业	4863	4863	2919	0
交通运输设备制造业	16930	12374	2487	4556
电气机械及器材制造业	3539	3363	1499	176
通信设备、计算机及其他电子设备制造业	305	292	81	13
仪器仪表及文化、办公用机械制造业	10434	7779	970	2350
工艺品及其他制造业	8727	8299	2239	428
电力、热力的生产和供应业	564362	158001	24992	406301
水的生产和供应业	28167	10848	944	17319

	所有者权益合计	实收资本				
			1.国家资本	2.集体资本	3.法人资本	4.个人资本
总　　计	969823	692988	323085	44438	256098	56133
一、按登记注册类型分组						
内资企业	927845	666221	323085	43823	239504	55783
国有企业	224040	133078	94941	20865	14011	3262
中央企业	169034	68285	59615	0	8670	0
地方企业	55006	64793	35326	20865	5341	3262
集体企业	10202	10654	0	7320	681	2653
股份合作企业	25812	14369	0	628	10349	3393
联营企业	89	34	0	34	0	0
集体联营企业	89	34	0	34	0	0
有限责任公司	114803	93055	11193	7224	65889	8749
国有独资公司	48324	52483	0	4564	47919	0
其他有限责任公司	66479	40572	11193	2660	17970	8749
股份有限公司	518558	387738	216952	3153	139081	24528
私营企业	34341	27293	0	4600	9495	13198
私营独资企业	1284	759	0	0	678	81
私营有限责任公司	30561	24068	0	4600	7559	11909
私营股份有限公司	2495	2467	0	0	1258	1209
港、澳、台商投资企业	30859	23153	0	0	14866	350
合资经营企业(港或澳、台资)	30754	23033	0	0	14866	350
港澳台商独资经营企业	105	120	0	0	0	0
外商投资企业	11119	3614	0	614	1728	0
中外合资经营企业	11119	3614	0	614	1728	0
二、按经济组织类型分组						
独资企业	235632	144611	94941	28185	15369	5996
国有企业	224040	133078	94941	20865	14011	3262
集体企业	10202	10654	0	7320	681	2653
私营独资企业	1284	759	0	0	678	81
港澳台商独资经营企业	105	120	0	0	0	0
合作、合伙企业	25902	14404	0	662	10349	3393
股份合作企业	25812	14369	0	628	10349	3393
集体联营企业	89	34	0	34	0	0
股份有限公司	521053	390204	216952	3153	140339	25736
股份有限公司(内资)	518558	387738	216952	3153	139081	24528
私营股份有限公司	2495	2467	0	0	1258	1209
有限责任公司	187237	143770	11193	12438	90041	21008
国有独资公司	48324	52483	0	4564	47919	0
私营有限责任公司	30561	24068	0	4600	7559	11909

	所有者权益合计	实收资本	1.国家资本	2.集体资本	3.法人资本	4.个人资本
合资经营企业(港或澳、台资)	30754	23033	0	0	14866	350
中外合资经营企业	11119	3614	0	614	1728	0
其他有限责任公司	66479	40572	11193	2660	17970	8749
三、在总计中:亏损企业	233593	153792	74414	21172	52661	5130
国有控股企业	737846	547308	303310	26134	194324	12914
农村工业	2115	3138	0	0	679	2459
轻工业	168245	114975	24018	4787	53680	31520
重工业	801577	578014	299068	39651	202418	24613
在总计中:大型企业	340018	286793	176495	0	104799	5500
中型企业	444076	277580	122679	16019	102169	26086
小型企业	185729	128615	23911	28419	49131	24547
四、按工业行业分组						
煤炭开采和洗选业	13561	13063	13063	0	0	0
有色金属矿采选业	24800	15094	5555	0	5514	0
农副食品加工业	31747	30108	783	0	17029	12296
食品制造业	149	171	0	0	0	51
饮料制造业	14224	12593	1170	0	7230	4193
纺织业	13216	7124	666	0	165	6158
纺织服装、鞋、帽制造业	39317	11935	8134	0	301	3500
造纸及纸制品业	233	106	0	106	0	0
印刷业和记录媒介的复制	2337	2112	2112	0	0	0
化学原料及化学制品制造业	81152	51686	5434	99	39342	6396
医药制造业	44566	39184	3600	4564	27606	3000
塑料制品业	1997	997	0	495	502	0
非金属矿物制品业	42775	28572	5692	4243	14444	3694
黑色金属冶炼及压延加工业	130745	111093	104278	4970	679	1166
有色金属冶炼及压延加工业	124326	114226	81892	4600	21132	0
金属制品业	12110	9303	3452	100	766	4986
通用设备制造业	61854	48416	13570	21911	5092	7843
专用设备制造业	5616	5107	5000	0	107	0
交通运输设备制造业	8483	5892	1815	1595	1602	308
电气机械及器材制造业	1081	871	186	655	0	30
通信设备、计算机及其他电子设备制造业	387	191	0	0	0	191
仪器仪表及文化、办公用机械制造业	2221	1484	0	984	350	0
工艺品及其他制造业	6052	3289	20	117	700	2152
电力、热力的生产和供应业	290469	172020	59130	0	112890	0
水的生产和供应业	16404	8351	7531	0	650	170

	所有者权益合计		产品销售收入	产品销售成本	产品销售费用	
	实收资本					
	5.港澳台资本	6.外商资本				广告费
总计	11682	1553	1254452	1050603	46144	1273
一、按登记注册类型分组						
内资企业	4025	0	1171878	983447	43238	1257
国有企业	0	0	139962	127519	2431	41
中央企业	0	0	76019	75381	73	9
地方企业	0	0	63942	52138	2359	32
集体企业	0	0	23047	20523	373	1
股份合作企业	0	0	33890	28656	2345	26
联营企业	0	0	519	348	53	0
集体联营企业	0	0	519	348	53	0
有限责任公司	0	0	107691	84373	4287	172
国有独资公司	0	0	39189	29095	1173	60
其他有限责任公司	0	0	68502	55278	3113	112
股份有限公司	4025	0	815516	674897	30239	1002
私营企业	0	0	51254	47131	3510	16
私营独资企业	0	0	1496	931	119	0
私营有限责任公司	0	0	49525	46069	3374	10
私营股份有限公司	0	0	232	131	17	6
港、澳、台商投资企业	7522	415	64583	53856	1404	6
合资经营企业(港或澳、台资)	7402	415	62580	51938	1393	5
港澳台商独资经营企业	120	0	2003	1918	12	0
外商投资企业	135	1138	17991	13301	1502	10
中外合资经营企业	135	1138	17991	13301	1502	10
二、按经济组织类型分组						
独资企业	120	0	166507	150890	2935	42
国有企业	0	0	139962	127519	2431	41
集体企业	0	0	23047	20523	373	1
私营独资企业	0	0	1496	931	119	0
港澳台商独资经营企业	120	0	2003	1918	12	0
合作、合伙企业	0	0	34410	29005	2398	26
股份合作企业	0	0	33890	28656	2345	26
集体联营企业	0	0	519	348	53	0
股份有限公司	4025	0	815748	675028	30256	1008
股份有限公司(内资)	4025	0	815516	674897	30239	1002
私营股份有限公司	0	0	232	131	17	6
有限责任公司	7537	1553	237787	195681	10555	198
国有独资公司	0	0	39189	29095	1173	60
私营有限责任公司	0	0	49525	46069	3374	10

3－2　续表15　　单位：万元

	所有者权益合计		产品销售收入	产品销售成本	产品销售费用	
	实收资本					
	5. 港澳台资本	6. 外商资本				广告费
合资经营企业(港或澳、台资)	7402	415	62580	51938	1393	5
中外合资经营企业	135	1138	17991	13301	1502	10
其他有限责任公司	0	0	68502	55278	3113	112
三、在总计中：亏损企业	0	415	135257	129570	1923	136
国有控股企业	10627	0	978805	825678	26403	785
农村工业	0	0	3262	3119	58	0
轻工业	555	415	151354	128780	10834	636
重工业	11127	1138	1103098	921824	35310	637
在总计中：大型企业	0	0	653246	541140	16415	184
中型企业	10627	0	421141	361353	18343	581
小型企业	1055	1553	180065	148110	11386	508
四、按工业行业分组						
煤炭开采和洗选业	0	0	10116	6969	117	0
有色金属矿采选业	4025	0	15000	12000	1400	0
农副食品加工业	0	0	37487	34761	2807	83
食品制造业	120	0	2209	2120	22	0
饮料制造业	0	0	10363	9107	158	25
纺织业	135	0	5610	5387	374	16
纺织服装、鞋、帽制造业	0	0	39821	43298	1290	97
造纸及纸制品业	0	0	438	497	4	0
印刷业和记录媒介的复制	0	0	3376	2890	51	0
化学原料及化学制品制造业	0	415	62591	49986	5166	334
医药制造业	0	415	33763	16277	5576	413
塑料制品业	0	0	2242	2162	84	0
非金属矿物制品业	500	0	64207	47523	4049	5
黑色金属冶炼及压延加工业	0	0	225255	189154	9377	0
有色金属冶炼及压延加工业	6602	0	422555	361569	8872	33
金属制品业	0	0	9578	8486	273	0
通用设备制造业	0	0	56186	45458	1726	195
专用设备制造业	0	0	3599	3008	341	4
交通运输设备制造业	0	573	18223	14248	1374	20
电气机械及器材制造业	0	0	6247	5619	126	10
通信设备、计算机及其他电子设备制造业	0	0	240	217	5	2
仪器仪表及文化、办公用机械制造业	0	150	5005	4013	253	30
工艺品及其他制造业	300	0	11364	10003	144	0
电力、热力的生产和供应业	0	0	202054	171412	2145	3
水的生产和供应业	0	0	6923	4440	410	1

3－2　续表16　　单位:万元

	产品销售税金及附加	其他业务利润	管理费用	税金	财产保险费
总　计	9357	5265	74817	2293	1761
一、按登记注册类型分组					
内资企业	9314	4839	71799	2212	1483
国有企业	3404	764	9657	184	37
中央企业	2769	547	529	8	0
地方企业	635	218	9128	176	37
集体企业	204	55	1208	113	12
股份合作企业	295	745	1553	116	42
联营企业	3	0	86	0	0
集体联营企业	3	0	86	0	0
有限责任公司	666	1058	12302	208	165
国有独资公司	258	668	6357	121	9
其他有限责任公司	408	390	5946	87	156
股份有限公司	4536	2109	45882	1508	1213
私营企业	206	109	1112	83	14
私营独资企业	18	0	113	8	0
私营有限责任公司	188	109	955	75	14
私营股份有限公司	1	0	43	0	0
港、澳、台商投资企业	14	113	2139	17	270
合资经营企业(港或澳、台资)	14	113	2104	17	270
港澳台商独资经营企业	0	0	35	0	0
外商投资企业	29	312	878	65	8
中外合资经营企业	29	312	878	65	8
二、按经济组织类型分组					
独资企业	3625	819	11013	305	49
国有企业	3404	764	9657	184	37
集体企业	204	55	1208	113	12
私营独资企业	18	0	113	8	0
港澳台商独资经营企业	0	0	35	0	0
合作、合伙企业	299	745	1639	116	42
股份合作企业	295	745	1553	116	42
集体联营企业	3	0	86	0	0
股份有限公司	4537	2109	45925	1508	1213
股份有限公司(内资)	4536	2109	45882	1508	1213
私营股份有限公司	1	0	43	0	0
有限责任公司	897	1591	16240	364	457
国有独资公司	258	668	6357	121	9
私营有限责任公司	188	109	955	75	14

3－2 续表 17

单位:万元

	产品销售税金及附加	其他业务利润	管理费用	税金	财产保险费
合资经营企业(港或澳、台资)	14	113	2104	17	270
中外合资经营企业	29	312	878	65	8
其他有限责任公司	408	390	5946	87	156
三、在总计中:亏损企业	2983	1001	9702	191	77
国有控股企业	7609	3336	60468	1797	1571
农村工业	22	0	119	0	12
轻工业	1208	1272	12224	290	76
重工业	8149	3993	62593	2004	1684
在总计中:大型企业	3560	1451	35420	1299	1081
中型企业	4445	1932	24865	467	432
小型企业	1352	1882	14533	528	248
四、按工业行业分组					
煤炭开采和洗选业	147	13	2301	30	0
有色金属矿采选业	50	－6	1200	68	0
农副食品加工业	128	343	1392	79	11
食品制造业	1	0	46	0	0
饮料制造业	277	205	363	0	8
纺织业	25	36	434	0	6
纺织服装、鞋、帽制造业	201	151	2361	71	30
造纸及纸制品业	1	－15	122	0	0
印刷业和记录媒介的复制	18	57	1027	33	2
化学原料及化学制品制造业	595	426	5905	105	73
医药制造业	260	341	4762	75	12
塑料制品业	3	56	215	30	0
非金属矿物制品业	580	382	6653	137	155
黑色金属冶炼及压延加工业	1483	1330	12000	240	282
有色金属冶炼及压延加工业	1187	400	18949	768	969
金属制品业	18	89	635	15	3
通用设备制造业	270	89	6981	132	12
专用设备制造业	0	72	342	0	0
交通运输设备制造业	100	260	1455	25	0
电气机械及器材制造业	25	12	301	5	1
通信设备、计算机及其他电子设备制造业	1	0	17	1	3
仪器仪表及文化、办公用机械制造业	28	17	429	2	0
工艺品及其他制造业	253	80	388	3	0
电力、热力的生产和供应业	3662	854	5209	448	188
水的生产和供应业	45	74	1329	28	8

单位:万元

	管理费用				
	劳动、待业保险费	养老保险和医疗保险费	办公费	研究开发费	职工教育费
总　　　计	3944	12275	2135	1486	964
一、按登记注册类型分组					
内资企业	3850	12104	2012	1420	954
国有企业	1328	1435	165	1	29
中央企业	14	132	19	1	5
地方企业	1314	1302	147	0	24
集体企业	13	229	9	0	390
股份合作企业	138	182	66	209	41
联营企业	0	0	0	0	0
集体联营企业	0	0	0	0	0
有限责任公司	361	1719	482	213	105
国有独资公司	221	983	158	109	29
其他有限责任公司	140	736	325	104	76
股份有限公司	2007	8442	1252	996	384
私营企业	3	98	38	3	5
私营独资企业	0	10	6	0	0
私营有限责任公司	3	88	32	3	5
私营股份有限公司	0	0	0	0	0
港、澳、台商投资企业	89	110	40	14	5
合资经营企业(港或澳、台资)	89	110	37	14	5
港澳台商独资经营企业	0	0	3	0	0
外商投资企业	5	61	83	52	5
中外合资经营企业	5	61	83	52	5
二、按经济组织类型分组					
独资企业	1341	1673	183	1	420
国有企业	1328	1435	165	1	29
集体企业	13	229	9	0	390
私营独资企业	0	10	6	0	0
港澳台商独资经营企业	0	0	3	0	0
合作、合伙企业	138	182	66	209	41
股份合作企业	138	182	66	209	41
集体联营企业	0	0	0	0	0
股份有限公司	2007	8442	1252	996	384
股份有限公司(内资)	2007	8442	1252	996	384
私营股份有限公司	0	0	0	0	0
有限责任公司	458	1978	635	282	119
国有独资公司	221	983	158	109	29
私营有限责任公司	3	88	32	3	5

3－2 续表19　　　　单位:万元

	管理费用				
	劳动、待业保险费	养老保险和医疗保险费	办公费	研究开发费	职工教育费
合资经营企业(港或澳、台资)	89	110	37	14	5
中外合资经营企业	5	61	83	52	5
其他有限责任公司	140	736	325	104	76
三、在总计中:亏损企业	501	1850	294	69	42
国有控股企业	3673	10487	1497	1019	387
农村工业	1	0	2	0	0
轻工业	969	1646	404	265	115
重工业	2975	10630	1731	1222	849
在总计中:大型企业	1407	6624	878	879	277
中型企业	1967	3063	612	277	467
小型企业	570	2588	645	330	219
四、按工业行业分组					
煤炭开采和洗选业	801	0	7	0	5
有色金属矿采选业	27	287	97	0	5
农副食品加工业	129	175	48	12	4
食品制造业	0	0	3	0	0
饮料制造业	1	9	34	48	4
纺织业	2	60	18	0	58
纺织服装、鞋、帽制造业	100	290	51	11	12
造纸及纸制品业	0	0	0	0	0
印刷业和记录媒介的复制	169	202	17	0	4
化学原料及化学制品制造业	146	734	165	267	72
医药制造业	96	532	216	193	6
塑料制品业	3	30	2	0	2
非金属矿物制品业	269	954	270	0	439
黑色金属冶炼及压延加工业	90	352	319	204	11
有色金属冶炼及压延加工业	369	3593	299	562	266
金属制品业	4	167	23	0	2
通用设备制造业	68	1061	182	130	18
专用设备制造业	29	109	23	2	0
交通运输设备制造业	14	293	89	41	11
电气机械及器材制造业	0	82	18	0	5
通信设备、计算机及其他电子设备制造业	0	5	0	0	0
仪器仪表及文化、办公用机械制造业	10	151	9	14	0
工艺品及其他制造业	28	26	5	0	4
电力、热力的生产和供应业	1145	2814	230	2	14
水的生产和供应业	444	352	12	0	22

单位:万元

	财务费用	利息支出	营业利润	投资收益	补贴收入
总　　计	39750	37750	44890	5048	6681
一、按登记注册类型分组					
内资企业	37572	35723	38294	4796	6645
国有企业	4930	5353	－7229	458	911
中央企业	2965	3389	－5147	195	0
地方企业	1965	1964	－2082	263	911
集体企业	297	71	735	0	138
股份合作企业	1039	804	471	238	237
联营企业	15	0	14	0	0
集体联营企业	15	0	14	0	0
有限责任公司	2792	2450	－772	－43	2672
国有独资公司	668	668	1998	0	1133
其他有限责任公司	2124	1781	－2769	－43	1539
股份有限公司	27138	25752	44193	3870	2652
私营企业	1361	1294	882	273	35
私营独资企业	8	3	65	0	0
私营有限责任公司	1341	1279	816	273	35
私营股份有限公司	12	12	0	0	0
港、澳、台商投资企业	1700	1690	5509	14	15
合资经营企业(港或澳、台资)	1707	1663	5463	14	15
港澳台商独资经营企业	－8	28	46	0	0
外商投资企业	479	336	1086	238	22
中外合资经营企业	479	336	1086	238	22
二、按经济组织类型分组					
独资企业	5227	5454	－6382	458	1049
国有企业	4930	5353	－7229	458	911
集体企业	297	71	735	0	138
私营独资企业	8	3	65	0	0
港澳台商独资经营企业	－8	28	46	0	0
合作、合伙企业	1054	804	485	238	237
股份合作企业	1039	804	471	238	237
集体联营企业	15	0	14	0	0
股份有限公司	27151	25764	44193	3870	2652
股份有限公司(内资)	27138	25752	44193	3870	2652
私营股份有限公司	12	12	0	0	0
有限责任公司	6319	5728	6593	482	2744
国有独资公司	668	668	1998	0	1133
私营有限责任公司	1341	1279	816	273	35

3－2　续表21　　　　单位:万元

	财务费用	利息支出	营业利润	投资收益	补贴收入
合资经营企业(港或澳、台资)	1707	1663	5463	14	15
中外合资经营企业	479	336	1086	238	22
其他有限责任公司	2124	1781	－2769	－43	1539
三、在总计中:亏损企业	5197	5143	－15845	482	2062
国有控股企业	33170	32123	34844	3354	4026
农村工业	21	21	0	0	0
轻工业	4440	4356	7042	318	1075
重工业	35311	33394	37848	4729	5606
在总计中:大型企业	23350	21852	34713	376	1612
中型企业	10463	10608	12188	3037	2358
小型企业	5938	5290	－2011	1635	2711
四、按工业行业分组					
煤炭开采和洗选业	248	245	346	0	0
有色金属矿采选业	200	270	3	1600	50
农副食品加工业	1182	1186	－1029	238	676
食品制造业	－8	28	39	0	0
饮料制造业	597	596	69	0	0
纺织业	1	0	87	0	150
纺织服装、鞋、帽制造业	942	946	2129	－16	47
造纸及纸制品业	0	0	－201	0	0
印刷业和记录媒介的复制	5	6	－535	1	103
化学原料及化学制品制造业	1458	1320	－413	836	1536
医药制造业	1073	947	5851	64	93
塑料制品业	36	36	－101	0	0
非金属矿物制品业	1325	749	3527	25	2001
黑色金属冶炼及压延加工业	11331	9766	3415	54	1410
有色金属冶炼及压延加工业	4529	4575	27402	327	542
金属制品业	94	129	150	0	0
通用设备制造业	1554	1522	－3484	266	7
专用设备制造业	10	8	29	0	0
交通运输设备制造业	402	218	692	－27	0
电气机械及器材制造业	53	53	111	0	0
通信设备、计算机及其他电子设备制造业	－5	－5	5	0	0
仪器仪表及文化、办公用机械制造业	211	215	89	0	10
工艺品及其他制造业	289	288	150	0	6
电力、热力的生产和供应业	13866	14294	6080	1648	50
水的生产和供应业	359	359	482	31	0

	利润总额	应　交 所得税	亏损企业 亏损总额	利税总额	本年 应付 工资
总　　计	55648	10923	13219	129791	80343
一、按登记注册类型分组					
内资企业	48900	10860	13156	119540	78647
国有企业	－4100	341	5489	7514	15752
中央企业	－3120	22	3187	3136	4330
地方企业	－980	319	2302	4378	11422
集体企业	660	76	219	2691	2815
股份合作企业	563	58	384	2263	2505
联营企业	0	0	0	92	8
集体联营企业	0	0	0	92	8
有限责任公司	708	1347	6556	7245	11345
国有独资公司	2870	555	809	5566	4791
其他有限责任公司	－2162	792	5747	1680	6554
股份有限公司	49056	8429	30	96068	44452
私营企业	2013	610	478	3668	1770
私营独资企业	88	5	0	178	118
私营有限责任公司	1897	606	478	3448	1609
私营股份有限公司	29	0	0	42	42
港、澳、台商投资企业	5596	44	63	8578	1222
合资经营企业(港或澳、台资)	5548	44	63	8530	1150
港澳台商独资经营企业	48	0	0	48	72
外商投资企业	1153	19	0	1673	474
中外合资经营企业	1153	19	0	1673	474
二、按经济组织类型分组					
独资企业	－3304	421	5708	10431	18758
国有企业	－4100	341	5489	7514	15752
集体企业	660	76	219	2691	2815
私营独资企业	88	5	0	178	118
港澳台商独资经营企业	48	0	0	48	72
合作、合伙企业	563	58	384	2354	2513
股份合作企业	563	58	384	2263	2505
集体联营企业	0	0	0	92	8
股份有限公司	49084	8429	30	96110	44494
股份有限公司(内资)	49056	8429	30	96068	44452
私营股份有限公司	29	0	0	42	42
有限责任公司	9305	2015	7097	20896	14578
国有独资公司	2870	555	809	5566	4791
私营有限责任公司	1897	606	478	3448	1609

	利润总额	应　交 所得税	亏损企业 亏损总额	利税总额	本年 应付 工资
合资经营企业(港或澳、台资)	5548	44	63	8530	1150
中外合资经营企业	1153	19	0	1673	474
其他有限责任公司	－2162	792	5747	1680	6554
三、在总计中:亏损企业	－13219	0	13219	－4125	11490
国有控股企业	41625	8088	10530	100951	61992
农村工业	－109	0	109	11	161
轻工业	9971	1843	2060	16810	11217
重工业	45676	9080	11159	112980	69126
在总计中:大型企业	34270	6313	0	73496	34226
中型企业	19924	2858	3374	45238	28934
小型企业	1453	1751	9845	11057	17183
四、按工业行业分组					
煤炭开采和洗选业	286	156	0	1495	4733
有色金属矿采选业	1600	51	0	1650	730
农副食品加工业	1164	505	638	1770	1100
食品制造业	48	0	0	54	105
饮料制造业	5	152	437	536	509
纺织业	－90	83	392	123	737
纺织服装、鞋、帽制造业	2773	322	0	3573	1255
造纸及纸制品业	－110	0	110	－97	100
印刷业和记录媒介的复制	－334	14	376	－119	741
化学原料及化学制品制造业	1773	392	644	5553	5360
医药制造业	5681	673	89	8965	3828
塑料制品业	－27	11	85	－23	120
非金属矿物制品业	4274	689	1095	10390	8781
黑色金属冶炼及压延加工业	5472	2492	710	20540	11674
有色金属冶炼及压延加工业	25168	3642	0	42519	18811
金属制品业	210	1	62	477	965
通用设备制造业	－3226	294	5280	114	5030
专用设备制造业	8	1	1	11	532
交通运输设备制造业	556	26	566	1122	1188
电气机械及器材制造业	132	40	0	395	364
通信设备、计算机及其他电子设备制造业	5	0	0	21	11
仪器仪表及文化、办公用机械制造业	89	15	0	397	704
工艺品及其他制造业	325	4	0	1030	1266
电力、热力的生产和供应业	9357	1270	2715	28322	10124
水的生产和供应业	511	91	18	975	1577

	本年应付工资		本年应付福利费		本年应交增值税	进项税额
		主营业务应付工资总额		主营业务应付福利费总额		
总　　计		69650	15855	14022	64786	127040
一、按登记注册类型分组						
内资企业		68181	15639	13835	61326	117596
国有企业		13520	1961	1711	8210	11990
中央企业		3698	552	533	3486	6389
地方企业		9822	1409	1178	4724	5601
集体企业		2496	498	454	1828	4545
股份合作企业		963	514	174	1405	6108
联营企业		8	5	5	88	24
集体联营企业		8	5	5	88	24
有限责任公司		9074	1509	1229	5871	9903
国有独资公司		4426	735	672	2437	3329
其他有限责任公司		4648	775	557	3434	6574
股份有限公司		40407	10917	10044	42476	80257
私营企业		1714	234	219	1448	4770
私营独资企业		84	2	1	72	38
私营有限责任公司		1591	228	215	1363	4711
私营股份有限公司		38	4	3	13	21
港、澳、台商投资企业		1207	71	70	2969	7870
合资经营企业(港或澳、台资)		1147	69	69	2969	7613
港澳台商独资经营企业		60	1	1	0	257
外商投资企业		261	146	116	491	1574
中外合资经营企业		261	146	116	491	1574
二、按经济组织类型分组						
独资企业		16160	2462	2167	10110	16830
国有企业		13520	1961	1711	8210	11990
集体企业		2496	498	454	1828	4545
私营独资企业		84	2	1	72	38
港澳台商独资经营企业		60	1	1	0	257
合作、合伙企业		971	519	179	1493	6132
股份合作企业		963	514	174	1405	6108
集体联营企业		8	5	5	88	24
股份有限公司		40445	10922	10048	42489	80278
股份有限公司(内资)		40407	10917	10044	42476	80257
私营股份有限公司		38	4	3	13	21
有限责任公司		12074	1952	1629	10694	23801
国有独资公司		4426	735	672	2437	3329
私营有限责任公司		1591	228	215	1363	4711

3－2 续表25

单位:万元

	本年应付工资		本年应付福利费		本年应交增值税	进项税额
		主营业务应付工资总额		主营业务应付福利费总额		
合资经营企业(港或澳、台资)		1147	69	69	2969	7613
中外合资经营企业		261	146	116	491	1574
其他有限责任公司		4648	775	557	3434	6574
三、在总计中:亏损企业		9277	1955	1477	6112	12854
国有控股企业		56026	12556	11653	51718	96443
农村工业		2	18	0	98	645
轻工业		8476	1643	1232	5631	15572
重工业		61173	14213	12790	59155	111469
在总计中:大型企业		33220	6837	6697	35666	65874
中型企业		24776	6370	5707	20869	40009
小型企业		11654	2648	1617	8252	21157
四、按工业行业分组						
煤炭开采和洗选业		3468	553	415	1061	365
有色金属矿采选业		0	2300	2000	0	923
农副食品加工业		1081	176	174	477	2784
食品制造业		60	2	1	6	283
饮料制造业		372	72	52	254	1504
纺织业		663	96	87	188	669
纺织服装、鞋、帽制造业		710	98	84	600	4630
造纸及纸制品业		0	64	0	12	62
印刷业和记录媒介的复制		571	146	79	196	314
化学原料及化学制品制造业		4532	965	825	3185	4205
医药制造业		3053	608	497	3025	3882
塑料制品业		12	17	2	1	101
非金属矿物制品业		7806	1346	1104	5535	4017
黑色金属冶炼及压延加工业		10159	1655	1442	13585	29637
有色金属冶炼及压延加工业		17939	4638	4472	16163	48104
金属制品业		806	93	55	249	701
通用设备制造业		4488	821	695	3070	5878
专用设备制造业		522	95	95	3	562
交通运输设备制造业		770	170	150	466	2885
电气机械及器材制造业		265	30	30	238	753
通信设备、计算机及其他电子设备制造业		11	2	2	14	0
仪器仪表及文化、办公用机械制造业		704	99	99	280	442
工艺品及其他制造业		391	161	38	452	1443
电力、热力的生产和供应业		9691	1431	1406	15303	12896
水的生产和供应业		1576	221	221	420	0

	销项税额	经营活动产生的现金流量净额	投资活动产生的现金流量净额	筹资活动产生的现金流量净额	全部从业人员年平均人数(人)
总　　计	187232	236025	－301818	171083	66322
一、按登记注册类型分组					
内资企业	174411	222894	－299359	154577	64879
国有企业	19915	20962	－19921	6732	12086
中央企业	9864	15773	－18412	6837	2356
地方企业	10051	5189	－1509	－105	9730
集体企业	6608	－108	－131	778	2480
股份合作企业	7418	－861	1685	3014	2166
联营企业	88	234	0	82	148
集体联营企业	88	234	0	82	148
有限责任公司	15659	9428	－1176	3543	11852
国有独资公司	6165	5553	－1829	2404	4051
其他有限责任公司	9495	3874	653	1139	7801
股份有限公司	118643	190307	－279690	140176	33261
私营企业	6079	2931	－126	252	2886
私营独资企业	35	28	0	0	261
私营有限责任公司	6010	2086	－126	252	2555
私营股份有限公司	34	818	0	0	70
港、澳、台商投资企业	10767	10487	－3439	16619	909
合资经营企业(港或澳、台资)	10767	10236	－3374	16591	848
港澳台商独资经营企业	0	251	－65	28	61
外商投资企业	2054	2645	980	－113	534
中外合资经营企业	2054	2645	980	－113	534
二、按经济组织类型分组					
独资企业	26558	21133	－20117	7538	14888
国有企业	19915	20962	－19921	6732	12086
集体企业	6608	－108	－131	778	2480
私营独资企业	35	28	0	0	261
港澳台商独资经营企业	0	251	－65	28	61
合作、合伙企业	7506	－627	1685	3096	2314
股份合作企业	7418	－861	1685	3014	2166
集体联营企业	88	234	0	82	148
股份有限公司	118677	191125	－279690	140176	33331
股份有限公司(内资)	118643	190307	－279690	140176	33261
私营股份有限公司	34	818	0	0	70
有限责任公司	34490	24394	－3696	20273	15789
国有独资公司	6165	5553	－1829	2404	4051
私营有限责任公司	6010	2086	－126	252	2555

单位:万元

	销项税额	经营活动产生的现金流量净额	投资活动产生的现金流量净额	筹资活动产生的现金流量净额	全部从业人员年平均人数(人)
合资经营企业(港或澳、台资)	10767	10236	-3374	16591	848
中外合资经营企业	2054	2645	980	-113	534
其他有限责任公司	9495	3874	653	1139	7801
三、在总计中:亏损企业	18939	15760	-19934	7953	12058
国有控股企业	145309	215095	-230144	106327	44310
农村工业	562	62	0	89	340
轻工业	19910	16776	12154	2250	13515
重工业	167321	219250	-313973	168833	52807
在总计中:大型企业	99084	173705	-213679	80827	21393
中型企业	58761	43348	-83769	83229	22730
小型企业	29387	18973	-4371	7027	22199
四、按工业行业分组					
煤炭开采和洗选业	1386	1259	-833	-137	3409
有色金属矿采选业	923	1700	-3900	4100	814
农副食品加工业	3005	2577	921	317	1729
食品制造业	32	251	-65	28	139
饮料制造业	1753	359	97	76	1119
纺织业	856	1721	-5	300	1820
纺织服装、鞋、帽制造业	5154	1730	15242	30	1389
造纸及纸制品业	75	-11	3	12	217
印刷业和记录媒介的复制	510	29	-28	-1	746
化学原料及化学制品制造业	7554	7115	-4364	-9463	4363
医药制造业	6651	6956	-3062	2178	2665
塑料制品业	83	105	-5	495	322
非金属矿物制品业	8497	6034	-2424	925	7645
黑色金属冶炼及压延加工业	43102	13065	-26325	24796	13383
有色金属冶炼及压延加工业	62643	209731	-113810	-82770	7301
金属制品业	965	-3	-32	-18	1403
通用设备制造业	8927	-669	-2427	2343	5323
专用设备制造业	566	-503	0	33	794
交通运输设备制造业	3291	2026	-283	1547	1029
电气机械及器材制造业	982	-999	-65	-82	445
通信设备、计算机及其他电子设备制造业	0	15	25	158	34
仪器仪表及文化、办公用机械制造业	707	1395	-618	-447	768
工艺品及其他制造业	1858	840	1267	185	2704
电力、热力的生产和供应业	27696	-21021	-158911	227354	5774
水的生产和供应业	17	2324	-2214	-875	987

3-3 市属国有及年产品销售收入500万元及以上非国有工业企业主要经济指标

单位:万元

	企业单位数(个)	亏损企业	工业总产值(不变价)	工业总产值(当年价)	新产品产值
总计	85	20	282016	322823	27115
一、按登记注册类型分					
内资企业	76	19	223240	262738	26471
国有企业	11	5	13260	17570	0
地方企业	11	5	13260	17570	0
集体企业	9	3	14194	19582	0
股份合作企业	11	3	46367	43764	9591
联营企业	1	0	500	668	208
集体联营企业	1	0	500	668	208
有限责任公司	16	4	39052	40490	4436
其他有限责任公司	16	4	39052	40490	4436
股份有限公司	13	1	75153	93087	10948
私营企业	15	3	34716	47578	1289
私营独资企业	4	0	2052	2082	0
私营有限责任公司	10	3	32214	45046	1289
私营股份有限公司	1	0	450	450	0
港、澳、台商投资企业	5	1	46294	52191	644
合资经营企业(港或澳、台资)	4	1	45470	51367	644
港澳台商独资经营企业	1	0	824	824	0
外商投资企业	4	0	12482	7895	0
中外合资经营企业	4	0	12482	7895	0
二、按经济组织类型分					
独资企业	25	8	30329	40057	0
国有企业	11	5	13260	17570	0
集体企业	9	3	14194	19582	0
私营独资企业	4	0	2052	2082	0
港澳台商独资经营企业	1	0	824	824	0
合作、合伙企业	12	3	46867	44432	9799
股份合作企业	11	3	46367	43764	9591
集体联营企业	1	0	500	668	208
股份有限公司	14	1	75602	93537	10948
股份有限公司(内资)	13	1	75153	93087	10948
私营股份有限公司	1	0	450	450	0
有限责任公司	34	8	129218	144797	6369
私营有限责任公司	10	3	32214	45046	1289

单位:万元

	企业单位数(个)	亏损企业	工业总产值(不变价)	工业总产值(当年价)	新产品产值
合资经营企业(港或澳、台资)	4	1	45470	51367	644
中外合资经营企业	4	0	12482	7895	0
其他有限责任公司	16	4	39052	40490	4436
三、在总计中:亏损企业	20	20	28745	33705	1395
国有控股企业	19	7	76190	93844	2339
农村工业	3	2	3734	4145	0
轻工业	31	7	85549	100021	11759
重工业	54	13	196468	222802	15357
中型企业	14	0	150760	184901	13283
小型企业	71	20	131257	137921	13832
四、按工业行业分组					
农副食品加工业	10	1	18961	31060	0
食品制造业	2	0	1424	1424	0
饮料制造业	3	1	10430	10630	1103
纺织业	4	1	14135	10455	2561
纺织服装、鞋、帽制造业	1	0	11280	11056	2339
造纸及纸制品业	2	1	621	500	0
印刷业和记录媒介的复制	1	0	896	1482	0
化学原料及化学制品制造业	11	3	36805	35473	5496
医药制造业	2	1	15496	15496	5756
塑料制品业	3	1	3002	3032	0
非金属矿物制品业	13	3	21190	30080	208
黑色金属冶炼及压延加工业	5	3	36392	44915	7592
有色金属冶炼及压延加工业	4	0	69677	79755	0
金属制品业	3	1	7212	7049	0
通用设备制造业	1	0	3446	3457	0
专用设备制造业	1	1	962	792	0
交通运输设备制造业	4	0	3280	3533	0
电气机械及器材制造业	3	0	4912	5796	0
通信设备、计算机及其他电子设备制造业	1	0	941	941	828
仪器仪表及文化、办公用机械制造业	2	0	7367	5778	1233
工艺品及其他制造业	3	0	10474	10571	0
电力、热力的生产和供应业	3	1	1283	2202	0
水的生产和供应业	3	2	1832	7346	0

3－3　续表2　　　单位:万元

	工业销售产值(当年价)	出口交货值	工业中间投入合计	工业增加值(当年价)
总计	334503	16514	230498	106914
一、按登记注册类型分				
内资企业	263353	15851	182968	91080
国有企业	15710	0	13187	5045
地方企业	15710	0	13187	5045
集体企业	19342	2	14027	7383
股份合作企业	41750	0	27455	17677
联营企业	695	0	515	241
集体联营企业	695	0	515	241
有限责任公司	39557	3146	30576	11652
其他有限责任公司	39557	3146	30576	11652
股份有限公司	91923	12320	63228	34038
私营企业	54377	383	33981	15045
私营独资企业	1761	0	1574	580
私营有限责任公司	52235	383	32092	14317
私营股份有限公司	381	0	315	148
港、澳、台商投资企业	63667	0	42670	12490
合资经营企业(港或澳、台资)	62852	0	42080	12256
港澳台商独资经营企业	816	0	590	234
外商投资企业	7483	663	4861	3344
中外合资经营企业	7483	663	4861	3344
二、按经济组织类型分				
独资企业	37628	2	29378	13241
国有企业	15710	0	13187	5045
集体企业	19342	2	14027	7383
私营独资企业	1761	0	1574	580
港澳台商独资经营企业	816	0	590	234
合作、合伙企业	42445	0	27970	17918
股份合作企业	41750	0	27455	17677
集体联营企业	695	0	515	241
股份有限公司	92304	12320	63543	34186
股份有限公司(内资)	91923	12320	63228	34038
私营股份有限公司	381	0	315	148
有限责任公司	162127	4192	109608	41569
私营有限责任公司	52235	383	32092	14317

3－3　续表3　　单位:万元

	工业销售产值（当年价）	出口交货值	工业中间投入合计	工业增加值（当年价）
合资经营企业(港或澳、台资)	62852	0	42080	12256
中外合资经营企业	7483	663	4861	3344
其他有限责任公司	39557	3146	30576	11652
三、在总计中:亏损企业	31422	2	24865	9940
国有控股企业	105796	0	69520	29361
农村工业	4602	0	3169	1073
轻工业	96377	2167	64590	38110
重工业	238126	14347	165909	68804
中型企业	203719	13256	131908	62626
小型企业	130784	3258	98591	44288
四、按工业行业分组				
农副食品加工业	30404	0	23118	8383
食品制造业	1404	0	1057	373
饮料制造业	9837	0	8518	2312
纺织业	9399	383	7183	3460
纺织服装、鞋、帽制造业	12162	0	7212	4355
造纸及纸制品业	497	2	340	172
印刷业和记录媒介的复制	1006	0	1112	430
化学原料及化学制品制造业	32012	428	25262	12528
医药制造业	15216	0	10055	5868
塑料制品业	3029	0	2045	989
非金属矿物制品业	29862	0	22506	10506
黑色金属冶炼及压延加工业	42519	10538	33194	13131
有色金属冶炼及压延加工业	100584	0	61502	22538
金属制品业	6971	0	4944	2145
通用设备制造业	3625	0	2973	484
专用设备制造业	792	0	554	238
交通运输设备制造业	3533	0	2807	997
电气机械及器材制造业	5819	0	4625	1410
通信设备、计算机及其他电子设备制造业	941	0	501	454
仪器仪表及文化、办公用机械制造业	6240	3381	3564	2495
工艺品及其他制造业	9127	1782	4320	6666
电力、热力的生产和供应业	2202	0	1431	889
水的生产和供应业	7326	0	1675	6091

	资产合计	流动资产小计	短期投资	应收帐款净额	存货	产成品
总　　计	692494	306613	3904	64258	99671	31339
一、按登记注册类型分						
内资企业	610476	280924	3904	61926	87352	29222
国有企业	27621	14580	58	7357	2535	761
地方企业	27621	14580	58	7357	2535	761
集体企业	34061	19382	0	5387	6454	485
股份合作企业	63078	31283	0	6192	16488	10423
联营企业	874	512	0	270	187	25
集体联营企业	874	512	0	270	187	25
有限责任公司	89922	41131	1	16158	15995	8062
其他有限责任公司	89922	41131	1	16158	15995	8062
股份有限公司	322050	140841	503	20921	39888	7771
私营企业	72870	33197	3342	5640	5806	1695
私营独资企业	1675	495	0	191	246	181
私营有限责任公司	68200	32051	3342	5357	5217	1304
私营股份有限公司	2995	651	0	93	342	210
港、澳、台商投资企业	70609	21440	0	274	10850	1488
合资经营企业(港或澳、台资)	68985	19967	0	81	9942	1002
港澳台商独资经营企业	1624	1473	0	193	908	486
外商投资企业	11409	4249	0	2058	1470	630
中外合资经营企业	11409	4249	0	2058	1470	630
二、按经济组织类型分						
独资企业	64980	35929	58	13127	10143	1913
国有企业	27621	14580	58	7357	2535	761
集体企业	34061	19382	0	5387	6454	485
私营独资企业	1675	495	0	191	246	181
港澳台商独资经营企业	1624	1473	0	193	908	486
合作、合伙企业	63953	31795	0	6462	16675	10448
股份合作企业	63078	31283	0	6192	16488	10423
集体联营企业	874	512	0	270	187	25
股份有限公司	325045	141492	503	21014	40230	7981
股份有限公司(内资)	322050	140841	503	20921	39888	7771
私营股份有限公司	2995	651	0	93	342	210
有限责任公司	238517	97398	3343	23654	32623	10998
私营有限责任公司	68200	32051	3342	5357	5217	1304

3－3 续表5

单位：万元

	资产合计	流动资产小计	短期投资	应收帐款净额	存货	产成品
合资经营企业（港或澳、台资）	68985	19967	0	81	9942	1002
中外合资经营企业	11409	4249	0	2058	1470	630
其他有限责任公司	89922	41131	1	16158	15995	8062
三、在总计中：亏损企业	53373	17420	1	4131	8211	2671
国有控股企业	247260	120950	58	22699	34733	4401
农村工业	3970	1028	0	118	759	340
轻工业	261427	128955	0	27875	43287	16039
重工业	431067	177658	3904	36383	56384	15300
中型企业	473914	213358	3777	42745	59715	11669
小型企业	218580	93256	127	21513	39957	19671
四、按工业行业分组						
农副食品加工业	33458	8505	0	1267	2834	1555
食品制造业	1786	1599	0	280	947	486
饮料制造业	22366	11573	0	8807	2574	2016
纺织业	19709	7797	0	2486	4028	1466
纺织服装、鞋、帽制造业	103987	71736	0	13101	16535	1300
造纸及纸制品业	1274	530	0	122	352	187
印刷业和记录媒介的复制	1998	633	0	60	181	181
化学原料及化学制品制造业	105264	48891	16	16611	12111	4971
医药制造业	20244	9861	0	1300	7206	4409
塑料制品业	5203	2228	0	119	520	172
非金属矿物制品业	63919	30618	68	8619	11224	2940
黑色金属冶炼及压延加工业	30215	12212	0	1268	3763	292
有色金属冶炼及压延加工业	179201	58573	3762	5942	17373	1495
金属制品业	8311	3706	0	630	1995	972
通用设备制造业	6452	2042	0	536	328	192
专用设备制造业	684	490	0	38	158	38
交通运输设备制造业	6767	4323	0	740	1822	0
电气机械及器材制造业	4620	3588	0	358	2806	1417
通信设备、计算机及其他电子设备制造业	691	381	0	70	153	104
仪器仪表及文化、办公用机械制造业	12655	6353	0	935	3749	2621
工艺品及其他制造业	12036	6829	0	14	5868	4439
电力、热力的生产和供应业	7086	4253	58	516	384	87
水的生产和供应业	44570	9893	0	440	2763	0

3－3　续表6　　　　单位:万元

	资产合计				
	流动资产年平均余额	长期投资	固定资产小计	固定资产原价	生产经营用
总计	293120	21375	327136	314178	282405
一、按登记注册类型分					
内资企业	266425	20126	273399	250393	218879
国有企业	14493	244	12026	18028	14266
地方企业	14493	244	12026	18028	14266
集体企业	18208	3284	9785	20635	17171
股份合作企业	28930	1342	29385	35778	29988
联营企业	550	40	322	607	607
集体联营企业	550	40	322	607	607
有限责任公司	37314	2529	36550	40247	33677
其他有限责任公司	37314	2529	36550	40247	33677
股份有限公司	136763	12299	159901	112028	103152
私营企业	30168	390	25430	23072	20020
私营独资企业	582	0	1180	1403	679
私营有限责任公司	28935	390	21921	19340	17012
私营股份有限公司	651	0	2329	2329	2329
港、澳、台商投资企业	22886	1249	46766	56005	55903
合资经营企业(港或澳、台资)	21413	1249	46614	55907	55805
港澳台商独资经营企业	1473	0	152	98	98
外商投资企业	3809	0	6972	7780	7623
中外合资经营企业	3809	0	6972	7780	7623
二、按经济组织类型分					
独资企业	34756	3527	23142	40163	32213
国有企业	14493	244	12026	18028	14266
集体企业	18208	3284	9785	20635	17171
私营独资企业	582	0	1180	1403	679
港澳台商独资经营企业	1473	0	152	98	98
合作、合伙企业	29480	1382	29707	36384	30594
股份合作企业	28930	1342	29385	35778	29988
集体联营企业	550	40	322	607	607
股份有限公司	137414	12299	162230	114358	105481
股份有限公司(内资)	136763	12299	159901	112028	103152
私营股份有限公司	651	0	2329	2329	2329
有限责任公司	91470	4168	112057	123274	114117
私营有限责任公司	28935	390	21921	19340	17012

单位:万元

	资产合计				
	流动资产年平均余额	长期投资	固定资产小计	固定资产原价	生产经营用
合资经营企业(港或澳、台资)	21413	1249	46614	55907	55805
中外合资经营企业	3809	0	6972	7780	7623
其他有限责任公司	37314	2529	36550	40247	33677
三、在总计中:亏损企业	16033	719	30082	37470	27246
国有控股企业	121111	8857	112806	138529	125343
农村工业	996	8	2690	2672	1640
轻工业	123496	8524	112305	121010	106388
重工业	169624	12851	214832	193168	176017
中型企业	210751	16544	226704	195847	183157
小型企业	82369	4830	100432	118331	99248
四、按工业行业分组					
农副食品加工业	8122	0	22619	23675	21715
食品制造业	1598	0	187	140	140
饮料制造业	11593	8	9892	9592	7017
纺织业	4261	0	8245	8157	6658
纺织服装、鞋、帽制造业	71530	5502	23604	20340	17250
造纸及纸制品业	87	0	611	519	343
印刷业和记录媒介的复制	632	0	1365	1921	1452
化学原料及化学制品制造业	52160	5159	45645	47107	41110
医药制造业	9070	339	9482	10313	9249
塑料制品业	2233	368	1774	1699	644
非金属矿物制品业	29785	3449	25896	38776	35449
黑色金属冶炼及压延加工业	11360	525	16396	20043	17528
有色金属冶炼及压延加工业	51906	1200	107973	66695	65767
金属制品业	2861	631	3214	3353	3114
通用设备制造业	1719	814	2010	2643	2200
专用设备制造业	353	0	193	193	167
交通运输设备制造业	4268	307	2079	3824	2198
电气机械及器材制造业	3432	0	908	1764	1500
通信设备、计算机及其他电子设备制造业	286	22	288	131	131
仪器仪表及文化、办公用机械制造业	6288	356	5644	3841	3121
工艺品及其他制造业	7223	820	3490	3463	3378
电力、热力的生产和供应业	2973	20	2813	3102	3089
水的生产和供应业	9381	1856	32809	42890	39185

单位:万元

	资产合计				
	累计折旧	本年折旧	固定资产净值	固定资产净值年平均余额	无形资产
总计	82570	13894	231608	235614	14080
一、按登记注册类型分					
内资企业	71594	12020	178800	188346	13764
国有企业	6951	791	11077	11141	12
地方企业	6951	791	11077	11141	12
集体企业	12232	3036	8402	8197	639
股份合作企业	9175	913	26603	25959	335
联营企业	284	20	322	305	0
集体联营企业	284	20	322	305	0
有限责任公司	9711	1649	30536	28749	5973
其他有限责任公司	9711	1649	30536	28749	5973
股份有限公司	31659	4762	80369	91223	4799
私营企业	1581	850	21491	22773	2006
私营独资企业	223	25	1180	857	0
私营有限责任公司	1335	802	18005	19587	1991
私营股份有限公司	23	23	2306	2329	15
港、澳、台商投资企业	10158	1484	45847	40202	226
合资经营企业(港或澳、台资)	10146	1481	45761	40116	226
港澳台商独资经营企业	12	4	86	86	0
外商投资企业	819	390	6961	7065	90
中外合资经营企业	819	390	6961	7065	90
二、按经济组织类型分					
独资企业	19417	3855	20745	20281	651
国有企业	6951	791	11077	11141	12
集体企业	12232	3036	8402	8197	639
私营独资企业	223	25	1180	857	0
港澳台商独资经营企业	12	4	86	86	0
合作、合伙企业	9460	933	26925	26264	335
股份合作企业	9175	913	26603	25959	335
集体联营企业	284	20	322	305	0
股份有限公司	31682	4785	82675	93552	4813
股份有限公司(内资)	31659	4762	80369	91223	4799
私营股份有限公司	23	23	2306	2329	15
有限责任公司	22011	4321	101263	95517	8281
私营有限责任公司	1335	802	18005	19587	1991

3－3 续表9　　单位:万元

	资产合计				
	累计折旧	本年折旧	固定资产净值	固定资产净值年平均余额	无形资产
合资经营企业(港或澳、台资)	10146	1481	45761	40116	226
中外合资经营企业	819	390	6961	7065	90
其他有限责任公司	9711	1649	30536	28749	5973
三、在总计中:亏损企业	10174	1356	27295	24214	968
国有控股企业	39589	4626	98939	99924	680
农村工业	457	126	2215	2397	14
轻工业	24724	3424	96286	103144	6144
重工业	57846	10470	135322	132469	7936
中型企业	54567	9778	141280	147211	2545
小型企业	28003	4116	90328	88402	11536
四、按工业行业分组					
农副食品加工业	2084	419	21591	21626	1362
食品制造业	18	7	122	122	0
饮料制造业	980	285	8612	8790	663
纺织业	44	18	8113	8607	3546
纺织服装、鞋、帽制造业	4273	645	16067	23824	0
造纸及纸制品业	151	16	367	430	0
印刷业和记录媒介的复制	566	49	1355	1362	0
化学原料及化学制品制造业	12308	2069	34799	34782	3439
医药制造业	897	368	9416	9444	562
塑料制品业	158	38	1541	1562	541
非金属矿物制品业	18101	3954	20675	19803	280
黑色金属冶炼及压延加工业	5672	921	14371	13767	628
有色金属冶炼及压延加工业	13711	2551	52984	50186	316
金属制品业	331	124	3022	2370	720
通用设备制造业	663	119	1980	2403	1585
专用设备制造业	45	15	148	148	2
交通运输设备制造业	2093	167	1731	1867	0
电气机械及器材制造业	1883	128	－119	988	124
通信设备、计算机及其他电子设备制造业	2	2	129	129	0
仪器仪表及文化、办公用机械制造业	1737	261	2104	2450	302
工艺品及其他制造业	1282	184	2181	2228	0
电力、热力的生产和供应业	1145	121	1957	2014	0
水的生产和供应业	14429	1433	28461	26712	12

单位:万元

	负债合计	流动负债小计	应付账款	长期负债小计	所有者权益合计
总计	430470	349645	73661	69625	262024
一、按登记注册类型分					
内资企业	383520	312901	71667	59725	226955
国有企业	20396	18351	2932	2045	7225
地方企业	20396	18351	2932	2045	7225
集体企业	23858	19390	5340	2121	10202
股份合作企业	38058	26548	7579	6752	25020
联营企业	785	329	100	456	89
集体联营企业	785	329	100	456	89
有限责任公司	50076	36769	11319	13307	39847
其他有限责任公司	50076	36769	11319	13307	39847
股份有限公司	211818	177219	38541	33965	110231
私营企业	38529	34295	5856	1079	34341
私营独资企业	390	301	83	89	1284
私营有限责任公司	37639	33494	5773	990	30561
私营股份有限公司	500	500	0	0	2495
港、澳、台商投资企业	39751	31451	1447	8300	30859
合资经营企业(港或澳、台资)	38231	29931	995	8300	30754
港澳台商独资经营企业	1519	1519	452	0	105
外商投资企业	7199	5294	546	1600	4210
中外合资经营企业	7199	5294	546	1600	4210
二、按经济组织类型分					
独资企业	46163	39561	8807	4255	18817
国有企业	20396	18351	2932	2045	7225
集体企业	23858	19390	5340	2121	10202
私营独资企业	390	301	83	89	1284
港澳台商独资经营企业	1519	1519	452	0	105
合作、合伙企业	38843	26877	7679	7208	25110
股份合作企业	38058	26548	7579	6752	25020
集体联营企业	785	329	100	456	89
股份有限公司	212318	177719	38541	33965	112726
股份有限公司(内资)	211818	177219	38541	33965	110231
私营股份有限公司	500	500	0	0	2495
有限责任公司	133145	105488	18633	24197	105371
私营有限责任公司	37639	33494	5773	990	30561

	负债合计	流动负债小　计	应付账款	长期负债小　计	所有者权　益合　计
合资经营企业(港或澳、台资)	38231	29931	995	8300	30754
中外合资经营企业	7199	5294	546	1600	4210
其他有限责任公司	50076	36769	11319	13307	39847
三、在总计中:亏损企业	38645	29682	6169	8963	14728
国有控股企业	156446	119035	6012	37411	90814
农村工业	1855	1139	0	716	2115
轻工业	148846	109444	12135	36247	112581
重工业	281624	240202	61525	33378	149443
中型企业	305646	259817	47775	45829	168269
小型企业	124824	89828	25885	23797	93755
四、按工业行业分组					
农副食品加工业	11075	7584	565	336	22383
食品制造业	1637	1637	452	0	149
饮料制造业	11025	5510	289	5516	11340
纺织业	6810	6115	3452	695	12899
纺织服装、鞋、帽制造业	66804	59559	300	7245	37184
造纸及纸制品业	1041	932	215	109	233
印刷业和记录媒介的复制	1037	962	60	75	961
化学原料及化学制品制造业	52793	38602	8486	9433	52471
医药制造业	12863	8313	3702	4550	7381
塑料制品业	3206	2844	415	361	1997
非金属矿物制品业	43742	33426	8741	7335	20176
黑色金属冶炼及压延加工业	21765	19962	7524	1803	8450
有色金属冶炼及压延加工业	130791	122491	31451	8300	48410
金属制品业	5357	3739	922	1618	2954
通用设备制造业	2506	1601	130	905	3945
专用设备制造业	383	383	70	0	302
交通运输设备制造业	3888	2804	905	1084	2879
电气机械及器材制造业	3539	3363	1499	176	1081
通信设备、计算机及其他电子设备制造业	305	292	81	13	387
仪器仪表及文化、办公用机械制造业	10434	7779	970	2350	2221
工艺品及其他制造业	8389	7985	2156	404	3647
电力、热力的生产和供应业	2916	2916	333	0	4169
水的生产和供应业	28167	10848	944	17319	16404

	所有者权益合计				
	实收资本	1.国家资　本	2.集体资　本	3.法人资　本	4.个人资　本
总　　计	160461	32251	17231	59140	43202
一、按登记注册类型分					
内资企业	134881	32251	17231	42546	42852
国有企业	9437	4163	0	5104	170
地方企业	9437	4163	0	5104	170
集体企业	10654	0	7320	681	2653
股份合作企业	13833	0	628	10287	2918
联营企业	34	0	34	0	0
集体联营企业	34	0	34	0	0
有限责任公司	23736	1858	1497	12496	7886
其他有限责任公司	23736	1858	1497	12496	7886
股份有限公司	49894	26230	3153	4483	16028
私营企业	27293	0	4600	9495	13198
私营独资企业	759	0	0	678	81
私营有限责任公司	24068	0	4600	7559	11909
私营股份有限公司	2467	0	0	1258	1209
港、澳、台商投资企业	23153	0	0	14856	350
合资经营企业(港或澳、台资)	23033	0	0	14856	350
港澳台商独资经营企业	120	0	0	0	0
外商投资企业	2428	0	0	1728	0
中外合资经营企业	2428	0	0	1728	0
二、按经济组织类型分					
独资企业	20970	4163	7320	6463	2904
国有企业	9437	4163	0	5104	170
集体企业	10654	0	7320	681	2653
私营独资企业	759	0	0	678	81
港澳台商独资经营企业	120	0	0	0	0
合作、合伙企业	13867	0	662	10287	2918
股份合作企业	13833	0	628	10287	2918
集体联营企业	34	0	34	0	0
股份有限公司	52360	26230	3153	5741	17236
股份有限公司(内资)	49894	26230	3153	4483	16028
私营股份有限公司	2467	0	0	1258	1209
有限责任公司	73264	1858	6097	36648	20145
私营有限责任公司	24068	0	4600	7559	11909

	所有者权益合计				
	实收资本	1.国家资　本	2.集体资　本	3.法人资　本	4.个人资　本
合资经营企业(港或澳、台资)	23033	0	0	14866	350
中外合资经营企业	2428	0	0	1728	0
其他有限责任公司	23736	1858	1497	12496	7886
三、在总计中:亏损企业	14346	4224	237	4659	4811
国有控股企业	51654	20770	655	19305	4322
农村工业	3138	0	0	679	2459
轻工业	61852	16202	106	16529	28045
重工业	98609	16049	17126	42611	15157
中型企业	99471	26162	11455	32166	23086
小型企业	60991	6090	5776	26973	20116
四、按工业行业分组					
农副食品加工业	17052	783	0	4449	11821
食品制造业	171	0	0	0	51
饮料制造业	9993	0	0	5800	4193
纺织业	6458	0	0	165	6158
纺织服装、鞋、帽制造业	11000	7399	0	101	3500
造纸及纸制品业	106	0	106	0	0
印刷业和记录媒介的复制	469	469	0	0	0
化学原料及化学制品制造业	27608	5434	99	15264	6396
医药制造业	5079	0	0	4664	0
塑料制品业	997	0	495	502	0
非金属矿物制品业	13181	1720	4243	3474	3244
黑色金属冶炼及压延加工业	7581	766	4970	679	1166
有色金属冶炼及压延加工业	38035	5978	4600	20855	0
金属制品业	2088	0	100	165	1824
通用设备制造业	2000	0	0	0	2000
专用设备制造业	107	0	0	107	0
交通运输设备制造业	1923	633	981	2	308
电气机械及器材制造业	871	186	655	0	30
通信设备、计算机及其他电子设备制造业	191	0	0	0	191
仪器仪表及文化、办公用机械制造业	1484	0	984	350	0
工艺品及其他制造业	3172	20	0	700	2152
电力、热力的生产和供应业	2543	1331	0	1213	0
水的生产和供应业	8351	7531	0	650	170

	所有者权益合计		产品销售收入	产品销售成本	产品销售费用	
	实收资本					
	5.港澳台资本	6.外商资本				广告费
总计	7657	980	356839	311315	17105	560
一、按登记注册类型分						
内资企业	0	0	286480	253219	15418	550
国有企业	0	0	26893	24043	793	0
地方企业	0	0	26893	24043	793	0
集体企业	0	0	23047	20523	373	1
股份合作企业	0	0	33337	28181	2309	20
联营企业	0	0	519	348	53	0
集体联营企业	0	0	519	348	53	0
有限责任公司	0	0	40507	33280	1387	83
其他有限责任公司	0	0	40507	33280	1387	83
股份有限公司	0	0	110923	99713	6994	431
私营企业	0	0	51254	47131	3510	16
私营独资企业	0	0	1496	931	119	0
私营有限责任公司	0	0	49525	46069	3374	10
私营股份有限公司	0	0	232	131	17	6
港、澳、台商投资企业	7522	415	64583	53856	1404	6
合资经营企业(港或澳、台资)	7402	415	62580	51938	1393	5
港澳台商独资经营企业	120	0	2003	1918	12	0
外商投资企业	135	565	5776	4240	282	5
中外合资经营企业	135	565	5776	4240	282	5
二、按经济组织类型分						
独资企业	120	0	53439	47415	1297	1
国有企业	0	0	26893	24043	793	0
集体企业	0	0	23047	20523	373	1
私营独资企业	0	0	1496	931	119	0
港澳台商独资经营企业	120	0	2003	1918	12	0
合作、合伙企业	0	0	33857	28530	2362	20
股份合作企业	0	0	33337	28181	2309	20
集体联营企业	0	0	519	348	53	0
股份有限公司	0	0	111156	99843	7011	436
股份有限公司(内资)	0	0	110923	99713	6994	431
私营股份有限公司	0	0	232	131	17	6
有限责任公司	7537	980	158388	135527	6435	103
私营有限责任公司	0	0	49525	46069	3374	10

	所有者权益合计		产品销售收入	产品销售成本	产品销售费用	
	实收资本					
	5.港澳台资本	6.外商资本				广告费
合资经营企业(港或澳、台资)	7402	415	62580	51938	1393	5
中外合资经营企业	135	565	5776	4240	282	5
其他有限责任公司	0	0	40507	33280	1387	83
三、在总计中：亏损企业	0	415	24719	24545	437	10
国有控股企业	6602	0	139534	127448	3737	112
农村工业	0	0	3262	3119	58	0
轻工业	555	415	102365	96447	6218	162
重工业	7102	565	254474	214867	10887	399
中型企业	6602	0	242621	214831	10305	489
小型企业	1055	980	114218	96484	6799	71
四、按工业行业分组						
农副食品加工业	0	0	26038	23586	2399	17
食品制造业	120	0	2209	2120	22	0
饮料制造业	0	0	9891	8638	83	25
纺织业	135	0	5573	5353	373	16
纺织服装、鞋、帽制造业	0	0	35057	39533	1042	97
造纸及纸制品业	0	0	438	497	4	0
印刷业和记录媒介的复制	0	0	1006	848	19	0
化学原料及化学制品制造业	0	415	45882	35939	4747	334
医药制造业	0	415	4493	1825	1737	5
塑料制品业	0	0	2242	2162	84	0
非金属矿物制品业	500	0	35000	28091	1326	5
黑色金属冶炼及压延加工业	0	0	39442	35359	1747	0
有色金属冶炼及压延加工业	6602	0	102732	88899	2316	10
金属制品业	0	0	6917	6541	47	0
通用设备制造业	0	0	2807	2390	63	2
专用设备制造业	0	0	700	660	57	0
交通运输设备制造业	0	0	4348	3632	44	2
电气机械及器材制造业	0	0	6247	5619	126	10
通信设备、计算机及其他电子设备制造业	0	0	240	217	5	2
仪器仪表及文化、办公用机械制造业	0	150	5005	4013	253	30
工艺品及其他制造业	300	0	10737	9607	130	0
电力、热力的生产和供应业	0	0	2912	1344	71	3
水的生产和供应业	0	0	6923	4440	410	1

	产品销售税金及附加	其他业务利润	管理费用	税金	财产保险费
总　　计	2047	2030	16844	574	514
一、按登记注册类型分					
内资企业	2004	1608	14391	492	237
国有企业	407	168	1796	41	27
地方企业	407	168	1796	41	27
集体企业	204	55	1208	113	12
股份合作企业	292	743	1494	113	40
联营企业	3	0	86	0	0
集体联营企业	3	0	86	0	0
有限责任公司	189	164	2614	11	25
其他有限责任公司	189	164	2614	11	25
股份有限公司	704	371	6082	133	118
私营企业	206	109	1112	83	14
私营独资企业	18	0	113	8	0
私营有限责任公司	188	109	955	75	14
私营股份有限公司	1	0	43	0	0
港、澳、台商投资企业	14	113	2139	17	270
合资经营企业(港或澳、台资)	14	113	2104	17	270
港澳台商独资经营企业	0	0	35	0	0
外商投资企业	29	310	314	54	8
中外合资经营企业	29	310	314	54	8
二、按经济组织类型分					
独资企业	628	222	3152	161	39
国有企业	407	168	1796	41	27
集体企业	204	55	1208	113	12
私营独资企业	18	0	113	8	0
港澳台商独资经营企业	0	0	35	0	0
合作、合伙企业	295	743	1580	113	40
股份合作企业	292	743	1494	113	40
集体联营企业	3	0	86	0	0
股份有限公司	704	371	6126	133	118
股份有限公司(内资)	704	371	6082	133	118
私营股份有限公司	1	0	43	0	0
有限责任公司	419	695	5987	167	317
私营有限责任公司	188	109	955	75	14

	产品销售税金及附加	其他业务利润	管理费用	税金	财产保险费
合资经营企业(港或澳、台资)	14	113	2104	17	270
中外合资经营企业	29	310	314	64	8
其他有限责任公司	189	164	2614	11	25
三、在总计中:亏损企业	68	100	2069	28	66
国有控股企业	684	473	7400	138	352
农村工业	22	0	119	0	12
轻工业	861	861	5462	193	68
重工业	1185	1169	11381	381	446
中型企业	1361	569	9400	170	406
小型企业	686	1461	7444	404	109
四、按工业行业分组					
农副食品加工业	123	339	627	76	8
食品制造业	1	0	46	0	0
饮料制造业	212	204	309	0	8
纺织业	25	36	419	0	6
纺织服装、鞋、帽制造业	190	124	1690	63	30
造纸及纸制品业	1	－15	122	0	0
印刷业和记录媒介的复制	6	24	224	20	0
化学原料及化学制品制造业	506	95	3153	46	56
医药制造业	10	2	381	5	9
塑料制品业	3	56	215	30	0
非金属矿物制品业	287	121	2938	88	22
黑色金属冶炼及压延加工业	118	22	883	90	65
有色金属冶炼及压延加工业	107	328	2427	29	296
金属制品业	1	1	116	2	0
通用设备制造业	14	0	86	7	0
专用设备制造业	0	0	16	0	0
交通运输设备制造业	88	209	568	17	0
电气机械及器材制造业	25	12	301	5	1
通信设备、计算机及其他电子设备制造业	1	0	17	1	3
仪器仪表及文化、办公用机械制造业	28	17	429	2	0
工艺品及其他制造业	250	74	317	0	0
电力、热力的生产和供应业	8	310	233	65	3
水的生产和供应业	45	74	1329	28	8

3－3　续表18　　单位:万元

	管理费用				
	劳动、待业保险费	养老保险和医疗保险费	办公费	研究开发费	职工教育费
总　　计	842	2426	542	332	584
一、按登记注册类型分					
内资企业	748	2264	477	307	575
国有企业	60	333	33	0	6
地方企业	60	333	33	0	6
集体企业	13	229	9	0	390
股份合作企业	138	174	65	209	40
联营企业	0	0	0	0	0
集体联营企业	0	0	0	0	0
有限责任公司	39	396	189	65	60
其他有限责任公司	39	396	189	65	60
股份有限公司	495	1035	142	30	74
私营企业	3	98	38	3	5
私营独资企业	0	10	6	0	0
私营有限责任公司	3	88	32	3	5
私营股份有限公司	0	0	0	0	0
港、澳、台商投资企业	89	110	40	14	5
合资经营企业(港或澳、台资)	89	110	37	14	5
港澳台商独资经营企业	0	0	3	0	0
外商投资企业	5	52	26	12	4
中外合资经营企业	5	52	26	12	4
二、按经济组织类型分					
独资企业	73	572	51	0	396
国有企业	60	333	33	0	6
集体企业	13	229	9	0	390
私营独资企业	0	10	6	0	0
港澳台商独资经营企业	0	0	3	0	0
合作、合伙企业	138	174	65	209	40
股份合作企业	138	174	65	209	40
集体联营企业	0	0	0	0	0
股份有限公司	495	1035	142	30	74
股份有限公司(内资)	495	1035	142	30	74
私营股份有限公司	0	0	0	0	0
有限责任公司	135	645	284	93	74
私营有限责任公司	3	88	32	3	5

3－3 续表19　　单位：万元

	管理费用				
	劳动、待业保险费	养老保险和医疗保险费	办公费	研究开发费	职工教育费
合资经营企业（港或澳、台资）	89	110	37	14	5
中外合资经营企业	5	52	26	12	4
其他有限责任公司	39	396	189	65	60
三、在总计中：亏损企业	101	390	134	17	5
国有控股企业	637	1239	128	11	42
农村工业	1	0	2	0	0
轻工业	505	865	124	85	98
重工业	337	1562	418	247	486
中型企业	618	1255	178	83	397
小型企业	224	1171	364	249	187
四、按工业行业分组					
农副食品加工业	1	70	40	12	2
食品制造业	0	0	3	0	0
饮料制造业	1	9	34	48	4
纺织业	2	48	18	0	55
纺织服装、鞋、帽制造业	21	290	12	11	9
造纸及纸制品业	0	0	0	0	0
印刷业和记录媒介的复制	8	77	0	0	0
化学原料及化学制品制造业	97	355	118	229	42
医药制造业	0	20	5	14	1
塑料制品业	3	30	2	0	2
非金属矿物制品业	84	411	168	0	399
黑色金属冶炼及压延加工业	1	106	23	0	11
有色金属冶炼及压延加工业	95	188	41	0	16
金属制品业	0	0	4	0	1
通用设备制造业	0	2	0	0	0
专用设备制造业	0	0	1	2	0
交通运输设备制造业	14	180	29	0	10
电气机械及器材制造业	0	82	18	0	5
通信设备、计算机及其他电子设备制造业	0	5	0	0	0
仪器仪表及文化、办公用机械制造业	10	151	9	14	0
工艺品及其他制造业	28	0	0	0	4
电力、热力的生产和供应业	35	53	5	2	0
水的生产和供应业	444	352	12	0	22

单位:万元

	财务费用	利息支出	营业利润	投资收益	补贴收入
总　　　计	9810	8983	11789	1632	3016
一、按登记注册类型分					
内资企业	7781	6956	6216	1380	2980
国有企业	1588	1568	－1504	－27	809
地方企业	1588	1568	－1504	－27	809
集体企业	297	71	735	0	138
股份合作企业	1040	805	488	238	237
联营企业	15	0	14	0	0
集体联营企业	15	0	14	0	0
有限责任公司	1333	1028	444	0	1009
其他有限责任公司	1333	1028	444	0	1009
股份有限公司	2146	2190	5158	897	752
私营企业	1361	1294	882	273	35
私营独资企业	8	3	65	0	0
私营有限责任公司	1341	1279	816	273	35
私营股份有限公司	12	12	0	0	0
港、澳、台商投资企业	1700	1690	5509	14	15
合资经营企业(港或澳、台资)	1707	1663	5463	14	15
港澳台商独资经营企业	－8	28	46	0	0
外商投资企业	329	336	63	238	22
中外合资经营企业	329	336	63	238	22
二、按经济组织类型分					
独资企业	1886	1670	－657	－27	947
国有企业	1588	1568	－1504	－27	809
集体企业	297	71	735	0	138
私营独资企业	8	3	65	0	0
港澳台商独资经营企业	－8	28	46	0	0
合作、合伙企业	1055	805	502	238	237
股份合作企业	1040	805	488	238	237
集体联营企业	15	0	14	0	0
股份有限公司	2159	2202	5158	897	752
股份有限公司(内资)	2146	2190	5158	897	752
私营股份有限公司	12	12	0	0	0
有限责任公司	4710	4306	6786	525	1081
私营有限责任公司	1341	1279	816	273	35

单位:万元

	财务费用	利息支出	营业利润	投资收益	补贴收入
合资经营企业(港或澳、台资)	1707	1663	5463	14	15
中外合资经营企业	329	336	63	238	22
其他有限责任公司	1333	1028	444	0	1009
三、在总计中:亏损企业	1020	562	－2355	0	849
国有控股企业	4791	4729	5967	2	1103
农村工业	21	21	0	0	0
轻工业	3031	2947	3172	253	281
重工业	6779	6036	8617	1380	2735
中型企业	5588	5310	10490	1178	963
小型企业	4222	3673	1299	454	2053
四、按工业行业分组					
农副食品加工业	881	885	172	238	38
食品制造业	－8	28	39	0	0
饮料制造业	439	438	416	0	0
纺织业	1	0	110	0	150
纺织服装、鞋、帽制造业	946	946	1780	－16	47
造纸及纸制品业	0	0	－201	0	0
印刷业和记录媒介的复制	0	0	－47	0	0
化学原料及化学制品制造业	1150	1011	163	836	1066
医药制造业	122	0	421	0	39
塑料制品业	36	36	－101	0	0
非金属矿物制品业	1007	431	538	0	1263
黑色金属冶炼及压延加工业	347	388	1185	0	269
有色金属冶炼及压延加工业	2630	2550	6234	327	121
金属制品业	129	129	82	0	0
通用设备制造业	48	48	217	5	7
专用设备制造业	8	8	18	0	0
交通运输设备制造业	110	113	99	－27	0
电气机械及器材制造业	53	53	111	0	0
通信设备、计算机及其他电子设备制造业	－5	－5	5	0	0
仪器仪表及文化、办公用机械制造业	211	215	89	0	10
工艺品及其他制造业	291	290	0	0	6
电力、热力的生产和供应业	1054	1060	－22	238	0
水的生产和供应业	359	359	482	31	0

单位:万元

	利润总额	应交所得税	亏损企业亏损总额	利税总额	本年应付工资	主营业务应付工资
总　　计	17020	2744	3150	33656	20273	14988
一、按登记注册类型分						
内资企业	11298	2682	3086	24612	18685	13627
国有企业	－598	37	852	471	2575	2101
地方企业	－598	37	852	471	2575	2101
集体企业	660	76	219	2691	2815	2496
股份合作企业	563	58	384	2222	2435	902
联营企业	0	0	0	92	8	8
集体联营企业	0	0	0	92	8	8
有限责任公司	804	532	1123	2730	2800	2266
其他有限责任公司	804	532	1123	2730	2800	2266
股份有限公司	7857	1369	30	12739	6282	4142
私营企业	2013	610	478	3668	1770	1714
私营独资企业	88	5	0	178	118	84
私营有限责任公司	1897	606	478	3448	1609	1591
私营股份有限公司	29	0	0	42	42	38
港、澳、台商投资企业	5596	44	63	8578	1222	1207
合资经营企业(港或澳、台资)	5548	44	63	8530	1150	1147
港澳台商独资经营企业	48	0	0	48	72	60
外商投资企业	126	19	0	466	357	154
中外合资经营企业	126	19	0	466	357	154
二、按经济组织类型分:						
独资企业	198	117	1071	3387	5580	4741
国有企业	－598	37	852	471	2575	2101
集体企业	660	76	219	2691	2815	2496
私营独资企业	88	5	0	178	118	84
港澳台商独资经营企业	48	0	0	48	72	60
合作、合伙企业	563	58	384	2314	2443	910
股份合作企业	563	58	384	2222	2435	902
集体联营企业	0	0	0	92	8	8
股份有限公司	7885	1369	30	12781	6324	4180
股份有限公司(内资)	7857	1369	30	12739	6282	4142
私营股份有限公司	29	0	0	42	42	38
有限责任公司	8375	1200	1665	15174	5926	5158
私营有限责任公司	1897	606	478	3448	1609	1591

单位：万元

	利润总额	应交所得税	亏损企业亏损总额	利税总额	本年应付工资	主营业务应付工资
合资经营企业（港或澳、台资）	5548	44	63	8530	1150	1147
中外合资经营企业	126	19	0	466	367	154
其他有限责任公司	804	532	1123	2730	2800	2266
三、在总计中：亏损企业	－3150	0	3150	－1982	2712	1662
国有控股企业	7775	527	1056	13497	6278	5562
农村工业	－109	0	109	11	161	2
轻工业	5544	1166	725	9084	6006	3823
重工业	11477	1579	2424	24572	14268	11165
中型企业	13659	1550	0	24652	11064	9985
小型企业	3361	1195	3150	9004	9209	5003
四、按工业行业分组						
农副食品加工业	1738	505	64	2302	502	484
食品制造业	48	0	0	54	105	60
饮料制造业	364	152	78	776	478	340
纺织业	－90	83	392	123	693	619
纺织服装、鞋、帽制造业	2421	318	0	3121	383	383
造纸及纸制品业	－110	0	110	－97	100	0
印刷业和记录媒介的复制	42	14	0	107	170	0
化学原料及化学制品制造业	1979	392	409	4801	3139	2676
医药制造业	448	0	63	886	831	69
塑料制品业	－27	11	85	－23	120	12
非金属矿物制品业	883	38	1095	4103	4735	4069
黑色金属冶炼及压延加工业	1261	650	710	2790	1244	884
有色金属冶炼及压延加工业	6813	337	0	11205	2439	1567
金属制品业	82	1	30	124	249	100
通用设备制造业	217	60	0	231	74	0
专用设备制造业	－1	0	1	0	62	53
交通运输设备制造业	84	26	0	444	862	559
电气机械及器材制造业	132	40	0	395	364	265
通信设备、计算机及其他电子设备制造业	5	0	0	21	11	11
仪器仪表及文化、办公用机械制造业	89	15	0	397	704	704
工艺品及其他制造业	171	4	0	836	1168	293
电力、热力的生产和供应业	－41	9	94	86	265	264
水的生产和供应业	511	91	18	975	1577	1576

	本年应付福利费	主营业务应付福利费	本年应交增值税	本年进项税额	本年销项税额
总　　计	3190	2284	14589	37657	50173
一、按登记注册类型分					
内资企业	3044	2167	11311	29415	38736
国有企业	295	219	662	1334	1719
地方企业	295	219	662	1334	1719
集体企业	498	454	1828	4545	6608
股份合作企业	505	165	1368	6058	7340
联营企业	5	5	88	24	88
集体联营企业	5	5	88	24	88
有限责任公司	341	302	1738	3757	5043
其他有限责任公司	341	302	1738	3757	5043
股份有限公司	1166	802	4178	8927	11858
私营企业	234	219	1448	4770	6079
私营独资企业	2	1	72	38	35
私营有限责任公司	228	215	1363	4711	6010
私营股份有限公司	4	3	13	21	34
港、澳、台商投资企业	71	70	2969	7870	10767
合资经营企业(港或澳、台资)	69	69	2969	7613	10767
港澳台商独资经营企业	1	1	0	257	0
外商投资企业	76	47	310	371	670
中外合资经营企业	76	47	310	371	670
二、按经济组织类型分					
独资企业	797	675	2562	6174	8362
国有企业	295	219	662	1334	1719
集体企业	498	454	1828	4545	6608
私营独资企业	2	1	72	38	35
港澳台商独资经营企业	1	1	0	257	0
合作、合伙企业	510	170	1456	6082	7428
股份合作企业	505	165	1368	6058	7340
集体联营企业	5	5	88	24	88
股份有限公司	1170	805	4191	8948	11892
股份有限公司(内资)	1166	802	4178	8927	11858
私营股份有限公司	4	3	13	21	34
有限责任公司	714	633	6380	16453	22491
私营有限责任公司	228	215	1363	4711	6010

	本年应付福利费	主营业务应付福利费	本年应交增值税	本年进项税额	本年销项税额
合资经营企业（港或澳、台资）	69	69	2969	7613	10767
中外合资经营企业	76	47	310	371	670
其他有限责任公司	341	302	1738	3757	5043
三、在总计中：亏损企业	502	217	1100	2561	3339
国有控股企业	707	611	5037	14185	18454
农村工业	18	0	98	645	562
轻工业	940	548	2679	9815	11672
重工业	2250	1736	11911	27842	38502
中型企业	1713	1591	9632	22590	30102
小型企业	1477	692	4957	15067	20071
四、按工业行业分组					
农副食品加工业	92	90	441	1311	1645
食品制造业	2	1	6	283	32
饮料制造业	68	47	200	1473	1672
纺织业	96	87	188	663	852
纺织服装、鞋、帽制造业	54	54	510	4123	4568
造纸及纸制品业	64	0	12	62	75
印刷业和记录媒介的复制	67	0	59	100	159
化学原料及化学制品制造业	631	554	2317	2497	4561
医药制造业	117	10	428	357	794
塑料制品业	17	2	1	101	83
非金属矿物制品业	815	617	2933	2330	4200
黑色金属冶炼及压延加工业	195	144	1411	7786	9951
有色金属冶炼及压延加工业	241	119	4286	11904	15770
金属制品业	46	9	41	421	481
通用设备制造业	7	0	0	0	0
专用设备制造业	29	29	1	50	52
交通运输设备制造业	79	72	271	1454	1666
电气机械及器材制造业	30	30	238	753	982
通信设备、计算机及其他电子设备制造业	2	2	14	0	0
仪器仪表及文化、办公用机械制造业	99	99	280	442	707
工艺品及其他制造业	161	38	415	1443	1858
电力、热力的生产和供应业	62	62	118	104	49
水的生产和供应业	221	221	420	0	17

	经营活动产生的现金流量净额	投资活动产生的现金流量净额	筹资活动产生的现金流量净额	全部从业人员年平均人数(人)
总　　计	29740	－60816	75234	22380
一、按登记注册类型分				
内资企业	17754	－58438	59363	21023
国有企业	3919	－389	－3284	1557
地方企业	3919	－389	－3284	1557
集体企业	－108	－131	778	2480
股份合作企业	－826	1683	3014	2095
联营企业	234	0	82	148
集体联营企业	234	0	82	148
有限责任公司	2357	931	1390	4067
其他有限责任公司	2357	931	1390	4067
股份有限公司	9246	－60405	57132	7790
私营企业	2931	－126	252	2886
私营独资企业	28	0	0	261
私营有限责任公司	2086	－126	252	2555
私营股份有限公司	818	0	0	70
港、澳、台商投资企业	10487	－3439	16619	909
合资经营企业(港或澳、台资)	10236	－3374	16591	848
港澳台商独资经营企业	251	－65	28	61
外商投资企业	1499	1062	－747	448
中外合资经营企业	1499	1062	－747	448
二、按经济组织类型分				
独资企业	4090	－586	－2479	4359
国有企业	3919	－389	－3284	1557
集体企业	－108	－131	778	2480
私营独资企业	28	0	0	261
港澳台商独资经营企业	251	－65	28	61
合作、合伙企业	－592	1683	3096	2243
股份合作企业	－826	1683	3014	2095
集体联营企业	234	0	82	148
股份有限公司	10064	－60405	57132	7860
股份有限公司(内资)	9246	－60405	57132	7790
私营股份有限公司	818	0	0	70
有限责任公司	16178	－1507	17485	7918
私营有限责任公司	2086	－126	252	2555

	经营活动产生的现金流量净额	投资活动产生的现金流量净额	筹资活动产生的现金流量净额	全部从业人员年平均人数(人)
合资经营企业(港或澳、台资)	10236	－3374	16591	848
中外合资经营企业	1499	1062	－747	448
其他有限责任公司	2357	931	1390	4067
三、在总计中:亏损企业	106	－108	141	3936
国有控股企业	13282	10339	12121	4773
农村工业	62	0	89	340
轻工业	9234	15324	563	9130
重工业	20506	－76139	74671	13250
中型企业	20277	－60898	68725	8297
小型企业	9463	83	6510	14083
四、按工业行业分组				
农副食品加工业	2365	1023	535	1177
食品制造业	251	－65	28	139
饮料制造业	362	106	89	948
纺织业	1700	0	300	1767
纺织服装、鞋、帽制造业	1554	15242	220	776
造纸及纸制品业	－11	3	12	217
印刷业和记录媒介的复制	32	0	0	224
化学原料及化学制品制造业	5699	－2979	－9204	2033
医药制造业	－145	－53	5	275
塑料制品业	105	－5	495	322
非金属矿物制品业	4085	－1936	97	4146
黑色金属冶炼及压延加工业	3858	－1603	－1716	1738
有色金属冶炼及压延加工业	5219	－69139	83885	2077
金属制品业	－2	3	－217	488
通用设备制造业	77	－718	802	113
专用设备制造业	22	0	33	53
交通运输设备制造业	980	－177	868	684
电气机械及器材制造业	－999	－65	－82	445
通信设备、计算机及其他电子设备制造业	15	25	158	34
仪器仪表及文化、办公用机械制造业	1395	－618	－447	768
工艺品及其他制造业	802	1283	250	2620
电力、热力的生产和供应业	51	1075	0	349
水的生产和供应业	2324	－2214	－875	987

3-4 工业企业主要产品产量

	单位	合计	省属	市属
原煤	吨	973989	973989	
发电量	万千瓦小时	598312	554148	44164
供电量	万千瓦小时	927037	927037	
供热量	万百万千焦	29		29
自来水生产量	万吨	7512		7512
小麦粉	万吨	3	3	
食用植物油	吨	28520	2850	25670
配混合饲料	吨	29075	18241	10834
白酒	吨	1281		1281
啤酒	吨	1912	1912	
果汁及果汁饮料	吨	2333		2333
瓶(罐)装饮用水	吨	28647		28647
纱	吨	137		137
服装	万件	77	32	45
皮鞋	万双	4	4	
机制纸板	吨	797		797
纸制品	吨	1214		1214
单色印刷品	万令	22	3	19
多色印刷品	万对开色令	159	54	105
硫酸(折100%)	吨	54650	18500	36150
盐酸(含量30%以上)	吨	11476	11476	
烧碱	吨	9920	9920	
红矾纳	吨	2599		2599
农用氮、磷、钾肥料	吨	17495		17495
化学原料药	吨	63	63	
中成药	吨	213	188	25
塑料制品	吨	1083	163	920
水泥	万吨	142	87	55
砖	万快	22384	22384	
瓦	万片	934	934	
钢	吨	477308	477308	
成品钢材	吨	402957	402957	
铁合金	吨	123622	41438	82184
锌	吨	27301	3689	23612
铝	吨	327948	269119	58829
铝材	吨	8109	4341	3768
金属切削工具	万件	36	36	
建筑用金属品	吨	2073	460	1613
金属切削机床	台	453	453	
量具	件	562100		562100

此表统计范围为西宁地区国有及年产品销售收入500万元及以上非国有工业企业。

四、交通 运输 邮电

JIAOTONG YUNSHU YOUDIAN

4－1 交通运输情况

	单位	总计	中央	市区	大通	湟中	湟源
一、铁路							
1. 客运发送量	万人	177.60	177.60				
2. 货运发送量	万吨	213.90	213.90				
二、公路							
1. 客运量	万人	2595		1689	408	379	119
2. 货运量	万吨	1823		990	475	314	44
3. 客运周转量	万人公里	152256		113157	19114	15235	4750
4. 货运周转量	万吨公里	183084		135828	21606	21450	4200
三、航空							
1. 客运量	人	157600	157600				
2. 货运量	吨	1500	1500				

注:公路货运量、客运量含非交通部门和个体运量。

4－2 邮电局、所

	单位	总计	市区			大通	湟中	湟源
			小计	邮政局	电信局			
一、邮电局、所总计	处	**115**	**63**	**34**	**29**	**20**	**27**	**5**
1. 自办局、所	处	77	43	34	9	15	14	5
邮政局	处	4	1	1		1	1	1
电信局	处	7	1		1	4	1	1
邮电支局	处	28	14	9	5	5	6	3
邮电所	处	38	27	24	3	5	6	
2. 代办所	处	38	20		20	5	13	
电信代办所	处	38	20		20	5	13	
二、报刊零售亭	处	**14**	**10**	**10**		**2**	**1**	**1**
三、邮票代售处	处	**51**				**10**	**40**	**1**
四、信筒、信箱	处(个)	**217**	**106**	**106**		**54**	**36**	**21**
其中:设在农村的	个	64	20	20			34	10
五、办理邮政储蓄点	处	**38**	**31**	**31**		**4**	**2**	**1**
六、集邮品销售点	处	**34**	**13**	**13**		**10**	**11**	
七、公用电话点	处	**8462**	**7123**		**7123**	**832**	**299**	**208**

4－3 邮电业务量

	单位	总计	邮政局	电信部门	大通县	湟中县	湟源县
邮电业务总量	万元	**117591.00**	**7388.88**	**105100.21**	**2733.80**	**1333.57**	**934.54**
其中:邮政业务	万元	8339.40	7388.88		496.00	274.99	179.53
电信业务	万元	109251.60		105200.21	2237.80	1058.58	755.01
国内业务							
函　件	万件	754.53	689.66		22.00	35.99	6.88
包　件	万件	22.21	19.76		1.00	1.12	0.33
汇　票	万张	76.64	67.18		7.00	1.60	0.86
订销报纸累计数	万份	2571.46	2091.50		177.00	212.43	90.53
订销杂志累计数	万份	226.58	200.89		13.00	8.99	3.70
特快专递	万件	38.09	37.00		0.65	0.30	0.14
机要文件	万件	6.77	6.74		0.01	0.01	0.01
公众电报	万份	10.15		10.09	0.01	0.04	0.01
传　真	份	7708		6228	605	333	542
长途电话	万次	8449.08		8090.53	96.82	147.54	114.19
市话年末到达户数	户	471791		383606	41430	27452	19303
其中:住宅电话	户	386282		305066	37745	25259	18212
无线寻呼用户期末户数	户	10863		10863			
移动电话期末户数	户	561190		464737	44180	33337	18436
电话装机容量	万门	65.62		55.47	4.48	3.52	2.15
其中:电信部门	万门	53.90		43.75	4.48	3.52	2.15
国际及港澳业务							
函　件	万件	1.86	1.81		0.02	0.02	0.01
包　件	万件	0.91	0.91				
国际电话	次	20949		15381	5188	239	141
港澳台电话	次	11232		10076	658	460	38
互联网用户	户	34485		30500	3033	363	589
数字数据用户	户	1433		1367	19	30	17

4－4 机动车辆拥有量

单位:辆

总计	一、汽车		二、摩托车		三、农用运输车		四、拖拉机		五、挂车		六、其它类型车	
90958	小计	48950	小计	36618	小计	1035	小计	4034	小计	261	小计	60
	1.载客汽车	26587	1.普通	33834								
	2.载货汽车	21451	2.轻便	2784								
	3.其它汽车	912										

五、固定资产投资 建筑业 城市公用事业

GUDINGZICHANTOUZI JIANZHUYECHENGSHIGONGYONGSHIYE

5－1　本年新增生产能力

	单　位	总　计	基本建设	其中基建大中型	更新改造	其中更改限上项目	其他投资
初轧	万吨/年	2	0		2		
水泥	万吨/年	11	0		11		
饼干	吨/年	20	0		20		
改建公路	公里	7	7				
二级公路	公里	38	38				
新(扩)建客、货运站	个	1	1				
新(扩)建客、货运站	平方米	800	800				
造林面积	万亩	6	6				
中等学校:学生席位	个	2659	2659				
建筑面积	平方米	30021	30021				
水学校:学生席位	个	1999	1999				
建筑面积	平方米	16958	16958				
其他学校:学生席位	个	6290	6290				
建筑面积	平方米	1530	1530				
医院病床	张	50	50				
城市道路扩建长度	公里	18	11		7		
城市道路扩建面积	万平方米	45	32		13		
城市永久性桥梁	座	1	1				
城市防洪堤长度	公里	2	2				

5－2 固定资产完

	合计				
	完成投资额	新增固定资产	房屋建筑面积(平方米)		
			施工面积		竣
			合计	其中:住宅	合计
总　　计	**844517**	**490141**	**5027259**	**3147964**	**1896826**
按地区分					
西宁市区	528707	418092	4553325	2847255	1741006
大通县	137142	40188	181409	129130	76373
湟中县	121767	19844	232683	128079	64795
湟源县	56901	12017	59842	43500	14652
按报表种类分					
基本建设	359145	250745	1283134	555234	433925
更新改造	241599	58278	143747	11197	14185
房地产开发	188950	137389	3504470	2577593	1352808
其他投资	5980	5900	9260	3940	9260
按构成分					
建筑工程	582396				
安装工程	41720				
设备、工器具购置	97521				
其他费用	74037				
按经济类型分					
国有经济	440557	273508	1714836	993673	586500
集体经济	54632	46372	234567	160780	109709
股份制经济	185655	90269	1853994	1438598	758085
外商投资经济	3601	3950	54500	53300	51000
港澳台投资经济	11221	11393	174508	91033	29952
私营个体经济	82785	44440	745198	304489	303732
其他经济	66066	20209	249656	106091	57848

备注:不包括私人建房及50万元以下项目投资9706万元。

成情况总表

	市属					
	完成投资额	新增固定资产	房屋建筑面积(平方米)			
工面积			施工面积		竣工面积	
其中:住宅			合计	其中:住宅	合计	其中:住宅
1348552	**552026**	**382316**	**4391173**	**2969119**	**1808814**	**1337032**
1259522	373131	341248	4016709	2738900	1671194	1253402
51293	46014	16913	179609	129130	74573	51293
34337	97733	12608	168283	83679	52395	28937
3400	35148	11547	26572	17410	10652	3400
138731	228446	182169	754386	387586	297013	127211
	79807	19029	36409		3085	
1205881	188950	137389	3504470	2577593	1352808	1205881
3940	5980	5900	9260	3940	9260	3940
	412406					
	4571					
	25250					
	60956					
325897	245315	190700	1155888	826025	451388	314377
76769	54632	46372	234567	160780	109709	76769
665520	117537	80309	1821531	1427401	809985	665520
51000	3601	3950	54500	53300	51000	51000
26625	10664	1836	172708	91033	28152	26625
172783	82785	44440	745198	304489	303732	172783
29958	37492	14709	206781	106091	54848	29958

5－3 固定资产

	单位	合计	国有经济			
			小计	基建	更改	房地产开发
一、建设项目投资率	%	55.75	54.07	55.03	38.71	66.67
施工项目个数	个	644	381	338	31	12
全投项目个数	个	359	206	186	12	8
二、建设周期(按投资额算)	年	2.99	3.20	3.38	2.62	3.50
本年完成投资额	万元	814580	440557	314090	108318	18149
施工项目计划总投资	万元	2437770	1408047	1060601	283977	63469
三、未完工程占有率	%	118.06	139.08	153.56	104.65	93.95
本年完成投资额	万元	814580	440557	314090	108318	18149
年末未完工程累计完成投资额	万元	961657	612723	482314	113358	17051
四、固定资产交付使用率	%	56.72	62.08	74.31	19.33	105.64
本年完成投资额	万元	814580	440557	314090	108318	18149
本年新增固定资产	万元	462028	273508	233399	20936	19173
五、房屋建筑面积竣工率	%	37.73	34.20	33.32		37.30
本年房屋施工面积	平方米	5027259	1714836	1034433	32000	648403
本年房屋竣工面积	平方米	1896826	586500	344630		241870

备注:本表中不包括农村(集体)投资、私人建房及50万元以下项目投资39643万元。

投资效果

集体经济					股份制经济	港澳台投资经济	外商投资经济	私营个体经济	其他经济
小计	基建	更改	其他	房地产开发					
73.08	85.71	20.00	100.00	83.33	66.67	60.00	33.33	52.63	45.45
26	14	5	1	6	90	5	3	95	44
19	12	1	1	5	60	3	1	50	20
2.19	1.02	2.46	14.00	2.93	3.07	9.54	9.29	1.65	1.96
24695	8637	6215	100	9743	185655	11221	3601	82785	66066
54022	8837	15264	1400	28521	569472	107057	33457	136495	129220
78.20	20.84	86.16		124.77	95.10	152.77	233.35	66.49	109.71
24695	8637	6215	100	9743	185655	11221	3601	82785	66066
19311	1800	5355		12156	176551	17142	8403	55044	72483
73.94	79.16	13.84	1400.00	94.04	48.62	101.53	109.69	53.68	30.59
24695	8637	6215	100	9743	185655	11221	3601	82785	66066
18259	6837	860	1400	9162	90269	11393	3950	44440	20209
46.77	82.64		100.00	39.40	40.89	17.16	93.58	40.76	23.17
234567	28810	2000	9260	194497	1853994	174508	54500	745198	249656
109709	23810		9260	76639	758085	29952	51000	303732	57848

5－4　固定资产完成额

	基本建设				更	
	合计		其中:市属		合计	
	投资额	新增固定资产	投资额	新增固定资产	投资额	新增固定资产
总　　计	**359145**	**250745**	**228446**	**182169**	**241599**	**58278**
按地区分						
西宁市区	213788	203864	115164	152307	98046	37610
大通县	59874	22665	41708	13352	106158	17523
湟中县	71397	16964	62313	9728	35420	2880
湟源县	14086	7252	9261	6782	1975	265
按工程用途分						
其中:住宅	29579		20677		260	
按构成分						
建筑工程	304404				120577	
安装工程	6525				35157	
设备、工器具购置	17676				76845	
其他费用	30540				9020	
按经济类型分						
国有经济	314090		184972		108318	
集体经济	8637		8637		6215	
股份制经济	2498		2498		79765	
港澳台投资经济	520				37	
外商投资经济						
私营个体经济	7923		7923		6675	
其他经济	25477		24416		40589	

注:本表不包括农村投资、私人建房投资及50万元以下项目投资58549万元。

及新增固定资产

单位:万元

新改造		房地产开发		其他			
其中:市属		合计（市属）		合计		其中:市属	
投资额	新增固定资产	投资额	新增固定资产	投资额	新增固定资产	投资额	新增固定资产
79807	**19029**	**188950**	**137389**	**5980**	**5900**	**5980**	**5900**
38106	12323	188950	137389	100	1400	100	1400
4306	3561						
35420	2880						
1975	265			5880	4500	5880	4500
		127292		100		100	
		154435		2980		2980	
		38					
				3000		3000	
		34477					
42194		18149					
6215		9743		100		100	
11647		103392					
		10664					
		3601					
6675		43401	26761	5880		5880	
13076							

5－5　按国民经济行业分固定资产投资完成情况

单位:万元

	总计	国有经济	集体经济	股份制经济	港澳台投资经济	外商投资经济	私营个体经济	其它经济
合　　计	**795674**	**440557**	**29476**	**246940**	**11221**	**3601**	**20478**	**43401**
一、农、林、牧、渔、水利业	10862	9410		1452				
二、采掘业	497		351				146	
三、制造业	228104	93134	7200	120584	557		6629	
四、电力、煤气及水的生产和供应业	23543	18918	2625				2000	
五、建筑业	8057	4010	325	3722				
六、交通运输、仓储和邮政业	77009	74977		2032				
七、信息传输、计算机服务和软件业	30151	30151						
八、批发和零售业	18587	1510	4500	5777			6800	
九、住宿和餐饮业	8790	1155	2135	1300			4200	
十、金融业	854	854						
十一、房地产业	188950	18149	9743	103392	10664	3601		43401
十二、租赁和商务服务业	560	480	80					
十三、科学研究、技术服务和地质勘查业	2656	2491		165				
十四、水利、环境和公共设施管理业	103807	95437		8190			180	
十五、居民服务和其他服务业	600	600						
十六、教育	21381	19184	1987	210				
十七、卫生、社会保障和社会福利业	6443	6443						
十八、文化、体育和娱乐业	2794	1925	230	116			523	
十九、公共管理和社会组织	62029	61729	300					
二十、国际组织								

注:全行业固定资产投资中不包括农村投资、私人建房投资及50万元以下项目投资共计58549万元

5－6 按国民经济行业分市属固定资产投资完成情况

单位:万元

	总 计	国有经济	集体经济	股份制经 济	港澳台资经济	外商投资经济	私营个体经济	其 它经 济
合 计	**503183**	**245315**	**29476**	**150248**	**10664**	**3601**	**63879**	**43401**
一、农、林、牧、渔、水利业	10862	9410		1452				
二、采掘业	497		351				146	
三、制造业	81016	43295	7200	23892			6629	
四、电力、煤气及水的生产和供应业	4781	156	2625				2000	
五、建筑业	5181	1134	325	3722				
六、交通运输、仓储和邮政业	29636	27604		2032				
七、信息传输、计算机服务和软件业								
八、批发和零售业	18587	1510	4500	5777			6800	
九、住宿和餐饮业	7685	50	2135	1300			4200	
十、金融业								
十一、房地产业	188950	18149	9743	103392	10664	3601		43401
十二、租赁和商务服务业	560	480	80					
十三、科学研究、技术服务和地质勘查业	241	76		165				
十四、水利、环境和公共设施管理业	98191	89821		8190			180	
十五、居民服务和其他服务业	460	460						
十六、教育	15434	13237	1987	210				
十七、卫生、社会保障和社会福利业	507	507						
十八、文化、体育和娱乐业	1064	195	230	116			523	
十九、公共管理和社会组织	39531	39231	300					
二十、国际组织								

注:全行业固定资产投资中不包括农村投资、私人建房投资及50万元以下项目投资共计55625万元。

5－7　全部施工和竣工的房屋

	单位	总计	国有经济		
			小计	基建＋更改＋其他	房地产开发
本年施工房屋面积	平方米	**5027259**	**1714836**	**1066433**	**648403**
其中:住宅	平方米	3147964	993673	430970	562703
本年竣工房屋面积	平方米	**1896826**	**586500**	**344630**	**241870**
其中:住宅	平方米	1348552	325897	97173	228724
本年竣工房屋价值	万元	**186355**	**60419**	**41246**	**19173**

5－8　市属全部施工和竣工的房屋

	单位	总计	国有经济		
			小计	基建＋更改＋其他	房地产开发
本年施工房屋面积	平方米	**4391173**	**1155888**	**507485**	**648403**
其中:住宅	平方米	2969119	826025	263322	562703
本年竣工房屋面积	平方米	**1808814**	**451388**	**209518**	**241870**
其中:住宅	平方米	1337032	314377	85653	228724
本年竣工房屋价值	万元	**159921**	**37145**	**18008**	**19137**

建筑面积及竣工房屋价值

集体经济			私营个体经济	股份制经济	港澳台投资	外商投资	其他经济
小计	基建+更改+其他	房地产开发					
234567	**40070**	**194497**	**745198**	**1853994**	**174508**	**54500**	**249656**
160780	8140	152640	304489	1438598	91033	53300	106091
109709	**33070**	**76639**	**303732**	**758085**	**29952**	**51000**	**57848**
76769	8140	68629	172783	665520	26625	51000	29958
10745	**3667**	**7078**	**25083**	**78296**	**2356**	**3950**	**5506**

建筑面积及竣工房屋价值

集体经济			私营个体经济	股份制经济	港澳台投资	外商投资	其他经济
小计	基建+更改+其他	房地产开发					
234567	**40070**	**194497**	**745198**	**1821531**	**172708**	**54500**	**206781**
160780	8140	152640	304489	1427401	91033	53300	106091
109709	**33070**	**76639**	**303732**	**809985**	**28152**	**51000**	**54848**
76769	8140	68629	172783	665520	26625	51000	29958
10745	**3667**	**7078**	**25083**	**76056**	**1836**	**3950**	**5106**

5-9 建筑业企

项目	入统企业个数	有工作量的企业个数	建筑业合同情况		
			签订的合同额	上年结转合同额	本年新签合同额
总计	248	217	1102516	499100	603416
其中:国有及国有控股	38	36	791960	393877	398083
一、按登记注册类型分组					
内资企业	246	215	1101059	499100	601959
国有企业	35	33	789316	393484	395832
集体企业	37	35	61326	24594	36732
股份合作企业	10	8	5797	846	4951
有限责任公司	77	60	108067	33510	74557
其他有限责任公司	77	60	108067	33510	74557
股份有限公司	31	28	58876	19701	39175
私营企业	56	51	77677	26965	50712
私营独资企业	4	4	16859	9498	7361
私营有限责任公司	47	42	57765	16910	40855
私营股份有限公司	5	5	3053	557	2496
港、澳、台商投资企业	2	2	1457		1457
合资经营企业(港或澳、台资)	1	1	1200		1200
港、澳、台商独资经营	1	1	257		257
二、按经济组织类型分组					
独资企业	77	73	867758	427576	440182
国有企业	35	33	789316	393484	395832
集体企业	37	35	61326	24594	36732
私营独资企业	4	4	16859	9498	7361
港、澳、台商独资经营	1	1	257		257
合作、合伙企业	10	8	5797	846	4951
股份合作企业	10	8	5797	846	4951
股份有限公司	36	33	61929	20258	41671
股份有限公司(内资)	31	28	58876	19701	39175
私营股份有限公司	5	5	3053	557	2496
有限责任公司	125	103	167032	50420	116612
私营有限责任公司	47	42	57765	16910	40855
港澳台合资经营企业	1	1	1200		1200
其他有限责任公司	77	60	108067	33510	74557
三、按国民经济行业分组					
房屋和土木工程建筑业	128	121	979399	466709	512690
房屋工程建筑	101	97	287002	117644	169358
土木工程建筑	27	24	692397	349065	343332

业 生 产 情 况

单位：万元

承包工程完成情况				建筑业总产值	装饰装修产值	在外省完成的产值
直接从建设单位承揽工程完成的产值	自行完成施工产值	分包出去工程的产值	从建设单位以外承揽工程完成的产值			
575934	554368	21566	9622	563990	17579	116401
364780	344056	20724	7542	351598	470	116056
574594	553028	21566	9622	562650	16419	116401
362593	341989	20604	7542	349531	470	116056
41661	41631	30		41631	559	
4232	4232		104	4336	1051	
77388	77208	180	1822	79030	3287	345
77388	77208	180	1822	79030	3287	345
40820	40820		70	40890	1652	
47900	47148	752	84	47232	9400	
7010	6258	752		6258	127	
38175	38175		84	38259	8152	
2715	2715			2715	1121	
1340	1340			1340	1160	
1160	1160			1160	1160	
180	180			180		
411444	390058	21386	7542	397600	1156	116056
362593	341989	20604	7542	349531	470	116056
41661	41631	30		41631	559	
7010	6258	752		6258	127	
180	180			180		
4232	4232		104	4336	1051	
4232	4232		104	4336	1051	
43535	43535		70	43605	2773	
40820	40820		70	40890	1652	
2715	2715			2715	1121	
116723	116543	180	1906	118449	12599	345
38175	38175		84	38259	8152	
1160	1160			1160	1160	
77388	77208	180	1822	79030	3287	345
462777	452195	10582	8125	460320	5164	96034
180865	179788	1077	2055	181843	5164	
281912	272407	9505	6070	278477		96034

5－9 续表1

项　　目	入统企业个数	有工作量的企业个数	建筑业合同情况		
			签订的合同额	上年结转合同额	本年新签合同额
铁路、道路、隧道和桥梁建筑	16	15	172122	49311	122811
水利和港口建筑	6	5	517759	299754	218005
工矿工程建筑	2	2	617		617
架线和管道工程建筑	1	1	1529		1529
其他土木工程建筑	2	1	370		370
建筑安装业	44	38	91474	30761	60713
建筑装饰业	54	40	16616	883	15733
其他建筑业	22	18	15027	747	14280
工程准备	3	3	2483		2483
提供施工设备服务					
其他未列明的建筑活动	19	15	12544	747	11797
四、按法人批准机关或登记注册机关分组					
1、工商行政管理部门	248	217	1102516	499100	603416
五、按国有经济控股情况分组					
1、国有绝对控股	38	36	791960	393877	398083
9、其他国有	208	179	308656	105223	203433
六、按隶属关系分组					
中　央	5	5	545256	313594	231662
省	89	70	327616	112127	215489
地　区	50	45	62239	19355	42884
县	26	26	44574	14742	29832
街　道	3	3	3150	288	2862
乡	1	1	420		420
村委会	1	1	2312	854	1458
其　他	73	66	116949	38140	78809
七、按营业状态分组					
营　业	248	217	1102516	499100	603416
八、按企业资质等级分组(新标准)					
施工总承包	142	134	1044723	491112	553611
一　级	13	13	777007	390310	386697
二　级	33	29	128572	51639	76933
三　级	96	92	139144	49163	89981
专业承包	106	83	57793	7988	49805
一　级	1	1	1806		1806
二　级	34	24	21966	3310	18656
三　级	71	58	34021	4678	29343

单位:万元

承包工程完成情况				建筑业总产值	装饰装修产值	在外省完成的产值
直接从建设单位承揽工程完成的产值	自行完成施工产值	分包出去工程的产值	从建设单位以外承揽工程完成的产值			
115658	114256	1402	5151	119407		15971
164103	156000	8103	849	156849		80063
547	547		70	617		
1529	1529			1529		
75	75			75		
81524	70710	10814	348	71058	165	18732
15728	15698	30	504	16202	12250	
15905	15765	140	645	16410		1635
2162	2022	140	645	2667		1555
13743	13743			13743		80
575934	554368	21566	9622	563990	17579	116401
364780	344056	20724	7542	351598	470	116056
209254	208412	842	2080	210492	15909	345
198733	180180	18553	336	180516	50	98530
215376	213415	1961	7897	221312	3519	17791
51194	50894	300	70	50964	1957	80
36387	36387		953	37340	405	
2726	2726			2726	19	
420	420			420		
1221	1221			1221		
69877	69125	752	366	69491	11629	
575934	554368	21566	9622	563990	17579	116401
524683	504837	19846	8461	513298	6112	114501
340727	321326	19401	5383	326709	1021	114501
87031	86826	205	1164	87990	1087	
96925	96685	240	1914	98599	4004	
51251	49531	1720	1161	50692	11467	1900
1555	1415	140	645	2060		1555
19530	18070	1460	420	18490	4886	
30166	30046	120	96	30142	6581	345

5－9　续表2

项　　目	按构成分的建筑业总产值		
	建筑工程产值	安装工程产值	其他产值
总　计	481464	59800	22726
其中:国有及国有控股	297984	39179	14435
一、按登记注册类型分组			
内资企业	480124	59800	22726
国有企业	296401	38745	14385
集体企业	37739	3400	492
股份合作企业	3026	1310	
有限责任公司	66823	8872	3335
其他有限责任公司	66823	8872	3335
股份有限公司	35782	1715	3393
私营企业	40353	5758	1121
私营独资企业	6071	20	167
私营有限责任公司	32733	4572	954
私营股份有限公司	1549	1166	
港、澳、台商投资企业	1340		
合资经营企业(港或澳、台资)	1160		
港、澳、台商独资经营企业	180		
二、按经济组织类型分组			
独资企业	340391	42165	15044
国有企业	296401	38745	14385
集体企业	37739	3400	492
私营独资企业	6071	20	167
港、澳、台商独资经营企业	180		
合作、合伙企业	3026	1310	
股份合作企业	3026	1310	
股份有限公司	37331	2881	3393
股份有限公司(内资)	35782	1715	3393
私营股份有限公司	1549	1166	
有限责任公司	100716	13444	4289
私营有限责任公司	32733	4572	954
港澳台合资经营企业	1160		
其他有限责任公司	66823	8872	3335
三、按国民经济行业分组			
房屋和土木工程建筑业	438896	8288	13136
房屋工程建筑	175872	4170	1801
土木工程建筑	263024	4118	11335

单位:万元、个

竣工产值	房屋建筑施工面积	本年新开工面积	实行投标承包面积	本年新开工
383670	4292263	2425340	3537955	2112283
194968	881184	443944	846743	423434
382510	4288763	2421840	3537955	2112283
193339	879308	443944	846743	423434
29915	631995	337112	506624	257455
3808	28448	22274	22274	22274
78109	1293739	792751	1030228	718558
78109	1293739	792751	1030228	718558
35704	689212	340062	596190	339972
41635	766061	485697	535896	350590
6773	220455	135107		
32230	543076	349660	534966	349660
2632	2530	930	930	930
1160	3500	3500		
1160				
	3500	3500		
230027	1735258	919663	1353367	680889
193339	879308	443944	846743	423434
29915	631995	337112	506624	257455
6773	220455	135107		
	3500	3500		
3808	28448	22274	22274	22274
3808	28448	22274	22274	22274
38336	691742	340992	597120	340902
35704	689212	340062	596190	339972
2632	2530	930	930	930
111499	1836815	1142411	1565194	1068218
32230	543076	349660	534966	349660
1160				
78109	1293739	792751	1030228	718558
293769	4013076	2233015	3318944	1954758
161771	3898963	2183452	3204831	1905195
131998	114113	49563	114113	49563

5－9 续表3

项目	按构成分的建筑业总产值		
	建筑工程产值	安装工程产值	其他产值
铁路、道路、隧道和桥梁建筑	113719		5688
水利和港口建筑	148613	4118	4118
工矿工程建筑	617		
架线和管道工程建筑			1529
其他土木工程建筑	75		
建筑安装业	21943	48568	547
建筑装饰业	15546	229	427
其他建筑业	5079	2715	8616
工程准备	645		2022
其他未列明的建筑活动	4434	2715	6594
四、按法人批准机关或登记注册机关分组			
1、工商行政管理部门	481464	59800	22726
五、按国有经济控股情况分组			
1、国有绝对控股	297984	39179	14435
9、其他国有	181580	20621	8291
六、按隶属关系分组			
中　央	139380	37018	4118
省	206248	6489	8575
地　区	35677	7619	7668
县	35791	1456	93
街　道	2687		39
乡	420		
村委会	1165		56
其　他	60096	7218	2177
七、按营业状态分组			
营　业	481464	59800	22726
八、按企业资质等级分组(新标准)			
施工总承包	451757	46667	14874
一　级	279186	39785	7738
二　级	82276	2724	2990
三　级	90295	4158	4146
专业承包	29707	13133	7852
一　级	645		1415
二　级	13258	2132	3100
三　级	15804	11001	3337

单位:万元、个

竣工产值	房屋建筑施工面积	本年新开工面积	实行投标承包面积	本年新开工
72972	59946	24656	59946	24656
56805	45167	15907	45167	15907
617	9000	9000	9000	9000
1529				
75				
52015	218570	145508	203394	141908
16148	12367	12367	18784	12367
21738	48250	34450	3250	3250
2450				
19288	48250	34450	3250	3250
383670	4292263	2425340	3544372	2112283
194968	881184	443944	846743	423434
186802	3409079	1979396	2689212	1686849
73965	158478	85322	158478	85322
164524	1810354	884040	1704160	854556
52739	531765	297617	393960	245817
29473	377397	263473	235422	176002
2066	40312	33925	38312	33925
420	5695	5695		
1395	37767	20394	37767	20394
59088	1330495	834874	969856	696267
383670	4292263	2425340	3537955	2112283
330629	4192170	2339097	3502455	2076833
167626	1304746	658645	899372	523538
81429	1329867	673039	1301283	673039
81574	1557557	1007413	1301800	880256
53041	100093	86243	35500	35450
2060				
18679	22000	22000	22000	22000
32302	78093	64243	13500	13450

5－9 续表4

项目	年末自有机械设备				计算劳动生产率的平均人数
	净值	总台数	总功率	施工机械总功率	
总计	133142	31299	539546	409494	90047
其中：国有及国有控股	77172	12334	267498	219039	38421
一、按登记注册类型分组					
内资企业	132918	31259	539146	409494	89872
国有企业	76256	12254	264601	216388	37756
集体企业	12933	5199	100823	70464	14574
股份合作企业	1105	637	11671	2603	930
有限责任公司	16999	7153	66047	48562	17707
其他有限责任公司	16999	7153	66047	48562	17707
股份有限公司	14093	2257	46028	40422	8007
私营企业	11532	3759	49976	31055	10898
私营独资企业	690	154	555	173	1585
私营有限责任公司	9812	3445	48652	30533	8652
私营股份有限公司	1030	160	769	349	661
港、澳、台商投资企业	224	40	400		175
合资经营企业（港或澳、台资）					120
港、澳、台商独资经营企业	224	40	400		55
二、按经济组织类型分组					
独资企业	90103	17647	366379	287025	53970
国有企业	76256	12254	264601	216388	37756
集体企业	12933	5199	100823	70464	14574
私营独资企业	690	154	555	173	1585
港、澳、台商独资经营企业	224	40	400		55
合作、合伙企业	1105	637	11671	2603	930
股份合作企业	1105	637	11671	2603	930
股份有限公司	15123	2417	46797	40771	8668
股份有限公司（内资）	14093	2257	46028	40422	8007
私营股份有限公司	1030	160	769	349	661
有限责任公司	26811	10598	114699	79095	26479
私营有限责任公司	9812	3445	48652	30533	8652
港澳台合资经营企业					120
其他有限责任公司	16999	7153	66047	48562	17707
三、按国民经济行业分组					
房屋和土木工程建筑业	114167	25213	451979	356975	74912
房屋工程建筑	46042	15498	209851	161993	45461
土木工程建筑	68125	9715	242128	194982	29451

单位:台、千瓦、万元、平方米

劳动人员情况			补充资料			
期末从业人员	工程技术人员	持有一级资质证书的项目经理	企业总产值	对内销售产值	企业营业额	在境外完成的营业额
71807	14306	646	572605	1047	572667	62
26436	6027	334	359586	570	359648	62
71632	14278	645	571265	1047	571327	62
25914	5857	325	357399	570	357461	62
14282	1934	64	42064	298	42064	
977	170	6	4336		4336	
14008	2763	98	79230	76	79230	
14008	2763	98	79230	76	79230	
7522	1395	61	40901		40901	
8929	2159	91	47335	103	47335	
1590	444	48	6258		6258	
6733	1588	32	38362	103	38362	
606	127	11	2715		2715	
175	28	1	1340		1340	
120	25	1	1160		1160	
55	3		180		180	
41841	8238	437	405901	868	405963	62
25914	5857	325	357399	570	357461	62
14282	1934	64	42064	298	42064	
1590	444	48	6258		6258	
55	3		180		180	
977	170	6	4336		4336	
977	170	6	4336		4336	
8128	1522	72	43616		43616	
7522	1395	61	40901		40901	
606	127	11	2715		2715	
20861	4376	131	118752	179	118752	
6733	1588	32	38362	103	38362	
120	25	1	1160		1160	
14008	2763	98	79230	76	79230	
57316	11242	453	466632	496	466632	
37738	6694	237	182212	298	182212	
19578	4548	216	284420	198	284420	

5－9　续表5

项　　目	年末自有机械设备				计算劳动生产率的平均人数
	净值	总台数	总功率	施工机械总功率	
铁路、道路、隧道和桥梁建筑	25041	2822	110258	82381	14769
水利和港口建筑	39038	6039	121693	102974	14005
工矿工程建筑	3053	734	6719	6219	347
架线和管道工程建筑	762	77	3148	3148	285
其他土木工程建筑	231	43	310	260	45
建筑安装业	11721	4309	55310	33970	9883
建筑装饰业	2550	1159	18636	8531	2771
其他建筑业	4704	618	13621	10018	2481
工程准备	1637	162	7250	6650	493
其他未列明的建筑活动	3067	456	6371	3363	1988
四、按法人批准机关或登记注册机关分组					
1.工商行政管理部门	133142	31299	539546	409494	90047
五、按国有经济控股情况分组					
1.国有绝对控股	77172	12334	267498	219039	38421
9.其他国有	55495	18855	271596	190003	51324
六、按隶属关系分组					
中　央	32057	7051	110987	93676	12826
省	58584	8861	239839	172160	36811
地　区	14169	3613	42289	30291	10196
县	12089	6022	56633	49768	12582
街　道	973	716	14345	12344	963
乡	789	154	1729	1229	290
村委会	96	153	1685	1685	539
其　他	14385	4729	72039	48341	15840
七、按营业状态分组					
营　业	133142	31299	539546	409494	90047
八、按企业资质等级分组（新标准）					
施工总承包	119374	27706	484815	376484	78585
一　级	67604	10206	230246	186729	26295
二　级	27710	5951	108039	83968	21987
三　级	24060	11549	146530	105787	30303
专业承包	13768	3593	54731	33010	11462
一　级	1000	120	3600	3000	194
二　级	4922	1090	19757	10175	4946
三　级	7846	2383	31374	19835	6322

单位：台、千瓦、万元、平方米

劳动人员情况			补　充　资　料			
期末从业人员	工程技术人员	持有一级资质证书的项目经理	企业总产值	对内销售产值	企业营业额	在境外完成的营业额
6095	1691	81	119407		119407	
12854	2734	135	162792	198	162792	
303	82		617		617	
285	38		1529		1529	
41	3		75		75	
9335	1776	150	72920	335	72920	
2831	797	15	16413	76	16413	
2325	491	28	16640	140	16702	62
500	126		2807	140	2869	62
1825	365	28	13833		13833	
71807	14306	646	572605	1047	572667	62
26436	6027	334	359586	570	359648	62
45069	8170	312	211119	477	211119	
11949	2613	208	186519	198	186519	
25525	5209	179	221985	448	222047	62
7860	1992	90	52487		52487	
11411	1578	19	37638	298	37638	
963	149	35	2726		2726	
250	36	11	420		420	
611	21		1221		1221	
13238	2708	104	69609	103	69609	
71807	14306	646	572605	1047	572667	62
61979	12117	555	520052	728	520052	
20289	5012	380	332884	430	332884	
15061	3282	23	87990		87990	
26629	3823	152	99178	298	99178	
9828	2189	91	52553	319	52615	62
188	71		2200	140	2262	62
4092	824	62	18701	76	18701	
5548	1294	29	31652	103	31652	

5－10 建 筑 业 企

项　　目	流动资产小计	存　货	长期投资	固定资产合计	固定资产原价
总　计	427443	88722	28585	247522	292317
其中:国有及国有控股	280094	33950	17728	141786	181145
一、按登记注册类型分组					
内资企业	426189	88395	28225	247010	291844
国有企业	279302	33878	17728	140870	180152
集体企业	35938	11897	4489	20141	23156
股份合作企业	4442	1467	1	3171	2313
有限责任公司	49714	17740	1318	39125	46050
其他有限责任公司	49714	17740	1318	39125	46050
股份有限公司	23778	10131	1919	20718	20397
私营企业	33015	13282	2770	22985	19776
私营独资企业	5399	204		4542	3714
私营有限责任公司	26009	12795	2770	17349	14603
私营股份有限公司	1607	283		1094	1459
港、澳、台商投资企业	1254	327	360	512	473
合资经营企业(港或澳、台资)	930	65		58	19
港、澳、台商独资经营企业	324	262	360	454	454
二、按经济组织类型分组					
独资企业	320963	46241	22577	166007	207476
国有企业	279302	33878	17728	140870	180152
集体企业	35938	11897	4489	20141	23156
私营独资企业	5399	204		4542	3714
港、澳、台商独资经营企业	324	262	360	454	454
合作、合伙企业	4442	1467	1	3171	2313
股份合作企业	4442	1467	1	3171	2313
股份有限公司	25385	10414	1919	21812	21856
股份有限公司(内资)	23778	10131	1919	20718	20397
私营股份有限公司	1607	283		1094	1459
有限责任公司	76653	30600	4088	56532	60672
私营有限责任公司	26009	12795	2770	17349	14603
港澳台合资经营企业	930	65		58	19
其他有限责任公司	49714	17740	1318	39125	46050
三、按国民经济行业分组					
房屋和土木工程建筑	329523	73819	24331	205455	238836
房屋工程建筑	133564	44439	8363	85134	89903
土木工程建筑	195959	29380	15968	120321	148933

业　财　务　状　况

单位:万元

生产经营用	累计折旧	本年折旧	在建工程	无形及递延资产小计	无形资产	其他资产
214769	96081	21925	47006	22131	19891	1757
137322	74595	18219	35086	14028	13194	1323
214621	95946	21887	46961	22044	19891	1757
136651	74518	18207	35086	14028	13194	1323
18810	4314	750	198	170	149	31
1787	509	82	1340	556	362	
25084	8354	1034	845	1517	450	298
25084	8354	1034	845	1517	450	298
17667	4247	805	4431	2921	2910	2
14622	4004	1009	5061	2852	2826	103
2048	957	112				
11813	2682	755	5061	2852	2826	103
761	365	142				
148	135	38	45	87		
19	6	3	45			
129	129	35		87		
157638	79918	19104	35284	14285	13343	1354
136651	74518	18207	35086	14028	13194	1323
18810	4314	750	198	170	149	31
2048	957	112				
129	129	35		87		
1787	509	82	1340	556	362	
1787	509	82	1340	556	362	
18428	4612	947	4431	2921	2910	2
17667	4247	805	4431	2921	2910	2
761	365	142				
36916	11042	1792	5951	4369	3276	401
11813	2682	755	5061	2852	2826	103
19	6	3	45			
25084	8354	1034	845	1517	450	298
183260	81055	19625	43767	20754	18744	1654
60786	17462	2853	9085	6625	5455	331
122474	63593	16772	34682	14129	13289	1323

5－10 续表1

项 目	流动资产小计	存 货	长期投资	固定资产合计	固定资产原价
铁路、道路、隧道和桥梁建筑	82114	10893	825	63261	59626
水利和港口建筑	112581	18024	15093	52686	84240
工矿工程建筑	1000	463	50	3381	3901
架线和管道工程建筑	200			762	900
其他土木工程建筑	64			231	266
建筑安装业	72276	10626	2005	30023	40639
建筑装饰业	11100	3014	1432	4744	5482
其他建筑业	14544	1263	817	7300	7360
工程准备	5046	528	45	1666	2179
其他未列明的建筑活动	9498	735	772	5634	5181
四、按法人批准机关或登记注册机关分组					
1、工商行政管理部门	427443	88722	28585	247522	292317
五、按国有经济控股情况分组					
1、国有绝对控股	280094	33950	17728	141786	181145
9、其他国有	146836	54564	10787	104949	110811
六、按隶属关系分组					
中 央	155844	22149	16674	48824	94829
省	160755	27812	3322	116839	111103
地 区	36544	8249	1504	28270	30299
县	20123	6785	3026	21782	24531
街 道	758	101	31	2023	2409
乡	1084	843	398	789	862
村委会	584	108		396	600
其 他	51751	22675	3630	28599	27684
七、按营业状态分组					
营 业	427443	88722	28585	247522	292317
八、按企业资质等级分组(新标准)					
施工总承包	388950	81000	26785	215882	257643
一 级	274771	44481	17818	132639	164809
二 级	47627	14340	1456	43378	49668
三 级	66552	22179	7511	39865	43166
专业承包	38493	7722	1800	31640	34674
一 级	4690	528	45	1029	1479
二 级	12070	1611	1204	13671	15784
三 级	21733	5583	551	16940	17411

单位:万元

生产经营用	累计折旧	本年折旧	在建工程	无形及递延资产小计	无形资产	其他资产
51243	21222	5404	24558	12126	12099	
66499	41678	11185	10124	1472	659	1323
3901	520	138		531	531	
600	138	10				
231	35	35				
22142	12287	1717	1512	960	755	
3863	1300	280	538	406	381	103
5504	1439	303	1189	11	11	
1979	529	156	16	11	11	
3525	910	147	1173			
214769	96081	21925	47006	22131	19891	1757
137322	74595	18219	35086	14028	13194	1323
77105	21418	3676	11427	8102	6697	434
70078	47362	11777	1325	1376	563	1323
82723	30356	5361	35309	9650	9649	
22432	7448	2270	4725	5768	4697	16
14976	3602	865	521	211	211	
2310	386	44		20		31
735	73	12				
600	204	38				
20915	6650	1558	5126	5106	4771	387
214769	96081	21925	47006	22131	19891	1757
196269	88945	20905	43507	20972	18968	1654
127235	71986	17376	38031	11581	10747	1607
36420	7167	1738	535	6851	6840	
32614	9792	1791	4941	2540	1381	47
18500	7136	1020	3499	1159	923	103
1479	466	154	16	11	11	
6275	3927	420	1541	423	200	
10746	2743	446	1942	725	712	103

5－10 续表2

项目	资产合计	流动负债合计	长期负债合计	负债合计	所有者权益合计
总计	727438	401510	17200	418710	308728
其中:国有及国有控股	454959	307138	15523	322661	132298
一、按登记注册类型分组					
内资企业	725225	400400	17200	417600	307625
国有企业	453251	306718	15523	322241	131010
集体企业	60769	26155	1146	27301	33468
股份合作企业	8170	4504		4504	3666
有限责任公司	91972	29585	136	29721	62251
其他有限责任公司	91972	29585	136	29721	62251
股份有限公司	49338	14731	386	15117	34221
私营企业	61725	18707	9	18716	43009
私营独资企业	9941	2846		2846	7095
私营有限责任公司	49083	15449		15449	33634
私营股份有限公司	2701	412	9	421	2280
港、澳、台商投资企业	2213	1110		1110	1103
合资经营企业(港或澳、台资)	988	495		495	493
港、澳、台商独资经营企业	1225	615		615	610
二、按经济组织类型分组					
独资企业	525186	336334	16669	353003	172183
国有企业	453251	306718	15523	322241	131010
集体企业	60769	26155	1146	27301	33468
私营独资企业	9941	2846		2846	7095
港、澳、台商独资经营企业	1225	615		615	610
合作、合伙企业	8170	4504		4504	3666
股份合作企业	8170	4504		4504	3666
股份有限公司	52039	15143	395	15538	36501
股份有限公司(内资)	49338	14731	386	15117	34221
私营股份有限公司	2701	412	9	421	2280
有限责任公司	142043	45529	136	45665	96378
私营有限责任公司	49083	15449		15449	33634
港澳台合资经营企业	988	495		495	493
其他有限责任公司	91972	29585	136	29721	62251
三、按国民经济行业分组					
房屋和土木工程建筑	581717	330321	17100	347421	234296
房屋工程建筑	234017	101074	5092	106166	127851
土木工程建筑	347700	229247	12008	241255	106445

单位:万元

实收资本						
	国家资本	集体资本	法人资本	个人资本	港澳台资本	外商资本
244845	71215	33664	87741	51498	727	
89752	70980	31	18741			
243742	71215	33664	87741	51122		
89198	70920		18278			
31740		23926	7814			
2391		2050	341			
53930	295	7688	30973	14974		
53930	295	7688	30973	14974		
30776			14592	16184		
35707			15743	19964		
5839			5711	128		
27598			9497	18101		
2270			535	1735		
1103				376	727	
493				376	117	
610					610	
127387	70920	23926	31803	128	610	
89198	70920		18278			
31740		23926	7814			
5839			5711	128		
610					610	
2391		2050	341			
2391		2050	341			
33046			15127	17919		
30776			14592	16184		
2270			535	1735		
82021	295	7688	40470	33451	117	
27598			9497	18101		
493				376	117	
53930	295	7688	30973	14974		
178451	62903	21868	58861	34209	610	
109154	12333	15526	49687	30998	610	
69297	50570	6342	9174	3211		

5－10　续表3

项　　目	资产合计	流动负债合计	长期负债合计	负债合计	所有者权益合计
铁路、道路、隧道和桥梁建筑	158326	91259	3833	95092	63234
水利和港口建筑	183155	137335	8175	145510	37645
工矿工程建筑	4962	527		527	4435
架线和管道工程建筑	962	102		102	860
其他土木工程建筑	295	24		24	271
建筑安装业	105264	57485	39	57524	47740
建筑装饰业	17785	5372	61	5433	12352
其他建筑业	22672	8332		8332	14340
工程准备	6768	1107		1107	5661
其他未列明的建筑活动	15904	7225		7225	8679
四、按法人批准机关或登记注册机关分组					
1、工商行政管理部门	727438	401510	17200	418710	308728
五、按国有经济控股情况分组					
1、国有绝对控股	454959	307138	15523	322661	132298
9、其他国有	271108	94136	1677	95813	175295
六、按隶属关系分组					
中　央	224041	171145	2775	173920	50121
省	290566	150426	11302	161728	128838
地　区	72102	30652	1936	32588	39514
县	45142	16686	559	17245	27897
街　道	2863	672		672	2191
乡	2271	1240	417	1657	614
村委会	980	546		546	434
其　他	89473	30143	211	30354	59119
七、按营业状态分组					
营　业	727438	401510	17200	418710	308728
八、按企业资质等级分组（新标准）					
施工总承包	654243	376183	17110	393293	260950
一　级	438416	295964	14829	310793	127623
二　级	99312	32101	1335	33436	65876
三　级	116515	48118	946	49064	67451
专业承包	73195	25327	90	25417	47778
一　级	5775	920		920	4855
二　级	27368	7963	52	8015	19353
三　级	40052	16444	38	16482	23570

单位:万元

实收资本	国家资本	集体资本	法人资本	个人资本	港澳台资本	外商资本
43185	30087	6342	5493	1263		
20546	20483		63			
4435			2487	1948		
860			860			
271			271			
40520	156	10199	21499	8666		
11865	574	331	5053	5790	117	
14009	7582	1266	2328	2833		
5661	5055		606			
8348	2527	1266	1722	2833		
244845	71215	33664	87741	51498	727	
89752	70980	31	18741			
153958	235	33633	67865	51498	727	
31751	16369		15382			
98147	44305	17051	18727	17947	117	
35490	7577	5253	17982	4678		
24694	2964	9906	6874	4950		
2023		608	1415			
614		614				
434		81	353			
51692		151	27008	23923	610	
244845	71215	33664	87741	51498	727	
199708	63785	24736	78489	32088	610	
84710	47817		31627	5266		
57102	13334	7085	21803	14880		
57896	2634	17651	25059	11942	610	
45137	7430	8928	9252	19410	117	
4855	4855					
18431	2323	5916	4758	5317	117	
21851	252	3012	4494	14093		

5－10 续表4

项　　目	工程结算收入	工程结算成本	工程结算税金及附加	工程结算利润	其他业务收入
总　计	507869	442547	15975	49347	15699
其中:国有及国有控股	333278	286771	10027	36480	14978
一、按登记注册类型分组					
内资企业	506632	441465	15939	49228	15699
国有企业	331649	285205	9969	36475	14978
集体企业	37019	32991	1174	2854	437
股份合作企业	3508	2854	129	525	66
有限责任公司	63552	57220	2056	4276	65
其他有限责任公司	63552	57220	2056	4276	65
股份有限公司	34303	31713	1053	1537	140
私营企业	36601	31482	1558	3561	13
私营独资企业	2898	2510	100	288	3
私营有限责任公司	31296	26955	1379	2962	10
私营股份有限公司	2407	2017	79	311	
港、澳、台商投资企业	1237	1082	36	119	
合资经营企业(港或澳、台资)	1160	962	34	164	
港、澳、台商独资经营企业	77	120	2	－45	
二、按经济组织类型分组					
独资企业	371643	320826	11245	39572	15418
国有企业	331649	285205	9969	36475	14978
集体企业	37019	32991	1174	2854	437
私营独资企业	2898	2510	100	288	3
港、澳、台商独资经营企业	77	120	2	－45	
合作、合伙企业	3508	2854	129	525	66
股份合作企业	3508	2854	129	525	66
股份有限公司	36710	33730	1132	1848	140
股份有限公司(内资)	34303	31713	1053	1537	140
私营股份有限公司	2407	2017	79	311	
有限责任公司	96008	85137	3469	7402	75
私营有限责任公司	31296	26955	1379	2962	10
港澳台合资经营企业	1160	962	34	164	
其他有限责任公司	63552	57220	2056	4276	65
三、按国民经济行业分组					
房屋和土木工程建筑	399495	350064	12580	36851	15092
房屋工程建筑	138223	125266	4586	8371	2329
土木工程建筑	261272	224798	7994	28480	12763

单位:万元

其他业务利润	管理费用	税金	财产保险费	劳动、待业保险费	财务费用	利息支出
3714	41113	935	280	8921	2414	1565
3437	32331	416	216	8485	1822	1262
3714	40934	935	280	8918	2414	1565
3437	32289	416	216	8485	1823	1262
120	1918	179	18	162	302	133
18	209	11	1	27	-1	
22	3045	85	24	174	84	33
22	3045	85	24	174	84	33
108	1361	21		39	67	53
9	2112	223	21	31	139	84
	176	17	11	6	48	43
9	1731	203	9	25	88	39
	205	3	1		3	2
	179			3		
	160			3		
	19					
3557	34402	612	245	8653	2173	1438
3437	32289	416	216	8485	1823	1262
120	1918	179	18	162	302	133
	176	17	11	6	48	43
	19					
18	209	11	1	27	-1	
18	209	11	1	27	-1	
108	1566	24	1	39	70	55
108	1361	21		39	67	53
	205	3	1		3	2
31	4936	288	33	202	172	72
9	1731	203	9	25	88	39
	160			3		
22	3045	85	24	174	84	33
3582	30921	824	258	7842	2484	1519
2099	8651	305	45	2636	658	367
1483	22270	519	213	5206	1826	1152

5－10 续表5

项　　目	工程结算收入	工程结算成本	工程结算税金及附加	工程结算利润	其他业务收入
铁路、道路、隧道和桥梁建筑	114512	98076	3374	13062	9
水利和港口建筑	144539	124872	4536	15131	12754
工矿工程建筑	617	635	21	－39	
架线和管道工程建筑	1529	1146	57	326	
其他土木工程建筑	75	69	6		
建筑安装业	83931	71528	2535	9868	485
建筑装饰业	13368	11199	486	1683	
其他建筑业	11075	9756	374	945	122
工程准备	2579	2454	44	81	3
其他未列明的建筑活动	8496	7302	330	864	119
四、按法人批准机关或登记注册机关分组					
1、工商行政管理部门	507869	442547	15975	49347	15699
五、按国有经济控股情况分组					
1、国有绝对控股	333278	286771	10027	36480	14978
9、其他国有	173811	154966	5938	12907	721
六、按隶属关系分组					
中　央	181473	157486	5416	18571	12704
省	195127	169294	5842	19991	2819
地　区	39845	35129	1232	3484	56
县	30799	26996	1146	2657	23
街　道	2726	2411	89	226	
乡	420	335	13	72	
村委会	1165	1139	39	－13	60
其　他	56314	49757	2198	4359	37
七、按营业状态分组					
营　业	507869	442547	15975	49347	15699
八、按企业资质等级分组(新标准)					
施工总承包	464853	406225	14345	44283	15091
一　级	309940	267046	9338	33556	12870
二　级	68412	63497	2055	2860	2110
三　级	86501	75682	2952	7867	111
专业承包	43016	36322	1630	5064	608
一　级	2262	2174	27	61	3
二　级	15695	13392	627	1676	224
三　级	25059	20756	976	3327	381

单位:万元

其他业务利润	管理费用				财务费用	
		税　金	财产保险费	劳动、待业保险费		利息支出
-72	7452	345	85	540	1103	491
1555	14464	129	127	4623	720	661
	43	4	1	6	3	
	310	41		37		
	1					
40	8094	63	15	1032	-134	
	1325	35	1	27	57	47
92	773	13	6	20	7	-1
2	319				-1	
90	454	13	6	20	8	-1
3714	41113	935	280	8921	2414	1565
3437	32331	416	216	8485	1822	1262
277	8709	519	64	436	592	303
1428	17837	145	126	5254	411	502
2174	15921	131	12	3091	1378	726
7	2578	72	21	166	204	54
21	1457	307	82	371	173	127
	246	42	15	1	19	
	37	1		6	35	35
59	46	5				
25	2991	232	24	32	194	121
3714	41113	935	280	8921	2414	1565
3461	37073	754	275	8831	2316	1524
1296	26944	234	142	6001	1617	1176
2098	5711	65	29	2395	295	125
67	4418	455	104	435	404	223
253	4040	181	5	90	98	41
2	269					
193	1746	145	1	49	25	-1
58	2025	36	4	41	73	42

5－10　续表6

项　　目	营业利润	利润总额	应交所得　税	应付利润	本年应付工资总额（贷方累计发生额）
总　计	9534	8563	3058	1443	58765
其中:国有及国有控股	5764	5300	1748	638	30448
一、按登记注册类型分组					
内资企业	9594	8623	3057	1442	58607
国有企业	5800	5336	1744	636	30202
集体企业	754	795	249	456	6949
股份合作企业	335	335	84	3	831
有限责任公司	1169	1148	445	158	10001
其他有限责任公司	1169	1148	445	158	10001
股份有限公司	217	297	261	82	4286
私营企业	1319	712	274	107	6338
私营独资企业	64	67	24	43	1427
私营有限责任公司	1152	542	216	60	4389
私营股份有限公司	103	103	34	4	522
港、澳、台商投资企业	－60	－60	1	1	158
合资经营企业（港或澳、台资）	4	4	1	1	98
港、澳、台商独资经营企业	－64	－64			60
二、按经济组织类型分组					
独资企业	6554	6134	2017	1135	38638
国有企业	5800	5336	1744	636	30202
集体企业	754	795	249	456	6949
私营独资企业	64	67	24	43	1427
港、澳、台商独资经营企业	－64	－64			60
合作、合伙企业	335	335	84	3	831
股份合作企业	335	335	84	3	831
股份有限公司	320	400	295	86	4808
股份有限公司（内资）	217	297	261	82	4286
私营股份有限公司	103	103	34	4	522
有限责任公司	2325	1694	662	219	14488
私营有限责任公司	1152	542	216	60	4389
港澳台合资经营企业	4	4	1	1	98
其他有限责任公司	1169	1148	445	158	10001
三、按国民经济行业分组					
房屋和土木工程建筑业	7028	6014	2121	1188	47234
房屋工程建筑	1161	219	791	637	24728
土木工程建筑	5867	5795	1330	551	22506

单位：万元

主营业务应付工资总额	本年应付福利费总额（贷方累计发生额）	主营业务应付福利费总额	年末拖欠工程款	竣工拖欠	亏损企业个数	亏损额	建筑业增加值
56208	5408	5096	114744	64993	68	3920	121463
30307	3519	3453	79090	41673	14	2310	76878
56065	5405	5093	114709	64958	67	3856	121285
30079	3502	3447	78962	41615	13	2260	76581
6610	439	414	16224	7685	8	157	10407
651	38	35	657	641	5	21	1453
8545	666	594	5562	4099	19	534	15185
8545	666	594	5562	4099	19	534	15185
4024	305	242	4074	3645	8	490	6726
6156	455	361	9230	7273	14	394	10933
1369	168	154	2327	2007			1894
4310	212	190	6744	5158	13	383	8115
477	75	17	159	108	1	11	924
143	3	3	35	35	1	64	178
98	3	3					145
45			35	35	1	64	33
38103	4109	4015	97548	51342	22	2481	88915
30079	3502	3447	78962	41615	13	2260	76581
6610	439	414	16224	7685	8	157	10407
1369	168	154	2327	2007			1894
45			35	35	1	64	33
651	38	35	657	641	5	21	1453
651	38	35	657	641	5	21	1453
4501	380	259	4233	3753	9	501	7650
4024	305	242	4074	3645	8	490	6726
477	75	17	159	108	1	11	924
12953	881	787	12306	9257	32	917	23445
4310	212	190	6744	5158	13	383	8115
98	3	3					145
8545	666	594	5562	4099	19	534	15185
45099	3911	3795	94487	47678	33	2808	99044
22707	1283	1198	27311	21471	26	2512	37552
22392	2628	2597	67176	26207	7	296	61492

项　　目	营业利润	利润总额	应交所得　税	应付利润	本年应付工资总额（贷方累计发生额）
铁路、道路、隧道和桥梁建筑	4435	4436	975	537	8979
水利和港口建筑	1502	1119	247	12	13116
工矿工程建筑	－85	－85	1	1	201
架线和管道工程建筑	16	326	107	1	171
其他土木工程建筑	－1	－1			39
建筑安装业	1948	1873	522	125	8407
建筑装饰业	301	303	174	36	1630
其他建筑业	257	373	241	94	1494
工程准备	－235	－235	1	1	343
其他未列明的建筑活动	492	608	240	93	1151
四、按法人批准机关或登记注册机关分组					
1、工商行政管理部门	9534	8563	3058	1443	58765
五、按国有经济控股情况分组					
1、国有绝对控股	5764	5300	1748	638	30448
9、其他国有	3883	3376	1310	805	28176
六、按隶属关系分组					
中　央	1751	1234	210	86	15701
省	4866	4728	1720	395	20219
地　区	709	1057	436	163	6277
县	1048	992	334	678	6119
街　道	－39	－39			646
乡					118
村委会					250
其　他	1199	591	358	121	9435
七、按营业状态分组					
营　业	9534	8563	3058	1443	58765
八、按企业资质等级分组（新标准）					
施工总承包	8355	7288	2512	1267	51966
一　级	6291	5779	1338	216	23769
二　级	－1048	－1052	180	173	12175
三　级	3112	2561	994	878	16022
专业承包	1179	1275	546	176	6799
一　级	－206	－206			225
二　级	98	191	83	77	2641
三　级	1287	1290	463	99	3933

单位:万元

主营业务应付工资总额	本年应付福利费总额(贷方累计发生额)	主营业务应付福利费总额	年末拖欠工程款	竣工拖欠	亏损企业个数	亏损额	建筑业增加值
8865	817	786	12656	6499	4	156	23894
13116	1788	1788	54228	19496	1	50	36879
201	18	18	250	170	1	89	303
171							332
39	5	5	42	42	1	1	84
8068	1154	1078	17889	15358	13	408	16856
1557	202	130	1846	1512	16	369	2961
1484	141	93	522	445	6	335	2602
343	35	35			2	237	343
1141	106	58	522	445	4	98	2259
56208	5408	5096	114744	64993	68	3920	121463
30307	3519	3453	79090	41673	14	2310	76878
25760	1875	1630	35654	23320	52	1497	44503
15701	2370	2370	63621	28059	2	96	42414
19899	1584	1462	20483	11288	23	2572	41094
4710	423	353	8111	7600	16	262	11149
5842	319	311	8894	7684	4	139	10175
646	73	73	1600	300	3	39	856
118	16	16					166
250	38	38					370
9042	585	473	12035	10062	20	812	15239
56208	5408	5096	114744	64993	68	3920	121463
49828	4793	4645	107353	58715	38	3102	109949
23711	3434	3400	73875	37370	3	592	66443
10833	367	318	17593	9080	7	1718	17747
15284	992	927	15885	12265	28	792	25759
6380	615	451	7391	6278	30	818	11514
225	31	31			1	206	231
2497	227	102	3953	3015	10	358	4207
3658	357	318	3438	3263	19	254	7076

5－11 房 地 产

指 标 名 称	总 计	国 有	集 体
本年完成投资	188950	18149	9743
其中:商品房建设投资	173230	15828	9558
土地开发投资	8853	1697	185
住宅	127292	9964	7987
其中:经济适用房	37544	3808	3269
本年新增固定资产	137389	19173	1567
本年资金来源小计	197817	16302	9193
(1)国家预算内资金			
(2)国内贷款	39338	2850	3651
(3)利用外资	3550		
其中:外商直接投资	3550		
(4)自筹资金	77258	10722	2925
其中:自有资金			
(5)其他资金来源	77671	2730	2617
其中:集资	31628	1200	1250
定金及预收款			
竣工房屋住宅套数(套)	11225		815
其中:经济适用房套数(套)	3371		
施工房屋面积(平方米)	3504470	648403	194497
其中:住宅	2577593	562703	152640
竣工房屋面积(平方米)	1352808	241870	76639
其中:住宅	1205881	228724	68629
施工房屋价值	133176	19137	7078
其中:住宅	112223	17845	6055
商品房实际销售面积(平方米)	579249	103869	33472
其中:住宅	507057	94078	32944
商品房销售给个人面积(平方米)	519066	94295	33472
其中:住宅	491865	88786	32944
商品房实际销售额(万元)	95215	17057	4291
其中:住宅	76000	13981	4143
商品房给个人实际销售额(万元)	81036	15223	4291
其中:住宅	73973	13354	4143

开 发 情 况

单位:万元

其他	地方	国有	集体	其他
161058	188950	18149	9743	161058
147844	173230	15828	9558	147844
6971	8853	1697	185	6971
109341	127292	9964	7987	109341
30467	37544	3808	3269	30467
116649	137389	19173	1567	116649
172322	197817	16302	9193	172322
32837	39338	2850	3651	32837
3550	3550			3550
3550	3550			3550
63611	77258	10722	2925	63611
72324	77671	2730	2617	72324
29178	31628	1200	1250	29178
10410	11225		815	10410
3371	3371			3371
2661570	3504470	648403	194497	2661570
1862250	2577593	562703	152640	1862250
1034299	1352808	241870	76639	1034299
908528	1205881	228724	68629	908528
106961	133176	19137	7078	106961
88323	112223	17845	6055	88323
441908	579249	103869	33472	441908
380035	507057	94078	32944	380035
391299	519066	94295	33472	391299
370135	491865	88786	32944	370135
73867	95215	17057	4291	73867
57876	76000	13981	4143	57876
61522	81036	15223	4291	61522
56476	73973	13354	4143	56476

5－12 建筑业企业计算指标综合表

	总计
劳动生产率（元/人）（按总产值计算）	62633
劳动生产率（元/人）（按增加值计算）	13489
房屋建筑面积竣工率（%）	41
产值利润率（%）	1.5
产值利税率（%）	5.1
人均竣工产值（元/人）	42607.7
人均施工面积（平米/人）	47.7
人均竣工面积（平米/人）	19.6
人均利润（元/人）	950.39
人均利税（元/人）	3168.5
资产负债率（%）	57.6
技术装备率（元/人）	18541.6
动力装备率（千瓦/人）	7.5

5－13 城市规模、房屋面积、设施水平情况

	单 位	数 量
一、城市规模和建设用地		
1. 市区人口	万人	99.54
2. 市区面积	平方公里	350
3. 建成区面积	平方公里	60.8
其中:城市建设用地面积	平方公里	60.8
(1)工业用地	平方公里	11.06
(2)仓储用地	平方公里	3.2
(3)对外交通用地	平方公里	7.05
(4)生活居住及公共设施用地	平方公里	28.05
(5)其他用地	平方公里	11.44
二、城市房屋面积		
1. 实有房屋建筑面积	万平方米	2145
2. 实有住宅建筑面积	万平方米	1594
3. 房屋竣工面积	万平方米	153
其中:住宅面积	万平方米	130
4. 房屋减少面积	万平方米	58
其中:住宅面积	万平方米	35
三、城市设施水平		
1. 市区人口密度	人/平方公里	2253
2. 人均拥有两项城市维护建设资金	元	645
3. 人均住宅建筑面积	平方米	16.01
4. 人均建筑面积在 10 平方米以下住户	户	2300
5. 人均日生活用水量	升	231.65
6. 用水普及率	%	100.00
7. 每万人拥有公共交通车辆	标台	13.67
8. 人均拥有市政工程道路面积	平方米	6.21
9. 排水管道密度	公里/平方公里	6.58
10. 人均公共绿地面积	平方米	6.73
11. 建成区绿化覆盖率	%	25.00

5－14　城市维护建设资金及经营性收入情况

单位:万元

	金　　额
合　　计	**50838**
1. 两项城市维护建设资金	11117
(1)城市维护建设税	9230
(2)公用事业附加	1887
2. 国家预算内资金	
3. 中央财政专项拨款	6780
4. 地方财政拨款	–
5. 水资源费	1723
6. 国内贷款	18240
7. 土地出让转让金	2327
8. 市政公用设施有偿使用费	2660
9. 企、事业自筹	7991

5－15　城市维护建设资金支出情况

单位:万元

	金　　额
合　　计	**51249**
1. 固定资产投资支出	36082
2. 维护支出	13041
3. 其他支出	2126
4. 偿还国内外贷款	–
5. 税费	–
按行业分	
1. 供水	6900
2. 燃气	1500
3. 集中供热	–
4. 公共交通	2408
5. 道路桥梁	29702
6. 排水	400
7. 防洪	2900
8. 园林绿化	450
9. 市容环境卫生	5789
10. 其他	1200

5－16　城市公共交通(公共汽车)情况

	单　位	数　量
一、城建系统内市公共汽车公司		
1. 营运车辆	辆	1002
2. 营运标准车台	标台	1002
3. 营运线路长度	公里	307
4. 行驶里程	万车公里	－
5. 客运总量	万人次	22859
6. 利润总额	万元	－69
二、城市公用事业		
1. 营运车辆	辆	140
2. 营运标准车台	标台	76
3. 营运线路长度	公里	－
4. 客运总量	万人次	901

5－17　城市园林绿化情况

	单　位	数　量
城市园林绿化		
1. 园林绿地总面积	公顷	1413
2. 建成区园林绿地面积	公顷	1413
3. 公园数量	个	11
4. 公园面积	公顷	249
5. 游人量	万人次	239
6. 植树量	万株	25
7. 苗圃面积	公顷	89.3

5－18　城市供水情况

指　标　名　称	单　　位	数　　量
1. 水厂个数	个	6
2. 水厂综合生产能力	万立方米	44.89
3. 自来水管道长度	公里	476
4. 供水总量	万立方米	11559
其中:生产用水量	万立方米	3470
生活用水量	万立方米	5851
5. 用水人口	万人	78.85
6. 利润总额	万元	529

5－19　城市清洁卫生情况

指　标　名　称	单　　位	数　　量
一、实际清扫面积	万平方米	727
二、生活垃圾清运量	万吨	66
三、粪便清运量	万吨	43
四、公共厕所	座	276
五、市容环卫专用车辆	辆	157

5－20　城市市政工程设施情况

指　标　名　称	单　　位	数　　量
1. 道路长度	公里	346
其中：高级、次高级	公里	346
2. 道路面积	万平方米	490
其中：高级、次高级	万平方米	490
3. 人行道面积	万平方米	103
4. 桥梁数	座	50
5. 下水道长度	公里	400
6. 防洪堤长度	公里	25
7. 路灯盏数	盏	16425

5－21　集中供热情况

指　标　名　称	单　　位	数　　量
一、供热能力蒸气	吨/小时	－
供热能力热水	兆瓦/小时	28
二、供热总量热水	万百万千焦/年	29
三、集中供热面积	万平方米	28
四、供热管道长度	公里	7
五、利润总额	万元	－94

5－22　城市“三废”排放、处理及综合利用情况

	单　位	数　量
一、废水排放总量	万吨	**2065.5**
其中:符合排放标准的	万吨	1877.8
二、废气排放总量	万标立方米	**7202425**
1. 燃料燃烧过程中废气排放总量	万标立方米	2748636
2. 生产工艺过程中废气排放总量	万标立方米	4453789
3. 废气中:二氧化硫	吨	38801
烟　尘	吨	29167
三、工业粉尘排放量	吨	**19272**
四、工业固体废物产生量	万吨	**97**
工业固体废物贮存量	万吨	65
工业固体废物综合利用量	万吨	38
工业固体废物排放量	万吨	0.36
工业固体废物处置量	万吨	7.36
五、工业锅炉	台/蒸吨	**176/3886**
其中:烟尘排放达标的	台/蒸吨	146/3794
六、工业炉窑	座	**114**
其中:烟尘排放达标的	座	40
七、其他		
1. “三废”综合利用产品产值	万元	2437

5-23 固定资产投资资金来源情况

单位:万元

	合计	基本建设投资	更新改造投资	其他固定资产投资	房地产开发投资
本年资金来源合计	710483	305986	194170	5980	204347
一、上年末结余资金	19907	9669	3708		6530
二、本年资金来源小计	690576	296317	190462	5980	197817
国家预算内资金	60203	56007	4196		
国内贷款	127923	30248	58337		39338
债券					
利用外资	3750		200		3550
# 外商直接投资	3550				3550
自筹资金	368649	167413	120998	2980	77258
中央各部门自筹	37846	37846			
省自筹	6682	6597	85		
地市自筹	9010	8405	605		
县自筹	10149	10040	109		
企事业单位自筹	256420	104525	120199	2980	28716
其他资金来源	130051	42649	6731	3000	77671
#集资	54503	22625	250		31628
三、本年各项应付款合计	158870	80459	64843		13568
工程款	80831	68695	5048		7088
设备、器材款					

5-24 西宁市城镇和工矿区私人建房情况

项目	本年竣工房屋建筑面积(平方米)	其中:住宅	本年竣工房屋价值(万元)	其中:住宅	建房户数(户)
总计	86 650	85 650	3 639	3 588	962
其中:农业户建房	35 587	34 587	1 957	1 902	297
1. 市	35 587	34 587	1 957	1 902	297
其中:农业户建房	35 587	34 587	1 957	1 902	297
2. 县城	51 063	51 063	1 682	1 686	665

六、批发零售贸易 餐饮业

PIFALINGSHOUMAOYI CANYINYE

6－1　社会消费品零售总额

单位：万元

	合　计	市　区
社会消费品零售总额	**635848**	**550148**
（一）按销售地区分		
（1）市的零售额	550148	550148
（2）县的零售额	52374	0
（3）县以下的零售额	33326	0
（二）按经济类型分		
国有经济	173262	159582
集体经济	83851	78297
私营经济	89187	80827
个体经济	264911	208186
其他经济	24637	23256
（三）按行业分		
批发、零售贸易业	540024	469610
餐饮业	90935	76728
其　他	4889	3810
补充资料：1. 制造业	29210	23727
2. 农业生产者	31675	23919
3. 居民购买住房	73973	

注：本表不含制造业、农业生产者的零售。

6－2 限额以上批发零售

	企业数（个）	亏损企业数（个）	流动资产	
			小计	存货
总计	**51**	**18**	**175803.2**	**56474.0**
一、批发企业	27	8	125520.4	39356.4
其中:国有及国有控股	18	6	98766.3	30926.1
(一)按登记注册类型分组				
内资企业	27	8	125520.4	39356.4
国有企业	11	3	81710.3	27999.9
集体企业	4	2	16692.4	7155.9
股份合作企业	1		417.1	-181.5
联营企业	1	1	448.5	286.1
国有联营企业	1	1	448.5	286.1
有限责任公司	8	2	20122.5	2567.9
国有独资企业	1	1	1648.1	145.3
其他有限责任公司	7	1	18474.4	2422.6
私营企业	2		6129.6	1528.1
私营有限责任公司	1		5333.4	962.9
私营股份有限公司	1		796.2	565.2
(二)按国民经济行业分组				
食品、饮料及烟草制品批发业	5	2	48654.4	7480.6
烟草制品批发业	3	1	46363.4	6894.9
纺织、服装及日用品批发业	4	1	22586.2	6281.5
文化、体育用品及器材批发业	1		2749.5	1145.5
医药及医疗器材批发业	3	3	2706.1	764.1
矿产品、建材及化工产品批发业	11		39960.8	21057.6
石油及制品批发业	1		16664.9	13975.2
金属及金属矿批发业	5		13227.8	5311.4
建材批发业	1		2975.6	418.6
化肥批发业	1		805.5	422.0
机械设备、五金交电及电子产品批	3	2	8863.4	2627.1
汽车、摩托车及零配件批发业	1	1	682.3	346.0
计算机、软件及辅助设备批发业	1		4212.1	961.3
二、零售企业	**24**	**10**	**50282.8**	**17117.6**
其中:国有及国有控股	10	5	16147.9	5161.1
(一)按登记注册类型分组				
内资企业	23	10	43676.4	14675.5

贸易企业财务状况

单位:万元

年末资产负债					
长期投资	固定资产小计	固定资产原价	累计折旧	本年折旧	资产合计
10016.5	**113869.7**	**136489.4**	**31108.8**	**4316.0**	**329766.0**
8337.6	**53927.5**	**68964.6**	**15955.4**	**2151.2**	**208193.7**
3755.2	48299.4	60915.7	13271.5	1805.5	169881.7
8337.6	53927.5	68964.6	15955.4	2151.2	208193.7
2275.7	42172.3	52725.5	10761.6	1641.6	141147.5
552.4	2711.0	4492.2	1989.9	196.2	21409.0
	1728.2	2127.3	399.1	82.1	2304.9
	143.6	165.3	21.7	2.1	592.2
	143.6	165.3	21.7	2.1	592.2
1552.1	6405.5	8437.5	2533.2	138.6	31884.3
922.7	2584.8	3559.3	1113.0		5155.5
629.4	3820.7	4878.2	1420.2	138.6	26728.8
3957.4	766.9	1016.8	249.9	90.6	10855.8
3930.0	607.3	756.1	148.8	67.8	9872.6
27.4	159.6	260.7	101.1	22.8	983.2
2930.8	8595.7	12180.8	3851.1	221.1	64863.1
2008.1	5232.9	7408.6	2235.7	218.7	58237.6
432.0	2597.7	4378.9	2021.2	160.0	29350.2
70.0	1877.5	2532.8	655.3	122.4	4697.0
0.2	795.6	1053.0	257.4	21.6	3507.3
4710.3	37538.0	46095.8	8750.7	1561.6	93509.9
	32594.4	39741.2	7146.8	1242.4	59242.3
328.0	1184.4	1204.7	213.2	65.5	15223.7
76.5	205.8	502.4	296.6	7.6	3273.9
67.0	283.6	461.9	178.3	22.4	1673.6
194.3	2523.0	2723.3	419.7	64.5	12266.2
	487.4	487.4	74.6	23.0	1547.1
77.1	1044.1	1062.5	24.7	1.4	5333.3
1678.9	**59942.2**	**67524.8**	**15153.4**	**2164.8**	**121572.3**
126.0	19877.4	25045.0	6599.3	887.9	36683.3
1678.9	44860.1	51630.7	14341.4	1433.7	95916.7

6－2　续表1

	企业数（个）	亏损企业数（个）	流动资产小计	存货
国有企业	4		4983.6	2582.4
集体企业	1		1396.8	244.0
股份合作企业	5	4	5819.3	3954.0
联营企业	2	1	636.4	249.7
国有联营企业	1	1	272.1	183.7
其他联营企业	1		364.3	66.0
有限责任公司	5	2	9311.7	3392.3
其他有限责任公司	5	2	9311.7	3392.3
股份有限公司	1		9033.8	1464.8
私营企业	5	3	12494.8	2788.3
私营独资企业	1	1	381.7	75.5
私营有限责任公司	3	1	11117.8	2448.2
私营股份有限公司	1	1	995.3	264.6
港、澳、台商投资企业	1		6606.4	2442.1
合资经营企业	1		6606.4	2442.1
（二）按国民经济行业分组				
综合零售业	7	3	17313.6	4026.9
百货零售业	5	2	12997.1	1985.1
超级市场零售业	2	1	4316.5	2041.8
食品、饮料及烟草制品专门零售业	3	2	3376.3	2038.6
纺织、服装及日用品专门零售业	1	1	2201.0	1839.2
文化、体育用品及器材专门零售业	3	1	5197.6	1890.6
图书零售业	2	1	5049.8	1789.9
医药及医疗器材专门零售业	4	2	10674.2	3155.8
药品零售业	3	2	2921.8	1349.9
汽车、摩托车、燃料及零配件专门	2		1761.1	310.0
家用电器及电子产品专门零售业	2	1	1432.5	230.7
计算机、软件及辅助设备零售业	1	1	272.1	183.7
通讯设备零售业	1		1160.4	47.0
无店铺及其他零售业	2		8326.5	3625.8
（三）按业态分组				
百货商店	4	2	3963.3	520.3
超级市场	4	2	13732.0	3582.1
专业（专卖）商店	6	1	12604.7	3524.9
其他	4		11410.4	4966.4

单位:万元

年末资产负债					
长期投资	固定资产小计	固定资产原价	累计折旧	本年折旧	资产合计
125.8	14830.8	19100.7	5535.4	657.9	22322.8
	120.4	362.8	242.4	30.6	1517.2
1070.9	8348.1	10592.6	2917.3	166.6	18720.7
	14.3	29.6	15.3	12.5	745.5
	4.5	8.1	3.6	0.8	278.2
	9.8	21.5	11.7	11.7	467.3
11.8	14755.2	12473.8	2974.4	117.5	25337.6
11.8	14755.2	12473.8	2974.4	117.5	25337.6
	3346.1	3961.3	615.2	243.4	10525.3
470.4	3445.2	5109.9	2041.4	205.2	16747.6
0.2	249.2	261.8	12.6	0.1	633.5
93.5	2807.6	4836.4	2028.8	205.1	14742.2
376.7	388.4	11.7			1371.9
	15082.1	15894.1	812.0	731.1	25655.6
	15082.1	15894.1	812.0	731.1	25655.6
507.6	30317.9	30885.7	7465.8	872.2	49448.2
507.6	22291.7	21653.2	5659.5	839.6	36959.3
	8026.2	9232.5	1806.3	32.6	12488.9
364.1	4775.9	5390.5	1083.6	22.7	10383.6
707.0	3171.6	4746.8	1612.8	173.9	7697.1
56.7	3053.8	4767.7	1713.9	218.7	9019.4
6.7	3048.5	4758.8	1710.3	217.2	8816.2
43.5	2198.9	3303.8	1271.1	26.2	12931.6
	853.6	1101.1	413.7	-29.9	3775.4
	130.2	384.3	254.1	42.3	1984.5
	306.0	564.5	258.5	32.1	1826.4
	4.5	8.1	3.6	0.8	278.2
	301.5	556.4	254.9	31.3	1548.2
	15987.9	17481.5	1493.6	776.7	28281.5
507.6	18945.6	17691.9	5044.3	596.2	26434.0
0.2	11621.5	13455.6	2434.1	276.1	23647.7
100.2	3938.2	5867.0	2095.0	159.3	16747.5
363.9	19025.4	20432.3	1875.9	749.8	36724.9

6－2 续表2

	年末资产负			
	负债合计	所有者权益合计	实收资本	
				国家资本
总　　计	**218160.5**	**111605.5**	**46735.3**	**9148.7**
一、批发企业	**125768.1**	**82425.6**	**25799.8**	**7505.1**
其中:国有及国有控股	96328.5	73553.2	18446.0	6777.9
(一)按登记注册类型分组				
内资企业	125768.1	82425.6	25799.8	7505.1
国有企业	69763.6	71383.9	9368.2	5531.5
集体企业	17735.0	3674.0	4531.0	1526.0
股份合作企业	1402.8	902.1	901.0	
联营企业	727.4	－135.2	34.0	
国有联营企业	727.4	－135.2	34.0	
有限责任公司	27036.3	4848.0	9043.5	447.6
国有独资企业	6395.7	－1240.2	4486.7	
其他有限责任公司	20640.6	6088.2	4556.8	447.6
私营企业	9103.0	1752.8	1922.1	
私营有限责任公司	8236.7	1635.9	1822.1	
私营股份有限公司	866.3	116.9	100.0	
(二)按国民经济行业分组				
食品、饮料及烟草制品批发业	16292.5	48570.6	8926.1	3767.2
烟草制品批发业	9160.8	49076.8	3964.2	3767.2
纺织、服装及日用品批发业	23646.9	5703.3	4914.9	25.4
文化、体育用品及器材批发业	3968.5	728.5	517.7	517.7
医药及医疗器材批发业	2643.4	863.9	1085.1	701.8
矿产品、建材及化工产品批发业	70204.8	23305.1	6837.9	992.4
石油及制品批发业	44459.5	14782.8		
金属及金属矿批发业	10934.4	4289.3	2358.4	544.8
建材批发业	3210.2	63.7	133.8	
化肥批发业	1170.7	502.9	500.0	
机械设备、五金交电及电子产品批	9012.0	3254.2	3518.1	1500.6
汽车、摩托车及零配件批发业	529.1	1018.0	947.5	
计算机、软件及辅助设备批发业	3218.3	2115.0	1070.0	
二、零售企业	**92392.4**	**29179.9**	**20935.5**	**1643.6**
其中:国有及国有控股	30336.0	6347.3	5223.5	1643.6
(一)按登记注册类型分组				
内资企业	72169.5	23747.2	17435.5	1643.6

单位:万元

债		损益及分配			
港澳台资本	外商资本	商品销售收入净额	商品销售成本	经营费用	商品销售税金及附加
	2800.0	**554782.8**	**480048.1**	**24819.8**	**1324.0**
		440386.8	**380242.7**	**18200.8**	**1097.7**
		362336.9	309143.3	13435.6	1076.5
		440386.8	380242.7	18200.8	1097.7
		340156.9	288420.7	12843.1	859.9
		32384.7	29289.3	1516.8	2.8
		5570.4	5354.0	59.8	4.5
		515.2	462.3	33.0	0.1
		515.2	462.3	33.0	0.1
		26554.9	24768.6	994.8	221.3
		375.5	389.3	15.5	2.4
		26179.4	24379.3	979.3	218.9
		35204.7	31947.8	2753.3	9.1
		31163.4	28200.1	2567.7	6.9
		4041.3	3747.7	185.6	2.2
		169649.7	148580.6	1249.9	312.1
		168830.2	147834.3	1201.1	306.3
		37230.5	33920.2	1622.9	211.1
		5610.0	4844.1	341.2	16.6
		4169.8	3761.7	428.9	1.8
		204959.8	172008.1	13440.6	379.6
		134124.2	107270.6	9303.9	312.2
		30553.3	28336.4	1180.1	50.8
		1149.5	824.2	160.8	
		940.6	652.0	126.4	1.2
		18767.0	17128.0	1117.3	176.5
		1980.0	1934.4	63.7	
		8944.5	7734.5	834.0	176.5
	2800.0	**114396.0**	**99805.4**	**6619.0**	**226.3**
		56060.0	49424.7	2542.4	143.5
		107347.5	93750.6	6285.7	226.3

6－2 续表3

	年末资产负			
	负债合计	所有者权益合计	实收资本	国家资本
国有企业	18497.8	3825.0	2766.4	912.6
集体企业	1309.0	208.2	200.4	
股份合作企业	14376.4	4344.3	4808.7	731.0
联营企业	313.9	431.6	580.0	
国有联营企业	42.6	235.6	280.0	
其他联营企业	271.3	196.0	300.0	
有限责任公司	15763.2	9574.4	2505.0	
其他有限责任公司	15763.2	9574.4	2505.0	
股份有限公司	9033.8	1491.5	1400.0	
私营企业	12875.4	3872.2	5175.0	
私营独资企业	805.1	－171.6		
私营有限责任公司	11599.4	3142.8	4175.0	
私营股份有限公司	470.9	901.0	1000.0	
港、澳、台商投资企业	20222.9	5432.7	3500.0	
合资经营企业	20222.9	5432.7	3500.0	
（二）按国民经济行业分组				
综合零售业	35595.7	13852.5	6370.4	
百货零售业	30256.2	6703.1	5565.4	
超级市场零售业	5339.5	7149.4	805.0	
食品、饮料及烟草制品专门零售业	6862.4	3521.2	2807.0	427.0
纺织、服装及日用品专门零售业	7237.4	459.7	1651.6	
文化、体育用品及器材专门零售业	6933.6	2085.8	1506.4	331.4
图书零售业	6804.8	2011.4	1431.4	331.4
医药及医疗器材专门零售业	10063.5	2868.1	3650.1	304.0
药品零售业	3159.0	616.4	650.1	304.0
汽车、摩托车、燃料及零配件专门	1580.3	404.2	500.4	
家用电器及电子产品专门零售业	1121.8	704.6	861.2	581.2
计算机、软件及辅助设备零售业	42.6	235.6	280.0	
通讯设备零售业	1079.2	469.0	581.2	581.2
无店铺及其他零售业	22997.7	5283.8	3588.4	
（三）按业态分组				
百货商店	21222.4	5211.6	4165.4	
超级市场	15178.4	8469.3	2205.0	
专业（专卖）商店	12377.3	4370.2	4492.0	1216.6
其他	27753.8	8971.1	6480.0	

单位:万元

债		损益及分配			
港澳台资本	外商资本	商品销售收入净额	商品销售成本	经营费用	商品销售税金及附加
		34411.5	29324.5	1764.6	84.7
		7328.8	7098.3	110.4	4.6
		11455.9	9598.2	1163.6	30.5
		218.2	172.7	8.1	1.6
		197.9	153.5	7.0	0.7
		20.3	19.2	1.1	0.9
		23915.7	20544.9	1796.1	12.6
		23915.7	20544.9	1796.1	12.6
		20715.0	19085.4	620.3	57.3
		9302.4	7926.6	822.6	35.0
			5.2	11.3	
		8301.4	7018.1	731.0	19.2
		1001.0	903.3	80.3	15.8
	2800.0	7048.5	6054.8	333.3	
	2800.0	7048.5	6054.8	333.3	
		63668.9	55874.8	3326.8	137.7
		45790.3	40052.2	2164.0	142.7
		17878.6	15822.6	1162.8	-5.0
		5479.2	4770.7	646.1	13.8
		5379.1	4346.6	451.6	15.9
		4427.0	3359.2	496.9	24.1
		4007.1	2973.1	479.2	23.8
		10071.9	8341.0	961.2	14.4
		3256.3	2480.1	459.2	6.5
		7349.1	7117.5	111.5	5.5
		9450.3	8760.6	107.3	13.8
		197.9	153.5	7.0	0.7
		9252.4	8607.1	100.3	13.1
	2800.0	8570.5	7235.0	517.6	1.1
		25075.3	20966.8	1543.7	85.4
		38593.6	34913.2	1794.4	52.3
		27257.7	24558.9	1062.2	39.5
	2800.0	15068.7	12463.5	1289.2	20.4

6－2 续表4

	损			
	商品销售利润	代购代销收入	主营业务利润	其他业务利润
总计	**48590.9**	**1103.9**	**49694.8**	**4244.8**
一、批发企业	**40845.6**	**274.6**	**41120.2**	**609.7**
其中:国有及国有控股	38681.5	248.3	38929.8	402.2
(一)按登记注册类型分组				
内资企业	40845.6	274.6	41120.2	609.7
国有企业	38033.2	51.5	38084.7	289.3
集体企业	1575.8		1575.8	18.7
股份合作企业	152.1		152.1	54.0
联营企业	19.8		19.8	
国有联营企业	19.8		19.8	
有限责任公司	570.2	223.1	793.3	144.8
国有独资企业	－31.7		－31.7	2.2
其他有限责任公司	601.9	223.1	825.0	142.6
私营企业	494.5		494.5	102.9
私营有限责任公司	388.7		388.7	102.9
私营股份有限公司	105.8		105.8	
(二)按国民经济行业分组				
食品、饮料及烟草制品批发业	19507.1		19507.1	－7.6
烟草制品批发业	19488.5		19488.5	－9.8
纺织、服装及日用品批发业	1476.3	203.3	1679.6	0.7
文化、体育用品及器材批发业	408.1		408.1	155.6
医药及医疗器材批发业	－22.6	6.5	－16.1	1.9
矿产品、建材及化工产品批发业	19131.5	20.0	19151.5	324.3
石油及制品批发业	17237.5		17237.5	6.8
金属及金属矿批发业	986.0	20.0	1006.0	
建材批发业	164.5		164.5	48.7
化肥批发业	161.0		161.0	18.0
机械设备、五金交电及电子产品批	345.2	44.8	390.0	134.8
汽车、摩托车及零配件批发业	－18.1		－18.1	134.8
计算机、软件及辅助设备批发业	199.5	44.8	244.3	
二、零售企业	**7745.3**	**829.3**	**8574.6**	**3635.1**
其中:国有及国有控股	3949.4		3949.4	1696.7
(一)按登记注册类型分组				
内资企业	7084.9	829.3	7914.2	3285.1

单位:万元

益及分配					
管理费用	税金	财产保险	劳动待业险	财务费用	利息支出
24297.3	**928.3**	**170.4**	**1442.6**	**4608.6**	**3490.1**
16154.5	**146.6**	**105.4**	**662.1**	**2893.7**	**2194.0**
14175.6	101.7	94.8	572.0	1988.2	1588.3
16154.5	146.6	105.4	662.1	2893.7	2194.0
12696.1	84.1	52.5	358.4	1601.2	1137.4
1383.3	28.7	6.8	68.6	460.8	452.4
135.5	18.4	4.5	5.6	60.1	59.2
60.6				-4.9	
60.6				-4.9	
1603.2	15.2	39.0	229.5	474.8	490.5
665.1		2.3	116.4	276.1	343.0
938.1	15.2	36.7	113.1	198.7	147.5
275.8	0.2	2.6		301.7	54.5
207.0	0.1	2.0		268.2	26.8
68.8	0.1	0.6		33.5	27.7
7526.2	69.5	3.5	172.2	-56.8	2.2
6807.5	66.5		49.9	-331.7	-340.8
1118.6	27.4	35.8	32.8	446.3	438.9
513.9	11.6		67.0	-1.9	
214.0	4.6		33.9	56.8	71.3
6052.3	32.9	62.3	309.8	2489.0	1623.7
4602.2		48.4	208.7	1797.0	1232.4
335.4	0.3	0.6	3.2	334.5	273.5
466.8	3.1	0.7	50.6	31.1	30.9
174.9	9.3	2.4	2.9	-1.3	-1.4
729.5	0.6	3.8	46.4	-39.7	57.9
144.1	0.4	2.9	0.5	-1.2	
299.4				-97.4	
8142.8	**781.7**	**65.0**	**780.5**	**1714.9**	**1296.1**
4508.6	667.0	41.3	431.3	793.8	639.7
8142.8	781.7	65.0	780.5	1616.7	1183.7

6－2　续表5

	损			
	商品销售利润	代购代销收入	主营业务利润	其他业务利润
国有企业	3237.7		3237.7	1090.5
集体企业	115.5		115.5	
股份合作企业	663.6		663.6	247.7
联营企业	35.8	0.9	36.7	1.9
国有联营企业	36.7		36.7	1.9
其他联营企业	－0.9	0.9		
有限责任公司	1562.1	828.4	2390.5	1357.9
其他有限责任公司	1562.1	828.4	2390.5	1357.9
股份有限公司	952.0		952.0	556.4
私营企业	518.2		518.2	30.7
私营独资企业	－16.5		－16.5	
私营有限责任公司	533.1		533.1	30.7
私营股份有限公司	1.6		1.6	
港、澳、台商投资企业	660.4		660.4	350.0
合资经营企业	660.4		660.4	350.0
（二）按国民经济行业分组				
综合零售业	4329.6	828.4	5158.0	2529.4
百货零售业	3431.4		3431.4	1325.4
超级市场零售业	898.2	828.4	1726.6	1204.0
食品、饮料及烟草制品专门零售业	48.6		48.6	201.3
纺织、服装及日用品专门零售业	565.0		565.0	43.0
文化、体育用品及器材专门零售业	546.8		546.8	107.5
图书零售业	531.0		531.0	107.5
医药及医疗器材专门零售业	755.3		755.3	14.4
药品零售业	310.5		310.5	14.4
汽车、摩托车、燃料及零配件专门	114.6	0.9	115.5	
家用电器及电子产品专门零售业	568.6		568.6	406.4
计算机、软件及辅助设备零售业	36.7		36.7	1.9
通讯设备零售业	531.9		531.9	404.5
无店铺及其他零售业	816.8		816.8	333.1
（三）按业态分组				
百货商店	2479.4		2479.4	769.0
超级市场	1833.7	828.4	2662.1	1760.4
专业（专卖）商店	1597.1		1597.1	484.7
其他	1295.6	0.9	1296.5	517.8

单位:万元

益　及　分　配

管理费用	税金	财产保险	劳动待业险	财务费用	利息支出
2929.8	105.3	41.3	406.4	588.3	578.9
75.3				47.2	
1372.4	47.9	2.1	178.4	401.0	369.7
43.5				0.1	-5.0
43.5				0.1	-5.0
1879.1	60.1	16.6	187.2	199.7	66.7
1879.1	60.1	16.6	187.2	199.7	66.7
1262.1	560.0			113.1	
580.6	8.4	5.0	8.5	267.3	173.4
18.3			8.5	41.5	41.5
509.4	8.0	5.0		212.6	131.9
52.9	0.4			13.2	
				98.2	112.4
				98.2	112.4
4910.9	708.0	51.8	424.8	909.8	637.8
3754.7	708.0	51.8	424.8	777.8	637.8
1156.2				132.0	
608.6	18.8	2.1	32.4	118.9	94.4
689.2	27.4		138.1	296.8	292.5
757.3	8.6	3.8	61.5	64.0	
742.0	8.6	3.8	61.5	64.0	
602.2	11.6	6.8	78.0	173.7	156.2
360.8	4.0	1.8	78.0	26.2	24.3
75.3				47.2	
381.1	4.3		4.6	-1.6	-5.0
43.5				0.1	-5.0
337.6	4.3		4.6	-1.7	
118.2	3.0	0.5	41.1	106.1	120.2
2492.6	148.0	51.8	424.8	664.7	637.8
2436.6	560.0		8.5	286.6	41.5
1248.8	21.8	8.8	82.5	216.2	156.2
696.2	21.1	3.9	85.5	151.0	165.3

6－2　续表6

	损益及分配		
	营业利润	补贴收入	利润总额
总　　计	**19384.9**	**428.4**	**20011.3**
一、批发企业	**17596.1**	**43.1**	**17166.2**
其中：国有及国有控股	17731.2		17242.8
（一）按登记注册类型分组			
内资企业	17596.1	43.1	17166.2
国有企业	18796.5		18159.7
集体企业	－221.8	5.5	－193.2
股份合作企业	10.5		1.3
联营企业	－35.9		－35.9
国有联营企业	－35.9		－35.9
有限责任公司	－969.6		－829.4
国有独资企业	－970.9		－984.6
其他有限责任公司	1.3		155.2
私营企业	16.4	37.6	63.7
私营有限责任公司	16.4	37.6	60.2
私营股份有限公司			3.5
（二）按国民经济行业分组			
食品、饮料及烟草制品批发业	17864.4		16600.6
烟草制品批发业	18835.2		17585.1
纺织、服装及日用品批发业	－41.3	5.5	186.6
文化、体育用品及器材批发业	51.7		80.2
医药及医疗器材批发业	－285.0		－273.3
矿产品、建材及化工产品批发业	171.4	37.6	741.7
石油及制品批发业			315.0
金属及金属矿批发业	63.0		336.0
建材批发业	70.3		15.3
化肥批发业	5.5		2.3
机械设备、五金交电及电子产品批	－165.1		－169.6
汽车、摩托车及零配件批发业	－26.3		－26.0
计算机、软件及辅助设备批发业	42.3		42.3
二、零售企业	**1788.8**	**385.3**	**2845.1**
其中：国有及国有控股	217.7	385.3	1067.4
（一）按登记注册类型分组			
内资企业	626.5	385.3	1686.8

单位:万元

工资福利及增加值				
本年应付 工资总额	本年应付 福利费 总额	本年应交 增值税	本年 进项税额	本年 销项税额
9436.7	**1539.1**	**7328.2**	**79014.6**	**85429.9**
5843.1	**801.2**	**5517.9**	**68357.5**	**72595.0**
5116.6	699.9	5492.9	60967.6	65274.6
5843.1	801.2	5517.9	68357.5	72595.0
4526.9	605.5	5971.6	57409.9	61810.2
508.1	72.9	0.7	928.2	972.6
46.7	5.9	34.9	908.0	947.0
15.3	2.1	1.2	86.3	87.5
15.3	2.1	1.2	86.3	87.5
648.7	101.1	-507.1	4812.8	4685.6
111.2	38.5	23.9	6.4	48.8
537.5	62.6	-531.0	4806.4	4636.8
97.4	13.7	16.6	4212.3	4092.1
81.9	11.5		3541.9	3405.1
15.5	2.2	16.6	670.4	687.0
1512.4	208.9	3133.2	26482.3	29547.8
1371.5	166.2	3072.4	26447.9	29439.5
568.3	80.0	-537.4	2489.3	2276.4
184.9	28.2	143.7	575.4	727.3
114.6	17.9	12.2	194.9	208.4
3224.5	433.8	2766.3	36068.3	38583.3
2685.2	370.0	2570.2	26316.4	28729.0
120.7	22.2	191.6	4849.0	5056.4
160.9	14.5	-70.0	244.2	195.4
48.4	6.8	-0.6	1.1	2.5
238.4	32.4	-0.1	2547.3	1251.8
84.9	10.9		345.9	336.6
39.9	5.6		1388.5	60.7
3593.6	**737.9**	**1810.3**	**10657.1**	**12834.9**
1996.1	74.9	1178.4	4975.9	5814.6
3387.0	709.0	1707.6	9843.6	11918.6

6－2 续表7

	损益及分配		
	营业利润	补贴收入	利润总额
国有企业	810.0		964.9
集体企业	－7.0		5.7
股份合作企业	－859.7	385.3	－163.5
联营企业	1.2		－5.0
国有联营企业			－5.0
其他联营企业	1.2		
有限责任公司	916.6		897.6
其他有限责任公司	916.6		897.6
股份有限公司			286.8
私营企业	－234.6		－299.7
私营独资企业	－76.4		－76.4
私营有限责任公司	－158.2		－158.9
私营股份有限公司			－64.4
港、澳、台商投资企业	1162.3		1158.3
合资经营企业	1162.3		1158.3
（二）按国民经济行业分组			
综合零售业	1045.0		1258.4
百货零售业	155.7		396.9
超级市场零售业	889.3		861.5
食品、饮料及烟草制品专门零售业	－475.3	366.0	－65.9
纺织、服装及日用品专门零售业	－377.9		－80.3
文化、体育用品及器材专门零售业	－167.0		－173.1
图书零售业	－167.5		－173.6
医药及医疗器材专门零售业	－6.3	19.3	－17.8
药品零售业	－62.2	19.3	－73.0
汽车、摩托车、燃料及零配件专门	－5.8		5.7
家用电器及电子产品专门零售业	600.5		747.8
计算机、软件及辅助设备零售业			－5.0
通讯设备零售业	600.5		752.8
无店铺及其他零售业	1175.6		1170.3
（三）按业态分组			
百货商店	155.7		110.1
超级市场	812.9		1071.9
专业（专卖）商店	616.7	19.3	764.5
其他	1218.3		1198.7

单位:万元

工资福利及增加值				
本年应付 工资总额	本年应付 福利费 总额	本年应交 增值税	本年 进项税额	本年 销项税额
1532.6	64.4	844.9	4837.3	5682.2
47.5	6.6	42.3	1202.5	1244.8
495.3	475.8	182.6	1004.2	1905.6
30.5	3.2	8.3	752.0	759.0
25.6	3.2	6.0	27.6	33.6
4.9		2.3	724.4	725.4
616.9	108.0	234.1	1235.5	1468.8
616.9	108.0	234.1	1235.5	1468.8
350.1		339.4		
314.1	51.0	56.0	812.1	858.2
7.8	1.1			
289.6	40.4	46.0	655.1	691.2
16.7	9.5	10.0	157.0	167.0
206.6	28.9	102.7	813.5	916.3
206.6	28.9	102.7	813.5	916.3
1727.4	78.2	1108.7	3939.3	4708.6
1563.6	50.7	1049.8	3466.5	4176.9
163.8	27.5	58.9	472.8	531.7
500.7	70.1	131.3	758.0	889.3
	411.5	63.2	135.2	917.5
442.5	54.6	173.9	341.1	515.0
430.8	53.0	170.5	273.1	443.6
450.6	58.5	44.7	1079.3	1113.0
279.5	34.6	44.7	492.2	535.8
52.4	6.6	44.6	1926.9	1970.2
103.6	14.1	129.8	1477.3	1607.1
25.6	3.2	6.0	27.6	33.6
78.0	10.9	123.8	1449.7	1573.5
316.4	44.3	114.1	1000.0	1114.2
1213.5	50.7	710.4	3466.5	4176.9
521.7	28.6	398.3	472.8	531.7
632.7	76.4	286.0	3674.6	3950.4
903.9	126.3	292.9	2677.1	2968.0

6－3　限额以上餐饮企业

	企业数（个）	亏损企业数（个）	流动资产 小计	存货
总　　计	**12**	**8**	**3885.1**	**364.7**
其中：国有及国有控股	1	1	137.0	66.0
一、按登记注册类型分组				
内资企业	10	6	3276.9	246.6
有限责任公司	2	1	1636.0	62.3
其他有限责任公司	2	1	1636.0	62.3
私营企业	8	5	1640.9	184.3
私营独资企业	1		15.0	0.2
私营合伙企业	1		309.4	
私营有限责任公司	5	4	1058.5	122.3
私营股份有限公司	1	1	258.0	61.8
港、澳、台商投资企业	1	1	471.2	52.1
合资经营企业	1	1	471.2	52.1
外商投资企业	1	1	137.0	66.0
中外合资经营企业	1	1	137.0	66.0
二、按国民经济行业分组				
正餐服务业	10	7	3438.7	298.7
快餐服务业	1	1	137.0	66.0
其他餐饮服务业	1		309.4	

财务状况

单位:万元

年末资产负债					
长期投资	固定资产小计	固定资产原价	累计折旧	本年折旧	资产合计
	7572.2	**8999.8**	**1427.6**	**648.8**	**12931.3**
	425.8	443.5	17.7		562.8
	3218.0	4239.4	1021.4	354.6	7856.4
	1641.5	2200.6	559.1	146.1	4311.7
	1641.5	2200.6	559.1	146.1	4311.7
	1576.5	2038.8	462.3	208.5	3544.7
	88.0	90.0	2.0	1.6	103.0
	12.0	18.0	6.0	1.8	321.4
	1422.6	1840.5	417.9	195.1	2762.5
	53.9	90.3	36.4	10.0	357.8
	3928.4	4316.9	388.5	294.2	4512.1
	3928.4	4316.9	388.5	294.2	4512.1
	425.8	443.5	17.7		562.8
	425.8	443.5	17.7		562.8
	7134.4	8538.3	1403.9	647.0	12047.1
	425.8	443.5	17.7		562.8
	12.0	18.0	6.0	1.8	321.4

6－3 续表1

	年末资产负			
	负债合计	所有者权益合计	实收资本	国家资本
总计	**8308.9**	**4622.4**	**3991.4**	**50.8**
其中:国有及国有控股	409.0	153.8	153.8	40.8
一、按登记注册类型分组				
内资企业	5036.7	2819.7	3637.6	10.0
有限责任公司	3468.8	842.9	1581.1	10.0
其他有限责任公司	3468.8	842.9	1581.1	10.0
私营企业	1567.9	1976.8	2056.5	
私营独资企业		103.0	100.0	
私营合伙企业	143.2	178.2	30.0	
私营有限责任公司	1017.7	1744.8	1876.7	
私营股份有限公司	407.0	-49.2	49.8	
港、澳、台商投资企业	2863.2	1648.9	200.0	
合资经营企业	2863.2	1648.9	200.0	
外商投资企业	409.0	153.8	153.8	40.8
中外合资经营企业	409.0	153.8	153.8	40.8
二、按国民经济行业分组				
正餐服务业	7756.7	4290.4	3807.6	10.0
快餐服务业	409.0	153.8	153.8	40.8
其他餐饮服务业	143.2	178.2	30.0	

单位:万元

债		损益及分配			
港澳台资本	外商资本	营业收入	营业成本	营业费用	营业税金及附加
50.0	**153.0**	**9436.6**	**5655.9**	**2212.5**	**475.2**
	113.0	42.0	16.9	22.9	2.1
	40.0	7736.8	4845.8	1757.7	392.2
		2031.9	984.7	564.0	114.4
		2031.9	984.7	564.0	114.4
	40.0	5704.9	3861.1	1193.7	277.8
		265.4	202.4	21.0	6.0
		343.9	170.7		
	40.0	4669.4	3258.0	1069.0	250.6
		426.2	230.0	103.7	21.2
50.0		1657.8	793.2	431.9	80.9
50.0		1657.8	793.2	431.9	80.9
	113.0	42.0	16.9	22.9	2.1
	113.0	42.0	16.9	22.9	2.1
50.0	40.0	9050.7	5468.3	2189.6	473.1
	113.0	42.0	16.9	22.9	2.1
		343.9	170.7		

6－3　续表2

	损益			
	经营利润	管理费用	税金	财产保险
总计	**1093.0**	**1223.3**	**9.5**	**0.2**
其中:国有及国有控股	0.1	0.2		
一、按登记注册类型分组				
内资企业	741.1	738.6	7.7	0.2
有限责任公司	368.8	294.8		
其他有限责任公司	368.8	294.8		
私营企业	372.3	443.8	7.7	0.2
私营独资企业	36.0	8.0	4.8	
私营合伙企业	173.2	149.0	1.4	
私营有限责任公司	91.8	135.3	1.5	
私营股份有限公司	71.3	151.5		0.2
港、澳、台商投资企业	351.8	484.5	1.8	
合资经营企业	351.8	484.5	1.8	
外商投资企业	0.1	0.2		
中外合资经营企业	0.1	0.2		
二、按国民经济行业分组				
正餐服务业	919.7	1074.1	8.1	0.2
快餐服务业	0.1	0.2		
其他餐饮服务业	173.2	149.0	1.4	

单位:万元

及	分	配				
劳动待业险	财务费用	利息支出	营业利润	利润总额	本年应付工资总额	本年应付福利费总额
0.4	**305.4**	**288.1**	**-435.7**	**-444.2**	**1343.3**	**170.7**
			-0.1	-0.1	15.0	
0.4	166.9	150.5	-164.4	-172.9	1084.9	169.0
	124.5	124.7	-50.5	-50.8	331.3	43.0
	124.5	124.7	-50.5	-50.8	331.3	43.0
0.4	42.4	25.8	-113.9	-122.1	753.6	126.0
			28.0	28.0	3.2	
	8.1	8.1	16.1	16.1	38.9	
	16.6		-60.1	-68.7	642.9	126.0
0.4	17.7	17.7	-97.9	-97.5	68.6	
	138.5	137.6	-271.2	-271.2	243.4	1.7
	138.5	137.6	-271.2	-271.2	243.4	1.7
			-0.1	-0.1	15.0	
			-0.1	-0.1	15.0	
0.4	297.3	280.0	-451.7	-460.2	1289.4	170.7
			-0.1	-0.1	15.0	
	8.1	8.1	16.1	16.1	38.9	

6－4　限额以上批发零售贸易业商

	法人企业（个）	产业活动单　位（个）	从业人数（人）	购进总额
总　　计	**51**	**54**	**12061**	**488450.2**
一、批发业	**27**	**28**	**6230**	**369703.8**
其中:国有及国有控股	18	18	4638	318636.9
1.按登记注册类型分组				
内资企业	27	28	6230	369703.8
国有企业	11	12	4284	299861.6
集体企业	4	4	764	28042.4
股份合作企业	1	1	349	5405.9
联营企业	1	1	66	296.0
国有联营企业	1	1	66	296.0
有限责任公司	8	8	718	23862.6
国有独资企业	1	1	131	47.6
其他有限责任公司	7	7	587	23815.0
私营企业	2	2	49	12235.3
私营有限责任公司	1	1	24	8352.7
私营股份有限公司	1	1	25	3882.6
2.按国民经济行业分组				
农畜产品批发业		1	700	7086.5
食品、饮料及烟草制品批发业	5	5	761	185795.6
烟草制品批发业	3	3	510	185584.6
纺织、服装及日用品批发业	4	4	618	32771.4
文化、体育用品及器材批发业	1	1	154	7929.8
医药及医疗器材批发业	3	3	103	1189.2
矿产品、建材及化工产品批发业	11	11	3453	120304.4
石油及制品批发业	1	1	2491	76102.3
金属及金属矿批发业	5	5	176	28007.5
建材批发业	1	1	166	658.1
化肥批发业	1	1	150	771.4
机械设备、五金交电及电子产品批	3	3	441	14626.9
汽车、摩托车及零配件批发业	1	1	108	1846.9
计算机、软件及辅助设备批发业	1	1	60	3800.0

品购进、销售、库存总额

单位:万元

进口	销售总额	批发	批发: 出口	零售	年末库存总额
2810.6	**555387.1**	**368882.1**	**18350.2**	**186505.0**	**122796.8**
2810.6	**421215.1**	**342702.7**	**18348.2**	**78512.4**	**93216.7**
	360133.3	291298.9	12717.1	68834.4	81352.5
2810.6	421215.1	342702.7	18348.2	78512.4	93216.7
	344931.1	273318.7	2903.6	71612.4	76128.4
	33115.2	32321.0		794.2	7220.1
	5570.3			5570.3	-181.1
	586.5	88.0		498.5	478.0
	586.5	88.0		498.5	478.0
	25908.4	25871.4	14700.7	37.0	5578.2
	424.5	424.5			78.9
	25483.9	25446.9	14700.7	37.0	5499.3
2810.6	11103.6	11103.6	743.9		3993.1
2810.6	7356.9	7356.9	743.9		3426.5
	3746.7	3746.7			566.6
	7935.4	4089.2		3846.2	1346.7
	214723.8	214121.0		602.8	9449.6
	213795.5	213290.6		504.9	9074.2
	37242.2	37234.2	12717.1	8.0	9098.7
	8188.9	7200.1		988.8	1637.0
	3751.6	2991.6	2903.6	760.0	825.4
2810.6	134983.8	64456.6	2727.5	70527.2	68014.5
	88573.8	23619.4		64954.4	55506.0
	30258.8	30256.3	1983.6	2.5	8261.9
	825.0	825.0			429.5
	940.6	940.6			422.0
	14389.4	12610.0		1779.4	2844.8
	1826.1	840.9		985.2	345.9
	4002.0	4002.0			860.0

6－4　续表1

	法人企业（个）	产业活动单　位（个）	从业人数（人）	购进总额
二、零售业	**24**	**26**	**5831**	**118746.4**
其中:国有及国有控股	10	10	2298	55857.6
1.按登记注册类型分组				
内资企业	23	25	5646	111674.6
国有企业	4	4	1261	32079.5
集体企业	1	1	25	8266.9
股份合作企业	5	6	1810	12170.4
联营企业	2	2	84	4394.5
国有联营企业	1	1	77	162.4
其他联营企业	1	1	7	4232.1
有限责任公司	5	5	1248	23050.8
其他有限责任公司	5	5	1248	23050.8
股份有限公司	1	1	503	22245.4
私营企业	5	6	715	9467.1
私营独资企业	1	2	83	474.0
私营有限责任公司	3	3	362	7970.9
私营股份有限公司	1	1	270	1022.2
港、澳、台商投资企业	1	1	185	7071.8
合资经营企业	1	1	185	7071.8
2.按国民经济行业分组				
综合零售业	7	7	2848	62383.2
百货零售业	5	5	2244	45325.5
超级市场零售业	2	2	604	17057.7
食品、饮料及烟草制品专门零售业	3	5	1096	6938.4
纺织、服装及日用品专门零售业	1	1	602	5121.3
文化、体育用品及器材专门零售业	3	3	452	5855.0
图书零售业	2	2	440	5454.8
医药及医疗器材专门零售业	4	4	452	9466.6
药品零售业	3	3	240	3553.7
汽车、摩托车、燃料及零配件专门	2	2	32	12499.0
家用电器及电子产品专门零售业	2	2	134	7961.2
计算机、软件及辅助设备零售业	1	1	77	162.4
通讯设备零售业	1	1	57	7798.8
无店铺及其他零售业	2	2	215	8521.7

单位:万元

进口	销售总额	批发	出口	零售	年末库存总额
	134172.0	**26179.4**	**2.0**	**107992.6**	**29580.1**
	67189.8	13048.0	2.0	54141.8	15561.1
	128318.8	24716.1	2.0	103602.7	28598.5
	40260.3	10139.1	2.0	30121.2	10684.6
	8574.6	6002.2		2572.4	285.5
	13917.9	966.1		12951.8	6790.8
	4482.3	4378.1		104.2	244.8
	231.4	127.2		104.2	183.7
	4250.9	4250.9			61.1
	25784.0	326.7		25457.3	5131.4
	25784.0	326.7		25457.3	5131.4
	24794.4	2269.3		22525.1	1585.3
	10505.3	634.6		9870.7	3876.1
	872.8			872.8	234.0
	8559.1	634.6		7924.5	2889.9
	1073.4			1073.4	752.2
	5853.2	1463.3		4389.9	981.6
	5853.2	1463.3		4389.9	981.6
	72443.6	2269.3		70174.3	5537.8
	53900.0	2269.3		51630.7	3663.4
	18543.6			18543.6	1874.4
	7506.1	453.7		7052.4	2090.2
	6325.3			6325.3	2254.7
	5116.8	537.9		4578.9	9242.6
	4730.6	151.7		4578.9	9142.1
	11333.4	1087.5		10245.9	7659.5
	4381.7	839.1		3542.6	5791.1
	12825.5	10253.1		2572.4	346.6
	11048.3	10114.6	2.0	933.7	136.7
	231.4	127.2		104.2	183.7
	10816.9	9987.4	2.0	829.5	-47.0
	7573.0	1463.3		6109.7	2312.0

6－5 限额以下批发零售贸易业商品销售总额

单位：万元

	销售总额	批发	零售
总　　计	**992405**	**452381**	**540024**
食品、饮料、烟酒类	210300	113095	97205
服装鞋帽、针、纺织品类	32403		32403
化妆品类	16201		16201
日用品类	91804		91804
五金、电料类	113406		113406
体育、娱乐用品类	10800		10800
书报杂志类	5401		5401
电子出版物和音像制品类	18093	18093	
家用电器和音像器材类	13573	13573	
中西药品类	21600		21600
文化办公用品类	9049	9049	
家具类	105800	95000	10800
木材及制品类	4522	4522	
化工材料及制品类	27142	27142	
建筑及装潢材料类	36191	36191	
机电设备类	67855	67855	
其他类	208264	67859	140405

6－6 餐饮业销售情况

单位：万元

	法人企业（个）	产业活动单位（个）	从业人数（人）	营业总收入	商品零售额
总　　计	**168**	**6680**	**31909**	**115286.0**	**90935.0**
一、限额以上	**12**	**20**	**2523**	**7416.7**	**6835.7**
1. 按登记注册类型分组					
内资企业	10	17	2223	6549.4	6059.1
国有企业		2	468	659.8	643.0
有限责任公司	2	4	688	1614.6	1524.2
其他有限责任公司	2	4	688	1614.6	1524.2
私营企业	8	11	1067	4275.0	3891.9
私营独资企业	1	1	45	265.4	265.4
私营合伙企业	1	2	102	368.9	368.9
私营有限责任公司	5	6	620	3154.5	2826.0
私营股份有限公司	1	2	300	486.2	431.6
港、澳、台商投资企业	1	2	268	825.3	734.6
合资经营企业	1	2	268	825.3	734.6
外商投资企业	1	1	32	42.0	42.0
中外合资经营企业	1	1	32	42.0	42.0
2. 按国民经济行业分组					
正餐服务业	10	16	2324	6985.8	6409.8
快餐服务业	1	2	97	62.0	57.0
其他餐饮服务业	1	2	102	368.9	368.9
二、限额以下	**156**	**6660**	**29386**	**107869.3**	**84099.3**

6－7 限额以上连锁店(公司)商品销售情况

单位:万元

	连锁总店数(个)	连锁门店数		营业面积(平方米)	从业人员(人)	销售总额营业收入	
		(个)	直销店				零售额
总　计	**13**	**168**	**107**	**200133**	**3927**	**93305**	**86949**
一、零售业	**10**	**154**	**93**	**191265**	**3470**	**68527**	**64227**
按零售业态分							
百货商店	1	2	2	16800	1002	24214	24214
超级市场	1	5	3	26100	475	22525	22525
专 业 店	6	114	57	143765	1132	12977	9131
专 卖 店							
其　　他	2	33	31	4600	861	8811	8357
二、餐饮业	**3**	**14**	**14**	**8868**	**457**	**24778**	**22722**
按行业分							
正餐	2	6	6	8548	311	21339	19283
快餐	1	8	8	320	146	3439	3439
其他							

6－8 城乡个体工商业基本情况

	户数（个）		从业人员（人）		销售总额或营业收入(万元)	
	小计	# 城镇	小计	# 城镇	小计	# 城镇
合　计	**62916**	**51599**	**129071**	**101522**	**690490**	**609415**
1.农、林、牧、渔业	182	136	911	574	2802	2767
2.采掘业	193	24	1810	456		
4.制造业	3827	2830	11038	7289		
4.建筑业	5		104			
5.交通运输、仓储业	8793	6151	10330	7060	25911	3573
6.批发零售贸易、餐饮业	40971	35098	85083	69696	538768	495275
# 批发零售贸易	34471	27713	63352	54641	431884	394093
7.社会服务业	7555	6345	17060	14161	87499	75422
88 其他行业	1390	1015	2735	2286	35510	32378

6－9 城乡私营企业基本情况

	户数（户）	投资者人数（人）	雇工人数（人）	#城镇			销售总额或营业收入(万元)	
				户数（户）	投资者人数(人)	雇工人数(人)	小计	#城镇
合　计	**5006**	**14512**	**107507**	**4410**	**13090**	**92024**	**618654**	**473052**
1.农、林、牧、渔业	160	361	3390	82	210	1818	32078	25873
2.采掘业	68	129	1732	8	18	190		
3.制造业	644	1851	18827	456	1430	13632		
4.建筑业	386	1172	31606	342	1046	30996		
5.交通运输、仓储业	31	89	673	20	64	432	30865	26524
6.批发零售贸易、餐饮业	2996	9206	40349	2830	8738	35897	434219	342782
# 批发零售贸易	2412	6617	31542	2241	6153	28425	299016	286472
7.社会服务业	625	1474	8510	577	1358	6649	108175	64556
8.其他行业	96	230	2420	95	226	2410	13317	13317

七、金融 保险 财政 旅游

JINRONG BAOXIAN CAIZHENG LVYOU

7－1　金融机构信贷情况

单位:万元

项目	金额
存款合计	**3910391**
一、企业存款	1478998
（一）活期存款	1255483
（二）定期存款	223515
二、财政存款	140062
三、机关团体存款	142410
四、储蓄存款	1749293
# 城镇储蓄	
（一）活期储蓄	670978
# 城镇储蓄	
（二）定期储蓄	1078315
# 城镇储蓄	
五、农业存款	71578
六、委托存款	－816
七、其他存款	328866

项目	金额
贷款合计	**4373202**
一、短期贷款	1429305
（一）工业贷款	664836
（二）商业贷款	239243
（三）建筑企业贷款	60784
（四）农业贷款	60868
（五）乡镇企业贷款	29329
（六）私营及个体工商业贷款	3072
（七）三资企业贷款	4314
（八）其他短期贷款	366859
二、中期流动资金贷款	313311
三、中长期贷款	2517444
（一）基本建设贷款	2000803
（二）技术改造贷款	52234
（三）其他贷款	464407
四、票据融资	108573
五、各项垫款	4569

7-2 国家银行信贷情况

单位:万元

项目	金额	项目	金额
存款合计	**3468103**	**贷款合计**	**4038665**
一、企业存款	1310092	一、短期贷款	1255521
(一)活期存款	1099361	(一)工业贷款	663436
(二)定期存款	210731	(二)商业贷款	230611
二、财政存款	140017	(三)建筑企业贷款	59924
三、机关团体存款	138436	(四)农业贷款	14351
四、储蓄存款	1608225	(五)乡镇企业贷款	21956
(一)活期储蓄	604065	(六)私营及个体工商业贷款	228
(二)定期储蓄	1004160	(七)三资企业贷款	4314
五、农业存款	47269	(八)其他短期贷款	260701
六、其他存款	224064	二、中期流动资金贷款	293285
		三、中长期贷款	2399826
		(一)基本建设贷款	1919803
		(二)技术改造贷款	52234
		(三)其他贷款	427789
		四、票据融资	85464
		五、各项垫款	4569

7－3　金融机构现金收支情况

单位：万元

收入项目	金额	支出项目	金额
收　入　合　计	**6902609**	**支　出　合　计**	**7048823**
		一、工资性支出	630491
一、商品销售收入	781626	1. 国家工资及奖金支出	257903
二、服务业收入	378374	2. 国家对个人其他支出	178297
		3. 部队存款支出	43902
三、税款收入	28825	4. 其他单位工资性支出	150389
四、城乡个体经营收入	107447	二、农副产品采购支出	136500
		三、工矿及其他产品采购支出	49310
五、储蓄存款收入	4985312	四、行政企事业管理费支出	370695
六、其他金融机构收入	13875	五、城乡个体经营支出	146922
		六、储蓄存款支出	5228098
七、居民归还贷款收入	73701	七、其他金融机构支出	9632
八、汇兑收入	157366	八、居民提取贷款支出	70269
九、有价证券收入	39113	九、汇兑支出	39129
		十、有价证券支出	25028
十、其他收入	336970	十一、其他支出	342749
其中：兑换外币收入	1421	投放（＋）、回笼（－）	146214

7－4　国家银行现金收支情况

单位:万元

收入项目	金额	支出项目	金额
收　入　合　计	**6173200**	**支　出　合　计**	**6226359**
一、商品销售收入	703411	一、工资性支出	584370
二、服务业收入	327774	1. 国家工资及奖金支出	246264
三、税款收入	19412	2. 国家对个人其他支出	163874
四、城乡个体经营收入	41698	3. 部队存款支出	43811
五、储蓄存款收入	4542214	4. 其他单位工资性支出	130421
六、其他金融机构收入	12278	二、农副产品采购支出	110252
七、居民归还贷款收入	29019	三、工矿及其他产品采购支出	23132
八、汇兑收入	156315	四、行政企事业管理费支出	289641
九、有价证券收入	39026	五、城乡个体经营支出	52748
十、其他收入	302053	六、储蓄存款支出	4800100
其中:兑换外币收入	1421	七、其他金融机构支出	8271
		八、居民提取贷款支出	11482
		九、汇兑支出	38507
		十、有价证券支出	24399
		十一、其他支出	283457
		投放(＋)、回笼(－)	53159

7－5 西宁市商业银行信贷、现金收支情况

单位：万元

存款与贷款	金额	现金收支	金额
存 款 合 计	**343644**	**收 入 合 计**	**434565**
一、企业存款	166411	一、商品销售收入	65455
1. 活期存款	156122	二、服务业收入	38341
2. 定期存款	10289	三、税款收入	8866
二、机关团体存款	3678	四、城乡个体经营收入	46177
三、储蓄存款	71186	五、储蓄存款收入	249457
1. 活期储蓄	33954	六、居民归还贷款收入	1031
2. 定期储蓄	37232	七、其他金融机构收入	1597
四、农业存款		八、证券收入	61
五、其他存款	102369	九、汇兑收入	969
		十、其他收入	22611
贷 款 合 计	**233441**	**支 出 合 计**	**484944**
一、短期贷款	100367	一、工资性支出	31232
#1. 工业贷款	1400	二、农副产品采购支出	20642
2. 商业贷款	8632	三、工矿及其他产品采购支出	20472
3. 农业贷款		四、行政企事业管理费支出	76068
4. 私营企业和个体贷款	2844	五、城乡个体经营支出	56456
5. 建筑业贷款	860	六、储蓄存款支出	232311
6. 其他短期贷款	86631	七、其他金融机构支出	1361
二、中期流动资金贷款	20026	八、居民提取贷款支出	128
三、中长期贷款	104639	九、汇总支出	607
#1. 基本建设贷款	81000	十、有价证券支出	629
2. 技术改造贷款		十一、其他支出	45038
3. 其他中长期贷款	23639		
四、票据融资	8409		

7－6　农村信用社信贷、现金收支情况

单位:万元

存款与贷款	金　额
存　款　合　计	**99415**
一、企业存款	2495
1. 活期存款	
2. 定期存款	2495
二、储蓄存款	69882
1. 活期储蓄	32959
2. 定期储蓄	36923
三、农业存款	24309
四、其他存款	2433
五、机关团体存款	296
贷　款　合　计	**99796**
一、短期贷款	72117
#农业贷款	46517
二、中长期贷款	12979
三、票据融资	14700

现金收支	金　额
收　入　合　计	**294844**
一、商品销售收入	12760
二、服务业收入	12259
三、税款收入	547
四、城乡个体经营收入	19572
五、储蓄存款收入	193641
六、居民归还贷款收入	43651
七、证券收入	26
八、汇兑收入	82
九、其他收入	10306
支　出　合　计	**337520**
一、工资性支出	14889
二、农副产品采购支出	5606
三、工矿及其他产品采购支出	5706
四、行政企事业管理费支出	4986
五、城乡个体经营支出	37718
六、储蓄存款支出	195687
七、居民提取贷款支出	58659
八、汇兑支出	15
九、其他支出	14254

7－7 保险业务情况

单位:万元

项目	保费收入	赔款支出	本年赔付率(%)
总计	**52895**	**10252**	**19.4**
(一)财产险小计	17489	7887	45.1
一、财产险	6581	2615	39.7
1.企事业财产险	4508	2033	49.6
2.家财险	300	42	8.2
3.工程险	1247	343	27.5
4.责任险	393	181	45.9
5.保证险	126	17	13.1
6.其他险	7	1	7.7
二、机动车辆险	10494	5188	49.4
三、船舶险	4	0	0
四、货物运输险	410	84	20.4
五、航空航天险	0	0	0
六、能源险	0	0	0
七、出口信用险	0	0	0
八、农业险	0	0	0
(二)人寿险小计	35406	2365	6.7

7－8 财政收支情况

单位:万元

	合计		合计
收　入　合　计	**142498**	**支　出　合　计**	**198631**
一、地方收入合计	**91315**	**一、一般预算支出**	**191586**
(一)一般预算收入	84397	(一)基本建设支出	6111
1.增值税	14044	(二)企业挖潜改造资金	2996
2.营业税	31392	(三)其它部门的事业费	6421
3.企业所得税	2770	(四)科技三项费用	896
4.企业所得税退税		(五)外交外事支出	421
5.个人所得税	2971	(六)农业支出	6975
6.资源税	224	(七)林业支出	3247
7.固定资产投资方向调节税	15	(八)水利和气象支出	1722
8.城市维护建设税	9230	(九)工业交通等部门的事业费	1113
9.房产税	5670	(十)流通部门事业费	28
10.印花税	1087	(十一)文体广播事业费	3762
11.城镇土地使用税	440	(十二)教育支出	34100
12.土地增值税	3	(十三)医疗卫生支出	10500
13.车船使用和牌照税	165	(十四)科学支出	266
14.屠宰税		(十五)行政事业单位离退休支出	19240
15.筵席税		(十六)抚恤和社会福利救济费	9406
16.农业税	1548	(十七)社会保障补助支出	29447
17.农业特产税	103	(十八)国防支出	77
18.牧业税	50	(十九)行政管理费	17160
19.耕地占用税	297	(二十)公检法司支出	11882
20.契税	2527	(二十一)城市维护费	9027
21.国有资产经营收益	534	(二十二)政策性补贴支出	446
22.国有企业计划亏损补贴	－40	(二十三)支援不发达地区支出	5220
23.行政性收费收入	3782	(二十四)债务利息支出	2680
24.罚没收入	2260	(二十五)专项支出	3851
25.土地和海域有偿使用收入		(二十六)武装警察部队支出	44
26.专项收入	4435	(二十七)其他支出	4548
27.其他收入	890		
(二)基金预算收入	6918		
二、上划中央税收	51183	**二、基金预算支出**	7045

7－9 旅 游 情 况

指 标	单位	2003 年
一、年末旅行社数	个	100
其中:国际旅行社	个	9
国内旅行社	个	91
二、年末旅行社数从业人员	人	1355
三、旅游接待总人数	万人次	275.45
其中:境外游客	人次	14500
其中:外国人	人次	6380
港澳台同胞	人次	8120
国内游客	万人次	274
四、旅游总收入	亿元	8.2
其中:国际旅游创汇收入	万美元	274

八、物价 住户调查

WUJIA ZHUHUDIAOCHA

8－1 市区商品零售价格指数

（以上年为100）

项目	指数	项目	指数
商品零售价格总指数	**102.0**	2. 鞋	104.4
一、食品类	**104.2**	3. 其他衣着	103.6
1. 粮食	98.5	**四、纺织品类**	**100.7**
（1）细粮	99.9	1. 棉布	100.0
（2）粗粮	87.0	2. 棉花化纤混纺布	92.9
2. 油脂类	117.4	3. 化纤布	100.0
3. 肉禽蛋	103.9	4. 呢绒	103.0
4. 水产品	100.7	5. 绸缎	99.3
5. 鲜菜	117.4	6. 其他纺织品	101.3
6. 干菜	102.2	**五、中、西药品类**	**94.3**
7. 鲜果	104.3	1. 中药	104.6
8. 干果	107.2	2. 西药	93.2
9. 其他食品	98.3	3. 医疗用品	100.0
（1）调味品	97.2	**六、化妆品类**	**99.8**
（2）食糖	77.7	**七、书报、杂志类**	**101.0**
（3）糖果	99.4	**八、文化体育用品类**	**100.4**
（4）糕点	100.9	1. 文化用品	100.3
（5）奶及奶制品	107.8	2. 体育用品	102.0
（6）罐头	98.1	**九、日用品类**	**100.0**
10. 饮食业	98.6	1. 一般日用品	100.4
（1）主食	100.0	2. 家具	99.0
（2）炒菜	97.4	3. 日用杂品	100.5
（3）地方小吃	100.0	**十、家用电器类**	**99.4**
二、饮料、烟酒类	**100.0**	**十一、首饰类**	**114.5**
1. 饮料	103.5	**十二、燃料类**	**107.2**
2. 烟酒	99.2	**十三、建筑装璜材料类**	**102.0**
三、服装、鞋帽类	**102.7**	**十四、机电产品类**	**95.1**
1. 服装	101.7		

8－2　市区居民消费价格指数

（以上年为100）

项　　目	指数	项　　目	指数
居民消费价格总指数	**101.8**	3.鞋袜帽	105.4
一、食　　品	**104.9**	4.衣着加工服务	98.2
1.粮食	102.7	**四、家庭设备用品及维修服务**	**100.1**
2.淀粉及薯类	107.1	1.耐用消费品	99.4
3.干豆类及豆制品	106.5	2.室内装饰品	103.3
4.油脂类	113.1	3.床上用品	100.9
5.肉禽及其制品	105.0	4.家庭日用杂品	99.6
6.蛋　类	99.0	5.家庭服务及加工维修服务	105.5
7.水产品类	101.1	**五、医疗保健和个人用品**	**100.5**
8.菜类	123.7	1.医疗保健	100.4
9.调味品	95.5	2.个人用品及服务	100.6
10.糖　类	92.7	**六、交通和通讯**	**99.0**
11.茶及饮料	100.8	1.交通	99.7
12.干鲜瓜果	111.4	2.通信	98.5
13.糕点饼干面包	105.7	**七、娱乐教育文化用品及服务**	**98.2**
14.奶及奶制品	104.0	1.文化用耐用消费品及服务	86.1
15.在外用膳食品	98.6	2.教育	100.0
16.其它食品及食品加工服务	100.0	3.文化娱乐用品	98.8
二、烟酒及用品	**99.2**	4.旅游及外出	100.1
1.烟草	99.0	**八、居住**	**100.9**
2.酒	98.5	1.建房及装修材料	99.4
3.吸烟饮酒用品	101.0	2.租房	100.0
三、衣着	**103.2**	3.自有住房	98.5
1.服装	103.1	4.水、电、燃料	103.3
2.衣着材料	94.9		

8－3　市区居民家庭基本情况

项　　目	单　位	附加单位	合　计
一、家庭类型(世代层次)(合计)	%	－	100.00
1. 单身户	%	－	1.42
2. 一对夫妇户	%	－	21.56
3. 两代人单亲	%	－	5.08
4. 两代人一个小孩	%	－	42.25
5. 两代人两个小孩	%	－	9.33
6. 两代人多个小孩	%	－	1.00
7. 与父母	%	－	2.92
8. 三代人	%	－	7.25
9. 其他	%	－	9.19
调查户数	户	月	300
一、家庭人口数	人	户	2.95
(一)有收入者人数	人	户	1.93
1. 就业人口数	人	户	1.16
(1)国有经济单位职工人数	人	户	0.77
(2)城镇集体经济单位职工人数	人	户	0.05
(3)其他各种经济类型单位	人	户	0.08
(4)城镇个体经营者人员数	人	户	0.06
(5)城镇个体被雇人员数	人	户	0.11
(6)离退休再就业人员数	人	户	0.01
(7)其他就业人员数	人	户	0.07
2. 离退休人数	人	户	0.68
3. 其他有收入者人数	人	户	0.09
(二)无收入者人数	人	户	1.03
二、期末家庭人口数	人	户	2.94
三、非家庭人口在家用餐人次	人次	户	4.20
四、家庭人口在外用餐人次	人次	户	7.58
五、负担系数	人	就业者	2.54
六、家庭折算人口数	人	户	2.91

8－4　市区居民家庭人均现金收入情况

项　　目	单　　位	附加单位	合　　计
一、期初手存现金	元	人月	211.74
二、家庭总收入	元	人月	617.31
#可支配收入(新算法)	元	人月	585.38
(一)工薪收入	元	人月	355.01
1. 工资及补贴收入	元	人月	330.86
2. 其他劳动收入	元	人月	24.15
(二)经营净收入	元	人月	21.83
(三)财产性收入	元	人月	4.33
1. 利息收入	元	人月	0.49
2. 股息与红利收入	元	人月	1.84
3. 保险收益	元	人月	0.08
4. 其它投资收入	元	人月	0.14
5. 出租房屋收入	元	人月	0.69
6. 知识产权收入	元	人月	0.00
7. 其他财产性收入	元	人月	1.09
(四)转移性收入	元	人月	236.15
1. 养老金或离退休金	元	人月	203.23
2. 社会救济收入	元	人月	1.05
3. 辞退金	元	人月	6.81
4. 赔偿收入	元	人月	0.05
5. 保险收入	元	人月	0.20
#失业保险金	元	人月	0.17
6. 赡养收入	元	人月	10.92
7. 捐赠收入	元	人月	4.52
8. 亲友搭火费	元	人月	0.42
9. 提取住房公积金	元	人月	0.00
10. 记帐补贴	元	人月	3.39
11. 其他转移性收入	元	人月	5.57
三、出售财物收入	元	人月	0.36
1. 出售住房收入	元	人月	0.24
2. 出售其他物品收入	元	人月	0.12
四、借贷收入	元	人月	285.04
1. 提取储蓄存款	元	人月	254.47
2. 借入款	元	人月	11.45
3. 收回借出款	元	人月	1.68
4. 收回储蓄性保险本金	元	人月	0.00
5. 兑售有价证券	元	人月	0.00
6. 收回投资本金	元	人月	0.00
7. 住房贷款	元	人月	17.07
8. 汽车贷款	元	人月	0.00
9. 教育贷款	元	人月	0.00
10. 其他贷款	元	人月	0.00
11. 其他借贷收入	元	人月	0.37

8－5　市区居民家庭人均现金支出情况

项　　目	单　　位	附加单位	合　　计
家庭总支出	元	人月	594.12
一、消费支出	元	人月	458.94
#服务性消费支出	元	人月	118.60
1. 食品	元	人月	171.19
2. 衣着	元	人月	50.54
3. 家庭设备用品及服务	元	人月	31.88
4. 医疗保健	元	人月	39.80
5. 交通和通信	元	人月	41.42
6. 教育文化娱乐服务	元	人月	59.01
7. 居住	元	人月	47.25
8. 杂项商品和服务	元	人月	17.85
二、购房与建房支出	元	人月	44.32
1. 购房	元	人月	44.32
2. 建房	元	人月	0.00
三、转移性支出	元	人月	62.64
1. 交纳的个人收入税	元	人月	0.50
2. 捐赠支出	元	人月	39.30
3. 购买彩票	元	人月	0.38
4. 赡养支出	元	人月	18.34
#在外就学子女费用	元	人月	12.54
5. 各种非储蓄性保险支出	元	人月	2.47
#车辆保险支出	元	人月	0.08
6. 其他转移性支出	元	人月	1.65
四、财产性支出	元	人月	0.17
1. 非生产性利息支出	元	人月	0.07
2. 其他	元	人月	0.10
五、五社会保障支出	元	人月	28.05
1. 个人交纳的养老基金	元	人月	10.61
2. 个人交纳的住房公积金	元	人月	11.19
3. 个人交纳的医疗基金	元	人月	4.59
4. 个人交纳的失业基金	元	人月	0.82
5. 其他社会保障支出	元	人月	0.84
六、借贷支出	元	人月	310.93
1. 存入储蓄款	元	人月	292.92
2. 借出款	元	人月	0.48
3. 归还借款	元	人月	1.45
4. 储蓄性保险支出	元	人月	5.03
5. 购买有价证券	元	人月	0.00
6. 其它投资支出	元	人月	3.00
7. 归还住房贷款	元	人月	7.51
8. 归还汽车贷款	元	人月	0.00
9. 归还教育贷款	元	人月	0.00
10. 归还其他贷款	元	人月	0.00
11. 其他借贷支出	元	人月	0.55
七、期末手存现金	元	人月	209.41

8－6　市区居民家庭人均消费性支出情况

项　　目		单　　位	附加单位	合　　计
消费性支出		元	人月	458.94
#服务性消费支出		元	人月	118.60
一、食品		元	人月	171.19
（一）粮油类		元	人月	28.35
1. 粮食	数量	千克	人月	7.44
	金额	元	人月	20.32
（1）大米	数量	千克	人月	2.31
	金额	元	人月	5.40
（2）面粉	数量	千克	人月	2.56
	金额	元	人月	5.30
（3）其他粮食	数量	千克	人月	0.11
	金额	元	人月	0.31
（4）粮食制品	数量	千克	人月	2.46
	金额	元	人月	9.31
2. 淀粉及薯类	数量	千克	人月	0.39
	金额	元	人月	1.00
3. 干豆类及豆制品		元	人月	1.37
4. 油脂类	数量	千克	人月	0.82
	金额	元	人月	5.65
（1）食用植物油	数量	千克	人月	0.82
	金额	元	人月	5.60
（2）食用动物油	数量	千克	人月	0.01
	金额	元	人月	0.05
（二）肉禽蛋水产品类		元	人月	40.85
1. 肉类	数量	千克	人月	2.13
	金额	元	人月	26.69
（1）猪肉	数量	千克	人月	1.01
	金额	元	人月	10.89
（2）牛肉	数量	千克	人月	0.21
	金额	元	人月	2.91
（3）羊肉	数量	千克	人月	0.55
	金额	元	人月	6.93
（4）其他肉	数量	千克	人月	0.01
	金额	元	人月	0.08
（5）肉制品	数量	千克	人月	0.36
	金额	元	人月	5.88
2. 禽类	数量	千克	人月	0.42
	金额	元	人月	5.30
（1）鸡	数量	千克	人月	0.30
	金额	元	人月	3.15

8-6 续表1

项目		单位	附加单位	合计
(2)鸭	数量	千克	人月	0.01
	金额	元	人月	0.12
(3)其他禽类	数量	千克	人月	0.00
	金额	元	人月	0.08
(4)禽制品	数量	千克	人月	0.11
	金额	元	人月	1.95
3.蛋类	数量	千克	人月	0.86
	金额	元	人月	3.91
(1)蛋类	数量	千克	人月	0.81
	金额	元	人月	3.54
(2)蛋制品	数量	千克	人月	0.05
	金额	元	人月	0.37
4.水产品类		元	人月	4.96
(1)鱼	数量	千克	人月	0.34
	金额	元	人月	3.30
(2)虾	数量	千克	人月	0.04
	金额	元	人月	0.98
(3)其他水产品	数量	千克	人月	0.02
	金额	元	人月	0.33
(4)水产制品		元	人月	0.35
(三)蔬菜类		元	人月	16.59
1.鲜菜	数量	千克	人月	9.22
	金额	元	人月	15.59
2.干菜	数量	千克	人月	0.01
	金额	元	人月	0.37
3.菜制品		元	人月	0.63
(四)调味品		元	人月	2.92
(五)糖烟酒饮料类		元	人月	20.05
1.糖类		元	人月	1.87
2.烟草类		元	人月	8.49
3.酒类	数量	千克	人月	0.37
	金额	元	人月	6.84
(1)白酒	数量	千克	人月	0.19
	金额	元	人月	5.81
(2)果酒	数量	千克	人月	0.02
	金额	元	人月	0.40
(3)啤酒	数量	千克	人月	0.15
	金额	元	人月	0.54
(4)其他酒	数量	千克	人月	0.01
	金额	元	人月	0.09

8－6　续表2

项　　目		单　　位	附加单位	合　　计
4. 饮料		元	人月	2.85
(1)碳酸饮料	数量	千克	人月	0.10
	金额	元	人月	0.51
(2)果蔬饮料	数量	千克	人月	0.06
	金额	元	人月	0.32
(3)瓶装饮料	数量	千克	人月	0.03
	金额	元	人月	0.07
(4)茶叶	数量	千克	人月	0.02
	金额	元	人月	0.74
(5)咖啡可可粉	数量	千克	人月	0.00
	金额	元	人月	0.05
(6)其他饮料		元	人月	1.16
(六)干鲜瓜果类		元	人月	11.97
1. 鲜果	数量	千克	人月	2.64
	金额	元	人月	7.84
2. 鲜瓜	数量	千克	人月	1.33
	金额	元	人月	1.27
3. 干果	数量	千克	人月	0.09
	金额	元	人月	0.81
4. 瓜果制品	数量	千克	人月	0.04
	金额	元	人月	0.35
5. 坚果及果仁	数量	千克	人月	0.13
	金额	元	人月	1.69
(七)糕点、奶及奶制品		元	人月	12.15
1. 糕点	数量	千克	人月	0.26
	金额	元	人月	3.03
2. 奶及奶制品		元	人月	9.12
(1)鲜乳品	数量	千克	人月	2.93
	金额	元	人月	6.34
(2)奶粉	数量	千克	人月	0.02
	金额	元	人月	0.50
(3)酸奶	数量	千克	人月	0.15
	金额	元	人月	0.85
(4)其他奶制品		元	人月	1.43
(八)其他食品		元	人月	8.32
其中:半成品		元	人月	1.16
(九)饮食服务		元	人月	29.98
1. 食品加工服务费		元	人月	0.03
2. 在外饮食		元	人月	29.95
(1)购自食堂		元	人月	2.46

8-6 续表3

项目		单位	附加单位	合计
(2)购自饮食业		元	人月	27.48
(3)在亲友家搭伙支出		元	人月	0.02
非食品类		元	人月	287.75
二、衣着		元	人月	50.54
(一)服务	数量	件	人月	0.42
	金额	元	人月	32.91
1.男士服装	数量	件	人月	0.14
	金额	元	人月	12.58
2.女士服装	数量	件	人月	0.22
	金额	元	人月	18.10
3.童装	数量	件	人月	0.06
	金额	元	人月	2.24
(二)衣着材料		元	人月	1.05
(三)鞋类	数量	双	人月	0.19
	金额	元	人月	11.76
(四)其他衣着用品		元	人月	4.28
(五)衣着加工服务费		元	人月	0.54
三、家庭设备用品及服务		元	人月	31.88
(一)耐用消费品		元	人月	16.70
1.家具		元	人月	6.90
(1)成套家具		元	人月	1.12
(2)其他家具		元	人月	5.78
2.家庭设备		元	人月	9.80
(1)洗衣机	数量	台	万户	9.48
	金额	元	人月	0.91
(2)电风扇	数量	台	万户	0.00
	金额	元	人月	0.00
(3)电冰箱	数量	台	万户	4.74
	金额	元	人月	0.89
(4)冰　柜	数量	台	万户	2.03
	金额	元	人月	0.17
(5)微波炉	数量	台	万户	17.94
	金额	元	人月	1.07
(6)空调器	数量	台	万户	1.02
	金额	元	人月	0.02
(7)电炊具	数量	台	万户	14.22
	金额	元	人月	0.46
(8)淋浴热水器	数量	台	万户	6.43
	金额	元	人月	1.05
(9)排油烟机	数量	台	万户	13.20
	金额	元	人月	0.58

8-6 续表4

项　　目		单　位	附加单位	合　计
(10)吸尘器	数量	台	万户	2.71
	金额	元	人月	0.08
(11)消毒碗柜	数量	台	万户	1.02
	金额	元	人月	0.02
(12)洗碗机	数量	台	万户	0.00
	金额	元	人月	0.00
(13)饮水机	数量	台	万户	6.43
	金额	元	人月	0.11
(14)取暖器	数量	台	万户	5.75
	金额	元	人月	0.11
(15)其他		元	人月	4.33
(二)室内装饰品		元	人月	2.98
1.纺织装饰品		元	人月	0.83
2.装饰灯具		元	人月	0.71
3.其他装饰品		元	人月	1.45
(三)床上用品		元	人月	2.04
(四)家庭日用杂品		元	人月	8.87
1.厨、餐、茶具		元	人月	1.52
2.家用工具		元	人月	0.08
3.家居清洁用品		元	人月	1.64
4.其他日用杂品		元	人月	5.63
(五)家具材料		元	人月	0.33
(六)家庭服务		元	人月	0.96
1.家政服务		元	人月	0.21
2.加工维修服务费		元	人月	0.75
四、医疗保健		元	人月	39.80
(一)医疗器具		元	人月	0.45
(二)保健器具		元	人月	0.44
(三)药品费		元	人月	24.48
(四)滋补保健品		元	人月	1.85
(五)医疗费		元	人月	11.90
(六)其他		元	人月	0.69
五、交通和通讯		元	人月	41.42
(一)交通		元	人月	14.66
1.家庭交通工具		元	人月	0.44
(1)摩托车	数量	辆	万户	1.02
	金额	元	人月	0.35
(2)自行车	数量	辆	万户	5.75
	金额	元	人月	0.09
(3)助力车	数量	辆	万户	0.00
	金额	元	人月	0.00

8－6　续表5

项　　目		单　　位	附加单位	合　　计
(4)家用汽车	数量	辆	万户	0.00
	金额	元	人月	0.00
(5)其他交通工具		元	人月	0.00
2. 车辆用燃料及零配件		元	人月	0.16
(1)燃料		元	人月	0.14
(2)零配件		元	人月	0.02
(3)其他		元	人月	0.01
3. 交通工具服务支出		元	人月	0.34
(1)维修费		元	人月	0.08
(2)车辆使用税费		元	人月	0.02
(3)其它车辆使用费用		元	人月	0.24
4. 交通费		元	人月	13.72
(1)飞机		元	人月	1.16
(2)火车		元	人月	3.00
(3)长途汽车		元	人月	0.55
(4)市内公共交通		元	人月	6.62
(5)出租汽车费		元	人月	2.21
(6)其他交通费		元	人月	0.18
(二)通信		元	人月	26.76
1. 通信工具		元	人月	4.18
(1)电话机	数量	部	万户	6.43
	金额	元	人月	0.07
(2)移动电话	数量	部	万户	31.82
	金额	元	人月	4.07
(3)寻呼机	数量	部	人月	0.00
	金额	元	人月	0.00
(4)传真机	数量	部	万户	0.00
	金额	元	人月	0.00
(5)其他通信工具		元	人月	0.04
2.　通信服务		元	人月	22.59
(1)电信费		元	人月	22.02
(2)邮费		元	人月	0.27
(3)其他		元	人月	0.29
六、教育文化娱乐服务		元	人月	59.01
(一)文化娱乐用品		元	人月	19.34
1. 彩色电视机	数量	台	万户	17.94
	金额	元	人月	6.19
2. 影碟机	数量	台	万户	11.17
	金额	元	人月	0.61
3. 录放像机	数量	台	万户	0.00
	金额	元	人月	0.00

8-6 续表6

项　　目		单　位	附加单位	合　计
4. 家用电脑		台	人月	4.84
(1)整机电脑	数量	台	万户	9.48
	金额	元	人月	4.50
(2)计算机外部设备		元	人月	0.29
(3)各种零配件及耗材		元	人月	0.05
5. 组合音响	数量	台	万户	2.71
	金额	元	人月	0.44
6. 录音机	数量	台	万户	6.43
	金额	元	人月	0.19
7. 摄像机	数量	架	万户	0.00
	金额	元	人月	0.00
8. 照相机	数量	架	万户	2.03
	金额	元	人月	0.46
9. 钢琴	数量	架	万户	0.00
	金额	元	人月	0.00
10. 其他中高档乐器	数量	件	万户	0.00
	金额	元	人月	0.00
11. 健身器材	数量	件	人月	0.00
	金额	元	人月	0.00
12. 电子辞典	数量	部	人月	0.00
	金额	元	人月	0.00
13. 音像制品及软件		元	人月	0.09
14. 体育用品		元	人月	0.02
15. 书报杂志		元	人月	2.00
16. 纸张文具		元	人月	0.72
17. 其他文娱用品		元	人月	3.76
(二)文化娱乐服务		元	人月	9.67
1. 参观游览		元	人月	1.74
3. 健身活动		元	人月	0.02
3. 团体旅游		元	人月	2.88
4. 其它文娱活动		元	人月	4.78
5. 文娱用品修理服务费		元	人月	0.25
(三)教育		元	人月	30.00
1. 教材		元	人月	2.51
(1)课本及参考书		元	人月	1.98
(2)教育软件		元	人月	0.07
(3)其它教材		元	人月	0.47
2. 教育费用		元	人月	27.49
(1)非义务教育学杂费		元	人月	9.48
(2)义务教育学杂费		元	人月	7.93
(3)托幼费		元	人月	1.66

8－6　续表7

项　　目		单　　位	附加单位	合　　计
(4)成人教育费		元	人月	2.70
(5)家教费		元	人月	0.79
(6)培训班		元	人月	1.60
(7)学校住宿费		元	人月	0.60
(8)其他		元	人月	2.73
七、居住		元	人月	47.25
(一)住房		元	人月	16.30
1. 租赁房房租		元	人月	1.84
2. 自有房租金折算		元	人月	0.00
3. 住房装潢支出		元	人月	10.63
4. 维修用建筑材料		元	人月	2.78
5. 其他		元	人月	1.05
(二)水电燃料及其他		元	人月	27.59
1. 水	数量	吨	人月	1.54
	金额	元	人月	1.90
2. 电	数量	度	人月	25.68
	金额	元	人月	10.70
3. 燃料		元	人月	5.89
(1)煤炭	数量	千克	人月	10.44
	金额	元	人月	2.16
(2)液化石油气	数量	千克	人月	0.51
	金额	元	人月	1.19
(3)管道煤气	数量	立方米	人月	0.00
	金额	元	人月	0.00
(4)其他燃料		元	人月	2.54
4. 其他		元	人月	9.10
(三)居住服务费		元	人月	3.36
1. 物业管理费		元	人月	1.23
2. 维修服务费		元	人月	1.39
3. 其它		元	人月	0.74
八、杂项商品和服务		元	人月	17.85
(一)杂项商品		元	人月	10.91
1. 金银珠宝饰品		元	人月	2.69
2. 手表	数量	只	人月	0.00
	金额	元	人月	0.10
3. 理发美容用具		元	人月	0.03
4. 化妆品		元	人月	2.95
5. 其他杂品		元	人月	5.14
(二)服务		元	人月	6.94
1. 旅馆住宿费		元	人月	0.35
2. 理发洗澡费		元	人月	1.89
3. 美容费		元	人月	0.74
4. 其他服务		元	人月	3.96

8－7　市区居民家庭耐用消费品期末拥有量

项　　目	单　　位	附加单位	合　　计
1. 成套家具	套	百户	29.14
2. 摩托车	辆	百户	3.08
3. 自行车	辆	百户	56.56
4. 助力车	辆	百户	1.67
5. 家用汽车	辆	百户	0.67
6. 洗衣机	台	百户	97.42
7. 电风扇	台	百户	10.53
8. 电冰箱	台	百户	78.86
9. 冰柜	台	百户	7.03
10. 彩色电视机	台	百户	118.97
11. 影碟机	台	百户	58.89
12. 录音机	台	百户	51.42
13. 录放像机	台	百户	14.00
14. 家用电脑	台	百户	11.92
15. 组合音响	套	百户	19.89
16. 摄像机	架	百户	1.39
17. 照相机	架	百户	45.33
18. 钢琴	架	百户	0.86
19. 其他中高档乐器	件	百户	5.28
20. 微波炉	台	百户	29.72
21. 空调器	台	百户	0.08
22. 取暖器	台	百户	19.28
23. 电炊具	台	百户	49.56
24. 淋浴热水器	台	百户	29.78
25. 排油烟机	台	百户	79.11
26. 消毒碗柜	台	百户	3.78
27. 洗碗机	台	百户	0.00
28. 饮水机	台	百户	27.86
29. 吸尘器	台	百户	10.36
30. 健身器材	套	百户	1.53
31. 普通电话	部	百户	86.36
32. 移动电话	部	百户	65.31
33. 传真机	部	百户	0.00

8－8　城市住户住房情况

项　　目	单　　位	附加单位	合　　计
1. 家庭人口	人	户	2.96
2. 现住房总建筑面积	平方米	人月	22.33
3. 现住房屋总使用面积	平方米	人月	17.30
4. 房屋产权(合计)	%	－	100.00
租赁公房	%	－	4.64
租赁私房	%	－	2.75
原有私房	%	－	2.03
房改私房	%	－	83.94
商品房	%	－	4.25
其他	%	－	2.39
5. 住宅建筑式样(合计)	%	－	100.00
单栋住宅	%	－	0.33
四居室	%	－	9.14
三居室	%	－	40.00
二居室	%	－	42.61
一居室	%	－	3.28
普通楼房	%	－	2.47
平房及其他	%	－	2.17
6. 饮水情况(合计)	%	－	100.00
自来水	%	－	92.56
纯净水	%	－	6.44
井、河水	%	－	0.67
其他	%	－	0.33
7. 用水情况(合计)	%	－	100.00
独用自来水	%	－	95.78
公用自来水	%	－	3.56
井、河水	%	－	0.67
其他	%	－	0.00
8. 卫生设备(合计)	%	－	100.00
无卫生设备	%	－	3.00
有厕所浴室	%	－	26.14
有厕所无浴室	%	－	65.42
公用	%	－	5.44
9. 取暖设备(合计)	%	－	100.00
无取暖设备	%	－	0.00
空调设备	%	－	1.08
暖气	%	－	71.17
其他	%	－	27.75
10. 炊用燃料使用情况(合计)	%	－	100.00
管道煤气	%	－	0.00
液化石油气	%	－	21.11
煤	%	－	5.00
其他	%	－	73.89
11. 通信设备使用情况	%	－	－
(1)无电话(合计)	%	－	100.00
是	%	－	8.08
否	%	－	91.92
(2)固定电话	部	百户	86.47
(3)移动电话	部	百户	63.00
(4)使用互联网	条	百户	1.80
12. 除了现住房还有几处	套	户	0.01
(1)出租房	套	户	0.00
使用面积	平方米	户	0.11
(2)偶尔居住房	套	户	0.01
使用面积	平方米	户	0.80
(3)其它用途房	套	户	0.00
使用面积	平方米	户	0.00

8－9 农村住户抽样调查情况

	单位	合计	城中区	城西区
调查户数	户	260	20	40
调查总人口	人	1142	95	162
户均人口	人	4.39	4.75	4.00
平均每一劳动力负担人口	人/劳动力	2.13	2.16	2.29
户均整半劳动力	个	3.00	3.55	2.15
人均生产用固定资产原值	元	1140.00	1618.11	881.88
人均经营耕地面积	亩	2.00	0.48	4.92
其中:承包耕地面积	亩	1.93	45.00	4.91
年内新建房屋面积	平方米	1.72	18.88	3.19
其中:新建生活用房面积	平方米	1.35	18.20	2.72
年末住房面积	平方米	26.88	40.48	36.29
全年总收入	元	2626.48	5142.99	4925.08
劳动报酬收入	元	832.72	1776.84	2138.21
其中:从企业得到的报酬	元	524.79	1621.79	2073.61
家庭经营收入	元	1619.53	3022.99	2285.06
其中:第一产业	元	1145.05	1183.24	1289.5
第二产业	元	472.70	1753.77	902.33
第三产业	元	1010.73	2205.98	2733.25
财产性收入	元	117.88	209.26	430.84
转移性收入	元	58.88	133.88	70.96
全年总支出	元	2103.67	2551.94	1801.97
家庭经营费用	元	479.79	947.18	488.83
购置生产性固定资产支出	元	81.14	107.88	5.74
缴纳税金	元	16.68	2.59	9.38
生活消费支出	元	1594.99	1602.17	1293.39
其中:食品	元	623.69	691.45	403.30
衣着	元	95.56	181.96	159.46
居住	元	234.33	229.71	200.48
医疗保健	元	119.98	70.2	99.14
交通和通讯	元	117.84	154.01	11.83
文教娱乐用品及服务	元	181.32	139.86	53.46
农民人均纯收入	元	2054.03	4075.86	4347.65
市郊农民人均纯收入	元	4016.97		

8－9 续表1

城东区	城北区	大通县	湟中县	湟源县
40	40	40	40	40
162	168	205	180	172
4.05	4.20	5.13	4.5	4.30
1.95	2.07	2.09	2.25	1.79
2.25	2.88	3.45	2.80	2.78
133.95	639.49	1043.27	908.03	1676.69
4.86	2.64	1.91	1.48	2.81
4.85	2.42	1.81	1.42	2.81
2.28	5.66	2.60	0.62	0.35
1.82	2.65	2.17	0.56	0.35
27.14	31.60	21.09	30.19	22.05
5068.56	4814.43	2419.79	2183.17	2798.58
1935.84	1700.47	672.73	824.57	354.94
1045.76	1077.36	410.89	512.97	174.30
2200.72	2279.17	1736.95	1205.28	2254.45
1176.60	1022.77	1168.96	979.01	1972.86
233.62	431.57	535.27	453.6	308.84
3658.34	3360.09	715.56	750.56	516.88
830.00	485.54	1.56	127.59	7.08
101.99	349.24	10.10	25.76	182.11
3678.00	3621.89	1676.30	1937.16	2973.07
332.97	1170.83	317.83	361.59	1131.45
119.14	2.08	78.17	35.67	315.47
14.01	56.82	11.18	10.97	39.22
3076.63	2313.57	1260.71	1595.82	1434.33
647.09	556.67	217.99	608.30	229.86
180.62	173.20	71.97	93.69	99.94
1227.07	230.95	298.29	139.58	164.80
250.19	201.11	103.09	107.42	154.16
96.41	175.23	63.81	149.74	154.16
349.75	229.25	159.79	201.18	127.23
4709.87	3520.23	2014.00	1742.19	1486.44

九、科研 文化 教育 卫生

KEYAN WENHUA JIAOYU WEISHENG

9－1 教育事业情况

	学校数（所）	班数（个）	毕业人数（离校人数）（人）	招生人数（入校人数）（人）	在校学生数（人）	教职员工人数（人）	专任教师	代课和兼职教师（人）
一、普通高等院校	9		4771	9075	26124	5589	2769	
二、中等专业学校	4		3750	1704	6940			
三、普通中学	153	2287	31641	46294	123984	8418	7416	81
四、小学	765	4642	32574	28443	163018	8639	8449	152
#民族小学	144	764	10333	9408	51072			
五、幼儿教育	143	1436	20321	32195	39593	1527	874	132
六、特殊教育(聋哑小学)	4	40	104	119	1148	104	83	16
七、中等职业中学	9		428	1256	3485	417	318	
八、成人教育	12		4072	1277	13731	1604	994	
1. 高等教育	2		3173		10733	1246	779	
2. 中等专业教育	10		899	1277	2998	358	215	

9－2 研究生一览表

单位:人

	合计			攻读博士学位研究生			攻读硕士学位研究生		
	毕(结)业生	招生数	在校研究生	毕(结)业生	招生数	在校研究生	毕(结)业生	招生数	在校研究生
总　　计	45	172	387	6	16	37	39	156	350

9－3 科 学 研 究

	主管部门	年末从业人员	从事科技工作人员
独立科研机构		2828	1863
青海盐湖研究所	中国科学院	222	155
西北高原生物研究所	中国科学院	135	99
青海高原机械工业科技发展公司	青海省科技厅	129	77
青海省气象科学研究所	青海省气象局	43	36
青海省邮电科研所	青海电信实业公司	9	6
青海省科学技术信息研究所	青海省科技厅	21	17
青海省新能源研究所	青海省科技厅	40	27
青海省科技创新中心	青海省科技厅	28	24
青海农林科学院	青海大学	252	209
青海省农牧业综合区划研究所	青海扶贫办	25	20
青海省轻工业研究所	青海省国有科技资产经营管理有限公司	35	28
青海省机械科技发展公司	青海省国有科技资产经营管理有限公司	78	40
青海省水利水电科学研究所	青海省水利厅	63	52
青海省电力试验研究所	青海省电力公司	187	132
青海省化工设计研究院	青海省投资控股有限公司	93	37
青海省煤矿设计研究院	青海省国有科技资产经营管理有限公司	44	34
青海省规划设计研究院	青海省建设厅	48	32
青海省建筑建材科学研究所	青海省建设厅	52	43
青海省粮油新技术开发公司	青海省粮食局	12	6
青海省心血管病专科医院	青海省卫生厅	268	34
青海省药品检验所	青海省药品监督管理局	73	57
青海省地方病预防控制所	青海省疾控中心	206	160
青海省公路科研勘测设计院	青海省交通厅	204	81
青海省人防工程设计研究开发中心	青海省人防办	26	20
青海省环境科学研究设计院	青海省环保局	26	24
青海省体育科学研究所	青海省体育局	9	8
西宁市蔬菜科学研究所	西宁市农牧局	25	21
西宁市园林植物园	西宁市旅游管理局	31	8
西宁资源开发研究所	西宁市科技局	8	6
西宁市建材研究所	西宁市经贸委	13	6
青海省社会科学院	青海省委宣传部	92	63
青海省文物考古研究所	青海省文化厅	48	47
青海省文学艺术研究所	青海省文化厅	14	12
青海省教育科学研究所	青海省教育厅	7	5
青海省计量测试研究所	青海省质量技术监督局	75	71
西宁市生产力促进中心	西宁市科技局	21	20
青海省畜牧兽医科学院	青海大学	166	146
非独立科研机构		51	46
青海省经济研究院	青海省计委	12	10
青海省临床医学研究所	青海省卫生厅	14	12
青海省技术信息研究所	青海省技术监督局	18	17
青海省《格萨尔》史诗研究所	青海省文联	7	7

机　构　一　览　表

单位:人

女　性	高级技术职务	中级技术职务	初级技术职务	其他工作人员
681	442	752	506	173
50	64	54	31	6
28	49	29	21	
27	21	32	24	
21	8	13	8	7
2	1	1	4	
6	4	6	7	
5	6	8	7	6
12	4	8	7	5
85	45	97	54	13
9	4	11	2	3
7	2	13	5	8
9	1	24	15	
26	7	17	22	6
44	31	61	28	12
17	6	20	10	1
10	7	17	7	3
16	11	8	11	12
15	11	15	8	9
2	2	3	1	
11	13	9	5	7
31	12	27	9	9
63	19	61	74	6
26	21	42	18	
7	5	8	2	5
12	4	7	9	4
4	2	4	1	1
14	4	12	5	
4		5	2	1
1		1	5	
2		1	5	
21	17	23	11	12
14	5	26	12	4
7	2	1	5	4
1	3	1	0	1
28	6	25	32	8
10	1	8	10	1
34	44	54	29	19
20	9	25	8	4
3	2	4	2	2
2	4	7	1	
12	1	10	4	2
3	2	4	1	

9－4　优秀运动员基本情况

单位：人

	在队优秀运动员	女性	少数民族	专职教练员	女性	少数民族
总　　计	**103**	**32**	**8**	**27**	**4**	**1**
田　　径	14	6	1	5	1	
武　　术	8	1		2		
拳　　击	10			2		
国际式摔跤	20	4	4	5		
柔　　道	18	6	2	3	1	
射　　击	15	10	1	6	1	
射　　箭	7	2		2		
跆 拳 道	8	3		2	1	1
散手	3					

9－5　体育学校基本情况

单位：个、人

	体育学校	教练员	动动员	少儿体育学校	教练员	运动员	优秀运动员	专职教练员	待分配运动员
合　　计				**12**	**50**	**2142**	**103**	**31**	**178**
田径					30	929	14	6	18
柔道					4	71	18	3	24
射击					2	48	15	8	29
足球					2	364			
篮球					3	244			
乒乓球					2	141			43
摔跤					5	88	20	5	
武术						174	8	3	6
射箭					1	25	7	2	21
拳击						8	10	2	14
航模					1	50			
跆拳道							8	2	3
自行车							3		12
举重									2
无线电测向									6

9－6 普通高等院校一览表

	学校（所）	毕（结）业生数	招生数	在校学生数	教职工数
总计	9	4771	9075	26124	5589

9－6 续表1

单位：人

专任教师						教辅人员	行政人员	工勤人员
合计	正高级	副高级	中级	初级	无职称			
2769	102	702	1231	586	148	600	823	492

9－7 中等职业学校基本情况

	学校（所）	毕（结）业生人数（人）	招生人数（人）	在校学生数（人）	教职员工数（人）	
						专任教师
中等职业学校	9	428	1256	3485	417	318
其中：调整后中等职业学校	2	82	646	1113	184	139
中等技术学校						
中等师范学校						
成人中等专业学校	1	26	48	69	25	13
职业高中学校	6	320	562	2303	208	166

9－8 普通中学

	学校数（所）	初				
		班数	毕业生数（人）	招生数（人）	在校学生数（人）	
					合计	其中:2004年毕业人数
总　计	**153**	**1665**	**24525**	**31965**	**89884**	**27380**
教育部门和集体办	139	1605	23921	31395	87883	26669
社会力量办	9	31	203	214	818	319
其他部门办	5	29	401	356	1183	392
城市	48	619	9439	11950	34076	10547
教育部门和集体办	36	565	8924	11457	32277	9888
社会力量办	9	31	203	214	818	319
其他部门办	3	23	312	279	981	340
县镇	27	357	5552	7475	20914	6291
教育部门和集体办	25	351	5463	7398	20712	6239
社会力量办						
其他部门办	2	6	89	77	202	52
农村	78	689	9534	12540	34894	10542
教育部门和集体办	78	689	9534	12540	34894	10542
社会力量办						
其他部门办						

9－9 小　　学　　基

	学校数（所）	班数（个）	毕业生人数（人）	招生人数（人）
总　计	**765**	**4642**	**32574**	**28443**
教育部门和集体办	757	4447	31125	27085
社会力量办	1	31	212	138
其他部门办	7	164	1237	1220
民族小学	144	764	10333	9408
城市	68	1159	11543	10661
教育部门和集体办	63	998	10244	9518
社会力量办	1	31	212	138
其他部门办	4	130	1087	1005
县镇	37	424	3647	3392
教育部门和集体办	35	396	3509	3186
社会力量办				
其他部门办	2	28	138	206
农村	660	3059	17384	14390
教育部门和集体办	659	3053	17372	14381
社会力量办				
其他部门办	1	6	12	9

基 本 情 况

高			中		教职员工人数(人)		代课及兼任教师(人)
班数	毕业生数(个)	招生数(人)	在校学生数(人) 合计	其中:2004年毕业班人数	合计	其中:专任教师	
622	**7116**	**14329**	**34100**	**8803**	**8418**	**7416**	**81**
581	6832	13886	32886	8437	7889	7053	71
21	56	207	421	101	330	204	10
20	228	236	793	265	199	159	
307	3668	6618	16223	4467	3993	3253	58
272	3464	6199	15169	4177	3521	2940	48
21	56	207	421	101	330	204	10
14	148	212	633	189	142	109	
307	3406	7466	17490	4275	2301	2092	16
301	3326	7442	17330	4199	2244	2042	16
			160				
6	80	24	387	76	57	50	
8	42	245	387	61	2124	2071	7
8	42	245		61	2124	2071	7
					13	13	

本 情 况

在校学生数(人)	毕业班学生数	教职员工数(人)	专任教师	代课和兼任教师(人)
163018	**30514**	**8639**	**8449**	**152**
154583	29113	8126	7988	151
1068	195	120	89	
7367	1206	393	372	1
51072	9122	1232	1211	5
65326	10619	3221	3063	85
58158	9394	2794	2683	85
1068	195	120	89	
6100	1030	307	291	
18816	3431	1053	1027	19
17612	3260	981	960	18
1204	171	72	67	1
7886	16464	4365	4359	48
78813	16459	4351	4345	48
63	5	14	14	

9－10 幼儿教育

	园数（所）	班数（个）		在园幼儿数（人）	
		合计	其中：学前班	合计	其中：学前班
总　计	**143**	**1436**	**887**	**39593**	**24324**
其中：女性				18443	10944
少数民族	4			9682	7014
1. 教育部门和集体办	8	823	732	20904	18823
2. 社会力量办	106	406	108	10937	3505
3. 其他部门办	29	207	47	7752	1996
在总计中：					
城市	112	603	181	19818	7539
县镇	12	107	57	4221	2514
农村	19	726	649	15554	14271

9－11 卫生机构、

	机构数（个）	床位数（张）	总计	人
				合计
总　计	**496**	**9149**	**12705**	**9654**
市	330	7589	10430	7577
县	166	1560	2275	2077
一、医院合计	112	8654	9793	7934
1. 县级以上医院小计	48	8171	9091	7257
市	32	6853	7674	6072
县	16	1318	1417	1185
2. 区、乡卫生院小计	64	483	702	677
二、疗养院、所	1	300	65	46
三、卫生防疫机构合计	17		648	458
四、专科防治所、站合计				
五、妇幼保健机构合计	9	75	297	251
六、药品检验机构合计	5		87	57
七、医药科学研究机构	1	120	259	145
八、高等医学教育机构合计	3		662	93
九、中等医学教育机构合计	3		239	125
十、诊所、卫生保健所、医务室合计	343		645	536
十一、其它卫生事业机构合计	2		10	9

基 本 情 况

教职工数（人）				
合计	其中			
	园长	专任教师	保健员	其它
1527	**119**	**874**	**82**	**452**
1376	102	853	77	344
128	4	88	3	33
154	5	125	2	22
686	86	391	54	155
687	28	358	26	275
1324	100	720	74	430
164	12	127	6	19
39	7	27	2	3

床 位、人 员 数

员数（人）					
卫生技术人员			其他技术人员	管理人员	工勤人员
医药技检护师	医药技检护士	护药技检员			
4015	**3474**	**2165**	**1052**	**660**	**1339**
3125	2907	1545	950	612	1152
890	567	620	102	48	187
2935	3205	1794	590	289	980
2627	3080	1550	584	284	966
2160	2671	1241	550	251	801
467	409	309	34	33	165
308	125	244	6	5	14
14	18	14	3	9	7
287	18	153	46	62	82
130	72	49	13	12	21
56	1		1	15	14
125	19	1	40	37	37
93			233	193	143
115		10	17	43	54
258	140	138	109		
2	1	6			1

9－12 文化部门艺术

	剧团数（个）	从业人员（人）	高级职称	中级职称	本年新排上演剧目	本团创作首演剧目
总　计	**5**	**557**	**62**	**269**	**14**	**10**
歌剧、舞剧、歌舞剧团	1	93	11	47	1	1
歌舞团、轻音乐团	1	186	28	82	6	5
戏曲剧团	3	278	23	140	7	4
其中：京剧	1	151	12	90	2	1

9－13 公共图书馆

	机构数（个）	职工人数（人）	总藏量（万册件）	古籍	善本	图书	报刊	视听文献	其他
合　计	**5**	**165**	**1922**	**119**	**10**	**1526**	**241**	**2**	**33**
省图书馆	1	106	1503	115	10	1165	202	2	18
市图书馆	1	29	111	1		100	10		
县图书馆	3	30	308	3		261	29		15

表演团体一览表

演出场数（千场）	国内演出场次	农村演出场次	国内演出观众人数（千人次）	总收入（千元）	演出收入	总支出（千元）	固定资产原值（千元）	公用房屋建筑面积（千平方米）
1	**1**		**2431**	**22430**	**1188**	**22395**	**9894**	**12**
			11	1967		1967	999	2
			150	7845	525	7805	3909	6
1	1		2270	12618	663	12623	4986	4
			110	8413	503	8418	3877	3

基本情况

总藏量中外文图书报刊（千册件）	流通人次（千人次）	书刊外借（千册次）	本年新购藏量（千册件）	新购图书	固定资产原值（千元）	公共房屋建筑面积（千平方米）	书库	阅览室	阅览室座位数（千个）
184	**377**	**354**	**14**	**14**	**35669**	**21**	**5**	**2**	**1**
184	303	200	12	12	34291	19	4	2	1
	41	134	2	2	330	1			
	33	20			1048	1	1		

9－14 特殊教育学校基本情况

	学校（所）	班数（个）	毕业生数（离校数）（人）	招生数（入校数）（人）	在校学生数（人）	教职员工数（人）	专任教师（人）
合　计	**4**	**40**	**104**	**119**	**1148**	**104**	**83**
视力残疾		6			151		
听力残疾		26			374		
智力残疾		8			623		
一、特殊教育学校		40	30	59	463		
视力残疾		6			58		
听力残疾		26			283		
智力残疾		8			122		
二、小学随班就读			53	42	603		
视力残疾					72		
听力残疾					73		
智力残疾					458		
三、普通（职业）初中随班就读			21	18	82		
视力残疾					21		
听力残疾					18		
智力残疾					43		

9－15 卫生机构主治医师及以上人员数

单位：人

	卫生技术人员技术职务				其它技术人员
	合　计	主　任	副主任	主　治（主管）	
总　计	2542	60	209	872	1401

9－16 诊所、卫生保健所、医务室机构及人员

	机构数（个）	卫生技术人员（人）				
		合计	医、药、技检、护师	医、药、技检、护士	护、药、技、检员	其他
总计	**343**	**645**	**258**	**140**	**138**	**109**
市	261	445	184	122	87	52
县	82	200	74	18	51	57
卫生部门办	23	93	39	26	21	7
工业及其他部门办	104	271	137	67	44	23
个体办	216	281	82	47	73	79

9－17 农村村级卫生组织情况

	村数（个）		村设置的医疗点数（个）					乡村医生和卫生员数				农村接生员总数（人）
		无医疗点的村数		村或群众集体办	乡村医生或卫生员联合办	乡卫生院设点	个体办	乡村医生	会接生	卫生员	会接生	
合计	**935**	**60**	**1407**	**101**	**1121**	**5**	**180**	**1567**	**178**	**444**		**1027**

9－18　中等专业学校一览表

	学校数	毕业生数	招生数	在校学生	毕业班学生数
总　　计	**4**	**3750**	**1704**	**6940**	**3090**
青海银行学校			24	126	68
青海民院(中专部)		230	76	279	141
青海警官职业学院(中专部)		526	123	494	184
青海省卫生职业技术学院(中专部)		384	540	2255	835
青海省文化艺术学校		137	185	568	118
青海省建筑职业技术学院		539	118	480	179
青海省交通职业技术学院		192	213	1223	709
青海大学(中专部)		710		529	348
青海省工业学校		242	283	537	242
青海湟源畜牧职业技术学院		585	61	335	233
青海邮电学校		205	81	114	33

9－19　宗教情况

	宗教活动场所(座)	伊斯兰教清真寺	藏传佛教寺院	汉传佛教寺院	道教宫观	基督教教　堂	天主教教　堂	宗教信教群众(万人)	宗教教职人员
合计	**265**	**231**	**12**	**8**	**6**	**5**	**3**	**64.17**	**1255**

9－20 图书、报纸、杂志出版情况

	种数(种)			总印数(万册、万份)	总印张(千印张)	定价总额
	合计	新出	重印			
图书	416	302	114	446.88	29936.3	3938.5
报纸	10			3210	36500	1540
期刊	52			105.5	3915.24	420
其中:学报、公报、政报、年鉴	9			1.4	70	5

9－21 有线电视基本情况

	总用户(万户)	有线电视入户率(%)	有线广播电视站		共用天线系统	
			电缆光缆混合	纯电缆网	750MHz(及以上)	550MHz
省 级		6.3	有		有	
西宁市	15.92	75.38	有	2	有	
大通县	10.61	13.2	有			有
湟中县	10.75	3.44		有		有
湟源县	3.35	68.66		有		有

9－22 广播覆盖情况

	综合		中央台第一套节目		省级台第一套节目		地市级台第一套节目		县级台第一套节目	
	覆盖人口数(万人)	覆盖率(%)	覆盖人口数(万人)	覆盖率(%)	覆盖人口数(万人)	覆盖率(%)	覆盖人口数(万人)	覆盖率(%)	覆盖人口数(万人)	覆盖率(%)
合 计	192.71	95.44	192.71	95.44	192.71	95.44	116.05	57.48		
市 区	93.72	97.94	93.72	97.94	93.72	97.94	93.72	97.94		
大通县	43.33	97	43.33	97	43.33	97	22.33	49.99		
湟中县	43.83	92	43.83	92	43.83	92				
湟源县	11.83	85.05	11.83	85.05	1.83	85.05				

9－23 电视覆盖情况

	综合		中央台第一套节目		省级台第一套节目		地市级台第一套节目		县级台第一套节目	
	覆盖人口数(万人)	覆盖率(%)	覆盖人口数(万人)	覆盖率(%)	覆盖人口数(万人)	覆盖率(%)	覆盖人口数(万人)	覆盖率(%)	覆盖人口数(万人)	覆盖率(%)
合 计	195.56	96.86	195.56	96.86	194.67	96.41	102.97	51		
市 区	90.91	95	90.91	95	90.91	95	90.91	95		
大通县	43.78	98.01	43.78	98.01	43.78	98.01	12.06	27.00		
湟中县	47.1	98.87	47.1	98.87	46.21	97				
湟源县	13.77	98.99	13.77	98.99	13.77	98.99				

9－24　广播播出基本情况

	台数（座）	节目套数（套）	卫星传送节目套数	平均每日播音时间(时:分)				
				合计	转中央台节目	转省级台节目	转地市级台节目	自办节目小计
合　　计	2	5	3	73:00	3:30	0:00	0:00	69:30
青海人民广播电台	1	4	3	59:20	2:30		0:00	56:50
西宁人民广播电台	1	1		13:40	1:00	0:00		12:40

9－25　广播节目制作情况

	本年制作广播节目（小时）	本年自制广播节目(小时)							本年加工广播节目小计(小时)
		小计	新闻	专题	教育	文艺	广告	服务信息	
合　　计	21270	16407	2005	5795	1229	4544	1024	1870	4863
青海人民广播电台	17030	14980	1825	5508	1229	3584	983	1851	2050
西宁人民广播电台	4240	1427	180	287		960			2813

9－26　电视播出基本情况

	台数（座）	节目套数（套）	卫星传送节目套数	平均每周播出时间(时:分)				
				合计	转中央台节目	转省级台节目	转地市级台节目	自办节目小计
合　　计	2	6	1	561:53	7:30	0:00	0:00	554:18
青海电视台	1	4	1	420:00	3:30	0:00	0:00	416:30
西宁电视台	1	2		141:53:00	4:05	0:00	0:00	137:48

十、劳动工资

LAODONGGONGZI

10－1　西宁地区劳动工资概况

	年末在岗职工人数（人）	在岗职工年平均人数（人）	年末在岗职工工资总额（千元）	在岗职工平均工资（元/人）
总计	204076	205959	3013642	14632
城东区	48583	47926	692855	14457
城中区	26480	26816	378470	14114
城西区	45978	48093	795294	16537
城北区	27299	27512	376633	13690
大通地区	34449	34805	497966	14307
湟中地区	13698	13225	174027	13159
湟源地区	7589	7582	98397	12978
按经济类型分				
国有经济单位				
总计	150206	150907	2495149	16534
城东区	34271	33785	554443	16411
城中区	20535	20689	330893	15994
城西区	38527	39854	717918	18014
城北区	11661	11668	207483	17782
大通地区	29997	29967	461737	15408
湟中地区	9151	8943	136014	15209
湟源地区	6064	6001	86661	14441
集体经济单位				
总计	17884	18297	136108	7439
城东区	4611	4767	41155	8633
城中区	3431	3426	23407	6860
城西区	2458	2261	21546	9529
城北区	2394	2430	14626	6019
大通地区	3841	4225	25657	6073
湟中地区	558	561	5821	10376
湟源地区	591	641	3896	6078
其他经济单位				
总计	35986	36755	382385	10404
城东区	9701	9374	97257	10375
城中区	2514	2715	24170	8902
城西区	4993	5978	55830	9339
城北区	13244	13414	154524	11520
大通地区	611	613	10572	17246
湟中地区	3989	3721	32192	8651
湟源地区	934	940	7840	8340

10－2 单位从业人员

项目	单位数（个）	年末		
		单位从业人员	女性	使用的农村劳动力
一、总计	**2559**	**211140**	**78709**	**9304**
其中：国有控股	343	80910	24109	3608
二、按企业、事业、机关分组				
1. 企业	794	130873	43795	7730
2. 事业	1160	56423	26426	1246
3. 机关	605	23844	8488	328
三、按国民经济行业分组				
（一）农林牧渔业	166	4561	1686	354
（二）采矿业	2	4305	848	1363
（三）制造业	191	45422	16552	2723
（四）电力、煤气及水的生产和供应业	17	8337	2177	575
（五）建筑业	49	22615	4866	2835
（六）交通运输、仓储及邮政业	85	15833	2811	65
（七）信息传输、计算机服务和软件业	41	5191	1810	0
（八）批发和零售业	197	10511	6176	71
（九）住宿和餐饮业	25	1915	1017	9
（十）金融业	110	8693	4327	12
（十一）房地产业	43	1404	612	0
（十二）租赁和商务服务业	90	3486	1045	62
（十三）科学研究、技术服务和地质业	121	7676	2697	32
（十四）水利、环境和公共设施管理业	80	9265	3737	720
（十五）居民服务和其他服务业	17	761	503	0
（十六）教育	508	24942	12186	91
（十七）卫生、社会保障和社会福利业	148	10575	6503	55
（十八）文化、教育和娱乐业	74	2851	1168	8
（十九）公共管理和社会组织	595	22797	7988	329

和劳动报酬情况

人数（人）						
1. 在岗职工	专业技术人员	女性	长期职工	2. 其他从业人员	聘用的离退休人员	聘用的港澳台和外籍人员
204076	**68530**	**31430**	**199786**	**7064**	**388**	
77783	21299	8014	76653	3127	223	
126319	27840	10229	123355	4554	278	
54684	38708	20412	53580	1739	90	
23073	1982	789	22851	771	20	
4472	2186	840	4317	89	3	
4301	421	186	4301	4	4	
45023	6859	2074	44109	399	105	
8287	2041	684	8156	50	44	
21166	6362	1881	20259	1449	53	
15441	2223	637	15224	392	1	
4913	1831	718	4851	278		
10466	1692	763	10269	45	18	
1899	241	78	1735	16		
7222	4914	2535	7019	1471	14	
1380	402	228	1310	24	0	
3262	593	249	3126	224	7	
7484	4525	1666	7423	192	55	
8252	1409	510	8166	1013	5	
755	88	58	691	6	6	
24631	21209	11100	24305	311	8	
10264	8106	5730	10000	311	42	
2834	1565	742	2679	17	3	
22024	1863	751	21846	773	20	

10－2　续表1

项　　目	离开本单位仍保留劳动关系的职工年末人数（人）	内部退养职工	长期病、休假职　工	平　　均
				单位从业人员
一、总　　计	**25080**	**9897**	**435**	**213356**
其中:国有独资	13983	3995	179	82394
二、按企业、事业、机关分组				
1. 企业	23663	9117	415	133617
2. 事业	1333	702	19	56056
3. 机关	84	78	1	23683
三、按国民经济行业分组				
（一）农林牧渔业	25	25	0	4472
（二）采矿业	542	47	0	4415
（三）制造业	8896	5599	162	45265
（四）电力、煤气及水的生产和供应业	238	236	1	8452
（五）建筑业	2878	725	92	24391
（六）交通运输、仓储及邮政业	3589	321	11	15358
（七）信息传输、计算机服务和软件业	459	431	16	5910
（八）批发和零售业	5256	814	108	10855
（九）住宿和餐饮业	249	116	3	1959
（十）金融业	524	512	4	8696
（十一）房地产业	20	10	3	1529
（十二）租凭和商务服务业	279	46	5	3340
（十三）科学研究、技术服务和地质业	1396	817	15	7874
（十四）水利、环境和公共设施管理业	287	5	0	9189
（十五）居民服务和其他服务业	122	27	0	850
（十六）教育	88	40	1	24672
（十七）卫生、社会保障和社会福利业	124	34	12	10562
（十八）文化、教育和娱乐业	23	14	1	2881
（十九）公共管理和社会组织	85	78	1	22686

人数（人）					
				离开本单位仍保留劳动关系的职工	
1. 在岗职工	2. 其他从业人员	聘用的离退休人员	聘用的港澳台和外籍人员		内部退养职工
205959	**7397**	**390**		**21620**	**9980**
78941	3453	231		9694	3751
128699	4918	285		19956	9028
54329	1727	85		1578	873
22931	752	20		86	79
4386	86	3		22	22
4411	4	4		542	47
44630	635	99		9536	5671
8403	49	43		244	242
22954	1437	65		2663	569
14970	388	1		3020	310
5632	278			460	433
10815	40	19		1910	857
1932	27			250	117
7165	1531	15		471	460
1505	24			34	9
3116	224	7		280	48
7695	179	49		1638	996
8091	1098	5		89	5
844	6	6		122	27
24366	306	7		112	39
10248	314	44		117	35
2864	17	3		23	14
21932	754	20		87	79

10－2　续表2

项　　目	劳动报酬			
	单位从业人员劳动报酬	1. 在岗职工工资总额	2. 其他从业人员劳动报酬	聘用的离退休人员
一、总　　计	**3062384**	**3013642**	**48742**	**3718**
其中：国有独资	1385408	1360084	25324	2749
二、按企业、事业、机关分组				
1. 企业	1836550	1799579	36971	3089
2. 事业	863582	855193	8389	521
3. 机关	362252	358870	3382	108
三、按国民经济行业分组				
（一）农林牧渔业	57207	56968	239	43
（二）采矿业	42870	42852	18	18
（三）制造业	545543	541339	4204	453
（四）电力、煤气及水的生产和供应业	193955	193630	325	289
（五）建筑业	250982	241727	9255	1716
（六）交通运输、仓储及邮政业	280146	277614	2532	8
（七）信息传输、计算机服务和软件业	148288	146882	1406	
（八）批发和零售业	112690	112475	215	90
（九）住宿和餐饮业	18559	18487	72	
（十）金融业	165255	149064	16191	135
（十一）房地产业	20510	20398	112	
（十二）租赁和商务服务业	41245	39790	1455	31
（十三）科学研究、技术服务和地质业	132387	128440	3947	422
（十四）水利、环境和公共设施管理业	86698	83533	3165	9
（十五）居民服务和其他服务业	4648	4614	34	34
（十六）教育	394173	393794	379	29
（十七）卫生、社会保障和社会福利业	174336	172706	1630	320
（十八）文化、教育和娱乐业	41149	40973	176	13
（十九）公共管理和社会组织	351743	348356	3387	108

和生活费（千元）			平均劳动报酬和生活费(元)		
聘用的港澳台和外籍人员	离开本单位仍保留劳动关系的职工生活费	内部退养职工	单位从业人员平均劳动报酬	在岗职工平均工资	离开本单位仍保留劳动关系职工平均生活费
	136086	**66711**	**14353**	**14632**	**6589**
	79003	44785	16814	17229	7334
	123914	56875	13745	13983	7517
	10915	8609	15406	15741	4858
	1257	1227	15296	15650	4497
	145	145	12792	12989	2779
	2215	202	9710	9715	4500
	50597	21622	12052	12129	6620
	4326	4303	22948	23043	6633
	10373	4420	10290	10531	6441
	28247	4161	18241	18545	6526
	8036	7725	25091	26080	5058
	7020	5927	10381	10400	5375
	949	866	9474	9569	2667
	6699	6669	19004	20804	10575
	328	56	13414	13553	4667
	1243	245	12349	12770	6496
	10084	7958	16813	16691	22050
	1205	15	9435	10324	2883
	59	59	5468	5467	5667
	1498	453	15977	16162	1239
	1627	514	16506	16853	5191
	160	144	14283	14306	10353
	1275	1227	15505	15883	4492

10－3 国有单位从业

项目	单位数（个）	年末人数（人）		
		单位从业人员	女性	使用的农村劳动力
国有单位合计	1942	155429	56428	4948
一、按隶属关系分组				
1. 中央	164	46323	11282	613
2. 省、自治区、直辖市	485	59753	23243	2470
3. 地区	248	14863	6834	66
4. 县及县以下	1045	34490	15069	1799
二、按企业、事业、机关分组				
1. 企业	318	77329	22878	3387
其中：地方	185	34170	12660	2781
2. 事业	1065	54884	25616	1246
其中：地方	1051	53092	25118	1239
3. 机关	559	23216	7934	315
其中：地方	542	21844	7368	315
三、按国民经济行业分组				
（一）农林牧渔业	115	4075	1473	354
（二）采矿业	1	4165	764	1363
（三）制造业	28	16568	5843	463
（四）电力、燃气及水的生产和供应业	16	8286	2153	575
（五）建筑业	24	15680	3618	906
（六）交通运输、仓储和邮政业	71	14092	2008	25
（七）信息传输、计算机服务和软件业	36	4506	1475	0
（八）批发和零售业	67	6079	3373	11
（九）住宿和餐饮业	9	714	399	9
（十）金融业	63	6480	3011	12
（十一）房地产业	27	929	404	0
（十二）租赁和商务服务业	51	1378	471	8
（十三）科学研究、技术服务和地质业	116	7296	2570	32
（十四）水利、环境和公共设施管理业	73	5272	1979	720
（十五）居民服务和其他服务业	4	31	6	0
（十六）教育	506	24885	12129	91
（十七）卫生、社会保障和社会福利业	113	9987	6153	55
（十八）文化、体育和娱乐业	74	2851	1168	8
（十九）公共管理和社会组织	548	22155	7431	316

人员和劳动报酬情况

年末人数(人)						
1. 在岗职工	专业技术人员	女性	长期职工	2. 其他从业人员	聘用的离退休人员	聘用的和港澳台外籍人员
150206	60189	28342	147765	5223	316	0
44492	13378	4779	43968	1831	28	0
58789	23845	11777	57809	964	208	0
14600	4991	3008	14359	263	52	0
32325	17975	8778	31629	2165	28	0
74517	20265	7567	73378	2812	206	0
33135	7531	2997	32492	1035	203	0
53244	37947	19990	52161	1640	90	0
51496	37367	19803	50433	1596	65	0
22445	1977	785	22226	771	20	0
21083	1913	763	20872	761	20	0
3986	1892	747	3850	89	3	0
4161	421	186	4161	4	4	0
16374	3276	1056	16119	194	58	0
8236	2041	684	8105	50	44	0
15129	5137	1570	14787	551	45	0
13729	2009	554	13575	363	0	0
4228	1662	653	4166	278	0	0
6053	1009	408	5980	26	15	0
698	101	43	652	16	0	0
5601	4193	2117	5493	879	12	0
905	252	147	879	24	0	0
1156	390	157	1096	222	6	0
7108	4318	1593	7053	188	51	0
4259	1171	395	4182	1013	5	0
31	6	5	29	0	0	0
24574	21208	11099	24248	311	8	0
9762	7686	5441	9501	225	42	0
2834	1565	742	2679	17	3	0
21382	1852	745	21210	773	20	0

10－3　续表1

项目	年末人数(人) 离开本单位仍保留劳动关系的职工年末人数(人)	内部退养职工	长期病、休假职工
国有单位合计	14978	4541	173
一、按隶属关系分组			
1. 中央	5296	1759	86
2. 省、自治区、直辖市	5544	2479	72
3. 地区	3858	233	9
4. 县及县以下	280	70	6
二、按企业、事业、机关分组			
1. 企业	13576	3774	153
其中:地方	8452	2175	71
2. 事业	1332	702	19
其中:地方	1160	542	15
3. 机关	70	65	1
其中:地方	70	65	1
三、按国民经济行业分组			
(一)农林牧渔业	25	25	0
(二)采矿业	542	47	0
(三)制造业	2634	1463	94
(四)电力、燃气及水的生产和供应业	238	236	1
(五)建筑业	1196	401	33
(六)交通运输、仓储和邮政业	3279	306	5
(七)信息传输、计算机服务和软件业	394	393	1
(八)批发和零售业	4327	485	7
(九)住宿和餐饮业	112	40	3
(十)金融业	458	446	4
(十一)房地产业	16	8	3
(十二)租赁和商务服务业	10	1	0
(十三)科学研究、技术服务和地质业	1079	508	7
(十四)水利、环境和公共设施管理业	285	3	0
(十五)居民服务和其他服务业	77	26	0
(十六)教育	88	40	1
(十七)卫生、社会保障和社会福利业	124	34	12
(十八)文化、体育和娱乐业	23	14	1
(十九)公共管理和社会组织	71	65	1

平均人数(人)						
单位从业人员	1.在岗职工	2.其他从业人员	聘用的离退休人员	聘用的港澳台和外籍人员	离开本单位仍保留劳动关系的职工	内部退养职工
156471	150907	5564	319	0	10993	4526
46428	44449	1979	37	0	4512	1732
60904	59626	1278	202	0	5734	2471
14834	14578	256	51	0	459	248
34305	32254	2051	29	0	288	75
78897	75717	3180	214	0	9344	3587
35635	34384	1251	198	0	4982	1988
54528	52896	1632	85	0	1577	873
52703	51111	1592	64	0	1427	740
23046	22294	752	20	0	72	66
21705	20963	742	20	0	72	66
3988	3902	86	3	0	22	22
4275	4271	4	4	0	542	47
16569	16380	189	53	0	2720	1380
8401	8352	49	43	0	244	242
16239	15463	776	57	0	1038	302
13578	13218	360	0	0	2705	295
5225	4947	278	0	0	395	395
6310	6283	27	16	0	944	521
732	705	27	0	0	110	40
6496	5555	941	13	0	405	394
1060	1036	24	0	0	30	7
1234	1012	222	6	0	10	1
7507	7332	175	45	0	1339	697
5320	4222	1098	5	0	87	3
30	30	0	0	0	77	26
24615	24309	306	7	0	112	39
9977	9746	231	44	0	117	35
2881	2864	17	3	0	23	14
22034	21280	754	20	0	73	66

10－3　续表2

项目	劳动报酬和生活费(千元)		
	单位从业人员劳动报酬	1.在岗职工工资总额	2.其他从业人员劳动报酬
国有单位合计	2527949	2495149	32800
一、按隶属关系分组			
1.中央	914605	901998	12607
2.省、自治区、直辖市	955461	943304	12157
3.地区	212645	211116	1529
4.县及县以下	445238	438731	6507
二、按企业、事业、机关分组			
1.企业	1324533	1302981	21552
其中:地方	471680	462594	9086
2.事业	844064	836198	7866
其中:地方	805994	798243	7751
3.机关	359352	355970	3382
其中:地方	335670	332314	3356
三、按国民经济行业分组			
(一)农林牧渔业	50750	50511	239
(二)采矿业	42690	42672	18
(三)制造业	270633	268664	1969
(四)电力、燃气及水的生产和供应业	193410	193085	325
(五)建筑业	186918	180727	6191
(六)交通运输、仓储和邮政业	267694	265293	2401
(七)信息传输、计算机服务和软件业	133793	132387	1406
(八)批发和零售业	77598	77469	129
(九)住宿和餐饮业	7122	7050	72
(十)金融业	133014	126700	6314
(十一)房地产业	16601	16489	112
(十二)租赁和商务服务业	19332	17890	1442
(十三)科学研究、技术服务和地质业	126454	122539	3915
(十四)水利、环境和公共设施管理业	51299	48134	3165
(十五)居民服务和其他服务业	572	572	0
(十六)教育	393759	393380	379
(十七)卫生、社会保障和社会福利业	166456	165296	1160
(十八)文化、体育和娱乐业	41149	40973	176
(十九)公共管理和社会组织	348705	345318	3387

劳动报酬和生活费(千元)				平均劳动报酬和生活费(元)		
聘用的离退休人员	聘用的港澳台和外籍人员	离开本单位仍保留劳动关系的职工生活费	内部退养职工	单位从业人员平均劳动报酬	在岗职工平均工资	离岗职工平均生活费
3252	0	88225	52117	16156	16534	8026
1255	0	59596	29396	19699	20293	13208
1447	0	25620	20304	15688	15820	4468
360	0	2401	1902	14335	14482	5231
190	0	608	515	12979	13602	2111
2623	0	76068	42296	16788	17209	8141
1435	0	18563	14921	13236	13454	3726
521	0	10915	8609	15479	15808	6921
454	0	8824	6588	15293	15618	6184
108	0	1242	1212	15593	15967	17250
108	0	1242	1212	15465	15852	17250
43	0	145	145	12726	12945	6591
18	0	2215	202	9986	9991	4087
203	0	16127	15113	16334	16402	5929
289	0	4326	4303	23022	23118	17730
1619	0	5278	1632	11510	11688	5085
0	0	27195	4143	19715	20071	10054
0	0	7145	7133	25606	26761	18089
70	0	4787	4289	12298	12330	5071
0	0	449	435	9730	10000	4082
116	0	6112	6082	20476	22808	15091
0	0	320	52	15661	15916	10667
25	0	6	6	15666	17678	600
390	0	8329	6203	16845	16713	6220
9	0	1190	0	9643	11401	13678
0	0	56	56	19067	19067	727
29	0	1498	453	15997	16182	13375
320	0	1627	514	16684	16960	13906
13	0	160	144	14283	14306	6957
108	0	1260	1212	15826	16227	17260

10－4 城镇集体单位从业

项目	单位数（个）	单位从业人员	女性	使用的农村劳动力
城镇集体单位合计	427	18176	8007	2043
一、按企业、事业、机关分组				
1. 企业	287	16049	6672	2030
2. 事业	94	1499	781	0
3. 机关	46	628	554	13
二、按国民经济行业分组				
（一）农林牧渔业	49	449	199	0
（二）采矿业	1	140	84	0
（三）制造业	96	6045	2921	298
（五）建筑业	14	432	257	0
（六）交通运输、仓储和邮政业	3	342	175	0
（八）批发和零售业	79	1479	950	39
（九）住宿和餐饮业	12	222	189	0
（十）金融业	41	1440	780	0
（十一）房地产业	5	90	55	0
（十二）租赁和商务服务业	30	1847	455	54
（十四）水利、环境和公共设施管理业	4	194	113	0
（十五）居民服务和其他服务业	9	617	416	0
（十六）教育	2	57	57	0
（十七）卫生、社会保障和社会福利业	35	588	350	0
（十九）公共管理和社会组织	47	642	557	13

人员和劳动报酬情况

年末人数（人）						
1. 在岗职工	#专业技术人员	女性	长期职工	2. 其他从业人员	聘用的离退休人员	聘用的和港澳台外籍人员
17884	2576	1275	17259	292	27	0
15843	1812	850	15235	206	27	0
1413	759	421	1399	86	0	0
628	5	4	625	0	0	0
449	279	91	442	0	0	0
140	0	0	140	0	0	0
5989	368	149	5920	56	20	0
431	50	33	424	1	1	0
342	38	8	342	0	0	0
1479	98	66	1476	0	0	0
222	0	0	213	0	0	0
1424	692	401	1374	16	2	0
90	22	13	72	0	0	0
1847	82	36	1814	0	0	0
194	45	33	193	0	0	0
617	45	32	560	0	0	0
57	1	1	57	0	0	0
502	420	289	499	86	0	0
642	11	6	636	0	0	0

10－4 续表1

项目	年末人数(人)		
	离开本单位仍保留劳动关系的职工年末人数(人)	内部退养职工	长期病、休假职工
城镇集体单位合计	1821	383	156
一、按企业、事业、机关分组			
1. 企业	1806	370	156
2. 事业	1	0	0
3. 机关	14	13	0
二、按国民经济行业分组			
(一)农林牧渔业	0	0	0
(二)采矿业	0	0	0
(三)制造业	1139	176	6
(五)建筑业	32	12	0
(六)交通运输、仓储和邮政业	6	6	0
(八)批发和零售业	405	59	99
(九)住宿和餐饮业	52	13	0
(十)金融业	66	66	0
(十一)房地产业	4	2	0
(十二)租赁和商务服务业	38	16	2
(十四)水利、环境和公共设施管理业	0	0	0
(十五)居民服务和其他服务业	1	1	0
(十六)教育	0	0	0
(十七)卫生、社会保障和社会福利业	0	0	0
(十九)公共管理和社会组织	14	13	0

平均人数(人)						
单位从业人员	1.在岗职工	2.其他从业人员	聘用的离退休人员	聘用的港澳台和外籍人员	离开本单位仍保留劳动关系的职工	内部退养职工
18584	18297	287	26	0	1872	387
16462	16258	204	26	0	1857	374
1485	1402	83	0	0	1	0
637	637	0	0	0	14	13
447	447	0	0	0	0	0
140	140	0	0	0	0	0
6186	6132	54	19	0	1156	176
441	437	4	1	0	33	12
343	343	0	0	0	6	6
1586	1586	0	0	0	438	62
213	213	0	0	0	52	13
1431	1415	16	2	0	66	66
92	92	0	0	0	4	2
1835	1835	0	0	0	39	17
194	194	0	0	0	0	0
699	699	0	0	0	1	1
57	57	0	0	0	0	0
585	502	83	0	0	0	0
652	652	0	0	0	14	13

项目	劳动报酬			
	单位从业人员劳动报酬	1. 在岗职工工资总额	2. 其他从业人员劳动报酬	聘用的离退休人员
城镇集体单位合计	137464	136108	1356	157
一、按企业、事业、机关分组				
1. 企业	115454	114568	885	157
2. 事业	19110	18640	470	0
3. 机关	2900	2900	0	0
二、按国民经济行业分组				
（一）农林牧渔业	6071	6071	0	0
（二）采矿业	180	180	0	0
（三）制造业	33337	33148	189	89
（五）建筑业	2841	2835	6	6
（六）交通运输、仓储和邮政业	2889	2889	0	0
（八）批发和零售业	9805	9805	0	0
（九）住宿和餐饮业	1696	1696	0	0
（十）金融业	18343	17941	402	19
（十一）房地产业	779	779	0	0
（十二）租赁和商务服务业	18325	18325	0	0
（十四）水利、环境和公共设施管理业	2667	2667	0	0
（十五）居民服务和其他服务业	3283	3283	0	0
（十六）教育	414	414	0	0
（十七）卫生、社会保障和社会福利业	7880	7410	470	0
（十九）公共管理和社会组织	3038	3038	0	0

和生活费(千元)			平均劳动报酬和生活费(元)		
聘用的港澳台和外籍人员	离开本单位仍保留劳动关系的职工生活费	内部退养职工	单位从业人员平均劳动报酬	在岗职工平均工资	离岗职工平均生活费
0	2704	1650	7397	7439	1444
0	2689	1635	7013	7047	1448
0	0	0	12869	13295	0
0	15	15	4553	4553	1071
0	0	0	13582	13582	0
0	0	0	1286	1286	0
0	413	358	5389	5406	357
0	156	156	6442	6487	4727
0	11	11	8423	8423	1833
0	707	265	6182	6182	1614
0	86	36	7962	7962	1654
0	587	587	12818	12679	8894
0	8	4	8467	8467	2000
0	655	181	9986	9986	16795
0	0	0	13747	13747	0
0	3	3	4697	4697	3000
0	0	0	7263	7263	0
0	0	0	13470	14761	0
0	15	15	4660	4660	1071

10－5 其他单位从业人员

项目	单位数（个）	单位从业人员	女性	使用的农村劳动力
其他单位合计	**190**	**37535**	**14274**	**2313**
一、按企业、事业、机关分组				
1. 企业	189	37495	14245	2313
2. 事业	1	40	29	0
3. 机关				
二、按国民经济行业分组				
（一）农林牧渔业	2	37	14	0
（三）制造业	67	22809	7788	1962
（四）电力、燃气及水的生产和供应业	1	51	24	0
（五）建筑业	11	3091	629	330
（六）交通运输、仓储和邮政业	11	1219	541	0
（七）信息传输、计算机服务和软件业	5	685	335	0
（八）批发和零售业	51	2953	1853	21
（九）住宿和餐饮业	4	979	429	0
（十）金融业	6	773	536	0
（十一）房地产业	11	385	153	0
（十二）租赁和商务服务业	9	261	119	0
（十三）科学研究、技术服务和地质业	5	380	127	0
（十四）水利、环境和公共设施管理业	3	3799	1645	0
（十五）居民服务和其他服务业	4	113	81	0

和劳动报酬情况

年末人数(人)						
1.在岗职工	专业技术人员	女性	长期职工	2.其他从业人员	聘用的离退休人员	聘用的和港澳台外籍人员
35986	**5765**	**1813**	**34762**	**1549**	**45**	**0**
35959	5763	1812	34742	1536	45	0
27	2	1	20	13	0	0
37	15	2	25	0	0	0
22660	3215	869	22070	149	27	0
51	0	0	51	0	0	0
2327	732	162	2131	764	3	0
1190	194	74	1127	29	1	0
685	169		685	0	0	0
2934	585	289	2813	19	3	0
979	140	35	870	0	0	0
197	29	17	152	576	0	0
385	128	68	359	0	0	0
259	121	56	216	2	1	0
376	207	73	370	4	4	0
3799	193	82	3791	0	0	0
107	37	21	102	6	6	0

10－5 **续表1**

项目	年末人数(人)			单位从业人员
	离开本单位仍保留劳动关系的职工年末人数(人)	内部退养职工	长期病、休假职工	
其他单位合计	8281	4973	105	38301
一、按企业、事业、机关分组				
1. 企业	8281	4973	106	38258
2. 事业	0	0	0	43
3. 机关				
二、按国民经济行业分组				
(一)农林牧渔业	0	0	0	37
(三)制造业	5123	3960	62	22510
(四)电力、燃气及水的生产和供应业	0	0	0	51
(五)建筑业	1581	287	11	4210
(六)交通运输、仓储和邮政业	309	15	5	1255
(七)信息传输、计算机服务和软件业	65	38	15	685
(八)批发和零售业	524	270	2	2959
(九)住宿和餐饮业	85	63	0	1014
(十)金融业	0	0	0	769
(十一)房地产业	0	0	0	377
(十二)租赁和商务服务业	231	29	3	271
(十三)科学研究、技术服务和地质业	317	309	8	367
(十四)水利、环境和公共设施管理业	2	2	0	3675
(十五)居民服务和其他服务业	44	0	0	121

平均人数(人)					
1.在岗职工	2.其他从业人员	聘用的离退休人员	聘用的港澳台和外籍人员	离开本单位仍保留劳动关系的职工	内部退养职工
36755	1546	45	0	8755	5067
36724	1534	45	0	8755	5067
31	12	0	0	0	0
37	0	0	0	0	0
22118	392	27	0	5660	4115
51	0	0	0	0	0
3683	527	3	0	1524	230
1227	28	1	0	314	15
685	0	0	0	65	38
2946	13	3	0	528	274
1014	0	0	0	88	64
195	574	0	0	0	0
377	0	0	0	0	0
269	2	1	0	231	30
363	4	4	0	299	299
3675	0	0	0	2	2
115	6	6	0	44	0

10－5 **续表2**

项目	劳动报		
	单位从业人员劳动报酬	1. 在岗职工工资总额	2. 其他从业人员劳动报酬
其他单位合计	396971	382385	14586
一、按企业、事业、机关分组			
1. 企业	396563	382030	14533
2. 事业	408	355	53
3. 机关			
二、按国民经济行业分组			
(一)农林牧渔业	386	386	0
(三)制造业	241573	239527	2046
(四)电力、燃气及水的生产和供应业	545	545	0
(五)建筑业	35851	33082	2769
(六)交通运输、仓储和邮政业	9019	8888	131
(七)信息传输、计算机服务和软件业	14495	14495	0
(八)批发和零售业	25287	25201	86
(九)住宿和餐饮业	9741	9741	0
(十)金融业	13898	4423	9475
(十一)房地产业	3130	3130	0
(十二)租赁和商务服务业	3588	3575	13
(十三)科学研究、技术服务和地质业	5933	5901	32
(十四)水利、环境和公共设施管理业	32732	32732	0
(十五)居民服务和其他服务业	793	759	34

酬和生活费(千元)				平均劳动报酬和生活费(元)		
聘用的离退休人员	聘用的港澳台和外籍人员	离开本单位仍保留劳动关系的职工生活费	内部退养职工	单位从业人员平均劳动报酬	在岗职工平均工资	离岗职工平均生活费
309	0	45157	12944	10365	10404	5158
309	0	45157	12944	10365	10403	5158
0	0	0	0	9488	11452	0
0	0	0	0	10432	10432	0
161	0	34057	6151	10732	10830	6017
0	0	0	0	10686	10686	0
48	0	4865	2587	8516	8982	3192
8	0	1052	18	7186	7244	3350
0	0	891	592	21161	21161	13708
20	0	1526	1373	8546	8554	2890
0	0	414	395	9607	9607	4705
0	0	0	0	18073	22682	0
0	0	0	0	8302	8302	0
6	0	582	58	13240	13290	2519
32	0	1755	1755	16166	16256	5870
0	0	15	15	8907	8907	7500
34	0	0	0	6554	6600	0

10－6　单位从业人

项目	本年增加人数(人)		
	合计	从农村招　收	从城镇招　收
总　　　　　计	12973	4519	1839
一、按登记注册类型分组			
1. 国有单位	9988	3453	1082
2. 城镇集体单位	686	418	149
3. 其他单位	2299	648	608
二、按国民经济行业分组			
(一)农林牧渔业	177	0	1
(二)采矿业	1347	1333	0
(三)制造业	2231	683	394
(四)电力、燃气及水的生产和供应业	2990	1646	938
(五)建筑业	1335	764	31
(六)交通运输、仓储和邮政业	472	0	5
(七)信息传输、计算机服务和软件业	178	35	4
(八)批发和零售业	247	0	48
(九)住宿和餐饮业	27	0	10
(十)金融业	332	1	16
(十一)房地产业	48	0	13
(十二)租赁和商务服务业	122	15	44
(十三)科学研究、技术服务和地质业	379	0	0
(十四)水利、环境和公共设施管理业	344	2	186
(十五)居民服务和其他服务业	51	0	47
(十六)教育	1018	35	23
(十七)卫生、社会保障和社会福利业	329	1	25
(十八)文化、体育和娱乐业	84	0	0
(十九)公共管理和社会组织	1262	4	54

员变动情况

本年增加人数(人)				
录用的退伍军人	录用的大、中专、技工学校毕业生	调入	外省、自治区、直辖市调入	其他
498	1967	3013	50	1137
391	1831	2439	47	792
24	19	41	0	35
83	117	533	3	310
3	67	32	1	74
0	12	2	0	0
70	159	736	3	189
7	291	108	1	0
32	217	62	0	229
146	159	71	6	91
10	20	109	0	0
34	23	42	2	100
5	0	12	0	0
4	54	242	2	15
7	14	14	12	0
24	1	36	0	2
19	103	221	6	36
25	16	46	2	69
1	0	3	0	0
33	491	242	4	194
20	221	52	2	10
7	26	51	0	0
51	93	932	9	128

10－7 单位从业人

项目	本年减少人数(人)		
	合计	离休、退休 除名、退职	开除、辞退
总　　计	13479	2309	812
一、按登记注册类型分组			
1. 国有单位	8681	1719	318
2. 城镇集体单位	1374	160	404
3. 其他单位	3424	430	90
二、按国民经济行业分组			
(一)农林牧渔业	89	39	1
(二)采矿业	58	49	7
(三)制造业	2429	560	251
(四)电力、燃气及水的生产和供应业	1814	46	30
(五)建筑业	3091	182	328
(六)交通运输、仓储和邮政业	320	160	0
(七)信息传输、计算机服务和软件业	295	22	9
(八)批发和零售业	1082	138	30
(九)住宿和餐饮业	79	29	0
(十)金融业	383	38	109
(十一)房地产业	57	7	0
(十二)租赁和商务服务业	95	16	7
(十三)科学研究、技术服务和地质业	1020	306	14
(十四)水利、环境和公共设施管理业	248	99	4
(十五)居民服务和其他服务业	184	7	0
(十六)教育	973	290	11
(十七)卫生、社会保障和社会福利业	197	117	2
(十八)文化、体育和娱乐业	163	39	1
(十九)公共管理和社会组织	902	165	8

员变动情况

本年减少人数(人)				
终止解除合同	离开本单位仍保留劳动关系的职工	调出		其他
			调到外省、自治区直辖市	
4453	1054	3083	186	1768
2506	623	2435	180	1080
412	86	25	0	287
1535	345	623	6	401
0	4	40	1	5
0	0	1	0	1
536	325	524	47	233
1660	0	33	6	45
1433	358	136	26	654
35	11	87	4	27
31	60	168	1	5
262	150	53	2	449
35	4	11	1	0
53	39	129	2	15
22	1	27	1	0
45	7	20	1	0
53	46	575	20	26
112	0	27	1	6
11	0	0	0	166
4	31	613	16	24
1	4	58	21	15
66	2	25	1	30
94	12	556	35	67

10－8　城乡劳动力资源配置情况

	城乡合计	城　　镇	乡　　村
一、年末劳动力资源总数	1281683	732023	549660
其中:当年新增加的劳动力资源	33127	16100	17027
1. 年末16岁以上全部动力资源	1350401	794158	556243
其中:不计入劳动力资源的人数	68718	47135	21583
二、经济活动人员	1110623	495585	615038
(一)全社会从业人员	1092814	477776	615038
1. 按就业身份分组			
(1)在岗职工	204076	204076	
(2)其他就业人员	7064	7064	
(3)私营业主	14512	13090	1422
(4)个体户主	122916	111599	11317
(5)私营企业和个体从业人员	173662	141947	31715
(7)农村从业人员	570584		570584
2. 按经济类型分组			0
(1)国有单位	155429	155429	0
(2)城镇集体单位	18176	18176	0
(3)其他单位	608119	37535	570584
(4)私营企业	122019	105114	16905
(5)个体企业	189071	161522	27549
3. 按国民经济行业分组			
总　　计			
(1)农林牧渔业	409263	7163	402100
(2)采矿业	7976	4969	3007
(3)制造业	126228	67773	58455
(4)电力、燃气及水的生产和供应业	8337	8337	
(5)建筑业	102341	64657	37684
(6)交通运输、仓储和邮政业	58745	33389	25356
(7)信息传输、计算机服务和软件业	5191	5191	
(8)批发和零售业	139437	109730	29707
(9)住宿和餐饮业	46150	37995	8155
(10)金融业	18693	8693	10000
(11)房地产业	1404	1404	
(12)租赁和商务服务业	18861	13486	5375
(13)科学研究、技术服务和地质业	7676	7676	
(14)水利、环境和公共设施管理业	9265	9265	
(15)居民服务和其他服务业	66697	31961	34736
(16)教育	24942	24942	
(17)卫生、社会保障和社会福利业	10575	10575	
(18)文化、体育和娱乐业	2851	2851	
(19)公共管理和社会组织	22797	22797	
*其他行业	5385	4922	463
(二)失业人员	17809	17809	
三、非经济活动人员	120842	88842	32000
其中:16岁以上在校学生	73027	53784	19243
家务劳动者	41138	33238	7900

十一、社会保障

SHEHUIBAOZHANG

11－1　参加工伤保险人员及基金征缴情况

单位：人、万元

	参保职工	缴费基数总额	应缴工伤保险费	实缴工伤保险费	享受工伤待遇的人数			因工死亡人数	享受职业病待遇的人数	
					合计	一至四级	其它		合计	一至四级
总　计	**66063**	**40312**	**567**	**525**	**329**	**329**		**17**	**94**	**94**
一、企业	66063	40312	567	525	329	329		17	94	94
1. 国有企业	66063	40312	567	525	329	329		17	94	94
2. 集体企业										

11－2　参加生育保险人员及基金征缴情况

单位：人、万元

	参保职工		缴费基数总额	应缴生育保险费	实缴生育保险费	享受生育保险待遇的人数			
		女性				合　计	生育人数	流产人数	计划生育手术人次
总　计	**51843**	**23396**	**43686**	**437**	**445**	**922**	**490**	**419**	**13**
一、企业	51843	23396	43686	437	445	922	490	419	13
1. 国有企业	50853	22856	42884	429	443	917	488	416	13
2. 集体企业	990	540	8	2	5	2	3		

11－3　参加基本医疗保险人员及缴费基数情况

单位：人、万元

	基本医疗保险人员	实施统帐结合		离休及老红军	二等乙级及以上人员
		在职职工	退休人员		
总　　计	**117058**	**80212**	**36846**	**1188**	**63**
一、企业	65686	40453	25233	308	3
1. 国有企业	15168	7640	7528	82	1
2. 集体企业	7330	3158	4172	16	1
3. 其他企业	43101	29568	13533	210	
4. 港、澳、台及外资企业	87	87			6
二、事业	28758	21832	6926	133	54
三、机关	22240	17577	4663	747	
四、其他	374	350	24		

11－4　基本养老保险情况

单位：人、万元

	参保职工	实际缴费人员	离休、退休、退职人员总数			实发养老金额
			合计	离休	退休	
总　　计	**203558**	**148539**	**84160**	**1977**	**82183**	**74232**
一、企业	138316	92424	82845	1977	80868	73115
1. 国有企业	35040	25068	64004	1905	62099	60565
2. 集体企业	16758	13212	17174	46	17128	11402
3. 其他企业	86276	53957	1667	26	1641	1148
4. 港、澳、台及外资企业	242	187				
二、事业	5615	5104	1294		1294	1115
三、机关	2225	2179				
四、其他	57402	48832	21		21 2	

11－5　基本医疗保险费用支出情况

单位:万元

	在职职工	退休人员	离休及老红军	二等乙级及以上人员
总　计	4107	4433	936	34

11－6　失业保险金额支出情况

单位:户、千人、万元

	参保单位	参保职工	缴费金额	累计欠缴保险费	失业保险金支出	失业保险金	医疗补助金及丧葬抚恤金	职业培训费	上解支出	补助下级支出	其他支出	失业保险金标准(元/人月)	城镇居民最低生活保障标准(元/人月)
合　计	1196	127731	1869	2121.88	1319.9	586.7	11.17	141	177.18	394.52	9.33	183	155

十二、月度统计资料

YUEDUTONGJIZILIAO

12－1 月度主要经济

	1月		2月		3月		4月		5月	
	完成	增减(%)	完成	增减(%)	完成	增减(%)	完成	增减(%)	完成	增减(%)
一、工业总产值[1990年不变价](万元)	53478	20.16	109491	19.31	177773	13.72	245062	13.26	320026	13.65
市　属	14308	20.96	30826	20.22	54368	20.42	74436	20.08	95902	20.01
#轻工业	5231	6.07	12570	12.56	23635	17.39	34607	22.67	45489	21.61
#市属	3816	25.00	8560	19.20	17010	33.37	24732	36.82	32655	36.44
重工业	48247	21.96	96921	20.24	154139	13.18	210455	11.85	274537	12.43
#市属	10492	19.56	22265	20.62	37358	15.32	49704	13.19	63247	12.98
其中:国有经济	6699	1.11	13927	4.44	21528	4.01	29168	4.97	37469	7.33
#市属	481	-35.08	1058	-29.40	1525	-13.02	2107	-0.27	2589	5.05
集体经济	878	1.08	2488	58.36	3262	49.53	4273	20.00	5487	4.00
#市属	541	-6.69	2488	58.36	3262	49.53	4273	20.00	5487	4.00
股份制经济	38928	24.54	81311	23.59	128909	12.41	178359	12.04	234721	12.59
#市属	6523	29.38	16593	37.50	27819	20.54	37851	19.93	49191	19.43
股份合作制经济	2273	-13.93	4412	-1.17	8375	1.55	11466	1.27	14954	0.19
#市属	2273	-13.93	4412	-1.17	8348	1.24	11386	0.93	14846	-0.15
外商港澳台经济	4041	47.74	6040	2.32	13834	50.77	19076	54.32	23753	56.49
#市属	3831	56.62	4962	-6.91	11548	35.06	16099	42.07	20147	51.41
其他经济	659	74.13	1313	85.18	1865	39.20	2720	27.02	3642	29.63
#市属	659	74.13	1313	85.18	1865	39.20	2720	27.02	3642	29.63
二、工业产品销售率(%)	87.84	-7.36	93.07	-0.79	95.81	1.85	97.23	-2.44	96.98	-2.37
#　市属	90.04	12.96	90.18	1.99	94.92	9.78	96.91	7.63	97.96	7.73
其中:轻工业	82.68	5.40	111.98	20.42	98.24	5.45	95.43	-2.44	94.95	-1.18
#市属	99.40	45.98	99.14	12.33	90.46	-0.05	91.40	-4.63	92.34	-4.45
重工业	88.34	-8.97	91.02	-3.12	95.51	1.39	97.47	-2.44	97.25	-2.54
#市属	86.65	1.25	86.86	-1.90	96.81	13.83	99.47	13.00	100.62	13.12
三、工业企业经济效益										
1.企业单位数(个)					128	12.8*	128	128*	128	128*
#市属					81	81*	82	82*	82	82*
2.亏损企业户数(个)					45	46*	45	51*	47	50*
#市属					24	24*	28	28*	30	27*
在亏损企业中:国有经济企业					13	16*	13	16*	9	15*
#市属					3	6*	5	6*	3	5*
集体经济企业					4	4*	4	4*	7	3*
#市属					4	4*	4	4*	7	3*
股份制经济企业					20	19*	18	22*	20	21*
#市属					10	8*	10	11*	10	10*
股份合作制企业					5	5*	6	8*	7	9*
3.产品销售收入(万元)					122459	47.82	202427	42.98	295352	31.76
#市　属					38216	48.54	59782	48.13	87587	43.57

注:*号数字为去年同期累计绝对数

指标完成情况

6月		7月		8月		9月		10月		11月		12月	
完成	增减（%）	完成	增减（%）	完成	增减（%）	完成	增减（%）	完成	增减（%）	完成	增减（%）	完成	增减（%）
399361	15.82	474434	16.89	549590	16.89	632357	18.53	703535	18.63	780280	18.39	845534	18.42
124726	21.04	149516	21.33	172199	14.27	204758	28.97	226897	29.35	250985	29.30	281730	32.10
56961	23.49	64776	20.06	73347	20.19	85317	17.58	96930	19.44	110751	20.77	122668	30.89
41230	34.84	46657	28.41	52615	17.30	61936	24.44	68708	24.17	79337	27.18	85754	40.64
342400	14.64	409658	16.41	476243	22.66	547040	18.68	606605	18.51	669529	18.01	722866	16.53
83496	15.21	102859	18.38	119584	7.79	142823	31.04	158189	31.75	171648	30.31	195976	28.68
45855	7.36	54012	8.19	62046	9.54	69453	6.70	78377	8.52	87683	9.75	97186	10.02
3463	8.91	4265	7.58	4992	12.70	5764	16.22	6663	11.97	7757	8.91	9184	6.64
7419	11.68	8613	8.37	10953	12.70	12198	9.10	13098	7.60	13927	4.47	15019	4.91
7419	11.68	8613	8.37	10953		12198	9.10	13098	7.60	13927	4.47	15019	4.91
292754	16.07	350263	17.53	406563	17.27	470356	19.53	522447	19.39	578463	18.95	615213	17.50
64999	23.65	80051	25.30	91969	24.60	113387	37.68	125476	38.63	137844	39.18	150019	39.45
18671	-0.96	21853	-1.20	24649	-2.1	28626	-1.31	31509	-4.23	36491	-1.33	40585	-1.02
18533	-1.20	21676	-1.57	24428	-2.33	28397	-1.53	31214	-4.44	36175	-1.53	40145	-1.36
29992	42.60	34545	47.65	39720	52.93	45512	57.94	50934	60.63	55809	57.38	61744	57.62
25652	38.05	29763	42.09	34198	48.06	38800	52.12	43276	56.35	47374	53.99	51576	49.80
4670	40.31	5148	15.50	5659	11.44	6212	4.83	7170	11.52	7907	11.24	15787	106.52
4670	40.31	5148	15.50	5659	11.44	6212	4.83	7170	11.52	7907	11.24	15787	106.52
96.55	-3.93	96.64	-3.16	96.94	-2.86	96.57	-2.97	98.61	-0.97	97.36	-2.57	98.75	-1.88
98.21	3.49	97.92	0.43	99.65	1.81	100.60	2.46	100.07	1.78	101.54	1.68	103.75	2.50
97.10	-4.60	97.20	-3.37	95.82	-2.90	96.54	-2.17	96.95	-2.28	96.83	-4.97	99.27	-1.39
95.97	-10.26	97.12	-7.07	92.42	-6.97	93.82	-4.92	92.79	-6.82	93.63	-11.82	96.73	-8.86
96.49	-3.84	96.57	-3.13	96.74	-2.87	96.57	-3.08	98.82	-0.80	97.43	-2.24	98.68	-1.96
99.23	9.18	98.25	3.43	102.53	5.34	103.56	5.48	103.05	5.34	104.91	7.54	106.91	7.45
128	128 *	130	130 *	132	132 *	132	132 *	138	138 *	138	138 *	138	138 *
82	82 *	83	83 *	85	85 *	85	85 *	91	91 *	91	91 *	91	91 *
36	49 *	45	50 *	41	46 *	36	42 *	37	40 *	40	38 *	37	39 *
22	27 *	27	28 *	23	26 *	20	24 *	21	23 *	22	21 *	23	24 *
10	17 *	13	20 *	15	16 *	12	13 *	15	14 *	15	12 *	14	12 *
4	7 *	5	8 *	7	6 *	5	5 *	8	6 *	7	5 *	7	5 *
4	4 *	7	4 *	3	4 *	4	6 *	2	4 *	3	3 *	5	4 *
4	4 *	7	4 *	3	4 *	4	6 *	2	4 *	3	3 *	5	4 *
14	18 *	15	16 *	13	16 *	12	14 *	13	13 *	15	14 *	12	13 *
7	8 *	7	8 *	5	8 *	4	6 *	5	6 *	7	6 *	6	6 *
5	8 *	6	8 *	7	8 *	5	7 *	5	7 *	5	7 *	4	6 *
384665	27.36	448962	25.12	574964	24.52	661644	25.31	748956	24.88	845842	24.76	907462	18.98
118145	39.47	144406	25.92	180596	27.15	206216	29.86	227274	28.48	271089	35.01	301794	35.30

12－1 续表1

	1 月		2 月		3 月		4 月		5 月	
	完成	增减（%）	完成	增减（%）	完成	增减（%）	完成	增减（%）	完成	增减（%）
4. 利润总额：（万元）					6703	308 *	8763	2756 *	12888	6714 *
#市　属					2172	1366 *	2489	2297 *	4374	2627 *
5. 亏损企业亏损额：（万元）					2157	2652 *	4409	2918 *	4705	3999 *
#市　属					731	665 *	2328	766 *	2666	1385 *
6. 流动资产平均余额：					693446	734056 *	689489	744773 *	704704	758347 *
#市　属					217612	174180 *	225578	186315 *	232460	199615 *
7. 固定资产净值平均余额：（万元）					617044	614289 *	651583	625562 *	646145	637572 *
#市　属					208365	161556 *	222973	170361 *	211926	185281 *
固定资产投资额										
一、固定资产投资完成额（万元）	－	－	6145	6.52	61666	7.95	149524	10.20	280145	16.82
#中央、省属	－	－	5565	6.83	20034	5.21	45229	4.10	90691	18.76
市　属	－	－	580	3.57	41632	9.32	104295	13.07	189454	15.91
#城市建设投资完成额	－	－	－	－	4258	3.20	17679	9.68	35906	12.61
#住宅完成投资额	－	－	－	－	9600	175.94	22550	33.12	40610	33.25
#　市属	－	－	－	－	9600	210.78	22550	41.01	38459	38.18
按用途分：										
#基本建设投资完成额	－	－	580	3.57	21094	2.88	54934	4.09	123053	8.04
#市属	－	－	580	6.57	16445	12.05	39400	14.96	77185	4.37
更新改造投资完成额	－	－	5565	6.83	21898	15.15	42909	17.29	66157	22.36
#市属	－	－	－	－	6513	12.24	13214	13.56	21334	20.92
房地产开发投资完成额	－	－	－	－	12162	7.26	33406	10.19	53196	22.58
城乡固定资产投资完成额	－	－	－	－	6512	3.93	18275	14.10	37739	32.60
二、商品房施工情况										
1. 房屋施工面积（万平方米）	－	－	－	－	97.73	10.44	145.17	－18.90	191.24	7.67
#住宅	－	－	－	－	83.52	33.64	111.90	－13.25	139.07	8.98
2. 商品房竣工面积（万平方米）	－	－	－	－	－	－	－	－	0.87	－72.64
#住宅	－	－	－	－	－	－	－	－	0.87	－70.48
3. 商品房销售面积（万平方米）	－	－	－	－	1.86	37.78	2.29	－68.24	3.92	－45.63
#售给个人（万平方米）	－	－	－	－	1.86	151.35	2.29	－27.76	3.86	30.85
4. 商品房销售额（万元）	－	－	－	－	4055	133.31	4931	－46.72	7306	－21.06
#售给个人	－	－	－	－	4055	354.09	4931	10.31	7100	82.80
贸易、财政										
一、社会消费品零售总额：（万元）	53680	11.00	105189	12.70	150487	11.33	194069	9.00	243218	7.44
公有制经济	23808	10.24	47156	12.24	67030	10.91	85646	8.67	105063	4.06
#国有经济	17869	10.32	33627	11.90	46349	10.25	58357	8.22	71187	6.92
非公有制经济	29872	11.62	58033	13.08	83457	11.67	108423	9.26	138155	7.58
#私营经济	6313	12.99	13281	14.76	19618	14.04	26215	10.93	33162	9.07
个体经济	21876	11.41	41457	12.81	59046	11.16	76014	8.87	96689	7.18
二、财政收支（万元）										
1. 一般预算收入	7382	27.70	10612	20.8	15815	11.03	21408	10.6	28962	17.5
2. 基金预算收入	77	490.00	161	203.8	746	－48.9	931	－52.9	1782	－39.3
3. 上划中央税收	4246	17.20	7789	16.8	11693	12.2	15436	12.5	19232	15.1
4. 一般预算支出	12910	－11.20	17611	－18.0	29475	4.5	42567	13.1	55250	3.6
5. 基金预算支出	1100	590.00	1125	23.8	1231	－47.2	1967	－66.4	2228	－65.7

6月		7月		8月		9月		10月		11月		12月	
完成	增减（%）	完成	增减（%）	完成	增减（%）	完成	增减（%）	完成	增减（%）	完成	增减（%）	完成	增减（%）
20419	9408 *	22839	13332 *	28731	19339 *	33467	22838 *	38037	24336 *	41863	28492 *	43480	33165 *
7722	2767 *	8337	5754 *	9888	6590 *	11069	7365 *	11705	7860 *	13198	8202 *	13656	9332 *
4088	4945 *	4569	4323 *	4813	6022 *	4949	5456 *	5535	6844 *	6152	6631 *	6693	8187 *
1907	2186 *	2101	1292 *	1814	1906 *	1896	1604 *	1962	1689 *	2348	1923 *	2727	2311 *
725412	751194 *	747710	767079 *	728007	757531 *	763070	755517 *	793880	750230 *	787557	752462 *	795291	737650 *
244266	204324 *	249156	204991 *	244722	206933 *	268015	205746 *	278089	200323 *	285164	209063 *	278562	209935 *
637871	634895 *	671722	642160 *	682030	679976 *	693532	681817 *	701290	677550 *	681555	663931 *	709206	649333 *
212642	18696[illegible] *	213828	187018 *	221591	199384 *	227068	200205 *	245187	199220 *	233221	206958 *	260422	195422 *
436793	22.16	562296	21.08	683695	21.17	783266	17.35	826602	14.52	852252	14.05	854223	9.99
142619	27.34	172581	27.36	229842	22.93	255914	10.82	279643	7.29	295263	5.63	295415	-2.62
294174	19.81	389715	18.49	453853	20.30	527352	20.80	546959	18.60	556989	19.08	558808	18.08
53235	21.05	60611	11.22	78179	4.90	96737	3.28	98641	2.65	101734	0.89	105308	0.50
64452	39.01	104982	59.60	125821	57.69	149900	60.84	154668	46.12	155573	43.63	156251	37.24
60670	41.09	98659	59.24	118725	91.63	141955	63.44	145636	52.68	146441	50.81	147089	43.95
201934	21.59	247138	13.83	274648	0.87	309912	-7.64	329252	-7.53	343406	-5.61	344885	-6.71
131511	22.18	155507	8.43	174235	2.94	193571	-2.38	204577	-1.07	211468	1.21	212879	0.40
106390	37.77	124996	42.00	182488	63.32	200925	63.02	217640	53.90	227209	45.74	227293	28.51
34194	44.52	44046	68.00	53059	91.01	61352	106.98	62672	108.21	63884	104.00	63884	103.30
79867	26.90	124013	33.03	153761	38.12	184583	39.71	187446	29.02	188697	27.48	188950	25.51
48602	-5.27	66149	0.13	72798	5.66	87846	14.75	92264	16.72	92940	16.91	93095	17.10
223.16	-15.40	299.87	10.81	309.75	8.33	327.91	10.46	327.91	9.33	330.85	6.75	350.45	15.39
165.24	-11.57	218.18	14.37	225.41	14.54	243.11	1.12	243.11	15.97	243.45	11.11	257.76	16.86
2.07	-71.59	10.67	-27.78	16.95	-28.01	34.60	-1.87	51.98	38.47	63.08	32.10	135.28	21.12
2.06	-69.62	8.64	-39.40	14.73	-11.99	32.05	16.98	48.93	68.38	57.00	51.92	120.59	38.74
7.44	-45.04	16.90	-33.41	18.79	-39.60	22.49	-32.93	25.61	-13.63	30.75	-17.85	57.92	22.15
7.38	88.07	15.85	210.69	16.65	130.88	20.09	148.95	24.11	138.48	28.76	109.47	51.91	59.71
12478	-27.05	27711	-5.08	31359	-15.87	37410	-8.04	41917	-0.13	50104	-6.76	95215	37.18
12272	141.38	25777	272.39	27103	236.18	32513	249.11	38887	192.65	46504	136.16	81036	85.75
294006	7.50	346398	8.00	401056	8.50	456080	8.82	513936	8.92	571121	9.50	635848	10.20
125278	7.24	145799	7.65	166888	8.06	188031	8.38	210140	8.51	231046	8.98	257113	9.60
84595	6.99	98172	7.37	112172	7.67	126180	7.90	140661	8.01	154785	8.44	173262	9.04
168728	7.70	200599	8.25	234168	8.82	268049	9.12	303796	9.20	340075	9.86	378735	10.61
39876	9.81	47483	10.45	55207	11.05	62796	11.44	71038	11.33	79500	11.81	89187	12.54
118314	7.02	140573	7.56	164215	8.12	188115	8.42	213113	8.57	238683	9.32	264911	10.10
41853	19.0	46486	18.1	51680	18.7	58366	17.8	64864	16.9	71581	14.5	84397	17.3
2375	-36.4	2885	-50.6	3135	-60.1	3686	-55.4	4103	-54.3	4650	-51.5	6918	-42.2
28092	35.3	30620	32.8	33305	26.7	37666	27.7	42644	31.1	46215	28.6	51183	29.0
72556	6.2	85780	4.7	97784	1.0	122152	11.1	133219	6.5	152934	6.9	190515	9.3
2633	-64.5	3139	-58.4	3371	-66.5	3711	-67.9	4148	-65.0	5002	-60.5	7042	-55.0

12－1 续表2

	1月		2月		3月		4月		5月	
	完成	增减（%）	完成	增减（%）	完成	增减（%）	完成	增减（%）	完成	增减（%）
三、旅游										
1. 国内游额（万人次）	6.00	20.00	26.5	19.37	33	20.0	40.5	－1.94	79.5	－37.05
2. 海外游客（万人次）	0.02	17.20	0.05	19.74	0.066	19.74	0.09	－9.10	0.10	－51.35
3. 旅游总收入（万元）	1815	19.98	7115	19.52	8576	19.58	10080	－2.82	17630	－38.62
其中：旅游外汇收入（万美元）	1.82	17.42	11.15	20.28	15.45	20.89	19.85	－8.94	22.35	－51.77
人民生活、物价										
一、人民生活										
1. 城市居民人均可支配收入（元）	577.03	－7.08	1261.71	4.54	1802.76	5.00	2367.63	6.58	2934.09	7.46
2. 城市居民人均消费性支出（元）	458.85	－6.95	1032.02	0.05	1449.99	0.99	1851.74	3.44	2282.31	3.00
①食品	185.00	15.15	455.86	7.46	590.18	7.16	730.00	7.09	895.84	7.78
②衣着	94.74	57.06	181.60	15.01	216.45	13.05	253.92	11.03	300.28	10.94
③家庭设备用品及服务	27.94	－17.97	59.79	12.96	79.23	14.64	126.65	32.40	160.09	32.94
④医疗保健	38.81	－31.47	69.57	－14.61	106.21	－3.97	145.24	6.53	185.79	10.23
⑤娱乐教育文化服务	35.57	－45.05	97.65	15.55	192.53	16.08	230.82	21.84	273.37	6.74
⑥居住	31.18	－56.09	53.94	－60.43	88.87	－55.70	136.65	－48.68	168.19	－45.84
⑦交通通讯	32.49	－6.83	82.30	16.37	125.10	11.87	157.59	8.45	205.32	9.20
⑧杂项商品及服务	13.12	21.26	31.31	33.69	51.42	44.59	70.87	51.40	93.43	33.64
二、物价										
1. 商品零售价格指数（%）	101.6	－	102.2	－	103.6	－	102.9	－	101.4	－
2. 居民消费价格指数（%）	101.5	－	101.2	－	99.8	－	99.5	－	99.8	－
#食品类价格指数（%）	104.1	－	102.9	－	99.8	－	98.3	－	99.7	－
季度经济指标										
一、综合经济										
国内生产总值（现价、万元）					250765	11.50				
第一产业					7278	6.70				
第二产业					89529	17.10				
#工业					74884	19.70				
第三产业					153958	8.05				
#批发零售、餐饮业					32470	11.30				
二、农　业										
1. 农业总产值(1990年不变价)（万元）					8831	2.29				
农　　业					942	9.02				
林　　业					286	0.00				
牧　　业					7584	1.62				
渔　　业					19	－5.00				
2. 主要畜产品产量（吨）										
肉类产量					13897	0.11				
#猪肉					10218	7.68				
禽蛋产量					1162	4.03				
奶类产量					10763	3.74				
3. 季末牲畜存栏头数（万头）										
大牲畜					29.95	－0.23				
#牛					21.38	2.15				
羊					46.90	1.78				
猪					37.73	－4.82				
四、劳动工资										
1. 季末从业人员（人）					209626	－1.31				
在岗职工人数（人）					201452	－2.59				
2. 从业人员劳动报酬（万元）					70892	8.32				
在岗职工工资总额（万元）					69562	7.18				
3. 在岗职工平均工资（元/人）					3458	10.27				
五、农民人均纯收入（元）					－	－				

6月		7月		8月		9月		10月		11月		12月	
完成	增减（%）	完成	增减（%）	完成	增减（%）	完成	增减（%）	完成	增减（%）	完成	增减（%）	完成	增减（%）
112.3	-15.94	151.80	-9.10	198	-4.35	233	7.37	265	11.81	271.50	12.19	274.00	12.30
0.15	-49.72	0.38	-48.12	0.71	-52.42	0.99	-43.92	1.31	-29.73	1.43	-27.93	1.45	-27.6
26328	-13.87	39053	-10.40	52350	-6.05	66120	6.97	79327	11.11	81296	11.47	82016	11.08
32.71	-44.38	75.00	-46.04	135	-49.81	189	-42.73	248	-28.74	270	-25.00	274	-24.73
3541.92	7.60	4167.55	7.60	4729.24	7.90	5300.45	7.83	5880.54	7.91	6405.37	8.54	7024.56	9.02
2708.25	3.24	3119.03	3.94	3585.78	5.64	4180.53	6.06	4630.76	5.93	5085.68	6.74	5507.28	7.35
1046.24	7.31	1196.30	6.96	1367.88	7.04	1545.53	6.89	1716.67	7.01	1894.66	7.36	2054.28	7.15
342.61	11.86	376.24	11.56	407.67	12.13	445.48	10.13	491.21	8.77	541.01	8.30	606.48	12.24
201.66	35.28	230.28	38.39	267.93	37.75	308.05	40.18	334.74	34.56	361.95	33.16	382.56	31.25
259.34	12.40	285.23	8.56	320.12	6.67	359.71	6.39	393.38	3.94	434.62	5.50	477.60	2.34
311.41	2.46	369.65	5.24	433.20	8.06	601.78	8.49	649.08	7.65	682.38	4.22	708.12	8.16
198.31	-43.87	250.37	-38.55	312.87	-29.25	380.58	-20.63	440.53	-17.77	510.85	-16.20	567.00	-6.99
238.72	9.08	275.14	8.96	324.76	12.12	369.72	3.88	416.21	6.09	456.10	-1.46	497.04	7.39
109.96	27.82	135.82	29.75	151.35	20.56	169.68	18.52	188.94	20.11	204.11	9.03	214.20	14.42
100.3	-	100.5	-	101.5	-	101.7	-	101.4	-	103.1	-	102.9	101.8
98.2	-	99.4	-	100.0	-	100.7	-	100.9	-	101.7	-	100.7	102.0
95.4	-	98.2	-	100.2	-	101.5	-	102.0	-	104.5	-	102.3	104.9
637549	12.1					1073957	12.6					1448328	13.7
21783	7.3					71888	7.1					94602	3.5
288692	14.7					513239	17.5					677503	19.6
184954	16.4					321339	19.9					462003	25.6
327074	10.0					488830	8.2					676223	9.7
68789	4.7					116612	6.6					148298	7.5
18848	5.17					67249	8.42					85713	4.35
2975	11.38					38934	5.42					41610	2.94
1593	11.24					2717	35.58					2133	-49.19
14226	3.33					25493	10.87					38545	12.93
54	3.85					105	8.25					100	-50.25
20327	0.50					35545	26.05					51395	1.78
15365	-3.13					24276	12.10					29728	-1.29
2639	2.01					3662	-2.09					4541	-6.27
25520	21.96					38722	16.88					63318	8.07
30.22	-1.05					31.25	-1.39					30.00	0.37
21.46	1.66					22.43	0.99					22.20	3.79
51.23	-2.60					48.86	-4.35					47.61	0.51
41.15	-0.05					39.18	-4.58					34.89	-12.75
213828	-1.88					213090	-2.53					211140	-4.59
204176	-2.56					204221	-2.59					204076	-4.06
135255	3.34					209976	6.77					306238	2.98
132947	2.87					206677	6.66					301364	3.30
6576	6.21					10228	9.80					14632	7.72
-	-					-	-					2054.03	11.68

十三、主要年份统计资料

ZHUYAONIANFENTONGJIZILIAO

13－1 西宁市主要经济指标占全省比重

	单位	2003年			2002年		
		全省	全市	比重（%）	全省	全市	比重（%）
年末总人口	万人	533.80	204.97	38.40	528.60	202.40	38.29
地区生产总值（当年价）	亿元	390.16	144.83	37.12	341.11	121.34	35.57
#第一产业	亿元	47.00	9.46	20.13	44.89	8.90	19.83
第二产业	亿元	184.26	67.75	36.77	154.01	57.80	37.53
#工业	亿元	120.77	46.20	38.25	100.19	32.25	32.19
第三产业	亿元	158.90	67.62	42.56	142.20	60.64	42.64
固定资产投资完成额	亿元	285.12	85.42	29.96	245.02	77.66	31.70
#基建投资	亿元	184.19	34.49	18.73	164.58	36.97	22.46
更改投资	亿元	37.83	22.73	60.08	25.20	17.69	70.20
房地产开发	亿元	22.31	18.90	84.72	16.89	15.05	89.11
社会消费品零售总额	亿元	102.66	63.58	61.93	92.11	63.47	68.91
财政一般预算收入	亿元	43.67	8.44	19.33	38.14	7.20	18.88
财政一般预算支出	亿元	123.13	19.05	15.47	118.50	17.43	14.71
邮电业务总量	亿元	19.84	11.76	59.27	16.41	10.70	65.20
年末在岗职工人数	万人	41.09	21.11	51.38	42.18	21.27	50.43
年末在岗职工工资总额	亿元	61.40	30.14	49.09	57.36	29.17	50.85
居民储蓄存款余额	亿元	260.50	174.93	67.15	223.00	148.74	66.70

13－2 主　　要　　年　　份

	单　位	1978年	1980年	1985年	1990年	1993年	1994年
一、基本概况							
所辖行政区(县)	个	7	7	7	7	7	7
镇	个		4	5	5	5	5
乡	个	59	60	67	67	67	67
民族乡	个				8	8	8
街道办事处	个	21	24	24	25	25	25
居民委员会	个			222	244	246	235
村民委员会	个		915	935	936	936	935
社区居民委员会	个						
气象情况							
平均气温	℃	6.20	6.30	6.10	7.0	6.50	7.10
极端最高气温	℃	31.20	30.00	30.70	30.3	28.50	30.70
极端最低气温	℃	－21.50	－20.70	－18.40	－15.9	－18.20	－17.90
日照时间	小时	2807.00	2973.00	2693.60	2783.00	2445.40	2594.90
降水量	毫米	467.10	214.80	448.00	333.00	420.90	410.10
蒸发量	毫米	1805.60	1937.90	1514.20	1679.90	1536.80	1661.20
平均相对湿度	%	56.00	50.30	53.00	53.00	56.00	53.00
人口情况							
年末总人口	万人	133.26	137.39	147.71	161.10	167.27	170.51
市区	万人	53.04	54.62	59.94	67.63	71.23	73.69
年末常住人口	万人					161.70	16.45
市区	万人	52.70	54.62	59.69	65.00	66.40	67.33
少数民族人口数	万人				35.73	37.55	38.32
市区	万人				8.63	9.27	9.62
总户数	万户		24.98	29.76	35.77	38.42	39.17
年平均人口	万人	132.12	136.25	145.25	157.28	161.66	163.05
出生率	‰						
死亡率	‰						
自然增长率	‰						
二、综　　合							
国内生产总值(现价)	万元				276256	410997	523700
同比增减	%						
第一产业	万元				32381	40069	49312
第二产业	万元				144785	204468	30980
第三产业	万元				99090	166460	172408
国内生产总值(可比价)	万元				277164	337727	367314
第一产业	万元				33153	37634	39909
第二产业	万元				144894	171161	184543
第三产业	万元				99116	128932	142862
人均国内生产总值	元				1758	2542	3211
三、农　　业							
村民委员会	个	894	915	935	936	936	935
农牧业生产合作社	个	3674	4600	4333	4575	4566	4566
乡村户数	户	134704	139781	151957	174842	188414	192570
乡村人口	万人	81.44	83.27	84.96	89.47	92.38	92.63
乡村劳动力	万人	28.90	30.76	36.01	41.83	44.74	46.50
年末耕地面积	公顷	153702	146019	146912	144665	144271	144146
#水浇地	公顷	32144	33040	32777	36264	36494	36936

注:1999年以前人均指标人口数采用公安口径,2000年以后人均指标人口数采用人口普查口径。

主　要　指　标

1995年	1996年	1997年	1998年	1999年	2000年	2001年	2002年	2003年
7	7	7	7	7	7	7	7	7
5	5	5	5	14	14	26	26	26
67	67	67	67	56	56	30	30	24
8	8	8	8	8	8	6	6	6
25	25	25	25	23	23	23	23	23
237	232	292	232	323	233	28		
935	935	935	935	935	935	935	935	935
						128	162	165
6.50	4.90	5.50	6.30	6.60	5.75	6.0	6.0	7.6
30.60	29.70	33.00	31.80	33.30	36.5	31.0	33.0	32.7
-18.00	-19.40	-17.70	-23.10	-20.30	-19.7	-18.2	-21.7	-16.4
2473.00	2559.10	2786.10	2431.90	2499.40	2533.57	2465.2	2504.3	2398.1
326.10	402.10	410.00	460.30	476.50	343.40	397.8	387.7	208.9
16717.00	1081.50	1953.70	1081.50	1100.10	1304.9	1295.0	1353.4	1353.2
52.00	60.00	59.80	60.70	58.33	59.33	57.00	58.00	52.00
170.35	173.09	177.23	182.04	192.24	197.92	200.2	202.46	204.97
72.83	74.67	78.08	82.27	91.95		95.89	97.74	99.54
167.41	167.62	169.12	170.66	172.08	174.47			-
68.30	69.40	70.15	71.13	71.94	73.17			-
38.85	39.71	40.15	40.79	41.34	42.20	51.45	52.13	52.66
9.84	10.11	10.34	10.66	10.78	11.12	17.16	17.72	18.02
40.02	40.81	41.47	42.33	43.34	44.79	53.72	54.46	57.03
164.76	166.63	175.16	179.64	187.14	195.08	198.75	201.33	203.72
14.95	13.69	13.43	13.16	12.55	15.39	16.19	12.16	12.11
					6.59	5.51	4.82	4.56
7.98	8.62	8.64	8.30	7.46	8.80	10.68	7.34	7.55
581695	630530	698446	768503	833724	920131	1044875	1213458	1448283
					10.0	12.5	12.9	13.7
73692	81842	87927	91614	79008	81008	86065	89064	94602
314757	263784	285964	326250	360566	402590	439560	517977	677503
193246	284904	324555	350639	394150	436533	519250	606417	676223
393977	427002	459395	504883	552673	608745	1034886	1185339	1348239
40333	42306	44099	45675	43158	42862	85213	85290	88275
195980	208306	219686	244352	272078	296577	457566	541274	647189
157664	176390	195610	214857	237437	269306	492107	558805	612775
3531	3784	3987	4278	4455	4717	5257	6027	7109
935	935	935	935	935	935	935	935	934
4566	4583	4583	4583	4581	4581	4581	4670	4643
197166	201623	204603	209614	213594	217119	223385	226574	228646
94.10	94.72	95.47	96.04	96.74	97.46	98.40	99.07	99.84
47.28	49.75	50.94	51.61	52.83	55.58	58.07	58.82	59.81
144053	143779	158845	144371	145265	161230	156667	156667	148159
37208	37182	42498	37622	37618	38804	37764	33651	36984

13－2　续表1

	单　位	1978年	1980年	1985年	1990年	1993年	1994年
农林牧渔业总产值(1990年不变价)	万元	37457	42755	46792	58058	61561	66322
#农　业	万元	23652	28832	32092	36181	37548	40909
牧　业	万元	7452	7990	13087	16585	18631	20056
主要农牧产品产量							
粮　食	万吨	29.97	30.66	33.74	37.85	37.41	39.93
油　料	万吨	0.92	1.55	2.17	2.56	3.11	3.94
蔬　菜	万吨	12.41	9.53	10.20	10.63	12.09	13.79
肉类总产量	吨	5607	－	－	19139	23216	27618
#猪　肉	吨	4643	－	－	16586	18163	20599
牛　奶	吨	5413	7428	16024	28531	29824	31351
禽　蛋	吨	－	－	3207	4669	5150	5497
水　果	吨	375	－	－	2042	2174	2300
水产品	吨	－	－	1534	488	384	128
主要农作物播种面积							
粮食作播种面积	千公顷	125.72	122.26	120.24	118.80	117.30	115.08
#小麦	千公顷	55.00	55.24	61.67	66.64	65.22	65.73
油料	千公顷	10.70	14.90	18.34	19.66	21.88	23.30
蔬菜	千公顷	2.47	2.38	2.01	2.10	2.34	2.39
年末牲畜存栏							
大牲畜	万头	22.19	23.93	31.17	33.02	32.19	32.12
#牛	万头	12.66	14.38	19.46	21.72	21.28	21.45
羊	万只	31.54	40.21	33.18	35.80	39.32	43.30
#绵羊	万只	24.19	31.50	27.53	32.61	35.80	39.44
猪	万头	33.11	25.40	33.09	39.11	40.12	40.28
造林面积	公顷	1346	2205	13999	9559	8465	8296
育苗面积	公顷	621	688	619	528	333	585
农用化肥施用量(折纯量)	吨	15201	16783	15586	16363	14585	15919
农业机械总动力	万千瓦	12.28	19.38	26.32	40.76	53.47	65.47
农村经济总收入	万元	12517	13529	42438	72206	100168	150389
#农业	万元	－	11632	25485	43884	51990	80727
工业	万元	－	－	6142	11240	21635	30709
批零贸易业	万元	－	－	835	3879	5518	13849
农村经济总费用	万元	5458	4556	15051	31968	50683	83359
农村经济纯收入	万元	8456	8972	27387	40237	49485	67028
农民人均纯收入	元	84	95	298	415	489	646
市　郊	元	154	165	465	605	784	1001
四、工　业							
全市工业总产值(1990年不变价)	万元	166511	159899	235896	362053	486661	526588
市属	万元	－	－	－	168402	180505	214393
乡及乡以上工业总产值按经济类型分							
国有	万元	135953	129774	180617	298028	385359	405768
集体	万元	29969	29361	46228	51385	74051	86390
其他	万元			5756	702	2098	3044

1995 年	1996 年	1997 年	1998 年	1999 年	2000 年	2001 年	2002 年	2003 年
64377	70151	74238	76740	73187	75701	81332	84263	85713
38522	42247	45319	46443	43907	44938	47883	45730	41610
21379	22912	24081	25539	26209	28016	30201	34133	38545
36.41	40.47	42.21	41.90	27.27	24.76	30.74	25.93	24.59
3.97	4.23	4.40	5.13	5.97	6.29	8.05	7.89	8.80
15.50	17.30	17.51	20.50	23.40	26.15	26.75	27.58	30.74
31742	33223	37254	39758	42152	43870	45729	50495	51395
22107	23140	26448	28172	29289	29438	29781	30115	29728
32507	34606	36507	38376	41959	44124	46960	58590	63318
5617	5428	5642	5686	5068	4890	4489	4845	4541
2232	2830	2736	2810	2419	2089	2034	1899	1277
182	403	565	307	434	349	348	373	214
113.07	115.43	115.85	113.85	102.10	93.34	87.97	82.89	73.61
66.41	68.61	70.29	69.29	60.15	53.30	49.48	45.06	36.22
25.73	23.51	23.87	26.19	36.80	41.58	41.2	38.64	42.54
3.19	3.63	3.43	4.06	4.60	5.06	5.34	6.98	8.60
31.36	30.34	29.99	29.72	29.76	30.20	29.91	29.89	30.00
21.00	20.62	20.43	20.27	20.37	20.94	20.89	21.39	22.20
47.53	44.82	44.68	44.09	46.16	44.63	45.47	47.37	47.61
44.92	41.39	41.17	40.48	42.41	40.71	41.6	43.69	43.85
43.57	41.06	41.81	43.75	42.15	40.40	39.47	39.99	34.89
8175	9231	8349	8796	15732	14012	17131	25856	8551
580	573	594	612	612	959	607	701	341
20609	19971	21918	21874	23697	23411	24463	26869	26702
72.53	72.25	81.44	85.10	96.16	100.46	108.71	111.45	119.39
190889	225872	265099	295099	315773	344237	380595	436672	494266
100809	118250	106494	127702	120147	125980	133798	134538	155170
41581	41619	63044	71091	77697	88596	99365	118962	124595
16825	24163	29104	35450	34941	39921	46132	37806	56955
108722	128367	149116	163653	176416	173935	202062	245109	282098
82167	98014	115982	131446	139357	150302	178532	191562	212168
786	923	1263	1410	1449	1512	1671	1839	2054
1272	1455	1807	2081	2406	2721	3106	3542	4017
564384	585731	630859	672881	739658	799376	916242	1058946	1265396
213325	238598	248697	269188	319083	385457	465338	558685	701591
420055	421813	437289	442305	149269	142132	124882	101525	74078
86092	104982	113395	128564	107840	134564	165589	15106	14194
5775	6964	19206	25969	369567	379279	440347	582428	757549

13－2　续表2

	单　位	1978年	1980年	1985年	1990年	1993年	1994年
乡及乡以上工业总产值按轻重工业分							
轻工业	万元	51573	56187	87688	105588	122725	130482
重工业	万元	112446	102947	144972	244517	338783	364720
乡及乡以上独立核算工业							
企业个数	个	–	489	471	564	562	583
其中:亏损企业数	个	–	105	45	168	186	195
产品销售收入	万元	–	81587	134057	283656	618951	656094
亏损企业亏损额	万元	–	–	–	9871	19332	27494
利税总额	万元	–	13614	22456	25910	43601	52219
固定资产原值	万元	–	157627	211743	404240	504329	715190
固定资产净值	万元	–	118370	145708	–	347415	521540
流动资产平均余额	万元	–	–	–	–	489733	603810
年末资产总计	万元	–	–	–	–	–	1349420
工业产品产量							
原煤	万吨	145	133	130	148	112	119
发电量	万千瓦时	48318	55509	83100	98730	117500	113000
奶粉	吨	289	339	487	556	620	508
白酒	吨	834	1088	2274	1949	3371	5159
毛线	吨	454	604	1253	1229	612	395
水泥	万吨	9.41	22.07	31.56	31.67	52.24	41.11
骨胶	吨	533	419	792	1518	1494	1480
皮鞋	万双	46.51	68.92	84.21	70.11	63.11	53.24
钢	万吨	17	18	20	32	42	45
钢材	万吨	13	13	17	25	35	36
油漆	吨	801	1114	2000	1769	1315	1586
灯泡	万只	233	318	574	1285	1513	1532
铝	万吨	–	–	–	4.46	9.02	11.18
五、交通运输、邮电							
一、交通运输							
客运量	万人	–	–	643.81	961.51	902.80	957.06
铁路	万人	–	–	–	147.10	146.30	150.80
公路	万人	–	–	643.81	814.33	754.50	804.10
民航	人	–	–	–	828	19713	21631
货运量	万吨	–	–	443.73	418.98	311.90	343.82
铁路	万吨	–	–	–	151.70	173.60	160.00
公路	万吨	–	–	443.73	267.27	138.10	183.58
民航	吨	–	–	–	77.49	219.00	236.00
机动车辆数	辆	10731	11381	15620	30373	36939	42761
#大型货车	辆	6915	6988	8204	10280	10071	10314
大型客车	辆	766	870	890	1290	1407	1611
出租汽车	辆	–	–	–	–	1282	1846
二、邮电							
邮电业务总量	万元	537	565	1244	2972	5664	7346
邮政业务量	万元	217	246	580	1189	1762	2148
电信业务量	万元	305	302	664	1701	3792	5069

1995 年	1996 年	1997 年	1998 年	1999 年	2000 年	2001 年	2002 年	2003 年
129512	130789	119114	120285	139108	147636	171114	123800	122462
382410	402970	450776	476553	487568	508339	559704	576389	723359
675	676	730	197	239	142	145	115	129
291	270	273	111	113	70	48	44	34
707532	609810	639278	696383	830038	874326	681180	966107	1254452
	74824	81179	49723	42846	23045	14459	9838	13219
32915	-32892	-30452	-483	40276	48122	71163	105111	129791
967002	1021565	1182023	1133352	1511498	1415787	1553424	1337315	1585468
693183	712855	823196	729725	1043405	976958	607638	869528	1043665
744688	784613	881710	847209	958764	1275177	744353	899743	1056674
1658665	1787241	2051070	2042230	2385316	2632507	1566196	2175440	2780381
123	112	109	103	77	75	87	93	97
157847	237568	29578	288135	215097	232416	426848	454100	598312
793	545	503	377	589	849		-	-
2865	2091	1281	868	733	1089	1646	1016	1281
356	199	66	6	22	1		-	-
42.70	52.06	53.99	60.77	67.33	82.55	89.61	129	142
881	818.00	1320	1133	527	608		-	-
43.83	60.51	38.94	18.69	13.56	3.61	4.27	3.26	4.0
35	41	43	44	44	42	44	42	48
30	32	33	36	36	36	36	36	40
1468	1464	1053	926	750	211	237	-	-
1483	1617	1502	1283	1663	462		-	-
10.82	11.24	15.89	19.64	22.03	24.43	24.83	28.89	32.79
1101.00	1310.60	1249.18	1808.88	2242.20	2361.60	2404.52	2759.14	2788.36
152.90	132.30	139.80	157.00	167.67	168.00	194	223.70	177.60
945.20	1173.00	1104.00	1644.95	2068	2184.00	2195	2520.61	2595
32601	53023	53807	69251	65085	96086	155200	148331	157600
341.90	385.01	2264.41	2002.12	1781.60	1813.50	1837.40	1906.73	2037.05
159.30	141.80	146.80	145.40	137.38	138.40	139.30	176.30	213.90
182.20	242.60	2117.00	1856.10	1643.70	1675.00	1698.00	1730.31	1823
346.00	611.00	613.00	622.00	542.00	862.00	976.00	1224.40	1500
49027	54959	59524	63269	67712	73898	63389	70505	90958
9877	10666	10910	11181	11923	10420	10508	4121	-
1557	1689	2033	2368	2705	1917		-	-
3391	4233	4458	4617	4758	5181		-	-
9958	15473	21373	32166	48576	63174	81240	107434.61	117591
2163	2334	2326	2873	3126	3855	4676	8357.31	8339.40
7633	12855	18625	29293	45450	59320	76564	99077.30	109251.60

13－2　续表3

	单位	1978年	1980年	1985年	1990年	1993	1994年
市话装机容量	门	4980	5700	11400	18400	28700	40500
市话用户	户	4237	4670	7377	14176	23349	29102
住宅	户	－	－	－	－	8656	13422
六、商　　业							
社会商品零售总额	万元	36085	43542	94750	169754	232947	295055
公有制	万元	34273	43102	78627	127955	155541	191738
非公有制	万元	1812	441	16123	41799	77406	103317
个体	万元	209	364	10473	33069	60209	76362
私营	万元	－	－	－	－	1188	1467
批零贸易业网点	个	516	2046	11218	15726	18603	20544
从业人员	人	8065	13169	30761	49388	52838	58943
餐饮业网点	个	90	606	2943	4679	4594	4843
从业人员	人	1771	2885	6262	10409	9536	10125
城乡集市贸易消费品成交额	万元	－	－	6236	22470	60005	84856
七、财政金融							
银行存款余额	万元	41915	40677	121579	288248	487956	592201
居民储蓄存款余额	万元	6935	11730	36432	139869	268747	337804
银行贷款余额	万元	52419	44269	106676	425276	771748	922950
银行现金收入	万元	34937	50294	131670	349933	752317	1006718
银行现金支出	万元	34864	49304	129097	335541	760393	1006541
保险业务保费收入	万元	－	－	28	2178	3188	5317
保险业务赔款支出	万元	－	－	10	664	1657	2634
赔付率(%)	%	－	－	35.71	30.49	51.98	49.54
财政收入合计	万元	12016	11449	19247	37673	42653	46150
1.地方收入合计	万元	12016	11449	19247	37673	42653	25301
其中:工商税收类	万元	9624	8879	18480	34046	38541	18442
2.上划中央税收	万元	－	－	－	－	－	19623
3.省市共享收入分成	万元	－	－	－	－	－	1226
财政支出合计	万元	11048	7662	13526	26629	39779	39135
八、固定资产投资							
固定资产投资额	万元	12492	13442	50327	56162	136688	182792
其中:国有经济	万元	12194	13060	48351	52805	128477	167094
集体经济	万元	298	382	1976	2176	6378	788
其他经济	万元	－	－	－	1181	1833	7818
新增固定资产	万元	9676	11412	21880	55531	88149	168547
固定资本交付使用率	%	77.46	84.90	43.48	98.88	64.49	92.21
房屋竣工面积	平方米	352305	486633	693466	728366	796645	844244
其中:住宅	平方米	274719	282214	430956	447746	467562	477382
城市公用事业							
市区面积	平方公里	350	350	350	350	350	350
建成区面积	平方公里	－	－	－	51.52	52.10	52.30
实有房屋建筑面积	万平方米	555	625	878	1541	1562	1601
实有住宅建筑面积	万平方米	306	343	506	716	705	724
市区人口密度	人/平方公里	－	－	－	1857	1606	1924
人均住宅居住面积	平方米	－	4.03	5.20	6.60	6.90	7.00
人均自来水日生活用水量	升	－	－	111.60	138.00	164.00	163.00
自来水普及率	%	－	－	－	98.00	99.00	99.30

注:2003年社会消费品零售总额635848万元中不含农业生产者、制造业零售额。

1995 年	1996 年	1997 年	1998 年	1999 年	2000 年	2001 年	2002 年	2003 年
84000	146000	159500	215000	231000	292961	321800	386900	656200
55199	80812	102944	133846	171079	236625	297385	371807	471791
35119	57433	77485	99068	130317	193229	249688	293698	386282
350605	383317	413869	438726	475624	527115	575996	634713	*635848
222407	218919	206888	185075	187701	201531	217275	237546	257113
128198	164398	206981	253696	287925	325584	358721	397167	378735
95799	113115	148283	181876	191892	212785	231960	256210	264911
1917	3364	12991	27890	52001	65001	77086	86996	89187
21702	21160	26693	27611	32079	26230	34164	–	–
62145	61134	66148	78349	109926	103538	117278	115871	–
5619	5641	5759	7549	9183	6214	7214	–	–
10961	11914	14639	16446	19342	19948	21709	28398	–
106500	132995	160307	193698	253799	302749	353431	359094	–
801879	987731	1241442	1420371	1673252	1954747	2457432	2952108	3468103
464700	537178	633028	755499	842659	939157	1133550	1364070	1608225
1381089	1694447	1974082	1648899	1707491	1732456	2186885	3398502	4038665
1378881	1645501	1995332	2395007	2850947	3347452	4268757	5071302	6173200
1318298	1630087	2039850	2417130	2952826	3457817	4307010	5154713	6226359
7480	10582	13549	16745	18164	19456	31816	42209	52895
3547	4141	3717	4829	5230	7885	6591	9015	10252
47.42	39.13	27.43	28.84	28.79	40.53	20.72	21.36	19.4
50442	61498	68115	73271	76477	87628	108160	117574	142498
29375	34522	40248	47734	53323	63391	77855	83952	91315
21260	24578	26969	31284	35750	45940	41245	45297	53967
19629	25109	25642	25537	23154	24237	30305	33622	51183
1438	1867	2225	–					
45057	54875	63004	72578	85735	108589	149405	189916	197557
196822	211195	278275	415062	493372	538189	692708	776620	854223
162697	166907	211127	279427	364946	345500	445318	452209	440557
26018	26756	27936	29630	19566	10894	38634	51650	54632
8107	17532	39212	106275	108860	181795	208756	272761	359034
161057	183304	198257	328429	310500	312623	423921	379840	490141
81.83	86.79	71.24	79.13	62.93	58.09	61.2	48.91	57.38
940467	1149663	1326838	1898815	2171619	1809870	1534342	1764855	1896826
599442	692866	969615	1435852	1645545	1239672	1068749	1133499	1348522
350	350	350	350	350	350	350	350	350
52.70	52.80	53.09	53.79	53.79	57.17	59.15	59.68	60.8
1620	1641	1695	1796	1919	2005	2092	1986	2145
736	753	813	888	977	1069	1152	1449	1594
1951	1982	2004	2024	2054	2090	2740	2236	2253
7.00	7.10	7.50	8.12	9.08	10.08	7.08	14.82	16.01
178.00	197.00	243.99	283.20	278.12	200.22	207.64	202.18	231.65
98.00	97.00	88.22	97.40	88.02	96.82	85.51	99.66	100.00

13－2　续表4

	单位	1978年	1980年	1985年	1990年	1993年	1994年
每万人拥有公共交通车辆	标台	–	–	–	6.00	6.00	7.90
人均拥有市政工程道路面积	平方米	–	–	–	3.90	4.10	4.10
排水管道密度	公里/平方公里	–	–	–	–	2.40	2.40
人均公共绿地面积	平方米	–	3.00	1.10	1.40	2.30	2.50
建成区绿化覆盖率	%	–	5.90	8.20	10.10	11.30	11.40
集中供热面积	万平方米	–	–	–	11.50	20.00	20.00
供热管道长度	公里	–	–	–	5.00	5.00	5.00
实际清扫面积	万平方米	–	–	92.00	166.00	200.00	213.00
生活垃圾清运量	万吨	–	–	12.70	23.60	34.00	36.00
公共厕个数	座	–	–	157.00	158	155	158
园林绿地面积	公顷	–	270	407	229	333	262
公园个数	个	–	1	1	2	4	4
公园面积	公顷	–	24	36	46	53	53
九、劳动工资							
单位年末在岗职工数	万人	25.52	27.68	35.34	38.43	38.45	37.69
单位在岗职工平均人数	万人	25.34	27.61	33.61	37.54	38.75	38.11
在岗职工工资总额	亿元	2.16	2.73	5.18	9.20	13.38	17.92
在岗职工年平均工资	元/人	852	988	1541	2451	3453	4702
十、人民生活							
商品零售物价指数	%	–	–	111.90	102.90	114.00	125.00
居民消费价格指数	%	–	–	111.30	140.10	115.80	123.70
调查户数	户	–	–	150	200	200	200
平均每户人口	人	–	–	4	4	3	3
平均每户就业面	%	–	–	52.63	49.29	49.12	49.61
每一就业人员负担人口	人	–	–	1.90	2.03	2.04	2.02
人均可支配收入	元	–	–	770	1254	2247	2983
人均消费性支出	元	–	–	731	1174	2023	2645
十一、文化教育卫生							
卫生机构病床	张	4747	5586	6726	7450	8262	8414
每万人拥有床位	张	–	–	–	–	51	51
卫生技术人员	人	6439	7166	8294	9660	9801	9824
医生	人	2708	3035	3269	4054	4186	4238
每万人拥有医生	人	20	22	23	26	26	26
高等学校在校生	人	3514	4238	6414	6043	6639	6796
高等学校专职教师	人	819	999	1237	1418	1399	1347
中专学校在校生	人	2578	3258	6362	5570	5197	6318
中专学校专职教师	人	222	407	609	931	849	930
职业学校在校生	人	–	–	3636	4690	5549	5690
职业学校专职教师	人	–	–	112	292	330	312
成人教育在校生	人	–	1124	16732	9720	8226	12332
成人教育专职教师	人	–	3	453	511	537	582
普通中学在校生	人	–	99738	110922	97959	85939	81210
普通中学教师	人	–	5293	5611	6966	6514	6466
小学在校生	万人	–	23.78	21.80	18.69	15.93	15.69
小学专职教师	人	–	8361	8642	9265	8809	8860
图书馆个数	人	4	4	4	5	5	5
独立科研机构人员	人	–	2462	2674	2840	2709	2579

注:1997年实际清扫面积按新口径计算。

1995 年	1996 年	1997 年	1998 年	1999 年	2000 年	2001 年	2002 年	2003 年
7.80	7.80	7.75	9.97	16.22	16.35	10.77	11.67	13.67
4.40	4.10	4.54	4.85	5.18	6.48	4.25	5.7	6.21
2.60	2.70	2.84	2.99	2.98	3.64	3.53	3.07	6.58
3.00	3.40	3.21	3.32	3.60	3.94	4.5	6.01	6.73
12.40	14.00	14.07	16.14	18.39	18.70	22.00	23.56	25.00
24.00	24.00	26.00	27.00	27.00	27.00	27.30	28	28.00
5.00	5.00	4.00	5.00	5.00	5.00	5.00	7	7.00
233.00	235.00	146.64	136.20	136.20	280.88	614	674	727
39.30	44.00	38.70	77.30	77.30	87.22	71	71	66
221	171	175	220	220	220	263	266	276
330	708	759	926	954	1036	1252	1318	1413
8	8	9	9	9	10	10	11	11
142	148	156	164	185	203	244	248	249
37.86	37.44	35.85	34.05	28.46	24	22.01	21.27	20.41
38.27	37.99	36.47	34.99	29.48	26.15	22.74	21.48	20.60
20.37	22.44	23.12	23.09	23.62	23.44	26.92	29.17	30.14
5323	5907	6339	6599	8012	8965	12136	13583	14632
115.70	108.00	103.10	99.80	98.70	99.30	100.1	99.3	102.00
119.00	111.90	105.00	100.80	99.50	99.90	100.3	101.4	101.8
200	200	200	300	300	300	300	300	300
3	3	3	3	3	3.11	3.05	2.96	2.95
48.38	46.01	49.14	47.58	45.89	45.66	45.24	39.73	39.32
2.07	2.17	2.03	2.10	2.18	2.20	2.20	2.52	2.54
3443	3886	4010	4245	4765	5299	6041	6724	7025
2945	3290	3374	3689	3966	4245	4775	5130	5507
8588	8822	8810	8891	8821	8698	8706	8706	9149
52	53	53	52	51	50	44	–	–
9973	8895	8824	10205	10082	9864	9617	9617	9654
4187	3969	3595	4271	4089	4074	4196	4196	4015
25	24	21	25	20	23	–	–	–
6870	7254	7702	8195	8883	12782	17918	22198	26124
1320	1313	1492	1578	1611	1885	2094	2580	2769
7085	6929	6884	6898	8154	9452	9095	9199	6940
984	1008	966	964	632	775	748	249	–
5382	6849	6478	5636	4814	3331	2967	3356	3485
349	404	404	343	376	340	389	279	318
12893	14196	14917	13286	12236	10914	18804	20664	13731
558	669	772	724	858	797	883	1065	994
81179	79600	77999	77973	81399	94823	104876	113865	123984
6289	6162	6306	6198	6326	6495	6500	7050	7416
15.68	16.26	16.63	17.24	17.49	17.44	17.19	16.74	16.30
8747	8832	8899	8620	8607	8615	8486	8678	8449
5	5	5	5	5	5	5	5	5
2609	2949	2440	2282	2245	2185	2652	2929	2828

十四、区县主要年份 统计资料

QUXIANZHUYAONIANFEN TONGJIZILIAO

14－1　西宁市区县主要经济指标完成情况

	单位	西宁地区	城东区	城中区	城西区	城北区	大通县	湟中县	湟源县
地区生产总值	亿元	144.83	20.09	21.67	30.31	23.28	28.55	14.00	4.93
增长速度	%	13.7	12.6	12.2	12.2	13.1	14.2	15.5	14.2
牧业总产值(1990年不变价)	亿元	38545.00	738.00	124.00	855.00	3110.00	15043.00	14803.00	3873.00
增长速度	%	12.93	2.18	21.57	17.93	16.87	19.70	13.39	15.17
工业总产值(1990年不变价)	亿元	126.54	9.70	5.55	8.37	9.04	10.53	11.54	4.81
增长速度	%	19.50	17.82	15.18	19.20	25.06	20.91	37.02	22.17
#规模以上工业产值	亿元	84.55	2.60	2.29	1.71	2.25	2.98	3.56	2.73
增长速度	%	18.42	21.41	3.54	10.94	27.99	87.02	51.64	19.31
财政一般预算收入	万元	84397.00	5723.00	7676.00	11762.00	7672.00	11258.00	4689.00	3034.00
增长速度	%	17.30	13.00	16.20	18.50	19.90	18.00	14.80	24.30
固定资产投资完成额	亿元	85.42	4.46	2.86	4.73	4.01	4.29	8.21	2.85
增长速度	%	9.99	16.94	13.18	18.07	12.41	5.38	63.53	20.30
社会消费品零售总额	亿元	63.58	12.10	16.27	15.60	11.05	3.94	3.10	1.53
增长速度	%	10.20	10.17	11.62	10.72	9.43	7.52	8.00	7.53
城镇居民人均可支配收入	元	7025	6766	6972	7651	6599	5971		
增长速度	%	9.02	8.72	9.23	8.83	8.93	8.92		
农民人均纯收入	元	2054	4710	4076	4348	3520	2014	1742	1486
增长速度	%	11.68	13.32	13.29	13.29	13.19	10.59	10.12	18.01.

14－2 城 东 区

	单 位	1990年	1991年	1992年	1993年	1994
一、基本概况						
土地面积	平方公里	114	114	114	114	114
镇	个					
乡	个	2	2	2	2	2
居民委员会	个	70	70	70	70	71
村民委员会	个	20	20	20	20	20
年末总人口	万人	20.78				
年末总人口(户籍)	万人	18.51	18.72	18.84	18.89	19.10
少数民族人口	万人	5.75	5.83	5.77	5.91	6.03
总户数	万户	4.43	5.01	5.13	5.24	5.34
年平均人口	万人					
出生率	‰	19.45	12.66	10.51	8.02	10.47
死亡率	‰	4.33	3.59	3.71	2.92	3.13
自然增长率	‰	15.12	9.07	6.8	5.10	7.34
二、综　　合						
国内生产总值(现价)	万元					
同比增减	%					
第一产业	万元					
第二产业	万元					
第三产业	万元					
国内生产总值(可比价)	万元					
第一产业	万元					
第二产业	万元					
第三产业	万元					
人均国内生产总值	元					
三、农　　业						
村委会个数	个	20	20	20	20	20
乡村户数	户	5541	5751	5918	5017	6095
乡村人口	万人	2.44	2.46	2.49	2.51	2.54
乡村劳动力	万人	1.29	1.35	1.36	1.52	1.54
年末耕地面积	公顷	1140	1049	1048	1046	1037
#水浇地	公顷	810	723	721	719	710
农林牧渔业总产值(1990年不变价)	万元	1536	1636	1727	1822	1885
同比增减	%		6.53	5.57	5.48	3.42
#农　业	万元	1164	1147	1209	1236	1302
牧业	万元	330	427	441	459	470
主要农牧产品产量						
粮　食	吨	1792	1412	1838	1905	1665
油　料	吨	30	24	38	33	82

主 要 指 标

1995 年	1996 年	1997 年	1998 年	1999 年	2000 年	2001 年	2002 年	2003 年
114	114	114	114	114	114	114	114	114
			2	2	2	2	2	2
2	2	2						
71	70	70	70	69	69	44	44	44
20	20	20	0	20	20	20	20	20
					29.61	30.14	30.77	31.22
19.37	19.58	19.64	19.87	20.45	20.50	20.97	21.40	22.37
6.19	6.32	6.40	6.59	6.60	6.48	6.61	7.03	7.62
5.43	5.52	5.55	5.61	5.88	6.40	6.17	6.35	
					29.62	29.88	30.45	30.99
1.39	13.27	12.05	14.31	10.34	13.83	12.96	12.74	10.18
0.51	3.99	3.83	3.97	4.85	7.24	4.61	5.05	3.94
0.88	9.28	8.22	10.35	5.49	6.59	8.35	7.69	6.24
	78700	88000	92900	111600	122700	143300	163800	200900
		8.47	10.02	9.86	10.8	13.4	12.2	12.6
	1800	2000	2500	2700	2600	2600	2600	1563
	22100	25000	23900	32000	40400	51800	56400	82808
	54800	60800	66500	76900	79600	88900	104800	116570
						139056	156075	187690
						2564	2550	1458
						4972	56192	79078
						86772	97333	107154
					4143	4796	5378	6483
20	20	20	20	20	20	20	20	20
6220	6224	6273	6292	6520	6726	6933	7086	7168
2.60	2.58	2.61	2.62	2.65	2.72	2.76	2.81	2.87
1.53	1.54	1.5	1.38	1.34	1.5	1.52	1.54	1.7
1014	1006	1698	1697	1681	829	510	387	346
688	680	1158	1253	1237	496	510	387	345
2049	2139	2697	2821	2964	3121	2654	2611	1319
8.71	4.42	2.6	4.67	5.09	5.3	-14.98	-16	-49.49
1338	1405	1392	1445	1514	1591	1031	834	535
630	658	1180	1302	1307	1439	1550	1659	738
1605	1662	1715	1716	939	499	192	195	142
83	83	83	86	201	221	122	118	105

14－2　续表1

	单　位	1990年	1991年	1992年	1993年	1994
蔬　菜	万吨	3.25	3.35	3.44	3.49	3.63
肉类总产量	吨	451	532	562	684	703
#猪　肉	吨	339	506	516	623	650
牛　奶	吨	1676	1502	1587	1351	1012
禽　蛋	吨	54	67	45	29	33
水　果	吨	194	68	88	79	79
水产品	吨	18	25	38	57	56
主要农作物播种面积						
粮　　食	公顷	440	440	440	450	428
#小麦	公顷	315	315	310	300	279
油　　料	公顷	21	25	20	20	41
蔬　　菜	公顷	625	626	610	660	660
年末牲畜存栏						
大牲畜	头	1384	1054	1082	966	892
#牛	头	902	599	640	544	575
羊	只	5130	4562	3314	2759	3619
#绵羊	只	5068	4293	3035	2510	3019
猪	头	6315	5994	7837	8855	8987
造林面积	公顷	81	89	13	200	63
育苗面积	公顷	13	19	1	19	23
农用化肥施用量(折纯量)	吨					
农业机械总动力	万千瓦	2.52	3.12	3.07	3.26	3.38
农村经济总收入	万元	4504	5236	6063	8329	10432
农村经济总费用	万元	2515	3116	3713	5641	6901
农村经济纯收入	万元	1989	2120	2349	2688	3530
农民人均纯收入	元	564.39	699.13	773.23	857.23	1094
同比增减	%		23.87	10.6	10.86	27.64
四、工　　业						
(一)全部工业企业单位数	个	120	119	139	139	140
其中:规模以上单位数	个					
集体企业	个					
其它企业	个					

1995年	1996年	1997年	1998年	1999年	2000年	2001年	2002年	2003年
3.88	4.03	4.01	4.14	4.31	4.5	3.07	2.17	1.44
1137	1319	2246	2488	2541	2710	3727	3166	1152
1070	1262	2188	2420	2378	2562	3542	3001	965
1163	1179	1204	1273	1274	1341	1483	1412	1487
34	34	35	36	39	42	46	44	56
85	81	56	53	46	85	66	40	7.4
65	72	77	88	97	48	43	42	19
401	402	436	436	346	167	51	37	28
252	253	287	287	249	96	51	37	28
34	30	39	40	76	99	47	39	40
707	716	675	586	733	670	514	426	299
813	795	806	821	871	839	797	882	883
529	484	477	505	579	585	599	725	771
5703	5097	4696	4891	3157	2724	4372	4406	3556
5703	5097	4696	4891	3157	2724	4372	4406	3556
15234	17570	14712	14299	16810	16137	18627	17198	3628
52	30	16	147	767	295	227	337	193
20	19	19	20	10	18	20	21	13
			357	436	294	219	183	163
3.19	2.94	2.8						
15242	19408	25540	32841	33316	35059	40657		
10972	14818	19435	25497	24936	25547	29626		
4270	4590	6104	2344	7469	9517	11031		
1362	1553	2108	2446	2815	3194	3647	4156	4709
24.5	14.02	35.72	15.1	15.6	13.48	14.18	13.95	13.32
169	170	169	164	146	530	683	703	781
							10	12

14－2　续表2

	单　位	1990 年	1991 年	1992 年	1993 年	1994
(二)全部工业企业总产值(1990 年不变价)	万元	4388	6357	6890.15	8332	9986
同比增减	%		44.8	8.4	20.9	19.9
其中:规模以上工业总产值	万元					
(三)全部工业企业增加值(现价)	万元					
同比增减	%					
其中:规模以上工业增加值	万元					
(四)区属工业企业财务状况	个					
其中:亏损企业个数	个					
亏损企业亏损额	万元					
(五)区属工业企业财务状况						
资产合计	万元					
负债合计	万元					
所有者权益合计	万元					
利润总额	万元					
职工人数	人					
五、固定资产投资						
固定资产投资额	万元	473	597	1285	1766	1854
同比增减	%		26.22	115.24	37.43	4.98
#国有经济	万元					
集体经济	万元					
其他经济	万元					
新增固定资产	万元	332	407	496	747	789
房屋竣工面积	平方米	13260	12692	8177	6079	15413
#住宅	平方米	9934	9507	17277	380	9285
六、商　　业						
社会商品零售总额	万元					
同比增减	%					
批零贸易网点	个					
从业人员	人					
餐饮业网点	个					
从业人员	人					
城乡集市贸易消费品成交额	万元					

1995 年	1996 年	1997 年	1998 年	1999 年	2000 年	2001 年	2002 年	2003 年
12597	16274	24466	30895	37811	55741.3	68729	82337	97006.8
26.1	29.2	50.3	26.3	22.4	47.4	23.3	19.8	17.8
							17927.8	25980.2
					15141.7	18469.5	20216.7	25689
					18.72	18.64	16.83	16.72
							10	12
							4	3
							466.9	310.8
							21226.5	26485.8
							11096.1	15262.2
							10129.4	11223.6
							-274.1	69.3
							1394	1483
5062	10593	6988	14352	20353	24941	32754	38126	44585
173.03	109.27	-34.03	105.38	41.81	22.54	31.33	16.40	16.94
3036	7748	4815	8133	16271				
67487	142674	111358	116926	104681	198351			
12225	113203	54310	63494	84690	53389			
				96369	106987	116238	127873	120999
					11.02	8.65	10.01	10.17
						104800	110236	112603

14－2　续表3

	单　位	1990年	1991年	1992年	1993年	1994
七、财　　政						
财政收入合计	万元					
同比增减	%					
1.地方收入合计	万元					
同比增减	%					
其中:一般预算收入	万元	6537	6576	1773	1923	473
同比增减	%		0.6	－73.03	8.45	－75.38
2.上划中央税收返还	万元					
财政支出合计	万元					
同比增减	%					
#一般预算支出	万元	1285	1169	1595	1885	2172
同比增减	%		－9.02	36.36	18.3	15.23
八、职工人数和劳动工资						
年末职工人数	人	14518	12218	14065	11566	11191
国　有	人	2467	2246	2453	2516	2535
集　体	人	12051	9972	11612	9050	8656
按企事业、机关分组						
企　业	人	11581	9714	11086	8553	8199
事　业	人	1805	1456	1526	1553	1640
机　关	人	1132	1048	1453	1450	1352
工资总额	万元	2384	2356	2759	2802	3332
企业	万元	1743	73	1945	1900	1962
事业	万元	378	2015	454	523	830
机关	万元	263	268	360	379	540
在岗职工年平均工资	元	1720	1771	2019	2462	2987
#企业	元	1591	2223	1810	2262	2404
城镇居民人均可支配收入	元					
同比增减	%					
九、卫生、教育						
卫生机机构数	个	5	5	5	5	5
床位数	张	100	100	100	105	105
卫生技术人员	人	160	141	149	151	132
医生	人	37	71	72	74	66
普通中学	所					
在校在	人					
毕业生	人					
专职教师	人					
小学	所	19	19	19	19	19
在校生	人	14921	13986	13381	12983	13164
毕业生	人	2502	2376	2229	1966	1872
专职教师	人	734	684	686	589	700

1995 年	1996 年	1997 年	1998 年	1999 年	2000 年	2001 年	2002 年	2003 年
751	1155	1339	3462	5631	5180	5717	5065	5725
58.75	53.73	15.94	158	63.92	-7.72	10.37	-11.4	13.03
				79	3866	3932	3930	4057
2579	3171	3264	4093	4438	5016	6571	6315	6948
18.72	22.97	2.94	25.4	8.42	13.02	31	-3.89	10.02
10568	11438	15567	15251	11195	11478	47131	46613	50354
2518	2475	2559	2759	2602	3504	36502	34371	35050
8050	8963	13008	12492	8593	7974	7376	5494	4775
7604	8445	12460	12004	8113	8457	37293	37352	40903
1600	1619	1639	1680	1493	1611	7336	6406	7345
1364	1374	1468	1567	1589	1410	2502	2855	2106
3667	4397	6383	6965	5855	6596	59436	61337	71100
2151	2682	4481	4905	3564	4111	45935	48186	56453
852	989	115	1170	1170	1408	10502	10040	11630
664	726	787	890	1121	1077	2999	3111	3018
3501	3815	4092	5096	5054	4908	12099	13185	14457
2855	3138	3587	4690	4211	3950	11678	12929	14141
		3960	4184	4593	5103	5868	6546	6766
			5.6	9.8	11.1	15	11.5	8.72
5	5	5	6	5	5	5	5	5
105	105	105	105	105	125	125	125	125
126	138	145	125	129	128	125	121	109
63	63	64	53	49	54	53	54	46
19	20	19	24	33	32	30	30	26
13584	14612	15586	16462	22196	22241	23287	22871	22009
1869	1906	1879	2103	3144	3536	3421	4581	3524
759	695	705	666	975	955	916	945	921

14－3 城 中 区

	单 位	1990 年	1991 年	1992 年	1993 年	1994
一、基本概况						
土地面积	平方公里					
镇、街道办事处	个	6	6	6	6	6
乡	个					
居民委员会	个	63	63	63	63	63
村民委员会	个					
年末总人口	万人	12.73	12.9	12.97	12.99	13.19
少数民族人口	万人					
总户数	万户	3.4	3.52	3.59	3.52	3.71
年平均人口	万人	12.7	12.82	12.94	12.98	13.09
出生率	‰	13.22	7.2	10.67	9.23	9.99
死亡率	‰	4.93	2.5	3.77	3.71	3.95
自然增长率	‰	8.29	4.61	6.9	5.53	6.04
二、综　　合						
生产总值（现价）	万元					
同比增减	%					
第一产业	万元					
第二产业	万元					
第三产业	万元					
生产总值（可比价）	万元					
第一产业	万元					
第二产业	万元					
第三产业	万元					
人均生产总值	元					
三、农　　业						
村委会个数	个					
乡村户数	户					
乡村人口	万人					
乡村劳动力	万人					
年末耕地面积	公顷					
#水浇地	公顷					
农林牧渔业总产值(1990 年不变价)	万元					
同比增减	%					
#农　业	万元					
牧业	万元					
主要农牧产品产量						
粮　食	吨					
油　料	吨					

主 要 指 标

1995 年	1996 年	1997 年	1998 年	1999 年	2000 年	2001 年	2002 年	2003 年
6	6	6	6	6	6	6	6	6
63	63	63	63	63	59	31	31	31
				4	4	4	4	4
13.35	13.52	13.74	13.89	14.16	14.49	14.76	15.05	16.66
						1.11	1.44	1.51
3.84	3.82	3.89	3.94	4.03	4.23	4.32	4.47	4.56
13.27	13.43	13.63	13.82	14.03	14.32	14.63	14.9	15.15
10.62	9.6	8.55	9.65	7.79	9.05	9.93	9.61	11.3
5.34	4.57	4.28	4.57	5.58	7.84	4.87	5.16	5.01
5.27	5.03	4.27	5.08	2.21	1.21	5.06	4.45	6.3
	86079	99044	110565	127108	140869	160314	186259	216683
		11.9	13.07	10.17	11.01	11.3	12	12.2
				210	236	260	276	489
	16249	20155	26310	29799	37304	40863	43106	54009
	69830	78889	84255	97099	103329	119191	142877	162185
	57533	64375	72787	80190	90598	156752	175562	201059
				2	108	257	273	456
	13237	16156	20000	22260	25976	39535	42107	51572
	44296	48219	52787	57928	64514	116960	133182	149031
	6406	7524	8002	9057	9835	10957	12500	14303
				4	4	4	4	4
				962	962	972	962	962
				3810	3810	3776	3894	3927
				2147	2147	2114	2265	2257
				216	144	178	55	53.69
				95	66	85	43	41.69
				178.21	206.27	225.94	211.77	248.26
					15.75	9.54	-6.27	17.23
				97.42	105.26	112.76	125.37	116.78
				75.75	83.81	92.97	102.29	123.94
				268	105	10		
				61	110	145	150	130

14－3　续表1

	单　位	1990年	1991年	1992年	1993年	1994
蔬　菜	万吨					
肉类总产量	吨					
#猪　肉	吨					
牛　奶	吨					
禽　蛋	吨					
水　果	吨					
水产品	吨					
主要农作物播种面积						
粮　　食	公顷					
#小麦	公顷					
油　　料	公顷					
蔬　　菜	公顷					
年末牲畜存栏						
大牲畜	头					
#牛	头					
羊	只					
#绵羊	只					
猪	头					
造林面积	公顷					
育苗面积	公顷					
农用化肥施用量(折纯量)	吨					
农业机械总动力	万千瓦					
农村经济总收入	万元					
农村经济总费用	万元					
农村经济纯收入	万元					
农民人均纯收入	元					
同比增减	%					
四、工　　业						
(一)全部工业企业单位数	个	51	56	57	54	58
其中:规模以上单位数	个					
集体企业	个	51	56	57	54	58
其它企业	个					

1995 年	1996 年	1997 年	1998 年	1999 年	2000 年	2001 年	2002 年	2003 年
				1441	1441	1786	1890	2662
				38	38	61	67.95	130.4
				21	21	28	30.07	57.3
				365	353	402	368	380
				7	6	8	9	11
				5	5	7	9	9
				6	6	7	7	9
				24	24	10		
				19	19	10		
				49	49	47	48	41
				18	18	19	21	30
				453	489	800	702	400
				356	316	700	702	400
				879	1254	1700	1860	1000
				879	1254	1700	1860	1000
				481	73	500	756	500
				104	104	116	33	2
				3	3	3	4	400
				47	42	47	47	30.5
				3226	2876	2875	2918	2955.35
				1316	1295.8	1603.42	1771.1	2005
				371	167.5	315.49	342.2	372
				944	1128.3	1287.93	1428.9	1633
				2322.13	2743.07	3156.39	3597.37	4075.68
				4.4	18.13	15.07	13.97	13.3
58	63	43	56	51	53	66	69	46
						5	6	7
58	63	43	56	51	53	66	69	46

14－3　续表2

	单　位	1990 年	1991 年	1992 年	1993 年	1994
(二)全部工业企业总产值(1990 年不变价)	万元	2938	3193	3412	3791	3935
同比增减	%	－2.97	8.67	6.68	11.11	3.8
其中:规模以上工业总产值	万元					
(三)全部工业企业增加值(现价)	万元					
同比增减	%					
其中:规模以上工业增加值	万元					
(四)区属工业企业财务状况	个					
其中:亏损企业个数	个					
亏损企业亏损额	万元					
(五)区属工业企业财务状况						
资产合计	万元					
负债合计	万元					
所有者权益合计	万元					
利润总额	万元					
职工人数	人					
五、固定资产投资						
固定资产投资额	万元	589	149	373	353	
同比增减	%	15.94	－74.7	150.34	－5.36	
#国有经济	万元	159	149	373	353	
集体经济	万元	60				
其他经济	万元	370				
新增固定资产	万元					
房屋竣工面积	平方米	10105	1320	8277	6560	
#住宅	平方米	1900	818	1720	6006	
六、商　　业						
社会商品零售总额	万元	3386	16874	14626	20293	25518
同比增减	%	－9.92	398.35	－13.32	38.75	25.75
批零贸易网点	个	2191	2222	2415	2485	2659
从业人员	人	4445	4722	4919	5450	6378
餐饮业网点	个	655	645	579	592	624
从业人员	人	1344	1285	4086	897	1085
城乡集市贸易消费品成交额	万元	8432	9900	10128	10730	

1995 年	1996 年	1997 年	1998 年	1999 年	2000 年	2001 年	2002 年	2003 年
3656	3969	12564	14518	16515	20958	25024	48225	55544
-7.09	1.09	217	16.03	13.29	26.9	19.4	–	15.18
							16478	22873
						11241	13086	16544
						19.81	16.3	14.91
173	513	1729	5849	8400	13709	20830	25274	28606
	196.53	270.04	238.29	43.61	63.2	51.94	21.33	13.18
173	513	1202	2828	2884	1378	4605	5595	6562
		527	1716	1878	599	890	600	425
			1305	3638	11732	15335	19079	21619
					6412	5431	9514	11858
		6590	31318	19445	29811	25000	66668	67819
			21484	9347	10461		16516	25312
35023	36772	96458	107503	119522	134932	149790	167031	162717
37.25	4.99	–	11.97	11.18	12.89	11.01	11.51	11.62
2936	3078	3180	3788	5204	4845	5352	5928	6327
6117	5862	4756	6195	14133	19168	19246	18454	19446
611	660	723	910	133	766	1648	1732	1781
1209	1675	2446	2850	884	1476	3646	5924	6646
				24967	29461	34764	41021	48405

14－3　续表3

	单　位	1990年	1991年	1992年	1993年	1994
七、财　　政						
财政收入合计	万元	4346	4848	1071	1345	268
同比增减	%					
1.地方收入合计	万元	4346	4848	1071	1345	268
同比增减	%					
其中:一般预算收入	万元	4346	4848	1071	1345	268
同比增减	%					
2.上划中央税收返还	万元					
财政支出合计	万元	973	1016	1304	1503	1663
同比增减	%					
#一般预算支出	万元	973	1016	1304	1508	1663
同比增减	%					
八、职工人数和劳动工资						
年末职工人数	人	13774	13907	14249	10252	9543
国　有	人	1724	1577	1600	1629	1681
集　体	人	12050	12330	12649	8623	7862
按企事业、机关分组						
企　业	人	11772	10896	11419	8280	7548
事　业	人	976	1981	1753	898	961
机　关	人	1026	1030	1077	1074	1034
工资总额	万元	2318	2330	2747	2551	2789
企业	万元					
事业	万元					
机关	万元					
在岗职工年平均工资	元					
#企业	元					
城镇居民人均可支配收入	元					
同比增减	%					
九、卫生、教育						
卫生机机构数	个					
床位数	张					
卫生技术人员	人					
医生	人					
普通中学	所					
在校在	人					
毕业生	人					
专职教师	人					
小学	所	21	21	20	19	20
在校生	人	13128	12202	10632	11558	11933
毕业生	人	2486	2336	2189	1937	1963
专职教师	人					

1995 年	1996 年	1997 年	1998 年	1999 年	2000 年	2001 年	2002 年	2003 年
447	801	1138	3701	5312	4969	9547	10857	11938
447	801	1138	3701	5312	4969	5808	6604	7676
447	801	1138	3701	5312	4969	5808	6604	7676
						3739	4253	4262
2047	2474	3024	3973	3906	4229	5496	6036	7061
2047	2474	3024	3973	3906	4229	5496	6036	7061
9851	10221	11168	9874	7482	6590	30169	28921	27214
1665	1775	1702	1714	1766	1829	22568	22322	21242
8186	8446	9466	8160	5716	4761	5776	4045	3446
7833	8079	9098	7749	5260	4306	14538	13462	12311
948	1055	972	994	1219	1277	8873	8621	8290
1070	1087	1098	1131	1003	1007	6758	6838	6613
2824	3284	4055	3900	3952	4356	37053	37886	38212
					2411	14800	14418	13995
					1063	12374	12718	12999
					882	9879	10749	11218
					6589	12142	13212	14114
					5524	9909	10471	11114
		4044	4250	4678	5196	5975	6686	6972
			5.1	10.1	11.1	15	11.89	9.23
				5	5	4	4	4
				26	40	30	40	60
				57	60	51	56	82
				53	50	49	55	82
19	19	18	18	20	19	17	15	14
14111	13057	13720	13841	13888	13308	13153	12699	12588
2117	1636	1691	1941	2236	2509	2615	2464	2056
					700	703	695	671

14－4 城 西 区

	单 位	1990 年	1991 年	1992 年	1993 年	1994
一、基本概况						
土地面积	平方公里					
镇	个					
乡	个	2	2	2	2	2
居民委员会	个	35	35	35	35	35
村民委员会	个	21	21	21	21	21
年末总人口	万人					
年末总人口(户籍)	万人	166200	168644	170918	171733	175507
少数民族人口	万人	13795	13997	14357	14593	15094
总户数	万户	42074	43191	44311	45416	46542
年平均人口	万人	166200	167422	169781	171328	1736225
出生率	‰	15.0	11.5	10.9	9.5	13.5
死亡率	‰	3.5	3.2	2.7	3.3	3.1
自然增长率	‰	11.5	8.3	8.2	6.2	10.4
二、综 合						
国内生产总值(现价)	万元					
同比增减	%					
#第一产业	万元					
第二产业	万元					
第三产业	万元					
国内生产总值(可比价)	万元					
#第一产业	万元					
第二产业	万元					
第三产业	万元					
人均国内生产总值	元					
三、农 业						
村委会个数	个	21	21	21	21	21
乡村户数	户	5233	5370	5414	5430	5483
乡村人口	万人	2.22	2.25	2.26	2.22	2.23
乡村劳动力	万人	1.17	1.18	1.18	1.19	1.20
年末耕地面积	公顷	1544	1540	1538	1535	1497
#水浇地	公顷	8189	815	813	810	780
农林牧渔业总产值(1990 年不变价)	万元	1392	1361	1490	1569	1603
同比增减	%					
#农 业	万元	1016	929	1002	1110	1108
牧业	万元	341	397	450	437	462
主要农牧产品产量						
粮 食	吨	3835	2985	3627	4559	3676
油 料	吨	151	147	167	268	359

主 要 指 标

1995 年	1996 年	1997 年	1998 年	1999 年	2000 年	2001 年	2002 年	2003 年
								82.4
				1	1	1	1	1
2	2	2	2					
35	35	37	37	37	37	30	30	30
21	21	21	21	18	18	18	18	18
179820	185434	187536	192993	193207	199626	205811	212152	218246
15644	16540	17077	17832	18695	18960	21119	22384	24195
47784	48892	49972	51771	52607	56775	58727	60708	62283
177664	182627	186485	190265	193100	196417	201114	208901	215199
12.1	10.2	9.7	8.8	11.3	10.3	11.3	9.5	11.7
4.1	4.1	3.5	5.6	4.0	5.1	4.1	3.6	4.3
8.8	6.1	6.3	3.2	7.3	5.2	7.1	5.8	7.41
	114207	130069	148018	165699	184737	215385	250243	303096
								12.2
	2850	2881	3074	3108	3112	3284	3611	4352
	26390	30495	40099	51612	55803	62300	63681	88550
	84967	96693	104845	110978	125822	149801	182951	210189
	77383	84557	99720	110759	123554	208387	233810	276280
	1432	1416	1395	1411	1415	3251	3572	4061
	22875	25357	34888	39638	43102	60421	62812	83353
	53076	57783	63436	69710	79037	144715	167426	188866
	6159	6936	7669	8576	9254	10465	11795	13888
21	21	21	21	18	18	18	18	18
5550	5618	5618	5683	5025	5062	5235	5324	5472
2.29	2.34	2.34	2.33	2.03	2.04	2.05	2.07	2.10
1.30	1.20	1.20	1.20	1.10	1.17	1.18	1.19	1.21
1458	1482	1482	1475	1241	2135	1066	640	566.58
788	788	788	780	667	651	526	598	566.48
1749	1935	1935	2057	1867	1962	2069	2176	2507.63
								5.62
1228	1366	1366	1442	1226	1317	1355	1363	1160.07
485	516	516	514	520	573	622	725	854.65
3810	3908	3908	3939	1999	1337	1575	578	522
382	363	363	426	414	342	346	395	420

14－4 续表1

	单 位	1990年	1991年	1992年	1993年	1994
蔬 菜	万吨	22718	22217	23032	23033	24917
肉类总产量	吨	560	541	526	519	607
#猪 肉	吨	542	521	519	473	558
牛 奶	吨	1057	1150	1186	1221	1522
禽 蛋	吨	58	63	85	59	75
水 果	吨	73	81	79	78	59
水产品	吨			7	5	12
主要农作物播种面积						
粮 食	公顷	1012	1019	878	980	930
#小麦	公顷	784	791	654	730	670
油 料	公顷	78	78	83	120	150
蔬 菜	公顷	462	466	489	420	4500
年末牲畜存栏						
大牲畜	头	3241	3349	3482	3032	3945
#牛	头	1810	1777	1700	1508	1629
羊	只	1431	1572	1782	1574	2316
#绵羊	只	1431	1572	1782	1574	2316
猪	头	10446	9035	6998	8641	9145
造林面积	公顷	43	33	58	54	51
育苗面积	公顷	4	10	4	2	23
农用化肥施用量(折纯量)	吨	580	670	761	910	760
农业机械总动力	万千瓦					
农村经济总收入	万元	2943	3525	4069	5246	6987
农村经济总费用	万元	1364	1842	2186	3205	4140
农村经济纯收入	万元	1579	1683	1884	2041	2846
农民人均纯收入	元	561	567	632	744	980
同比增减	%					
四、工 业						
(一)全部工业企业单位数	个	113	103	105	110	136
其中:规模以上单位数	个	50	43	41	38	45
集体企业	个	12	20	17	17	17
其它企业	个	38	23	24	21	28

1995 年	1996 年	1997 年	1998 年	1999 年	2000 年	2001 年	2002 年	2003 年
28480	32159	32459	33905	24500	27298	28618	25153	22836
675	704	791	842	571	627	738	842	996.65
611	624	651	723	489	610	693	740	785.85
1598	1608	1620	1642	1066	980	1009	794	914.2
56	58	60	70	16	18	31	11	34.8
56	88	65	62	25	29	30	6	–
14	18	20	20	15	16	16	16	16
882	858	980	927	588	378	2800	108	99
670	701	755	705	294	221	190	52	37
184	163	170	192	150	158	120	150	116
550	640	660	677	571	585	590	514	518
3894	3034	1475	1337	883	600	500	627	700
1428	860	953	72	518	300	300	570	600
2466	2174	3091	3338	3150	2900	2800	939	900
2466	2174	3091	3338	3150	2900	2800	939	900
8358	5499	9336	8336	6412	5100	8500	10840	10800
40	41	82	540	233	313	551	240	
13	15	15	113	10	319	430	13	7
808	805	830	841	662	672	154	132	626.8
						18634	18361	
7736	8347	11298	12865	12654	12978	15527	13927	14784.6
4369	4554	6333	6810	6813	7125	7981	5720	6228.5
3366	3793	4966	5666	5841	5853	7546	8199	8556.1
1196	1385	1927	2235	2590	2932	3348	3837.61	4347.65
							14.62	13.29
140	160	184	182	132	180	147		139
44	61	50	137	100	97	90	5	5
16	18	28	90	50	43	24		18
28	43	22	47	50	54	66		121

14－4　续表2

	单　位	1990年	1991年	1992年	1993年	1994
(二)全部工业企业总产值(1990年不变价)	万元	5741	6014	6628	7653	9451
同比增减	%					
其中:规模以上工业总产值	万元	4000	4172	3099	2975	1581
(三)全部工业企业增加值(现价)	万元					
同比增减	%					
其中:规模以上工业增加值	万元					
(四)区属工业企业财务状况	个	50	43	41	38	45
其中:亏损企业个数	个	7	8	8	6	12
亏损企业亏损额	万元	286	270	256	248	180
(五)区属工业企业财务状况						
资产合计	万元	5890	5730	6201	5251.9	7578.2
负债合计	万元	–	–	–	3140	1998
所有者权益合计	万元	–	–	–	678.8	1190
利润总额	万元	－207	50	－80	110.8	－80
职工人数	人	3295	3144	3052	3100	3101
五、固定资产投资						
固定资产投资额	万元	327	322	454	533	922
同比增减	%					
#国有经济	万元	49	119	73	75	601
集体经济	万元	113	16	150	316	165
其他经济	万元	165	187	231	142	156
新增固定资产	万元	165	317	499	478	617
房屋竣工面积	平方米	9973	11042	21931	10146	14004
#住宅	平方米	9659	481	17776	5077	6975
六、商　　业						
社会商品零售总额	万元	6770	8247	22179	23920	23806
同比增减	%					
批零贸易网点(企业数)	个	206	243	275	279	357
从业人员(企业数)	人	1966	3148	3345	3596	3850
餐饮业网点(企业数)	个	43	47	48	67	62
从业人员(企业数)	人	301	534	594	881	854
城乡集市贸易消费品成交额	万元	8439	12460	12812	24073	39652

1995 年	1996 年	1997 年	1998 年	1999 年	2000 年	2001 年	2002 年	2003 年
8819	10418	13471	22132	39937	47746	59516	70431	83694
								19.20
5400	6919	13287	15776	18829	22150	26585	14998	17084.7
								35000
								11
44	61	50	20	16	17	16		5
6	7	22	15	11	11	10		2
155	318	559	549	560	710	139		187.9
5469.9	8149.8	10685.6	10123.8	14816.4	18316.3	15980	20340	21628
3689	6166	9545	8334	10617	13650	10687	11258	13101
1781	1984	1141	1420	4554	4667	5293	9082	8527
85	-270	-1576	-534	271	764	675	433	366
3150	3035	2772	1585	1185	144	524	610	736
2591	4075	5226	13160	20269	25106	32025	40035	47269
								18.07
620	1605	1244	7703	15169	8021	12273	17599	21657
1807	2360	2772	4493	4528	7356	12363	12606	17672
164	110	1210	964	572	9729	7389	9830	7940
2111	4358	4151	8387	7189	7030	7393	35815	47269
22513	52037	48559	101495	28959	36200	35951	36651	120583
13680	19260	36543	28761	41869	30768	7800	1000	6900
35707	31097	30758	47906	51825	131593	145289	161270	155895
								10.72
270	215			340		312	311	326
3265	2444					6530	6527	6722
48	11					41	41	43
796	194					2120	2120	2226
51929	57905	37044	57119	72564		92570	147390	109693

14－4　续表3

	单　位	1990年	1991年	1992年	1993年	1994
七、财　　政						
财政收入合计	万元	5797	5952	1083	1541	483
同比增减	%					
1. 地方收入合计	万元	5797	5952	1083	1541	483
同比增减	%					
其中:一般预算收入	万元					
同比增减	%					
2. 上划中央税收返还	万元					
财政支出合计	万元	11925	11441	13112	17136	1930
同比增减	%					
#一般预算支出	万元					
同比增减	%					
八、职工人数和劳动工资						
年末职工人数	人	12948	13704	14247	12324	11539
国　有	人	1734	171	1770	1764	1792
集　体	人	11250	11973	12477	10560	9747
按企事业、机关分组						
企　业	人	11069	11592	12119	10199	9485
事　业	人	946	1114	1139	1129	342
机　关	人	969	962	980	996	1041
工资总额	万元	1999	2425	3118	3243	3002
企业	万元					
事业	万元					
机关	万元					
在岗职工年平均工资	元					
#企业	元					
城镇居民人均可支配收入	元					
同比增减	%					
九、卫生、教育						
卫生机机构数	个	5	5	5	5	5
床位数	张	26	26	51	68	68
卫生技术人员	人	84	88	92	85	95
医生	人	39	42	45	46	44
普通中学	所					
在校在	人					
毕业生	人					
专职教师	人					
小学	所	14	14	14	14	14
在校生	人	12569	11636	11264	11481	11847
毕业生	人	998	2316	2272	1997	1974
专职教师	人	559	532	536	525	516

1995 年	1996 年	1997 年	1998 年	1999 年	2000 年	2001 年	2002 年	2003 年
535	821	1091	3506	6512	8504	8772	9924	11762
								18.5
535	821	1091	3506	6512	8504	8772	9924	11762
								18.5
								11762
								18.5
2173	2707	3006	3617	4082	6376	7624	7631	9572
								25.4
								9572
								25.4
11000	10740	11075	8653	8439	8508	53223	60279	47744
1826	1857	1945	1986	1952	2059	42579	47734	40193
9174	8883	9130	6667	6487	6449	4694	12545	2534
8838	8533	8788	6354	6145	5565	31632	37310	24407
427	379	1150	1195	1277	1951	17262	17180	16270
1055	1041	1137	1104	1017	992	4329	5789	7067
3306	3775	4263	4187	4342	4844	73174	88898	81156
								43462.8
								26874.2
								10819.0
								16537
								16735
								7651.44
								8.83
5	5	5	5	5	5	5	5	5
40	40	70	90	135	135	104	120	120
81	83	82	81	82	83	85	85	71
45	46	48	49	49	51	51	51	51
14	14	16	16	16	16	16	13	23
12307	13395	16701	17678	17568	14067	15652	15584	15610
1937	1837	1938	2220	2707	2471	2901	2903	2903
532	617	762	695	698	697	676	709	656

14－5 城 北 区

	单 位	1990 年	1991 年	1992 年	1993 年	1994 年
一、基本概况						
土地面积	平方公里					
镇	个	6	6	6	6	6
乡	个	3	3	3	3	3
居民委员会	个	40	41	44	41	41
村民委员会	个	39	39	39	39	39
年末总人口	万人					
年末总人口(户籍)	万人	16.9	16.92	17	17.07	17.24
少数民族人口	万人	0.88	0.9	0.93	1	1.03
总户数	万户	3.97	4.13	4.21	4.27	4.31
年平均人口	万人	16.68	16.91	16.96	17.04	17.16
出生率	‰					
死亡率	‰					
自然增长率	‰					
二、综　　合						
国内生产总值(现价)	万元					
同比增减	%					
第一产业	万元					
第二产业	万元					
第三产业	万元					
国内生产总值(可比价)	万元					
第一产业	万元					
第二产业	万元					
第三产业	万元					
人均国内生产总值	元					
三、农　　业						
村委会个数	个					
乡村户数	户	10935	11317	11508	11758	11905
乡村人口	万人	5.00	5.04	5.10	5.22	5.25
乡村劳动力	万人	2.5	2.54	2.59	2.81	2.88
年末耕地面积	公顷	3649	3422	3413	3389	3387
#水浇地	公顷	2830	2651	2642	2617	2613
农林牧渔业总产值(1990 年不变价)	万元	1895	3541	3749	3912	4386
同比增减	%	－12.9	86.8	5.87	4.35	12.11
#农　业	万元	919	2042	2196	2472	2941
牧业	万元	761	1233	1259	1333	1343
主要农牧产品产量						
粮　食	吨	14200	13500	14300	14800	15200
油　料	吨	500	500	500	1200	1500

主 要 指 标

1995 年	1996 年	1997 年	1998 年	1999 年	2000 年	2001 年	2002 年	2003 年
6	6	6	6	6	6	6	6	6
3	3	3	3					3
42	42	42	42	42	37	23	23	40
39	39	39	39	38	38	38	38	39
17.34	17.55	17.78	17.97	18.03	18.11	18.42	18.79	
1.01	1.07	1.11	1.13	1.18	1.25	1.29	1.34	
4.35	4.43	4.5	4.57	4.58	4.93	5.11	5.28	
17.29	17.45	17.67	17.88	18.0	18.1	18.21	18.6	
			160868	161813	177897	211440	222564	232847
				18.16	9.90	11.10	12	13.1
			7335	7059	7596	7936	8428	8705
			119290	113810	121852	147531	150116	153274
			34242	45945	103827	55973	64020	70868
			105665	112466	123606	197701	221399	223730
			2790	2597	2835	7927	8336	8136
			80920	84105	92602	135769	153586	150657
			21955	25943	28170	54005	59477	64937
			7356.21	7523.64	7793.29	8671.88	9430.00	9663.59
					38	38	38	38
12021	12277	12378	12584	12425	12714	12876	13120	13519
5.27	5.24	5.30	5.27	5.29	5.30	5.36	5.40	5.5
2.95	3.09	3.05	3.05	2.94	2.98	2.85	3.12	3.56
3383	3378	5965	3345	3323	5636	5133	4377	3847
2611	2599	4607	2566	2549	4463	4026	2795	3660
4718	4933	5151	5366	5706	6039	7236	7289	7088
7.58	4.56	4.42	4.17	6.34	5.84	19.8	0.73	7.2
3138	3262	3659	3645	3909	4039	4527	4468	3608
1465	1621	1422	1579	1699	1879	2427	2661	3110
15200	15400	15400	15000	9100	6400	5500	4100	3535
1500	1600	1600	1600	1700	1700	1900	2000	1867

14－5　续表1

	单　位	1990年	1991年	1992年	1993年	1994
蔬　菜	万吨	3.03	3	3.32	3.53	4.38
肉类总产量	吨	1369	1369	1507	1703	1911
#猪　肉	吨	－	－	－	1590	1738
牛　奶	吨	8603	3413	3552	3671	3872
禽　蛋	吨	352	426	515	467	435
水　果	吨	150	92	122	280	329
水产品	吨	－	12	14	－	－
主要农作物播种面积						
粮　　食	千公顷	2710	2700	2580	2700	2650
#小麦	千公顷	2260	2260	2210	2140	2130
油　　料	千公顷	330	320	310	360	410
蔬　　菜	千公顷	390	370	370	330	320
年末牲畜存栏						
大牲畜	万头	6300	3100	4300	3800	3600
#牛	万头	4500	2900	3100	2700	2700
羊	万只	3300	1600	3700	3600	3000
#绵羊	万只	3200	1600	3700	3600	3000
猪	万头	22400	16300	19900	28400	18100
造林面积	公顷	86	83	93	101	49
育苗面积	公顷	2088	2171	123	4	6
农用化肥施用量(折纯量)	吨	－	－	－	－	－
农业机械总动力	万千瓦	3.47	3.66	4.01	4.04	3.94
农村经济总收入	万元	5761	7416	9589	10975	16908
农村经济总费用	万元	2494	3906	5466	6285	10990
农村经济纯收入	万元	3267	3511	4123	4691	5918
农民人均纯收入	元	528	634	676	765	966
同比增减	%	0.96	20.07	28	13.15	26.3
四、工　　业						
(一)全部工业企业单位数	个	79	81	80	82	88
其中:规模以上单位数	个					
集体企业	个					
其它企业	个					

1995 年	1996 年	1997 年	1998 年	1999 年	2000 年	2001 年	2002 年	2003 年
4.66	4.94	5.47	5.65	7.10	8.90	8.82	8.72	8.93
1947	2167	2309	2433	2511	2736	2645	3002	3289
1810	2035	2152	2134	2156	2259	2144	2222	2389
4805	4953	5155	5218	5221	9232	8849	9983	10287
406	422	443	449	457	1069	630	653	658
377	634	674	620	484	85	133	158	83
82	90	105	113	115	110	111	120	98
2570	2530	2510	2430	2070	1650	1160	830	692
2130	2100	2130	1990	1510	940	670	530	360
420	420	420	420	580	730	680	710	606
400	890	860	880	1280	1340	1100	1750	1962
4000	4100	3700	3700	4000	5700	4500	4900	5000
2900	3100	2900	3000	3000	4600	3700	4100	4400
7500	8100	7100	8900	9200	9200	11000	16000	10000
7500	8100	7100	8900	9200	9200	11000	16000	10000
20400	23800	21500	22100	21900	21100	7200	7700	9300
43	31	23	604	267	1421	1800	556	670
28	26	25	27	26	71	73	64	34
–	–	–	–	–	–	3622	3730	4169
4.33	3.93	4.19	4.35	4.51	4.58		4.94	5.28
21302	24190	28611	34151	42194	51966	55283	69164	78168
13188	13103	14854	17785	23477	31243	32320	49235	58481
8114	11087	13757	16366	18717	20723	22963	19929	19687
1260	1437	1606	1831	2136	2394	2731	3110	3520
30.43	14.04	11.76	14.01	16.66	12.08	14.07	13.9	13.2
107	113	109	115	108	166	90		
							6	

14－5　续表2

	单　位	1990年	1991年	1992年	1993年	1994
(二)全部工业企业总产值(1990年不变价)	万元	6911	10734	12987	15689	18829
同比增减	%					
其中:规模以上工业总产值	万元					
(三)全部工业企业增加值(现价)	万元					
同比增减	%					
其中:规模以上工业增加值	万元					
(四)区属工业企业财务状况	个	79	81	80	32	35
其中:亏损企业个数	个	11	18	4	8	8
亏损企业亏损额	万元	130	16	18	96	95
(五)区属工业企业财务状况	元					
资产合计	万元					
负债合计	万元					
所有者权益合计	万元					
利润总额	万元					
职工人数	人					
五、固定资产投资						
固定资产投资额	万元	2400.78	2549	1438.98	2649.9	2550.09
同比增减	%	101.75	6.16	-43.55	83.94	-3.66
#国有经济	万元	780.5	812.6	296.80	555	427
集体经济	万元	1071	900	112	1281	1366
其他经济	万元	549.28	8364	1030.18	810.9	757.09
新增固定资产	万元	695.5	874	525.80	1678	2222
房屋竣工面积	平方米	38590	51413	45566	60613	30373
#住宅	平方米	31012	41670	39970	47591	18477
六、商　　业						
社会商品零售总额	万元	7431	6477	6728	7106	7648
同比增减	%	-	-12.84	3.88	5 62	7.63
批零贸易网点(企业数)	个					
从业人员(企业数)	人					
餐饮业网点(企业数)	个					
从业人员(企业数)	人					
城乡集市贸易消费品成交额	万元					

1995 年	1996 年	1997 年	1998 年	1999 年	2000 年	2001 年	2002 年	2003 年
	21230	25336	31597	32901	41928	56885	1224	23287
								1311
							14446	
60	53						6	
20	15						3	
							198	
4040.16	4924	5080	10311	19080	23460	31000	35708	40138
58.43	21.88	3.17	102.97	85.05	22.96	32.14	15.19	12.41
1019	2495	2722	2834	5522	4928	2855	8539	17759
2488	1894	1439	4568	8539	12185	21668	15844	13482
533.16	535	919	2909	5019	7247	6477	11325	8897
3050	3445	4558	4309	10272	17928	30336	25709	27929
57296.19	47462	39699	21332.2	88423	1120	29323	11339	116600
24323.19	36141	29472	18188	12871	1120	24800	11339	9600
8722	8838	10251	13255	31824	71969	78214	85644	110537
14.04	1.33	15.99	29.30	40.09	26.15	8.68	9.50	9.43

14－5 续表3

	单 位	1990年	1991年	1992年	1993年	1994
七、财　政						
财政收入合计	万元	14297	6603	1724	1922	1956
同比增减	%					
1.地方收入合计	万元	14297	6603	1724	1425	343
同比增减	%					
其中:一般预算收入	万元					
同比增减	%					
2.上划中央税收返还	万元					
财政支出合计	万元					
同比增减	%					
#一般预算支出	万元					
同比增减	%					
八、职工人数和劳动工资						
年末职工人数	人	11989	13599	14409	13078	12492
国　有	人	2631	1968	2010	1752	2013
集　体	人	9358	11631	12399	11326	10479
按企事业、机关分组						
企　业	人	10069	11591	12391	11000	10173
事　业	人	908	958	981	990	1067
机　关	人	1012	1050	1037	1088	1252
工资总额	万元	2053.96	2623.06	2972.26	3123.00	3330.95
企业	万元	1614.37	2144.05	2364	2461.36	2307.77
事业	万元	212.73	232.14	282.37	326.25	527.35
机关	万元	226.86	246.87	32589	335.39	495.83
在岗职工年平均工资	元	1713.20	1928.86	2062.78	2387.98	2666.47
#企业	元	1603.31	1849.75	1907.84	2237.60	2268.53
城镇居民人均可支配收入	元					
同比增减	%					
九、卫生、教育						
卫生机机构数	个	96	－	96	95	92
床位数	张	886	－	983	990	661
卫生技术人员	人	1098	－	1393	1108	813
医生	人	481	－	468	480	390
普通中学	所	5	5	5	5	8
在校在	人	1825	1729	1968	2056	1622
毕业生	人	726	776	530	1358	492
专职教师	人	197	187	150	130	157
小学	所	46	46	46	46	37
在校生	人	17521	15375	13519	12945	12997
毕业生	人	2773	2612	2417	2295	2035
专职教师	人	943	811	846	737	815

1995 年	1996 年	1997 年	1998 年	1999 年	2000 年	2001 年	2002 年	2003 年
2250	2625	2763	3568	5835	9734	11390	12446	
549	644	862	1862	4107	4934	5665	6400	
	644.3	862	1862.1	4107			6400	7672
	17.29	33.79	160.2	120.6			12.97	19.9
12883	12009	14311	9917	9565	7984	32812	29588	27669
2049	2302	2258	2166	2116	2566	11928	12179	11957
10834	9707	12053	7751	7449	5418	20884	17409	15712
10431	9691	11890	7532	7266	5435	26630	23056	20957
1173	1181	1246	1228	1131	1253	4748	4431	4620
1279	1137	1175	1157	1168	1293	1434	2101	2092
3880.36	4490.93	4627.28	4269.14	4968.36	4177.49	36214.64	36957	38065.3
2772.38	3263.20	3258.33	2723.77	3186.31	2101.41	27723.95	27400.8	27685.7
542.20	635.24	701.95	805.04	860.71	1076.06	6923.04	7130.4	7637.2
565.97	592.49	667	740.33	921.34	1000.02	1567.65	2425.8	2742.4
3012.00	3739.64	3233.37	4667.88	5194.31	5232.33	11037.01	12490.54	13757.38
2657.83	3367.25	2740.40	3620.59	4385.23	3866.44	10410.80	11884.46	13210.72
92	15	15	15	15	16	15	9	5
565	898	891	882	932	917	937	201	90
774	889	829	835	834	788	745	167	1291
377	346	386	319	337	319	319	74	66
20	20	17	17	18	16	–	–	–
8946	8316	9657	7727	8346	9211	–	–	–
2804	2734	2891	2641	2270	2501	–	–	–
748	694	921	931	911	907	–	–	–
41	41	36	34	28	17	20	20	
12970	13233	13819	25351	14425	14566	12974	13053	14533
2004	1798	1686	3564	2319	2251	1883	2019	2539
860	854	833	1305	764	761	640	650	761

14－6 大 通 县

	单 位	1978年	1980年	1980年	1990年	1994
一、基本概况						
土地面积	平方公里					
镇	个	2	2	2	2	2
乡	个	21	26	26	26	26
#民族乡	个	－	－	－	2	2
居民委员会	个	－	－	－	16	－
村民委员会	个	273	286	291	289	290
年末总人口	万人					
年末总人口(户籍)	万人	31.62	32.67	35.40	38.38	39.84
少数民族人口	万人	12.48	12.73	14.49	16.12	17.28
总户数	万户	5.06	5.46	6.67	7.38	8.67
年平均人口	万人	31.36	32.45	35.07	37.97	39.65
出生率	‰	25.33	21.19	14.55	22.45	16.49
死亡率	‰	7.34	6.45	5.13	7.27	5.19
自然增长率	‰	17.99	14.74	9.42	15.18	11.30
二、综 合						
国内生产总值(现价)	万元	－	－	－	45147	82992
同比增减	%	－		－	－	16.28
第一产业	万元	－	－	－	9773	15609
第二产业	万元	－	－	－	29120	54875
第三产业	万元	－	－	－	6254	12508
国内生产总值(可比价)	万元	－	－	－	41642	75128
第一产业	万元	－	－	－	9385	11788
第二产业	万元	－	－	－	26468	52522
第三产业	万元	－	－	－	5788	10818
人均国内生产总值	元	－	－	－	1189	2093
三、农 业						
村委会个数	个	1188	1406	1087	1083	1082
乡村户数	户	43396	45228	49228	56540	63236
乡村人口	万人	26.89	27.55	28.28	30.09	31.64
乡村劳动力	万人	9.56	10.43	12.41	14.49	16.37
年末耕地面积	公顷	58091	57795	54751	53285	53111
#水浇地	公顷	11242	11021	10036	9622	9760
农林牧渔业总产值(1990年不变价)	万元		11667	13990	16107	19020
同比增减	%				1.88	13.20
#农 业	万元		10153	10533	12058	13623
牧业	万元		1356	2860	3331	4633
主要农牧产品产量						
粮 食	吨		11.31	11.75	13.10	14.41
油 料	吨		0.61	0.71	0.91	1.27

主 要 指 标

1995 年	1996 年	1997 年	1998 年	1999 年	2000 年	2001 年	2002 年	2003 年
								3090
2	2	2	2	2	6	6	9	9
26	26	26	26	26	22	22	13	13
2	2	2	2	2	2	2	2	
–	8	8	8	9	13	13	17	18
290	290	290	290	290	290	290	290	289
40.28	40.80	41.10	41.48	42.04	42.52	42.64	43	43
17.46	17.81	17.93	18.15	18.46	18.88	18.93		19.79
8.86	9.07	9.23	9.37	9.75	9.94	10		10.7
40.06	40.54	40.95	41.29	41.76	42.28	42.50		43.07
14.78	15.19	14.93	14.62	17.95	14.74	13.60	13.32	12.35
5.44	5.73	5.31	5.06	5.97	5.96	5.34	5.40	6.32
9.34	9.46	9.62	9.56	11.98	8.78	8.26	7.92	3.03
99465	118913	139763	150075	160497	185608	201885	227491	285490
4.70	1.43	7.99	10.28	8.63	9.80	11.26	12.80	14.2
23193	27304	31720	33194	25449	26260	27713	28991	31320
61544	76220	84655	93022	105618	127558	134887	152612	205808
14728	15390	23389	23859	29430	31789	39285	45888	48362
78661	79789	80673	101918	110713	121561	209726	236536	270070
12488	12861	14222	15109	14887	14578	27574	28676	29971
53299	53953	54973	70623	78407	8777	144226	167024	195864
12874	12975	11478	16186	17419	19207	37926	40836	44235
2483	2933	3413	3635	3843	4390	4735	5308	6628.5
1082	1082	1081	1081	1081	1081	1081	1086	289
64906	66214	67264	68549	70783	72363	73285	74694	75259
31.97	32.33	32.52	32.74	33.15	33.45	33.67	33.82	34.1
16.71	17.39	17.38	17.75	18.64	19.01	19.22	19.37	19.38
53082	52807	52755	52735	52677	52658	49419	49419	46769
9747	9729	9701	9642	9752	9668	9136	8620	8302
19805	21437	23221	24402	23530	25683	27701	29434	30652.38
4.13	8.24	8.32	5.09	-3.57	7.52	7.86	6.25	5.69
13233	14536	15402	15955	14209	15168	15881	15406	13959.34
5805	6180	7093	7661	8305	9531	10612	12567	15042.54
14.06	15.49	15.97	15.29	11.02	9.27	10	9.18	83603
1.47	1.83	1.62	2.25	3.17	3.62	3.74	3.66	38449

14－6　续表1

	单　位	1978年	1980年	1985年	1990年	1994年
蔬　菜	万吨		0.67	0.73	1.27	2.05
肉类总产量	吨		－	3362	3290	7367
#猪　肉	吨		－	－	2631	4762
牛　奶	吨		2604	2945	5388	5735
禽　蛋	吨		－	855	658	965
水　果	吨		－	267	295	453
水产品	吨		－	－	－	－
主要农作物播种面积						
粮　　食	千公顷	47.76	46.63	45.20	44.44	43.30
#小麦	千公顷	19.25	19.93	22.90	24.04	23.70
油　　料	千公顷	4.04	5.69	6.73	7.24	8.13
蔬　　菜	千公顷	0.52	0.38	0.44	0.38	0.69
年末牲畜存栏						
大牲畜	万头	10.41	11.27	12.55	13.31	13.84
#牛	万头	7.22	8.03	8.36	9.05	9.41
羊	万只	11.71	14.13	9.83	11.88	15.54
#绵羊	万只	8.86	11.14	8.74	10.90	14.31
猪	万头	9.45	7.78	9.60	10.51	12.21
造林面积	公顷	562	574	2836	1945	2454
育苗面积	公顷	407	442	252	182	253
农用化肥施用量(折纯量)	吨	－	6402	6520	6580	7986
农业机械总动力	万千瓦	－	3.83	5.81	10.94	15.94
农村经济总收入	万元	3362	4385	10664	21739	51050
农村经济总费用	万元	715	1501	3802	9794	29405
农村经济纯收入	万元	2646	2885	6862	11945	21645
农民人均纯收入	元	67	91	233	363	617
同比增减	%				11.38	58.86
四、工　　业						
(一)全部工业企业单位数	个					
其中:规模以上单位数	个					
集体企业	个					
其它企业	个					

1995 年	1996 年	1997 年	1998 年	1999 年	2000 年	2001 年	2002 年	2003 年
2.38	2.75	2.92	3.35	3.77	4.78	5.68	5.85	7.52
9708	10417	12359	13802	15517	16497	16893	18521	20785
5615	5449	6745	7644	8721	8298	8488	9397	11078
6557	6912	7966	9103	10430	13056	14222	18895	17785
1153	1198	1274	1371	1569	1665	1677	1545	1171
466	536	559	698	509	544	539	511	234
–	–	–	61	90	110	110	140	54
43.00	43.36	43.11	40.94	35.85	31.67	29.41	27.94	46896
24.07	24.16	24.79	23.58	19.30	17.28	16.81	16.05	14068
8.46	8.17	8.57	10.39	15.51	18.09	18.06	17.18	19141
0.71	0.80	0.80	0.99	1.11	1.33	1.61	1.75	2101
13.56	13.79	13.87	13.60	13.62	15.78	15.80	16.04	162532
9.17	9.56	9.52	9.30	9.34	11.46	11.54	11.92	123991
18.74	19.38	19.63	18.95	19.60	20.42	20.33	20.62	217561
17.42	18.14	18.23	17.33	18.01	18.79	18.56	18.97	199748
12.84	13.50	13.96	14.52	14.52	13.86	13.27	13.53	98244
2498	2467	2912	2564	3974	4803	6607	8823	1828
253	253	253	253	253	253	253	253	90
8801	7731	7831	7709	8553	7936	8479	8449	8401
18.29	22.68	23.34	23.87	28.30	29.16	23.71	30.34	33.04
61432	79635	92761	100752	100715	116989	128255	138183	152692
34762	45801	50463	52836	52844	64055	70461	75471	83101
26670	33834	42298	47916	47871	52933	57794	62713	69591
776	987	1237	1400	1383	1524	1676	1822	2014
25.87	27.16	25.29	13.18	-1.23	10.20	10.01	8.65	10.59
								27
								2
								25

14－6　续表2

	单　位	1978年	1980年	1985年	1990年	1994年
(二)全部工业企业总产值(1990年不变价)	万元	2850	3329	5451	10383	20076
同比增减	%					
其中:规模以上工业总产值	万元					
(三)全部工业企业增加值(现价)	万元					
同比增减	%					
其中:规模以上工业增加值	万元					
(四)区属工业企业财务状况	个					
其中:亏损企业个数	个					
亏损企业亏损额	万元					
(五)区属工业企业财务状况						
资产合计	万元					
负债合计	万元					
所有者权益合计	万元					
利润总额	万元					
职工人数	人					
五、固定资产投资						
固定资产投资额	万元	416	468	644	1673	2578
同比增减	%	–			35.79	245.16
#国有经济	万元	381	468	532	1232	1810
集体经济	万元	35	–	103	441	768
其他经济	万元	–	–	9	–	–
新增固定资产	万元	251	124	167	969	1217
房屋竣工面积	平方米	9657	14013	14008	13661	16679
#住宅	平方米	4183	5837	6626	1900	12676
六、商　　业						
社会商品零售总额	万元	3261	4298	7341	12539	21729
同比增减	%	–			－13.04	30.81
批零贸易网点(企业数)	个	–	–	1801	2400	2851
从业人员(企业数)	人	–	–	3436	4650	4409
餐饮业网点(企业数)	个	–	–	269	491	480
从业人员(企业数)	人	–		517	946	1206
城乡集市贸易消费品成交额	万元	–	34	227	611	2965

1995 年	1996 年	1997 年	1998 年	1999 年	2000 年	2001 年	2002 年	2003 年
19462	24695	28900	41925	50180	60502	73989	87050	454653.3
								15.76
							16518	378917.4
								27
								7
								2702
6303	9069	8657	11241	20811	25360	38016	40666	42853
60.58	51.28	-4.54	29.85	85.13	21.86	49.91	6.97	5.38
2749	4442	5569	8487	14620	14177	–	18475	
3554	4627	3088	2460	6071	5854	–	2821	
–	–	–	294	120	5329	–	19370	
4101	8026	8557	7502	13160	16607	21758	23187	26259
50227	38961	71578	83544	116755	137976	70531	148580	146534
31872	14242	44573	42928	66309	61809	33328	115154	106460
27043	29256	29041	38364	38448	40437	42735	45940	39418
24.46	8.18	-0.73	32.10	0.22	5.17	5.68	7.50	7.52
3191	3541	4290	–	–	–	–	–	
5054	5689	5894	–	–	–	–	–	
485	535	664	–	–	–	–	–	
1034	1245	1547	–	–	–	–	–	
4133	4621	5259	3789	4954	5230	–	–	

14－6 续表3

	单 位	1978年	1980年	1995年	1990年	1994
七、财　　政						
财政收入合计	万元	1351	1269	1525	3263	6021
同比增减	%					
1. 地方收入合计	万元					
同比增减	%					
其中:一般预算收入	万元					
同比增减	%					
2. 上划中央税收返还	万元					
财政支出合计	万元	－	1363	2194	4141	6554
同比增减	%					
#一般预算支出	万元					
同比增减	%					
八、职工人数和劳动工资						
年末职工人数	人	5008	6746	8134	16689	17020
国　有	人	3197	5868	6169	10503	11618
集　体	人	1881	878	1965	6186	5402
按企事业、机关分组						
企　业	人	2102	3293	3819	10120	8974
事　业	人	2168	2424	2407	4715	6321
机　关	人	738	929	1908	1854	1725
工资总额	万元	343	502	1069	2930	5745
企业	万元	－	435	830	2091	4451
事业	万元					
机关	万元					
在岗职工年平均工资	元	684	743	1314	1755	3453
#企业	元	715	779	1255	1525	2831
城镇居民人均可支配收入	元					
同比增减	%					34.71
九、卫生、教育						
卫生机机构数	个	27	39	36	34	44
床位数	张	258	754	638	360	412
卫生技术人员	人	－	928	903	517	600
医生	人	151	158	125	187	217
普通中学	所	50	47	43	44	44
在校在	人	16246	15727	17045	18965	19172
毕业生	人	3033	4161	3940	5513	5490
专职教师	人	－	－	1029	1431	1511
小学	所	370	298	285	275	279
在校生	人	53350	55340	56814	53672	44603
毕业生	人	4852	5058	5072	6107	6796
专职教师	人	－	－	2129	2370	2268

1995 年	1996 年	1997 年	1998 年	1999 年	2000 年	2001 年	2002 年	2003 年
6348	7290	8064	9517	11072	13017		25203	
								11258
			15.12	14.00	12.16	14.15	12.00	18
								7984
7393	10049	11137	11960	15284	17638	21178	24510	
								26430
			0.25	30.10	18.59	21.95	13.93	10.4
17119	16254	16424	20180	17859	35557	33630	33081	34552
12794	12248	12545	12321	11240	30094	28511	28153	30086
4325	4006	3879	7859	6619	5463	4526	4305	3842
8091	7537	7376	11124	8814	25892	23660	22999	24317
7170	6714	6992	6980	7119	7475	7617	7874	7947
1858	2003	2056	2076	1926	2274	2353	2208	2288
6893	8047	8990	10243	9907	35914	42700	45662	49844
5278	6187	7355	7688	7594	33573	39473	42129	35769
								10792
								3283
4063	4881	5536	5066	5391	10100	12752	13706	14307
3576	4232	4244	3304	2573	10218	12497	–	14497
								5970.54
16.72	9.12	2.07	0.87	7.55	10.16	12.50	10.93	8.92
44	41	41	45	76	109	107	89	72
447	680	675	675	669	632	642	500	486
606	711	695	703	723	824	798	818	827
234	244	262	240	249	320			
43	43	43	44	44	44		42	42
18821	17486	16863	17838	20420	23012		27622	30905
5428	5003	5086	4855	4775	5763		6972	7749
1476	1468	1505	1516	1547	1563		1716	1774
277	277	276	276	272	273		262	253
42614	43235	43267	45600	46989	47117		44042	42153
6549	6022	6325	6639	7385	8160		8949	9454
2250	2299	2387	2245	2252	2283		2366	2301

14－7 湟 中 县

	单 位	1990年	1991年	1992年	1993年	1994
一、基本概况						
土地面积	平方公里	2700	2700	2700	2700	2700
镇	个	2	2	2	2	2
乡	个	24	24	24	24	24
居民委员会	个	2	2	2	2	2
村民委员会	个	420	420	420	419	418
人口情况						
年末总人口	万人	42.4	42.69	43.03	43.35	43.64
少数民族人口	万人	9.57	9.73	9.8	9.78	9.91
总户数	万户	8.59	8.76	9.1	9.3	9.49
年平均人口	万人	42.09	42.39	42.86	43.19	43.5
出生率	‰	28.9	19.59	17.75	16.74	17.67
死亡率	‰	9.75	6.09	5.24	5.89	5.73
自然增长率	‰	19.15	13.5	12.51	10.85	11.94
二、综　　合						
国内生产总值(现价)	万元	24863.9	23725	28839.8	33303	42203
同比增减	%	6.6	－4.6	19.6	7.3	14.2
第一产业	万元	13659.2	13501	14922	15940.6	19736.2
第二产业	万元	5105.17	3833	6160	7795.3	11712
第三产业	万元	6099.6	6391	7757.82	9567.1	10754.7
国内生产总值(可比价)	万元	24863.9	23725	28376.6	30441	34757
第一产业	万元	13659.2	13501	15344.1	15934.3	16754
第二产业	万元	5105.17	3833	5858.2	6666.1	9299
第三产业	万元	6099.6	6391	7175	7840.6	8704
人均国内生产总值	元	586	558	673	771	970
三、农　　业						
村委会个数	个	420	420	420	419	418
乡村户数	户	76274	77847	79279	81136	83582
乡村人口	万人	39.58	40	40.35	40.8	41.19
乡村劳动力	万人	18	18.55	18.82	18.58	19.53
年末耕地面积	公顷	64881	64838	64774	64774	64774
#水浇地	公顷	16490	16371	16362	16806	17139
农林牧渔业总产值(1990年不变价)	万元	26614.9	25063	25848.2	27709.1	29246.7
同比增减	%	－5.8	－5.8	3.1	7.2	5.6
#农　业	万元	15401.1	13381.1	14400.5	15655	16714.8
牧　业	万元	7572.28	7971.74	8221.52	8012.77	8505.69
主要农牧产品产量						
粮　食	吨	186600	162000	175600	184400	191300
油　料	吨	9800	9200	10500	13300	17400

主 要 指 标

1995 年	1996 年	1997 年	1998 年	1999 年	2000 年	2001 年	2002 年	2003 年
2700	2700	2700	2700	2700	2700	2700	2700	2700
2	2	2	2	2	10	10	10	10
24	24	24	224	24	8	8	8	8
2	2	2	2	2	2	2	2	2
418	418	418	418	418	418	418	418	418
43.98	44.34	44.72	44.86	45.04	45.46	45.6	45.79	46.23
10.04	10.23	10.3	10.39	10.46	10.64	10.59	10.68	10.75
9.7	9.9	10.06	10.39	10.5	10.64	10.85	10.75	10.98
43.81	44.16	44.53	44.79	44.95	45.25	45.53	45.7	45.09
16.34	16	16.2	13.4	12.5	16.46	10.81	11.15	11.35
5.5	5.7	5.1	5.5	4.9	4.84	3.64	3.83	2.38
10.84	10.3	11.1	7.9	7.6	11.62	7.17	7.32	8.97
58929.8	68675.8	71893.2	77728.9	78803	89749	103229	117352	140016
12.4	11.1	4.9	10.4	3.3	9.4	13.6	13.4	15.5
28999.8	33355	31479.7	34585.6	30450	33079	35203	35454	37904
16130	15700.6	18969.8	20026.4	22380	26864	32401	41884	58795
13800	19620.2	21443.7	23116.9	25973	29806	35625	40014	43317
39060.4	43400.8	45510.6	50223.2	51867	89749	101912	115532	133408
16134	17150	17836.8	18549.1	16490	33079	34854	34992	36446
11850.4	12865.8	12173.5	13962.3	16400	26864	34322	43986	58765
11076	13385	15500.3	17711.8	18977	29806	32736	36554	38197
1197	1483	1534	1644	1668	1870	2210	2474	2941
418	418	418	418	418	418	418	418	418
85882	88294	89674	92692	94007	95279	99556	100225	100980
41.53	41.81	42.2	42.54	42.66	42.95	43.38	43.70	44.00
19.77	21.36	22.48	22.79	23.23	25.21	25.97	25.59	25.86
64778	64778	69919	64778	65782	69919	63746	61731	60474
17463	17463	18734	17463	17357	17719	17436	17040	16887
25677.9	28755.6	30155.3	31366.4	28140	30187.9	32956.6	33555.7	34097
-12.2	12	4.9	4	-10.3	7.3	9.2	1.8	1.6
14406.5	16015	17406	17996	12133	18297	20150	18956	17232
8162.83	9161.7	9247	10085	10204	10961	11782	13056	14803
161600	183700	194500	200300	108960	118750	163400	132990	127600
15600	16700	17200	18200	15560	18580	32560	31320	38400

14－7　续表1

	单　位	1990年	1991年	1992年	1993年	1994
蔬　菜	万吨	0.29	0.3	0.1	0.3	0.29
肉类总产量	吨	10018.7	10250	10196.1	10405.2	11341
#猪　肉	吨	8916	9095	8957	9031	9759
牛　奶	吨	9814	9813	9297	9340	10662
禽　蛋	吨	1659.5	1672	1660	1673	1726
水　果	吨	1310	1317	1187	1261	1287
水产品	吨	436.1	544	314.3	262	
主要农作物播种面积						
粮　　食	公顷	56800	56700	56520	55440	54050
#小麦	公顷	4630	34890	35120	33850	34170
油　　料	公顷	6920	7180	7290	8640	9890
蔬　　菜	公顷	70	70	50	100	90
年末牲畜存栏						
大牲畜	头	108900	110200	107900	104100	102400
#牛	头	57300	59500	58600	56600	56800
羊	只	113200	113500	113500	115400	124900
#绵羊	只	97600	96600	97400	98800	106000
猪	头	196100	179300	182900	184800	191800
造林面积	公顷	5766	4892	3656	3695	4474
育苗面积	公顷	90	95	103	101	50
农用化肥施用量(折纯量)	吨	8089	4249	4740	5495	9378
农业机械总动力	万千瓦	18	19.78	22.18	24.9	33.21
农村经济总收入	万元	31102.3	31033	34527.6	37908.7	54337.8
农村经济总费用	万元	13910.6	13557	15297.6	16366.7	27437.4
农村经济纯收入	万元	17191.7	17476	19230	21542.1	26900.4
农民人均纯收入	元	411	414	451	498	605
同比增减	%	3.5	0.7	8.9	10.4	21.5
四、工　　业						
(一)全部工业企业单位数	个	5023	4672	4235	4719	4859
其中:规模以上单位数	个					
集体企业	个	46	46	44	54	67
其它企业	个					

1995 年	1996 年	1997 年	1998 年	1999 年	2000 年	2001 年	2002 年	2003 年
0.62	1.27	0.69	2.81	3.76	3.78	4	5.43	6.87
12104.9	12276	14488	14860	15861	16272	16507	18913	18977
10073	9762	11803	12178	12413	12566	11777	11975	11873
10483	12433	12916	14221	17000	17050	18869	24828	30024
1922	1950	2002	2079	1658	1774	1778	2263	2302
1170	1418	1319	1326	1337	2675	1408	1172	936
	196	336	5	94	38	38	30	
52750	54440	54960	55330	50500	47730	45990	44030	38720
34590	36560	37490	37830	34270	30520	27770	25030	19894
11170	9370	9280	9670	14170	16130	16490	15710	17980
170	340	170	700	600	750	1020	1730	2500
99800	92800	90500	91400	93100	91200	90800	89000	87400
56900	52400	52100	54000	56100	55600	56200	57600	59800
128200	114000	111600	112100	120300	100700	109100	114500	113800
109600	98500	97000	98400	106300	86400	96900	101700	101300
191300	164900	176400	194100	179300	170300	185600	178000	178100
3911	5082	3750	3712	7768	6378	4902	8920	2834
50	46	67	77	101	126	103	87	147
9448	8789	10193	10011	10449	10751	9744	11164	11719
37.28	32.64	40.78	42.7	48.16	50.94	58.47	60.72	65.17
71680.6	79535	92173	100482	110837	113628	122777	155680	163807
39157	42448	50932	54141	62427	62406	56001	83779	84192
32523.6	37087.1	41241	46341	48409	51221.7	66765	71901	79615
715	803	1141	1278	1054	1345	1456	1582	1742
18.2	12.3	42.1	12	-17.5	27.6	8.3	8.7	10.1
4489	4308	4520	5298	5143	5200	4679	4556	4154
							13	12
67	67	75	22	22	18	15	15	15

14－7　续表2

	单　位	1990年	1991年	1992年	1993年	1994
(二)全部工业企业总产值(1990年不变价)	万元	14281	14266	17802	20857	29732
同比增减	%			24.78	17.1	44.55
其中:规模以上工业总产值	万元					
(三)全部工业企业增加值(现价)	万元	4375	3148	5243	6570	10412
同比增减	%					40
其中:规模以上工业增加值	万元					
(四)独立核算工业企业个数	个	33	30	27	73	87
其中:亏损企业个数	个	16	12	6	7	11
亏损企业亏损额	万元	159	103	24	95	594
(五)区属工业企业财务状况						
资产合计	万元	7567	6247	9137	16127	25841
负债合计	万元	3214	5951	5629	15853	28774
所有者权益合计	万元	2706	3507	3318	3513	9701
利润总额	万元	71	158	925	643	1038
职工人数	人	2070	2351	2753	8857	8771
五、固定资产投资						
固定资产投资额	万元	4949	3730	2578	4362	1410
同比增减	%		－25	－31	69	－68
#国有经济	万元	4949	3730	2550	4362	1410
集体经济	万元			28		
其他经济	万元					
新增固定资产	万元	664	1355	7213	4511	1519
房屋竣工面积	平方米	15229	29540	17143	46102	22153
#住宅	平方米	7330	16269	3120	28232	19142
六、商　　业						
社会商品零售总额	万元	13168	15412	15574	15659	19597
同比增减	%		17.04	1.05	0.55	25.15
批零贸易网点	个	3073	3222	3446	3798	3959
从业人员	人	6728	6743	7750	7920	8100
餐饮业网点	个	809	1091	903	777	646
从业人员	人	1197	1532	1719	508	1278
城乡集市贸易消费品成交额	万元	1237	1451	1636	5161	4821

1995年	1996年	1997年	1998年	1999年	2000年	2001年	2002年	2003年
33108	35601	42259	49253	56892	66270	76071	88091	121757
11.35	7.53	18.7	16.55	15.51	16.49	14.79	15.8	38.2
						26004	27381	35625
14730	13847	16469	17164	19180	22383	23547	26692	35250
30	6.5	-11.6	14.6	18.2	15	14.3	15.2	26.2
90	94	93	37	37	35	33	33	19
34	26	23	15	14	13	10	11	8
624	883	1496	1379	1018	1046	306	234	163
37087	39999	44359	40189	36354	30825	30795	31522	124403
60318	59739	31735	28740	27988	24886	20728	21096	108967
5992	9952	11179	11449	9329	7978	6644	10426	23571
-10	1125	570	-391	627	762	2962	2979	2325
10000	9102	9453	8256	8750	6051	4761	3873	5139
7818	14855	23836	20548	21501	25866	61729	55835	82795
454	90	60	-14	5	20	138	-10	48
1855	11804	11973	9719	14699	17859	47993	42767	75935
5100	2173	10963	9879	5602	6807	12436	10768	4560
863	878	900	950	1200	1200	2300	2300	2300
7618	14821	23990	19649	21851	23251	48496	46912	54128
44561	163627	218309	193323	215109	206871	221636	228565	208451
27613	105845	120784	142632	151986	191944	193368	167389	107690
23989	26125	26288	27708	28391	30556	51200	59274	48164
22.41	8.90	0.62	5.40	2.46	7.63	67.56	15.77	-18.74
4120	4550	4356	3398	3598	3305	3602	4366	4505
8240	8451	8025	6085	5757	5288	5763	8730	8959
816	515	407	488	562	502	590	636	700
1584	2066	1914	2196	2529	2210	2655	3346	3500
5604	6846	7695	8573	9174	10305	11125	13100	14160

14－7 续表3

	单　位	1990年	1991年	1992年	1993年	1994
七、财　　政						
财政收入合计	万元	1562.3	1772.4	2020.1	3275.2	3666
同比增减	%	1.8	13.45	13.98	62.13	11.93
1.地方收入合计	万元	1562.3	1772.4	2020.1	3275.2	1529.1
同比增减	%	1.8	13.45	13.98	62.13	-53.31
#一般预算收入	万元					
同比增减	%					
2.上划中央税收返还	万元					2136.9
财政支出合计	万元	4199.2	4433	5920.4	6873.5	6439.7
同比增减	%	9.1	5.57	33.55	16.10	-6.31
#一般预算支出	万元					
同比增减	%					
八、职工人数和劳动工资						
年末职工人数	人	15982	16375	15706	17632	18334
国　有	人	14385	11883	13994	16075	16574
集　体	人	1597	1692	1712	1557	1760
按企事业、机关分组						
企　业	人	8223	8627	7949	9235	9051
事　业	人	5617	5589	6038	6397	7300
机　关	人	2142	2159	1719	2000	1983
工资总额	万元	2890.03	3000.2	3733.61	4584.17	6698.9
企业	万元	1538	1605.4	1696.4	2251.3	3094.9
事业	万元	943	979.7	1554.7	1707.1	2580.1
机关	万元	409	415.1	482.5	625.8	1023.9
在岗职工年平均工资	元	1688	1696	2388	2704.5	3774
#企业	元	1546	1462	2134	2571	3327
城镇居民人均可支配收入	元					
同比增减	%					
九、卫生、教育						
卫生机机构数	个	40	40	41	32	32
床位数	张	363	360	459	472	472
卫生技术人员	人	812	810	674	504	504
医生	人	414	414	299	299	299
普通中学	所	58	54	56	52	52
在校在	人	25946	26749	25334	22986	21340
毕业生	人	6130	5641	5598	5693	5611
专职教师	人	1554	1614	1640	1557	1534
小学	所	409	408	401	396	396
在校生	人	53491	48649	45725	43334	41045
毕业生	人	9037	9094	8610	8301	7774
专职教师	人	2570	2508	2438	2434	2501

1995 年	1996 年	1997 年	1998 年	1999 年	2000 年	2001 年	2002 年	2003 年
4016.5	4034.7	4397.7	4325.8	4162	4705	6683	6831	7362
9.56	0.45	9.00	-1.63	-3.79	13.05	42.04	2.21	7.77
1859.9	2353.9	2954.7	3132.9	2842	3118	3889	4643	5505
21.63	26.56	25.52	6.03	-9.29	9.71	24.73	19.39	18.57
			2905	2639	2925	3602	4086	4689
				-9.16	10.84	23.15	13.44	14.76
2156.6	1680.8	1443	1192.9	1320	1587	2127	2030	2125
7424.6	9381.9	9534	11266.1	12314	14367	18697	23842	26554
15.29	26.36	1.62	18.17	9.30	16.67	30.14	27.52	11.37
			11046	12012	14162	18418	217.12	25020
				8.75	17.90	30.05	17.88	15.24
19049	18886	19430	17917	16829	15686	15424	14539	15815
17154	17166	17673	15681	14564	13557	12822	11375	10645
1895	1720	1757	1496	1201	1050	804	720	572
9587	9490	9683	8184	7359	5979	5924	4752	5935
7446	7446	7746	8075	7763	8015	7685	8032	8083
2016	1940	2001	1658	1707	1692	1815	1755	1797
8011.96	8860.44	9782.29	10682.5	11383	12264	14716.8	16660.5	17928.5
3542	3626	3376.9	3923.7	4266	3935	3916	3910	4547.8
3359.9	4092	4524.5	5529.2	5681	6672	8451	10141.8	10652
1110	1142	1312.7	1229.6	1436	1657	2350	2608.7	2729.1
4483	4781	5110.5	6043	7363	8668	10707	13014	13159
3883	3874	4126.2	4656	6837	6344	7177	8882	9305
41	32	31	32	33	34	32	32	32
459	472	492	492	443	442	435	428	428
674	504	475	449	655	665	560	588	524
299	310	320	330	335	287	275	265	298
53	49	46	48	47	46	48	48	46
21499	21772	20818	20611	22304	24763	27922	30821	3211
4941	6320	7168	6656	4916	5926	6417	7626	8491
1508	1484	1547	1527	1594	1626	1666	1819	1833
398	381	375	369	363	359	319	303	299
40915	4092	42878	44231	44700	44578	43339	42077	40863
6899	6336	7587	7025	7690	8420	8690	9129	8685
2407	2463	2479	2461	2384	2301	2250	2219	2202

14－8 湟 源 县

	单 位	1990 年	1991 年	1992 年	1993 年	1994
一、基本概况						
土地面积	平方公里	1509	1509	1509	1509	1509
镇	个	1	1	1	1	1
乡	个	10	10	10	10	10
居民委员会	个	10	10	10	10	13
村民委员会	个	147	147	147	147	147
人口情况						
年末总人口	万人	12.7	12.79	12.88	12.98	13.05
少数民族人口	万人	1.42	1.44	1.45	1.47	1.51
总户数	万户	2.74	2.8	2.85	2.95	2.96
年平均人口	万人	12.65	12.74	12.83	12.93	13.01
出生率	‰	18.3	17.6	16.14	13.18	12.25
死亡率	‰	0.5	5.1	5	4.4	5.5
自然增长率	‰	13	12.5	11.13	8.78	6.75
二、综 合						
国内生产总值（现价）	万元	8480.63	10784.93	10647.58	11614.32	14418.92
同比增减	%	－7.95	27.17	－1.27	9.08	24.15
第一产业	万元	4123.34	4612.05	5194.57	4945.45	6636.01
第二产业	万元	1102.14	1902.6	1938.1	3089.7	3315.4
第三产业	万元	3255.15	4270.28	3514.8	3579.17	4467.51
国内生产总值（可比价）	万元	9028.69	9853.38	10641.26	11674.23	12705.54
第一产业	万元	4535.67	4786.18	5685.22	5412.57	5921.35
第二产业	万元	1212.35	1756.31	1696.76	2444.56	2565.9
第三产业	万元	3280.68	3310.89	3259.28	3817.1	4218.29
人均国内生产总值	元	670.41	843.23	826.68	862.36	1107.44
三、农 业						
村委会个数	个	147	147	147	147	147
乡村户数	户	20319	20875	21378	22271	22269
乡村人口	万人	10.13	10.23	10.33	10.41	10.44
乡村劳动力	万人	4.47	4.52	4.63	4.94	5.26
年末耕地面积	公顷	19811	19834	19835	19816	19813
#水浇地	公顷	5554	5588	5588	5588	5587
农林牧渔业总产值(1990 年不变价)	万元	7250.09	7450.12	8396.48	7940.5	8129.39
同比增减	%		2.76	12.70	－5.43	2.38
#农 业	万元	4047.23	4042.56	4385.18	4571.85	5124.49
牧 业	万元	2266.71	2567.18	3219.44	3060.9	2700.65
主要农牧产品产量						
粮 食	吨	4.05	3.99	4.18	3.91	4.31
油 料	吨	0.55	0.56	0.65	0.57	0.73

主 要 指 标

1995年	1996年	1997年	1998年	1999年	2000年	2001年	2002年	2003年
1509	1509	1509	1509	1509	1509	1509	1509	1509
1	1	1	1	1	1	2	2	2
10	10	10	10	10	10	9	9	9
13	13	13	13	13	13	13	7	7
147	147	147	147	147	147	147	147	147
13.06	13.1	13.14	13.2	13.25	13.29	13.36	13.41	13.44
1.52	1.57	1.58	1.59	1.6	1.8	1.56	1.57	1.6
3.1	3.16	3.2	3.25	3.26	3.31	3.33	3.35	3.38
13.08	13.09	13.12	13.17	13.22	13.27	13.34	13.38	13.43
14.3	11.32	11.42	12.41	13.28	13.53	11.93	11.31	11.84
4.4	5.5	6.9	6.26	5.71	6.1	5.34	4.12	3.15
8.9	5.79	4.54	6.15	7.56	7.43	6.59	7.21	8.69
18077.03	20517.66	21783.02	21428.75	22422.39	25820	33188	39253	49290
25.37	13.50	6.17	-1.63	4.64	15.15	28.54	18.57	25.57
9463.86	11289.7	12285.96	10614.9	10062.39	8045	9080	9727	10268
3530.3	3889.03	3689.26	4402.1	5300	9949	15222	20039	28937
5082.87	5338.93	5807.8	6411.75	7060	7826	8886	9487	10085
13801.1	15001.79	16200	17000	17964	19431	33319	37317	46938
5867.17	6463.86	6842	6715	6594	4624	8990	9324	9665
3406.96	3707.45	3996	4475	4863	7661	15760	18990	28710
4526.97	4830.48	5362	5810	6507	7146	8569	9003	8563
1385.21	1566.63	1662.83	1627.09	1696.1	1942.81	2484	2928	3670.14
147	147	147	147	147	147	147	147	147
22587	23066	23396	23814	23901	24013	24528	25143	25296
10.45	10.48	10.51	10.55	10.59	10.62	10.75	10.88	10.9
5.39	5.51	5.61	5.7	5.71	5.76	5.76	5.78	5.78
19813	19813	19579	19809	19809	20884	19531	18115	17373
5587	5587	5561	5586	5626	4294	4236	4168	4159
8055	8602.16	8972.9	8805.99	9199.88	7616.98	8488.89	8956.36	9575
-0.92	6.79	4.31	-1.86	4.47	-17.21	11.45	5.51	6.91
5082.11	5550.52	5954.03	5815.07	5956.03	4315.42	4828.44	4577.02	4997.81
2635.5	2722.52	2679.37	2656.79	2808.74	2893.89	3111.59	3362.94	3872.86
4.11	4.44	4.58	4.45	4.08	2.78	3.67	2.96	3.05
0.72	0.81	0.83	0.81	0.95	0.58	0.81	0.82	0.91

14－8　续表 1

	单　位	1990 年	1991 年	1992 年	1993 年	1994
蔬　菜	万吨	0.52	0.55	0.65	0.64	0.82
肉类总产量	吨	2796	4924.2	4162	4451	4573
#猪　肉	吨	2819	3427	2642	2814	2980
牛　奶	吨	1756	1504.2	1733	1750	1806
禽　蛋	吨	282	260	192	272	274
水　果	吨	2	2	2	3	3
水产品	吨	30	20	20	20	20
主要农作物播种面积						
粮　　食	千公顷	13.27	13.57	13.42	13.77	13.62
#小麦	千公顷	4.51	4.56	4.78	4.74	4.73
油　　料	千公顷	4.99	4.91	4.7	4.86	5.13
蔬　　菜	千公顷	0.17	0.17	0.15	0.18	0.17
年末牲畜存栏						
大牲畜	万头	5.99	5.77	5.67	5.61	5.62
#牛	万头	4.44	4.27	4.18	4.11	4.14
羊	万只	10.62	12.06	12.55	12.71	13.45
#绵羊	万只	9.98	11.42	11.9	12	12.72
猪	万头	5.11	4.61	5.04	5.18	5.17
造林面积	公顷	1569	1467	1531	1363	1141
育苗面积	公顷	156	156	156	156	156
农用化肥施用量(折纯量)	吨	2023	2151	2102	2157	2131
农业机械总动力	万千瓦	3.74	3.48	4.83	5.12	6.44
农村经济总收入	万元	6157.7	6377.44	7068.4	7625.67	10673.51
农村经济总费用	万元	1890.48	1952.76	2221.07	2621.17	4484.62
农村经济纯收入	万元	4267.22	4424.68	4847.33	5004.5	6188.89
农民人均纯收入	元	404.9	428	443	465	558
同比增减	%	7.5	5.71	3.50	4.97	20.00
四、工　　业						
(一)全部工业企业单位数	个	50	51	50	50	51
其中:规模以上单位数	个	47	48	48	43	47
集体企业	个					
其它企业	个					

1995 年	1996 年	1997 年	1998 年	1999 年	2000 年	2001 年	2002 年	2003 年
1.02	0.91	1.09	1.04	1.35	1.26	1.93	2.55	3.43
4555	4822	4372	4567	4646.6	4989.3	5156.7	5983	6131
1936	2976	2757	3073	3112.8	3120.9	3108.5	2750	2581
1669	1747	1855	1899	1959	2000.4	2200.4	2311	2440
270	265	269	276	285	315	320	320	322
3	3	3	3	3	3	3	3	3
20	20	20	20	20	21	2.7	18	18
13.38	13.67	13.68	13.65	12.6	11.73	11.11	9.96	9.33
4.66	4.73	4.73	4.8	4.4	4.22	4	3.43	2.67
5.35	5.25	5.25	5.27	6.03	6.33	5.8	4.77	4.67
0.22	0.21	0.25	0.21	0.3	0.37	0.5	0.77	1.19
5.44	4.83	4.67	4.63	4.51	4.52	4.36	4.2	4.34
4.07	3.58	3.48	3.37	3.29	3.31	3.19	3.1	3.23
13.29	11.36	11.52	11.54	12.16	12.53	12.75	12.99	13.03
12.54	10.72	10.87	10.92	11.39	11.67	11.86	12.25	12.29
5.21	4.81	5.29	5.35	5.14	5.23	5.16	5.03	5.07
1509	1413	1499	1106	2270	1914	2879	6947	980
156	156	156	156	157	153	156	156	156
2153	2549	2676	2777	2920	2943	3191	3164	3132
6.73	7.54	7.74	8.71	9.42	11.66	11.7	11.78	12.4
497.74	14756.92	14716.6	14313.3	14743.2	14354.24	16503.7	19036.2	26282.27
6273.57	7641.77	7099.4	6451.33	5548.7	5128.27	5358.51	427.6	10928.61
7224.17	7623.51	7617.2	7861.97	9194.5	9225.97	11145.19	14763.6	15353.66
628	720	792	865	920	972	1114.34	1259.54	1486.44
12.54	14.65	10.00	9.22	6.36	5.65	14.64	13.03	18.01
55	55	58	61	63	48	48	6	6
47	52	58	59	63	45	48	6	6

14－8 续表2

	单 位	1990年	1991年	1992年	1993年	1994
(二)全部工业企业总产值(1990年不变价)	万元	6022	4705	7023.32	9429.61	10139.68
同比增减	%	201.27	27.95	－8.85	34.26	7.53
其中:规模以上工业总产值	万元					
(三)全部工业企业增加值(现价)	万元					
同比增减	%					
其中:规模以上工业增加值	万元					
(四)规模以上独立核算工业企业个数	个	47	48	48	43	47
其中:亏损企业个数	个	15	21	18	14	12
亏损企业亏损额	万元	487	870	490	409.8	475.5
(五)区属工业企业财务状况						
资产合计	万元	13099	11363	10431	16490.1	19992.2
负债合计	万元				12064.9	18387
所有者权益合计	万元				1645.1	1605.2
利润总额	万元	－248	－412	－5	473.4	462.7
职工人数	人	4949	4737	4285	4924	4426
五、固定资产投资						
固定资产投资额	万元	554.76	1278	1222	5214	3670
同比增减	%	0.68	130.37	－4.38	326.68	－29.61
#国有经济	万元	480.3	1211.5	1058	4549	3219
集体经济	万元	74.46	76.5	76	403	270
其他经济	万元	－	－	88	262	181
新增固定资产	万元	677.76	1199	1087	2389	2989
房屋竣工面积	平方米	29071	17501	17007	26291	31514
#住宅	平方米	9334	1872	5851	5080	13392
六、商 业						
社会商品零售总额	万元	4847	5582	6542	5218	8152
同比增减	%	－2.98	15.16	17.20	－20.24	56.23
批零贸易网点	个	970	994	1013	1024	1063
从业人员	人	1911	2072	2048	2078	2050
餐饮业网点	个	140	156	159	163	168
从业人员	人	275	299	317	334	322
城乡集市贸易消费品成交额	万元	711	758	763	1003	1237

1995 年	1996 年	1997 年	1998 年	1999 年	2000 年	2001 年	2002 年	2003 年
9114.3	9339	10415	12276.3	14497.9	17593.3	21029.6	39355.8	48081.4
-10.11	2.47	11.52	17.87	18.10	21.35	19.53	87.14	22.17
							22387.2	27307.6
							6480	10603.1
							21.44	15.44
							25923.1	34569.6
47	52	58	59	63	45	48	6	6
17	17	21	16	16	12	15	3	2
	1204.8	1322	1122.4	777.7	924	347.9	37.3	175.7
18967.1	21127	22868	24699.4	25078.1	26181.3	33766.8	27857.7	32688.3
18824.8	22358.3	24383.1	24039.8	26184.1	23377.7	25185.8	13954.2	17071.6
100.6	-1231.6	-1514.7	6596	-11060	-1099.7	2841.7	14001.4	15616.7
	-654.5	-625.4	-628.4	-59.2	511.9	1208.1	997	3239.7
4384	4227	4167	2541	2231	3448	2888	2435	2079
5792	6897	7242	6984	7936	13277	16195	30354	33397
57.82	19.08	5.00	-3.56	13.63	67.30	21.98	87.43	10.03
3835	3238	4652	4490	4529	8197	9796	19701	13782
1113	3277	1882	616	569	1402	1237	1398	1744
844	382	708	1878	2838	3678	5162	9255	17871
3220	4959	6318	2763	6721	12049	14007	20637	20582
42541	26918	44056	27949	67001	23882	82897	117837	84280
21776	13167	27107	12300	55789	10727	65883	101234	81180
10109	11987	13016	14038	14761	15577	16356	17610	15306
24.01	18.58	8.58	7.85	5.15	5.53	5.00	7.67	7.53
1478	1422	1494	2036	1829	1565	1628	1642	1679
2756	2444	2560	2611	2737	2326	2716	2850	2993
204	237	255	211	268	246	327	343	354
356	472	515	482	566	629	761	811	852
1519	1844	1962	2152	2460	3195	2779	3014	3686

14－8　续表 3

	单　位	1990 年	1991 年	1992 年	1993 年	1994
七、财　　政						
财政收入合计	万元	760	721	802	1106	690
同比增减	%	－6.81	－5.13	11.23	37.91	－37.61
1.地方收入合计	万元	760	721	802	1106	690
同比增减	%	－6.81	－5.13	11.23	37.91	－37.61
其中:一般预算收入	万元	760	721	802	1106	690
同比增减	%	－		－		－
2.上划中央税收返还	万元	－		－	－8.65	
财政支出合计	万元	1847	2146	2213	3375	3963
同比增减	%	－8.65	16.19	3.12	52.51	17.42
#一般预算支出	万元	1847	2146	2213	3375	3963
同比增减	%	－8.65	16.19	3.12	52.51	17.42
八、职工人数和劳动工资						
年末职工人数	人	8667	8375	7904	8383	8267
国　有	人	5844	5746	5645	5561	6100
集　体	人	2823	2629	2259	2822	2167
按企事业、机关分组						
企　业	人	4949	4739	4285	4924	4426
事　业	人	2537	2554	2581	2415	2792
机　关	人	1181	1082	1038	1044	1049
工资总额	万元	1534.39	1662.54	1830.68	2169.78	2846.08
企业	万元	715.55	785.98	822.78	977.17	1151.41
事业	万元	568.71	615.38	705.84	817.08	1198.69
机关	万元	250.13	261.18	302.06	375.53	495.98
在岗职工年平均工资	元	1770	1985	2316	2436	3471
#企业	元	1446	1659	1920	1985	2642
城镇居民人均可支配收入	元					
同比增减	%					
九、卫生、教育						
卫生机机构数	个	6	22	22	16	16
床位数	张	162	273	269	242	227
卫生技术人员	人	232	358	374	328	324
医生	人	71	109	101	107	107
普通中学	所	11	11	11	11	11
在校在	人	7529	6079	5678	5173	5419
毕业生	人	2435	1564	1811	1848	1101
专职教师	人	456	450	580	456	490
小学	所	185	184	180	175	175
在校生	人	16070	16123	14668	14234	14218
毕业生	人	2179	773	1971	1850	1860
专职教师	人	1001	992	989	979	960

1995 年	1996 年	1997 年	1998 年	1999 年	2000 年	2001 年	2002 年	2003 年
847	638	1186	1259	1347	1522	1934	2448	3043
22.75	-24.68	85.89	6.16	6.99	12.99	27.07	26.58	24.31
847	638	1186	1259	1347	1522	1934	2448	3043
22.75	-24.68	85.89	6.16	6.99	12.99	27.07	26.58	24.31
847	638	1186	1259	1347	1522	1934	2448	3043
						703	703	
3603	4180	5284	5571	7112	7655	10224	11051	12970
-9.08	16.01	26.41	5.43	27.66	7.63	33.56	8.09	17.36
3603	4180	5284	5571	7112	7655	10224	11051	12970
-9.08	16.01	26.41	5.43	27.66	7.63	33.56	8.09	17.36
8206	8213	9685	8186	7920	8101	7708	8288	7744
6117	6242	7897	7099	7071	6506	6585	6469	6256
2089	1971	1788	1087	849	695	566	549	591
4384	4227	4167	2541	2231	3448	2888	3256	2079
2850	3024	4458	4608	4641	3619	3753	3966	4249
972	962	1060	1037	1048	1034	1067	1066	1416
3243.11	3767.52	5434.32	5325.71	5874.81	7576.07	8553.95	9971	9843.1
1290.69	1434.24	1672.72	1181.82	1311.88	2879.7	2733.94	1803.5	1723
1398	1731.57	3037.4	3354.8	3545.49	3719.37	4469.99	5687.1	6231.6
554.42	601.71	724.2	789.09	1017.44	977	1350.02	2480.4	1888.5
3512	3642	4679	6506	7504	9491	11410	12673	12833
2944	3393	4014	4651	5880	8352	9467	7346	8288
21	16	16	16	16	16	16	16	16
227	228	224	224	212	212	212	233	233
362	333	307	378	346	344	357	350	339
130	111	117	142	129	128	130	148	148
11	11	11	11	11	11	11	11	11
5928	6307	6580	6379	64562	6990	7955	8707	9569
1335	1523	1821	1984	2001	1823	1914	2340	2294
474	488	502	520	531	518	533	624	556
175	176	175	175	173	173	175	175	175
14416	14668	15194	15616	15772	15513	14712	13908	13074
1947	2049	1953	1950	2195	2361	2654	2678	2705
965	959	960	925	920	903	876	858	782

十五、全国重点城市主要指标对比资料

QUANGUOZHONGDIANCHENGSHIZHUYAOZHIBIAODUIBIZILIAO

15－1 全国重点城市主要指标

城市	年末总人口(万人)		城镇人口(万人)		年平均人口(万人)	
	全市	市区	全市	市区	全市	市区
常州	346.22	213.41	201.01	139.89	344.73	211.98
无锡	442.54	219.60	287.14	161.12	440.56	217.76
苏州	590.97	216.87	367.92	161.86	587.41	214.63
南京	572.23	489.76	424.59	403.83	567.75	485.05
杭州	642.78	393.19			639.79	390.10
石家庄	910.51	211.09	331.33	208.50	907.25	208.02
唐山	706.28		284.75	182.06	704.48	293.83
呼和浩特	213.90	109.70	133.50	96.00	213.70	109.64
包头	238.13	178.03	165.70		235.85	175.88
沈阳	689.10	488.40	573.50	454.10	689.00	488.50
鞍山	345.30	145.50	174.60	128.70	345.00	145.50
抚顺	225.50	141.50			225.80	140.20
长春	718.23	310.01	313.05	234.35	715.37	306.98
吉林	431.60	179.55	379.00	179.60	431.34	179.23
哈尔滨	954.31	315.19			951.30	313.48
齐齐哈尔	541.08	142.67	191.71	142.67	551.07	143.26
合肥	456.60	155.80			452.34	151.19
福州	604.86	166.24	205.43	133.74	601.20	161.95
泉州	662.62	61.29	198.99	57.62	660.83	60.59
南昌	450.77	196.37			449.81	188.68
济南	582.56	334.80			578.78	331.18
淄博	413.14	273.37	182.57	155.58	412.59	272.60
郑州	661.07	239.85	397.60	275.00	655.08	238.28
武汉	781.19	781.19	781.19	781.19	774.65	774.65
长沙	601.76	196.26	295.83	196.26	598.61	192.62
南宁	641.67	145.77	167.99	108.97	638.18	143.08
海口	139.19	139.19			164.78	164.78
成都	1044.31	452.57			1036.40	446.18
贵阳	344.86	199.56	281.82	199.56	342.65	197.24
昆明	500.79	224.22	293.25	183.99	497.80	222.13
西安	716.58	510.26			448.96	319.43
兰州	304.36	194.91	258.52	168.04	302.66	193.31
西宁	180.96	78.85	117.69	99.54	179.67	77.70
乌鲁木齐	181.53	173.30	142.94	142.03	178.63	170.52
银川	133.01	71.82	79.20	60.32	132.99	70.55
太原	327.40	250.27	279.02		324.82	247.96

15－1　续表 1

城　　市	地区生产总　值	位　　次	第一产业	第二产业	第三产业	人　均生产总值（元）	位次
常　州	901.42	19	47.18	520.25	333.99	26149	5
无　锡	1901.22	3	54.02	1093.02	754.18	43155	2
苏　州	2801.56	1	75.75	1771.86	953.95	47693	1
南　京	1576.20	7	65.10	804.40	706.70	27307	4
杭　州	2092.00	2	127.00	1081.00	884.00	32700	3
石家庄	1377.94	10	188.07	664.79	525.08	15188	24
唐　山	1295.32	14	193.74	715.06	386.52	18387	17
呼和浩特	406.17	30	37.26	174.71	194.20	18789	14
包　头	450.19	27	23.74	253.37	173.08	19089	13
沈　阳	1603.38	6	84.87	758.71	759.8	23271	8
鞍　山	801.31	21	55.50	438.59	307.23	23226	9
抚　顺	314.84	33	24.24	184.30	106.30	13912	28
长　春	1338.04	13	157.33	630.30	550.41	18705	15
吉　林	600.10	23	84.63	260.86	254.61	13816	29
哈尔滨	1414.80	8	222.02	524.52	668.26	14872	25
齐齐哈尔	350.17	32	78.45	123.79	147.93	6354	36
合　肥	477.78	26	40.81	238.33	198.64	10562	33
福　州	1347.68	12	143.70	681.56	522.42	20520	11
泉　州	1380.11	9	85.53	734.83	559.75	18414	16
南　昌	641.02	22	52.82	324.16	264.04	14446	27
济　南	1365.33	11	103.30	599.68	662.35	23658	7
淄　博	1003.38	16	49.30	611.92	392.16	24319	6
郑　州	1102.28	15	49.25	571.53	481.49	15913	21
武　汉	1662.40	5	95.13	741.80	825.47	21460	10
长　沙	929.49	18	83.29	393.67	452.52	15527	23
南　宁	502.53	25	95.65	148.46	258.42	7874	34
海　口	228.86	34	20.86	76.10	131.90	16730	19
成　都	1870.80	4	153.18	859.07	858.56	18051	18
贵　阳	380.92	31	28.81	191.94	160.17	10962	32
昆　明	812.00	20	59.07	376.66	376.27	16308	20
西　安	940.35	17	49.21	446.95	444.19	13252	30
兰　州	440.08	28	18.38	232.61	189.09	14540	26
西　宁	144.83	36	9.46	67.75	67.62	7109	35
乌鲁木齐	408.58	29	6.07	144.94	257.58	19899	12
银　川	156.60	35	14.37	75.03	67.20	11890	31
太　原	515.59	24	17.77	265.96	231.86	15873	22

15－1　续表2

城　　市	粮　　食		实现利税总　　额	位次	增长（%）	位次	工　业增加值	亏损企业亏 损 额
	产量（万吨）	增长（%）						
常　　州	103.54	－15.7	1144147	14	33.0	14	3665163	59050
无　　锡	71.70	－25.5	2632400	3	33.7	13	7906100	106200
苏　　州	112.77	146.4	3433163	2	30.9	16	13072257	248674
南　　京	86.31	－21.9	2422851	4	32.1	15	6109871	164661
杭　　州	100.27	－14.0	3595359	1	30.8	17	7835060	159645
石 家 庄	439.75	－3.67	1509600	8	26.8	21	3690543	93390
唐　　山	231.47	－11.1	1564409	7	63.5	2	4003024	68993
呼和浩特	91.85	9.0	359353	30	63.4	3	822050	22480
包　　头	66.10	21.0	373022	29	52.4	6	1460800	14983
沈　　阳	283.15	1.8	781944	18	26.8	20	2786565	288274
鞍　　山	108.60	1.9	665596	21	23.0	26	1894713	58888
抚　　顺	43.30	3.7	314954	31	34.5	11	1053622	37808
长　　春	670.20	－4.5	2001130	5	24.6	24	4032640	117847
吉　　林	203.80	－3.7	450899	26	85.4	1	1887508	71013
哈 尔 滨	692.50	－7.9	707000	20	14.4	33	2109000	107000
齐齐哈尔	222.33	－59.9	66628	36	－29.1	35	502962	93889
合　　肥	104.50	－35.3	744069	19	21.1	29	1729373	57999
福　　州	108.62	－11.2	957439	17	22.3	27	3656298	75022
泉　　州	100.20	－4.3	1170353	13			3366768	23914
南　　昌	135.53	－10.2	576356	23	33.8	12	1356247	28647
济　　南	220.56	16.2	1334973	10	42.4	7	4265602	59355
淄　　博	110.71	2.7	1384564	9	53.0	5	4498300	83268
郑　　州	143.70	2.7	1097452	15	29.8	19	2974246	82003
武　　汉	113.88	－6.4	1813900	6	13.2	34	4278800	85800
长　　沙	216.37	2.1	1045632	16	18.7	31	1927489	53143
南　　宁	175.34	－2.8	262808	32	38.4	10	725017	47056
海　　口	15.50	－10.4	247050	33	24.9	23	473401	24152
成　　都	265.12	－11.4	1250526	11	20.4	30	3298279	122600
贵　　阳	56.35	28.9	523990	25	24.3	25	1306457	74494
昆　　明	113.96	－3.0	1206849	12	30.4	18	2408455	115100
西　　安	176.34	－8.4	649913	22	26.7	22	2027450	111994
兰　　州	35.23	－6.1	430766	27	39.7	9	1652785	86078
西　　宁	24.59	－0.51	101851	35	18.4	32	357376	6229
乌鲁木齐	7.18	6.9	388919	28	21.7	28	895874	129898
银　　川	68.45	－20.4	121890	34	42.2	8	436890	30604
太　　原	24.09	－8.5	557022	24	56.2	4	1671464	53484

15－1　续表 3

城　市	全社会固定资产投资完成额	位次	全社会固定资产投资完成增长率	位次	基本建设	更新改造	社会消费品零售总额	位次
常　州	4465944	12	78.6	2	87.9	118.2	2806470	19
无　锡	8933173	4	66.1	7	116.0	107.0	4870600	10
苏　州	14089329	1	73.3	3	127.7	37.4	5260502	8
南　京	9540495	3	58.2	8	83.0	35.0	6002441	5
杭　州	10067440	2	30.8	17	34.5	－6.5	5875183	6
石家庄	5349800	8	30.7	18	49.6	31.7	4566055	12
唐　山	3148635	18	35.4	16	103.7	48.8	3073817	18
呼和浩特	2060000	26	42.1	11	52.5	18.8	1230000	33
包　头	2379250	23	96.0	1	1.6 倍	48.3	1393000	31
沈　阳	5826103	7	44.8	10	31.7	32.0	7215370	3
鞍　山	1754364	30	17.6	30	10.6	29.4	1711497	28
抚　顺	784636	34	20.1	29	39.7	3.3	1402844	30
长　春	3896440	15	21.6	25	23.1	53.3	4383184	15
吉　林	3110848	19	23.9	22	13.6	32.0	2500259	22
哈尔滨	4359569	13	20.7	27	25.9	20.1	6241740	4
齐齐哈尔							1356981	32
合　肥	2551061	21	51.2	9	38.2	35.4	2074332	23
福　州	4257211	14	40.6	13	39.9	30.3	4909773	9
泉　州	2881510	20	24.1	21	70.0	10.7	4093262	16
南　昌	2350045	24	67.9	5	91.0	65.8	2011763	25
济　南	5048822	9	24.8	20	31.1	－15.2	5331719	7
淄　博	3659092	16	66.2	6	69.8	96.5	2548644	21
郑　州					92.2	76.3	4798876	11
武　汉	6450642	6	13.1	31	26.7	15.3	8539900	1
长　沙	4949713	10	36.5	15	37.3	65.1	4519993	13
南　宁	1903947	28	21.2	26	17.6	30.1	2549805	20
海　口	1033979	32	10.5	32	－9.8	－1.7	861396	34
成　都	8629700	5	22.9	24	19.6	44.1	7714967	2
贵　阳	2418742	22	28.7	19	36.6	28.6	1536707	29
昆　明	3616524	17	23.9	23	29.4	32.5	3284109	17
西　安	4781002	11	41.4	12	47.2	24.3	4400454	14
兰　州	2106367	25	10.0	34	6.7	5.9	2065349	24
西　宁	854223	33	10.0	33	－6.7	32.9	635848	35
乌鲁木齐	1805200	29	20.2	28	31.6	22.8	1721400	27
银　川	1433939	31	71.7	4	90.0	1 倍	613041	36
太　原	2044542	27	38.5	14	42.7	30.9	1853696	26

15－1　续表4

城　市	社会消费品零售总额增长率	实际利用外资	位次	财　政总收入	一般预算收入	财政总收入增长率	一般预算收入	年末金融机构存款余额
常　州	12.8	85522	9	1361047	566729	32.3	22.7	11705600
无　锡	15.4	270057	2	2655800	1043400	26.5	36.9	21568500
苏　州	16.5	680511	1	4099267	1704977	34.9	37.8	31497894
南　京	14.3	236923	3	3350330	1364788	26.5	18.1	36225519
杭　州	12.4	100850	7	3297100		28.2		46527300
石家庄	11.0	26307	20	1249873	493429	13.1	10.9	19322801
唐　山	10.8	20198	24	1267995	414259	36.1	19.5	10764149
呼和浩特	15.5	10546	27	404828	205769	24.6	23.9	4780090
包　头	16.8	12143	25	502395	259224	42.2	40.6	4308288
沈　阳	11.7	227217	4	2145587	810270	14.0	24.6	26917421
鞍　山	12.6	23546	23	643630	292245	19.3	18.0	6497112
抚　顺	12.2	6776	30	403970	148832	0.9	8.6	3645470
长　春	8.4	75101	10	1348325		22.3		16152020
吉　林	13.5	30299	16	484899	184800	17.4	13.7	5173669
哈尔滨	11.6	27100	19	1440167	763601	16.2	16.2	20152239
齐齐哈尔	9.9	1934	33	257666	127022	3.9	－6.9	3588585
合　肥	12.3	26048	21	730757	358694	20.0	23.2	10596221
福　州	15.9	130198	6	1381167	674521	19.9	18.1	16964051
泉　州	12.1	90360	8	1050051	500300	22.8	26.5	10232148
南　昌	13.1	58350	12	764711	314094	22.9	22.0	11313454
济　南	15.6	65329	11	2642487	761054	12.6	19.6	24494835
淄　博	15.1	35058	15		402536		25.1	8242557
郑　州	11.4	29120	17	1312000	658737	21.7	25.1	24341009
武　汉	12.0	176200	5	2308897	804369	17.5	14.5	30320655
长　沙	12.7	50209	14	1027651	598930	36.2	33.2	15987000
南　宁	12.3	9476	28	610594	362435	16.2	18.7	9434021
海　口	11.3	27693	18	428832	122541	31.0	15.3	6185505
成　都	13.0	50270	13	2161300	895752	15.1	14.4	32407873
贵　阳	12.5	7492	29	916000	403855	15.7	22.1	8936025
昆　明	12.1	5148	31	1351480	601101	12.8	11.8	17702638
西　安	13.0	25600	22	1173000	648000	23.8	18.9	26658700
兰　州	9.0		36		205660		16.8	10678953
西　宁	10.2	776	35	142489	84397	15.2	17.3	3910391
乌鲁木齐	13.2	1400	34	1140000	409119	22.6	9.7	10858000
银　川	14.0	2878	32	319084	122605	3.0	10.9	4641305
太　原	17.8	11887	26	916232	333473	26.3	28.9	15345855

15－1　续表5

城　市	年末金融机构贷款余　额	城乡居民储蓄存款余　额	人　均储蓄额	位次	城市居民人均可支配收入 绝对值（元）	位次	增长（%）	位次
常　州	7991400	6229200	17992	9	11303	5	13.8	6
无　锡	14358200	9977500	22546	4	11647	4	16.6	3
苏　州	23592819	14705045	24883	1	12361	3	16.4	4
南　京	33753396	11336202	19811	8	10196	7	11.3	12
杭　州	38187000	15899600	24736	2	12898	1	9.5	17
石家庄	13774386	10444919	11472	26	7741	29	6.9	28
唐　山	7176364	7230353	10237	29	8068	20	8.1	24
呼和浩特	3884628	2554496	11942	22	8230	19	17.7	2
包　头	2491122	2434595	10224	30	9216	11	32.0	1
沈　阳	21721849	14229575	20650	5	7961	23	12.9	8
鞍　山	4429716	4840624	14019	18	7434	31	8.5	21
抚　顺	2228344	2876013	12754	20	6393	35	8.4	22
长　春	16295906	8313564	11575	25	7905	25	13.5	7
吉　林	4264812	3924420	9093	33	7700	30	14.8	5
哈尔滨	19194811	11536951	12089	21	7907	24	12.9	9
齐齐哈尔	3585641	2809021	5192	36	5774	36		
合　肥	10080852	3592488	7868	34	7785	27	9.0	20
福　州	13672072	8762245	14486	15	10179	8	10.8	15
泉　州	6533777	7113470	10735	27	12691	2	11.7	11
南　昌	7724164	4828029	10711	28	7793	26	11.0	14
济　南	25939255	7583525	13018	19	11013	6	9.1	18
淄　博	6051062	4793243	11602	24	8720	14		
郑　州	19818372	10484859	15860	12	8647	15	11.3	13
武　汉	25251259	12855341	16456	11	8525	16		
长　沙	16294200	7048500	11713	23	9933	9	10.1	16
南　宁	9597681	4514961	7036	35	9162	12	4.2	32
海　口	5140901	2843664	20430	6	8350	17	4.3	31
成　都	25879425	14944197	14310	16	9641	10	7.4	27
贵　阳	7636109	3449487	10003	31	7985	21		
昆　明	12612378	7085278	14148	17	7979	22	8.1	25
西　安	19541800	12853800	17938	10	7748	28	7.9	26
兰　州	9521164	4683830	15389	13	7094	33	8.2	23
西　宁	4373202	1749293	9667	32	7024	34	9.0	19
乌鲁木齐	9737800	4203000	23153	3	9087	13	5.0	30
银　川	3724738	1930771	14516	14	7245	32	5.8	29
太　原	11049241	6601300	20163	7	8264	18	12.0	10

15－1　续表6

城　市	在岗职工		居民人均消费性支出（元）	恩格尔系数（%）	农民人均纯收入			居民消费价格指数
	工资总额（万元）	平均工资（元）			绝对值（元）	位次	增长（%）	
常　州	607812	17259	8944	36.2	5550	4	8.0	100.7
无　锡	907238	18927	8360	37.7	6329	2	8.0	101.0
苏　州	1554557	19790	9272	37.8	6681	1	8.8	100.8
南　京	1950742	22190	7725	40.4	4923	6	7.5	
杭　州	1867776	24668	9950	38.7	5740	3	9.5	99.5
石家庄	1067432	12306	6094	35.3	3394	20	4.6	102.3
唐　山	821476	11632	6530	35.9	3790	12	4.5	102.6
呼和浩特	378397	13092	6332	34.3	3169	24	12.3	101.7
包　头	471300	13417	6817	32.0	3435	18	19.9	102.0
沈　阳	1521548	14965	6690	36.7	3818	11	9.1	100.9
鞍　山	537519	12732	6377	39.9	4000	9	5.8	102.1
抚　顺	365012	12025	5579	39.4	3308	22	6.3	102.9
长　春	1244167	13867	6725	39.0	3411	19	8.4	101.0
吉　林	445670	10610	5875	34.3	2931	27	12.8	101.3
哈尔滨	2031285	10175	6229	38.8	2943	26		
齐齐哈尔	454306	10081	4465	36.1	2847	28		100.4
合　肥	526577	13900	6234	42.7	2384	34	7.0	101.2
福　州	1073262	15052	7385	43.4	4402	7	5.0	100.8
泉　州	909243	13132	9757	36.6	5195	5	6.5	101.1
南　昌	692717	13914	5079	44.9	2808	30	5.4	100.5
济　南	1256160	16027	8395	31.1	3619	16	7.9	99.9
淄　博	633599	13405	6126	35.4	3902	10	7.0	103.2
郑　州	1137056	13537	6127	33.3	3631	15	7.5	105.6
武　汉	1868350	13729	7251	40.6	3497	17	6.1	102.3
长　沙	1019924	16987	8330	31.6	3745	13	8.2	100.9
南　宁	668976	13172	7217	37.5	2231	35	5.7	100.8
海　口	340392	14820	6607	43.8	3271	23	6.0	99.8
成　都	1873261	15275	7058	38.3	3655	14	8.2	102.1
贵　阳	664234	12182	6324	38.7	2510	32	6.7	100.8
昆　明	1045469	14296	6472	44.7	2581	31	5.7	101.6
西　安	1535896	13504	6805	34.8	2838	29	7.4	100.5
兰　州	740661	13489	5679	38.3	2398	33	5.7	102.0
西　宁	301364	14632	5507	29.5	2054	36	11.7	100.7
乌鲁木齐	782873	16509	6336	35.6	4154	8	8.4	100.6
银　川	393035	13496	6093	36.4	3087	25	5.3	101.7
太　原	945212	12679	6374	32.2	3356	21	9.1	101.9

主要统计指标解释

综合国力 综合国力指一个国家的总体力量，即国家的和经济力量、政治力量、军事力量、外交力量和科技文化力量等各种力量的整体反映。它是衡量一个国家强大与否的主要标志。一个国家的综合国力，具体地说主要有以下要素构成：(1)国土(含领海)面积及其地理位置；(2)自然资源，包括各种矿藏及其富含率、耕地面积、森林、水资源、气候、地形等；(3)人口的数量和质量；(4)国民生产总值(或国民收入)；(5)科学技术和文化教育；(6)交通运输和邮电通迅；(7)国防或军事力量；(8)社会政治制度和意识形态；(9)国家政治路线、基本方针、政策；(10)国家外交政策；(11)国家领导体制及主要领导者的意志和能力；(12)盟国或国际援助；(13)其他因素。在构成综合国力的诸因素中，经济因素是基础，科技教育因素是关键，政治军事因素是重要保证，领导是各种因素能起统一作用的重要条件。

资源配置 资源配置指通过一定的途径和手段，把有限的资源分配到社会经济的各种领域、地区、部门、行业、企业以及各种用途之间的经济活动。为了充分有效地地利用资源，使社会经济实现可持续发展，就必须实现资源优化配置。资源配置的方式主要有两种：一种是通过计划来配置资源；一种是通过市场来配置资源。人类社会的实践证明，市场配置资源是基础性的，一般更具有效率性。但是，市场配置资源也不是万能的，也会出现资源配置无效的情况。因此，还要注意加强政府对资源配置的宏观调控。在政府的宏观调控下以市场为基础来配置资源，才能更好地实现资源的优化配置，更好地适应和促进社会生产力的发展。

资产重组 资产重组指对存量资产的重新组合，通过资产的重新组合，使资产实现优化配置、合理使用；使劣势企业可以获得一次新生的机会，优势企业可以获得一次扩张的机会。它有利于优化资源配置，形成规模经济，取得规模效益；有利于产业结构的调整和产业结构升级；有利于从整体上盘活资本存量，增强国民经济发展的活力。资产重组要坚持自主自愿的原则，打破地区、行业、所有制界限，通过市场来进行，不能采取限制性的办法。资产重组的具体途径通常有如下几种：联合、兼并、转让、股份合作制等。

资本组织形式 资本组织形式主要指所有者投资企业的资产组织方式，具本表现为企业资本筹措的方式与途径及其在各生产要素、环节中的配置。资本组织形式同时反映各投资主体在企业的责、权、利情况。现阶段我国企业的资本组织形式主要有：独资经营、股份制、股份合作制等。其中，投份制作为现代企业的一种资本组织形式，以其投资主体多元、筹措资本迅速、产权清晰、权责明确而有利于扩大企业规模，有利于所有权与经营权的分离，有利于提高企业和资本的运作效率，在各种资本组织形式中占有很重要的地位。

股份制 股份制是在市场经济和社会化大生产基础上发展起来的，通过集股筹措资本或资金进行生产经营的一种资本组织形式。其基本形式是股份公司。股份公司通过发行股票，把分散的资本或资金集中起来进行生产经营活动，是实现资本或资金所有权与经营权分离的有效形式之一。投份制所体现的仅仅是所有制关系的一种外部形式，资本主义可以用，社会主义也可以用。因此，不能笼统地说股份制这种经营方式是公有还是私有，关键看控股权掌握在谁手中。国家和集体控股，具有明显的公有性，有利于扩大公有资本的支配范围，增强公有制的主体作用。我国的改革实践充分证明，段份制是搞活社会主义市场经济的一种新颖而重要的资本组织形式。

股份合作制 股份合作制是一种融股份制与合作制为一体的企业组织和管理制度。其基本特征是：(1)劳动者的劳动联合与劳动者的资本联合相结合，企业职工既是企业的劳动者，又是企业的出资人；(2)企业职工个人股与法人股、国家股、集体股相结合，以职工个人股为主，本企业之外的人员一般不得入股；(3)按劳分配与按生产要素分配相结合，以按劳分配为主；(4)股东当家与职工民主管理企业相结合，既实行股权平等的一股一票的股东大会制度，由它选举董事会，并由董事会决定企业的经营权；同时又实行一人一票的职工大会制度，凡涉及企业公共积累、职工保险、福利基金等关系到企业职工切身利益的重大问题，都要由职工大会决定。实践证明，实行股份合作制，有利于国有小型企业、城乡集体企业建立“产权清晰、权责明确、政企分开、管理科学”的现代企业制度，有利于巩固公有制的主体地位，有利于国有资产的保值和增值。

混合所有制 混合所有制简称“混合经济”。指在生产社会化和专业分工进一步发展的条件下，各种不同所有制经济按照一定的原则，并主要以入股的方式将生产要素组织起来，进行统一经营、按股分红并负有限责任的所有制经济形式。现阶段，我国混合所有制经济主要包括股份制经济、股份合作制经济、中外合资经营与中外合作经营经济等。对混合所有制经济的性质，不能笼统地说是私有还是公有，关键看控制权在谁手中。如果国有或集体经济掌握了控制权，这种混合所有制经济就具有明显的公有制经济性质；即使是国有或集体未掌握控制权，这种混合所有制经济中的国有成分和集体成分，也属于公有制经济。我国在现阶段进一步调整和完善所有制经济过程中，对各种混合所有制经济要鼓励发展、加强引导。

非公有制经济 非公有制经济是指市场经济体系中公有制经济范畴以外的、以私有经济为经营基础的社会经济形式。它主要包括个体经济、私营经济、外商独资经济等社会经济形式。其基本特征是：(1)企业的生产资料归私人所有(个体经济的生产资料则由劳动者私人占有)，投资者可以独自对其生产经营活动进行管理和决策；(2)除个体经济外，私有经济一般都以雇佣劳动为主；(3)除了法定的税收以外，企业的经营成果归企业所有者自主支配。在社会主义初级阶段，非公有制经济是我国社会主义市场经济的重要组成部分，它受社会主义基本经济规律的制约，并受国家宏观经济的调节。当前，非公有制经济的存在和发展，对于满足人民群众多层次的需要，缓解就业压力，增加国家税收，扩大建设资金来源，增加社会财富，促进国民经济的发展，都具有重要的意义。此外，外商投资企业的发展，对促进我国人才的培养、经济技术水平和管理水平的提高，也起着积极的作用。在现阶段，对个体、私营等非公有制经济，应当继续鼓励、引导，使之健康发展。

企业和资本的运作效率 企业和资本的运作效率是企业运作效率与资本运作效率的总称，具体体现为企业与资本在生产经营活动中的盈利效果。衡量企业运作效率的基本指标，是企业的投入——产成比。企业运作效率的高低，关键在于企业反映、适应和创造市场需求的能力，企业的技术创新能力和在市场上的竞争能力；并由企业内部诸因素所决定，如企业人、财、物配置状况，产、供、销是否衔接，决策能力及其运作是否科学，企业激励、分配、约束机构健全与否等。衡量资本运作效率的基本指标是资本投入大小；资本在种环节的分配情况；流动资本在全部经营资本中所占比重；流动资本周转速度等。

法人实体和竞争主体 与“公民”相对称的民事主体，具有民事权利能力和民事行为能力、依法独立享有民事权利和承担民事义务的独立的社会组织，称为法人实体；按法人成立的目的、方式、结构形式和内容，法人实体可以分为国家法人、集体法人、社会法人等。竞争主体则是在市场经济中参与竞争的经济行为主体。由于这些不同的行为主体之间存在着经济利益的差别，存在着谋求自我生存和自我发展的压力和动力，因而它们在市场经济中形成了相互竞争的关系。它们往往能够对市场的供求关系、价格信号做出能动、灵敏、迅速的反应，并能够相应调整自己的经营战略。在市场经济中，只有具有法人实体和竞争主体特征的企业才是独立的商品生产者和经营者，才是真正的市场运行主体。我国社会主义市场经济建设的基本目标之一，就是把现有的国有企业塑造成能够自主经营、自负盈亏、自我约束、自我发展的法人实体和竞争主体。

按劳分配　按劳分配是指社会按照劳动者向社会提供的劳动数量和质量分配人个消费品的分配制度，其原则是多劳多得，少劳少得，等量劳动领取等量报酬。在社会主义市场经济条件下，按劳分配的主体是企业而不是社会，这一原则是通过向劳动者支付工资、奖金和津贴、联产计酬等形式来实现的。按劳分配是社会主义社会个人收入的基本分配形式，是社会主义制度的基本特征之一，也是社会主义公有制的实现形式，是同社会主义初级阶段生产力发展水平相适应的。这一原则是对剥削制度的否定，有利于调动广大劳动者的社会主义积极性，对于促进社会主义生产力的发展和企业劳动生产率的提高具有重要作用。

按生产要素分配　所谓生产要素，是指进行社会生产经营活动所必须具备的因素或条件，包括劳动力、土地、资本和技术等等。按生产要素分配，是指按照进行物质资料生产时所投入的生产要素的多少，进行收益分配的一种方式。按生产要素分配有多种表现形式：通过出租土地带来的收入是地租；资本带来的收入是利润或利息；劳动带来的收入是工资等。实行这种分配方式是社会化大生产条件下发展市场经济的客观要求，它符合我国的国情，同我国现阶段生产力发展水平相适应，有利于调动全社会参与物质资料生产的积极性，有利于促进生产力的发展。

金融风险　金融风险泛指金融体系出现剧烈动荡或发生危机的可能性。其主要表现是：在商业信用方面出现强制清理旧债，商业信用剧列缩减；在银行信用方面，银行资金呆滞，出现强制清理部分信用，存款者大量提取存款，借贷资金严重短缺。市场利率急剧提高，部分金融机构连锁倒闭；在有价证券市场方面，有价证券行市低落，发行锐减；在国际信用领域，国际信用急剧下降，本币大幅度贬值，国际收支出现大量逆差，等等。一个国家生产活动的过度扩张会导制投资膨胀，由此带来信用膨胀。且膨胀规模超过生产的增长时，由于经济、政治、军事或过度投机等原因，往往容易引发金融体系剧烈动荡，动荡如得不到有效抑制，则会导制金融危机，给经济生活造成极其严重的后果。我国正处于经济高速增长时期，有效地防范金融风险尤为重要。

一、综　合

国内生产总值　是一个国家（地区）所有常住单位在一定时期内生产活动的最终成果。它按市场价格计算，有三种表现形态，即价值形态、收入形态、产品形态。从价值形态看，它是所有常住单位在一定时期内所生产的全部货物和服务价值超过同期投入的全部非固定资产货物和服务价值的差额。即所有常住单位的增加值之和；从收入形态看，它是所有常住单位在一定时期内所创造并分配给常住单位和非常住单位的初次分配收入之和；从产品形态看，它是最终使用的货物和服务减去进口货物和服务。在实际核算中，国内生产总值的三种表现形态表现为三种计算方法，即生产法、收入法和支出法。三种方法分别从不同的方面反映国内生产总值及其构成。

国民生产总值　是国（地区）内生产总值和国（地区）外净要素收入之和。

国（地区）外净要素收入是本国（地区）居民对国（地区）外从事投资和提供劳务所取得的要素收入，与外国（地区）居民对本国（地区）从事投资和提供劳务所取得的要素收入差额。

三次产业　根据社会生产活动历史发展的顺序对产业结构的划分，产品直接取自自然界的部门称为第一产业，对初级产品进行再加工的部门称为第二产业，为生产和消费提供各种服务的部门称为第三产业。这是世界上通行的产业结构分类，但各国的划分不尽一致。1985 年 4 月国家统计局对我国产业划分的规定是：

第一产业：农业（包括种植业、林业、牧业、渔业等）。

第二产业：工业（包括采掘业、制造业、电力、煤气及水的生产和供应业）和建筑业。

第三产业：除第一、第二产业以外的其他各业。

由于第三产业包括的行业多、范围广，根据我国的实际情况，将第三产业分为两大部门：一是流通部门；二是服务部门。具体又分为四个层次：

第一层次：为流通部门，包括交通运输、仓储及邮电通信业，批发和零售贸易、餐饮业等。

第二层次：为生产和生活服务的部门，包括地质勘查业、水利管理业、金融、保险业，房地产业、社会服务业等。

第三层次：为提高科学技术文化水平和居民素质服务的部门，包括卫生、体育和社会福利业，教育、文化艺术和广播电影电视业，科学研究和综合技术服务业等。

第四层次：为社会公共需要服务的部门，包括国家机关、政党机关和社会团体等。

当年价格 指报告期的实际价格。如工业品的出厂价格、农产品的收购价格和商业的零售价格等。按当年价格计算的一些总量指标，如国内生产总值、工农业总产值、固定资产投资完成额和社会消费品零售总额等，反映当年的实际情况，使国民经济各项指标互相衔接，便于考察社会经济效益，便于对生产、流通、分配和消费之间进行综合平衡，按当年价格计算的价值指标，在不同年份之间进行对比时，因为包含各年间价格变动的因素，不能确切地反映实物量的增减变化动态，必须消除价格变动因素后对比，才能真实地反映经济发展动态。

可比价格 指对不同时期的价值量进行对比时，扣除了价格变动的因素，以确切反映物量的变化情况。按可比价格计算的方法有两种：一是直接按产品产量乘不变价格计算；二是用物价指数换算。

不变价格 指用某一时期同类产品的平均价格作为固定的价格。它用来计算各个时期的产品产值，目的是为了消除各时期价格变动的因素，不同时期对比可以反映生产的发展速度，以取得前后时期之间、地区之间、计划与实际之间指标的可比性。

不变价格并不是永恒不变的价格，新中国建立以来，随着工农业生产价格水平的变化，国家统计局已先后五次制定了全国统一的工业产品和农业产品的不变价格：(1)从1949—1957年使用1952年不变价格；(2)从1957—1971年使用1957年不变价格；(3)1971年—1981年使用1970年不变价格；(4)从1981—1990年使用1980年不变价格；(5)从1990年开始使用1990年不变价格。

平均每年增长速度 指反映社会经济现象在一个较长期内平均每个时期增长速度的指标。计算平均每年增长速度的方法有两种：(1)水平法，又称几何平均法，它是以间隔期最后一年的水平同基期水平对比来计算平均每年增长或下降速度的；(2)累计法，又称代数平均法或方程法，是以间隔期内各年水平的总和同基期水平对比来计算平均每年增长或下降速度的。两种方法在一般情况下，计算结果比较接近，但在经济发展不平衡出现大起大落时，则差别较大。

目前我国通常是按水平法计算。从某年到某年平均每年增长速度的年份，均不包括基期年在内。如1979—1998年党的十一届三中全会以来的20年，平均每年增长速度，是以1978年为基期计算，余类推。

各个计划时期 各个计划时期的排列如下：

第一个五年计划时期：	1953—1957年
第二个五年计划时期：	1958—1962年
三年调整时期：	1963—1965年
第三个五年计划时期：	1966—1970年
第四个五年计划时期：	1971—1975年
第五个五年计划时期：	1976—1980年
第六个五年计划时期：	1981—1985年
第七个五年计划时期：	1986—1990年
第八个五年计划时期：	1991—1995年
第九个五年计划时期：	1996—2000年

二、人　口

总人口数 指一定时点，一定地区范围内的有生命的个人的总和，年度统计的年底人数，是指当年12月31日24时的常住户籍人口数，不包括户口不在本市的临时户口人数，人口普查数均为普查年7月1日零时，普查口径范围与常住户籍人口范围不同,它不包括有常住户口外出一年以上的人口数但包括常住本市一年以上而户口不在本市的人口数。

户籍人口数 指在户口管理部门登记了常住户口的人数。

年平均人口数 指一年内的各个时点人口的平均数。在实际工作中,由于资料的限制,无法按理论上所说的方法计算,一般根据年初、年底人数按简单算术平均数计算,也常用年中人数表示年平均人口数

出生率 指在一定时期(通常为一年)一定地区所出生的人数与同期平均人数的比例,一般用千分率表示。出生人数是指活产婴儿,即胎儿脱离母体时(不管怀孕月数)有过呼吸或其他生命现象的人数。

死亡率 指在一定时期(通常为一年)一定地区的死亡人数与同期平均人数的比例,一般用千分率表示。

人口自然增长率 指在一定时期内(通常为一年)人口自然增加数(出生人数减死亡人数)与同期平均人数的比率,一般用千分率表示。

育龄妇女 指在生育年龄范围内的妇女,通常指 15 -49 岁的妇女,不论是否结婚。

三、农 业

乡村户数 指户口在农村的常住户数,包括参加乡村各级举办的各种行业的合作经济组织,并从中取得实物或货币收入的家庭户数。但不包括在乡村地区内的属国有经济的机关、团体、学校、企业、事业单位的集体户。

乡村人口 指乡村户数内的常住人口。包括常住人口中外出的民工、工人合同工、户口在家的在外学生,还包括户口在本乡镇的城镇居民在乡镇企业事业单位参加生产的以及农转非人员仍在乡镇企业或参加农业生产劳动的人口。但不包括户口在家领取工资的国家职工和户口迁入农村领取国家津贴的离退休职工。

乡村实有劳动力 指乡村实有人口中实际参加各种行业劳动并取得实物或货币收入的劳动力人数。包括劳动年龄内实际参加劳动的人口和不足或超过劳动年龄实际参加劳动的人口数

耕地面积 指可以用来种植农作物、经常进行耕助的田地,除包括熟地、当年新开荒地、连续撂荒未满 3 年的耕地和当年的休闲地(轮歇地)外,还包括以种植农作物为主并附带种桑树、茶树、果树和其他林木的土地以及沿湖地围垦利用的"滩涂"、"湖田"等面积。但不包括属于专业性的桑园、茶园、果园、果木苗圃、林地、芦苇地、天然或人工草地面积。

农田有效灌溉面积 指具有一定的水源,地块比较平整、灌溉工程或设备已经配套,在一般年景下当年能够进行正常灌溉的耕地面积。

粮食产量 指全社会的产量。包括国有单位经营的、集体统一经营的和农民家庭经营的粮食产量,还包括工矿企业家属办的农场和其他生产单位的产量,粮食除包括稻谷、小麦、玉米、高粱、谷子及其他杂粮外还包括薯类和大豆。

油料产量 指全部油料作物的生产量。包括花生油菜籽、芝麻向日葵籽、胡麻籽(亚麻籽)和其他油料。不包括大豆,也不包括木本油料和野生油料。花生以带壳干花生计算。

水产品产量 指人工养殖的水产品和天然生产的水产品捕捞量,包括海水的鱼类、虾蟹类、贝类和藻类以及内陆水域的鱼类、虾蟹类和贝类,不包括淡水生植物。

猪、牛、羊肉产量 指当年出栏并已屠宰的猪、牛、羊肉产量。即屠宰后除去头蹄下水后带骨肉(即胴体重)的重量

农用机械总动力 指主要用于农、林、牧、渔业的各种动力机械的动力总和,包括耕作机械、农用排灌机械、收获机械、植保机械、畜牧机械、渔业机械、农产品加工机械、农用运输机械、其他农业机械。

农业总产值 是以货币表现的农、林、牧、渔业的全部产品的总量。它反映一定时期内农业生产的总规模、总水平。

四、工 业

工业总产值 指以货币表现的工业企业在一定

时期内生产的已出售或可供出售的工业产品总量。反映一定时期内工业生产的总规模和总水平。它包括:在本企业内不再进行加工,经检验、包装入库(规定不需包装的产品除外)的成品价值,以及对外加工费收入和自制半成品、在产品期末与期初差额价值。1995年全国第三次工业普查对其具体计算口径作了调整,即"新规定"。

工业增加值 指工业企业在报告期内以货币表现的工业生产活动的最终成果。

工业销售产值 是以货币表现的工业企业在一定时期内销售的本企业生产的工业产品总量。包括已销售的成品、半成品价值、对外提供的工业性作业价值和对本企业基本建设部门、生活福利部门等提供的工业性作业及自制设备的价值。

资本金 是企业在工商行政管理部门登记的注册资金,主要分为国家资本金、法人资本金、个人资本金以及外商资本金等。

资产合计 指企业拥有或控制的全部资产。

包括流动资产、长期投资、固定资产、无形及递延资产、其他长期资产等。

流动资产,是指企业可以在一年内或者超过一年的一个生产周期内变现或耗用的资产合计。包括现金及各种存款短期投资、应收及预付款项、存货等。

长期投资,是指企业不准备在一年内变现的投资,它包括购置股票和长期债券以及对其他单位的投资等。

固定资产,是指企业固定资产净值、固定资产清理、在建工程、待处理固定资产净值损失所占用的资金合计。

无形资产,是指企业长期使用而没有实物形态的资产。它包括专利权、非专利技术、商标权、著作权、土地使用权、商誉等。

递延资产,是指不能全部计入当年损益,应当在以后年度内分期摊销的各项费用。它包括开办费、经营租赁方式租入的固定资产的改良工程支出等。

其他长期资产,是指除流动资产、长期投资、固定资产、无形资产、递延资产以外的资产。如特种储备物资、银行冻结存款、冻结物资、涉及诉讼中的财产等。

存货 是指企业在生产经营过程中为销售或耗用而储存的各种资产,它包括商品、产成品、半成品、在产品以及各类材料、燃料、包装物、低值易耗品等。

固定资产原价 指企业在建造、购置、安装、改建、扩建、技术改造某项固定资产时所支出的全部货币总额。它一般包括买价、包装费、运杂费和安装费等。

固定资产净值 指固定资产原值减去历年所提折旧后的净额。

流动资产平均余额 指全部流动资产报告期的平均余额。流动资产,指可以在一年或者超过一年的一个营业周期内变现或者耗用的资产,包括现金及各种存款、短期投资、应收及应付货款、存货等,其重要特点是它在参与生产经营时,其价值一次转移到产品成本或费用中去。

负债合计 负债合计指企业承担并需要偿还的全部债务。包括流动负债和长期负债等。

流动负债合计 指企业在一年内或者超过一年的一个营业周期内需要偿还的债务合计。它包括短期借款、应付及预收款项、应付工资、应交税金和应交利润等。

长期负债,是指企业在一年以上或者超过一年的一个生产周期以上需要偿还的债务合计。它包括长期借款、应付债务、长期应付款项等。

所有者权益合计 指企业投资人对企业净资产的所有权。企业净资产是企业全部资产减去全部负债后余额。它包括投资者对企业的最初投入,以及资本公积金、盈余公积金和未分配利润,对股份制企业即为股东权益。

股　本 指股份制企业以发行股票的方式筹集的资本。它反映企业发行股票时按股票面值收到的股票本金。

实现利税总额 指企业产品销售税 及附加、应交增值税和利润总额之和。

工业企业经济效益综合指数 指反映工业企业经济效益综合水平的指标,是以一组经济效益指标分别除以各项指标的某一地区的标准值,乘以各自的权数,加总后除以总权数求得。

计算公式为:

$$工业经济效益综合指数=\Sigma(\frac{某项经济效益指标报告期数值}{该项指标标准值}\times 权数)\div 总权数$$

经济效益指标,选择下列7项:

1. 工业产品销售率:指报告期工业销售产值与报告期现价工业总产值之比。是反映工业产品生产已实现销售的程度,分析工业产销衔接情况,研究工业产品满足社会需求程度的重要分析指标,计算公式:

$$工业产品销售率(\%)=\frac{报告期现价工业销售产值}{报告期现价工业总产值}\times 100\%$$

2. 总资产贡献率:是指企业一定时期内全部资产与所实现的利润、税金和利息支出总额的比率。其中税金总额为产品销售税金及附加与应交增值税之和;平均资产总额为期初期末,资产总计的算术平均值。计算公式:

$$总资产贡献率(\%)=\frac{利润总额+税金总额+利息支出}{平均资产总额}\times 100\%$$

3. 资本保值增值率:是反映企业净资产变动状况的一个重要指标,它是指期末所有者权益总额与同期期末所有者权益总额的比率。计算公式为:

$$资本保值增值率(\%)=\frac{报告期期末所有者权益}{上年同期期末所有者权益}\times 100\%$$

所有者权益等于资产总计减负债总计

4. 资产负债率:是指企业负债总额与资产总额的比率。计算公式为:

$$资产负债率(\%)=\frac{负债总额}{资产总额}\times 100\%$$

5. 流动资金周转次数,反映投入工业企业流动资金的周转速度。一般以一年时间内周转多少次表示(按月份计算的周转次数必须换算为全年的资料,以利对比)计算公式为:

$$流动资金周转率(次)=\frac{产品销售收入}{流动资产平均余额}$$

6. 成本费用利润率:反映工业投入的生产成本及费用的经济效益,同时也反映企业降低成本所取得的经济效益。计算公式为:

$$成本费用利润率(\%)=\frac{利润总额}{成本费用总额}\times 100\%$$

其中:成本费用总额为产品销售成本、销售费用、管理费用、财务费用之和。

7. 全员劳动生产率:是指企业按工业增加值计算劳动成果与职工人数的比重,一般用平均每人一年内创造的工业增加值表示,计算公式:

$$全员劳动生产率(元/人)=\frac{报告期工业增加值}{报告期全部职工平均人数}$$

工业资金利税率 指报告期已实现的利润、税金总额与同期的资产(流动资产平均余额和固定资产净值平均余额)之比,是反映工业企业资金运用的经济效益,分析资金投入效果的主要分析指标。计算公式:

$$工业资金利税率=\frac{报告期实现利税总额}{报告期固定资产净值平均余额+报告期流动资产平均余额}\times 100\%$$

工业增加值率 指报告期现价工业增加值与同期现价工业总产值之比,是反映工业生产降低中间消耗的经济效益指标。计算公式:

$$工业增加值率=\frac{报告期工业增加值(现价)}{报告期工业总产值(现价)}\times 100\%$$

五、交通运输邮电通信业

客运量和货运量 指在报告期内实际运送的旅客货物数量。客运量按人计算,旅客不论行程远近或票价多少,均按一人购一张票统计,货运量按吨计算,货物不论运输距离长短、货物类别,均按实际重量统计。

旅客周转量和货物周转量 指运输企业把旅客

或货物运送到目的地所完成的工作。计算周转量是以每批旅客或货物乘以运输距离,然后加总求得。

邮电业务总量 指以货币表现的邮电部门为社会提供邮电通信服务的总量。包括计费和不计费两部分,它用各种邮电分类业务量,如函件数、电报份数、长话张数、本地电话和农村电话年平均用户、订销报刊累计份数等,分别乘以相应的平均单价,加总后再加上出租电路等设备的收入、代用户维护电话交换机和线路等设备的收入、其他业务收入求得。

六、固定资产投资和建筑业

固定资产投资额 指以货币表现的建造和购置固定资产的工作量,它既是反映固定资产投资规模、速度、比例关系的综合性指标,又是观察工程进度、检查投资计划和考核投资效果的一个重要依据,按照我国计划管理体制,国有单位固定资产投资主要包括基本建设和更新改造两部分;此外,还包括其他固定资产投资(即未列入基本建设和计划管理的更新改造投资),全社会固定资产投资额还包括城镇集体所有制单位和农村集体所有制单位的投资,以及城乡个体投资。

固定资产投资额的计算方法,建筑安装工程投资工程完成的实物工程量乘以预算单价,再加一定比列的间接费、法定利润进行计算;需要安装的设备投资,从设备正式开始安装时计算;不需要安装的设备、工具、器具的投资,从这些物资到货验收合格后计算;其他费用按实示支出数计算,到货的还没有用到工程实体上的建筑材料,需要安装尚没有安装的设备,以及工程预付款等,都不计算投资完成额。

基本建设投资 指以货币形式表现的基本建设工作量。其主要内容是以扩大生产能力或新增工程效益为主要目的新建、扩建工程及有关工作。

更新改造投资 指以货币形式表现的现有企业更新改造工作量。其内容是对现有企业、事业单位的原有设施进行固定资产更新和技术改造,以及相配套辅助性生产、生活福利设施等工程和有关的工作,其目的是要在技术进步的前提下,通过采用新技术、新工艺、新设备、新材料努力提高产品质量,增加花色品种,促进产品升级换代,降低能源 和原材料消耗,加强资源综合利用和治理污染等提高社会综合经济效益和实现以内涵为主的扩大再生产。

其他投资 指以货币形式表现的其他建造和购置固定资产投资的工作量。它包括:

1. 国有单位按规定不纳入基本建设计划和更新改造计划管理,其总投资在5万元以上的工程(1)用油田维护费和石油开发基金进行的油田维护和开发工程;(2)煤炭、铁矿、森林等采掘、采伐业用维护费进行的开拓延伸工程;(3)交通部门用公路养路费对原有公路、桥梁进行改造的工程;(4)商业部门用简易建筑费建造的仓库工程。

2. 联营经济、股份制经济、港澳台投资经济及其他经济类型 的企、事业单位建造和购置固定资产其计划在5万元以上的,未列入基本建设计划和更新改造计划的项目。

3. 城镇集体经济单位固定资产投资。即是乡村以外的全部集体所有制企业和事业单位建造和购置固定资产的投资,其计划总投资在5万元以上的项目。

房地产开发投资 指以货币表现的房地产开发工作量。它包括:各种经济类型的房地产开发公司、商品房建设公司及其他房地产开发单位统一开发的房屋建造物和配套的服务设施,以及土地开发工程;非房地产企业实际从事的房地产开发或经营流动。它包括:

1. 土地开发投资额,即是房地产开发单位进行土地开发工程所完成的投资额,如进行场地平整、道路、给水、排水、供电、供热、通讯等工程所完成的投资额,未进行开发工程、只进行单纯的土地交易活动不作为土地开发投资统计。

2. 商品房建设投资额,即是房地产开发单位开发建设的供出售用的商品住宅、厂房、仓库、饭店、度假村、写字楼、办公楼等房屋工程及其配套的服务设施所完成的投资额。

商品房屋销售额即是房屋开发公司报告期售出商品房屋的实际收入。包括正式交付的商品房在建设前期预收的定金、预收的款项及结算尾数。不包括未交付的商品房所预收的款项。如果商品房是跨年度完成,应包括以前年度完成价值。

农村集体投资 指以货币表现的村及村以上农村集体单位建造和购置固定资产的工作量。

城镇私人建房投资 指以货币表现的市县城、镇、工矿区所辖范围内的全部私人建房的工作量。

新增生产能力 指通过固定资产投资活动而增加的设计能力或工程效益。它是用实物形态表示的固定资产投资的成果。新增生产能力的计算,是以能独立发挥生产能力或效益的单项工程或项目为对象,当单项工程或项目建成,经有关部门鉴定合格,正式投入生产,即可计算新增生产能力。

新增生产能力的数量一般按设计能力计算。设计能力是指设计文件中规定的在正常情况下能够达到的生产能力,而不论投产后的实际产量如何。以设备数量、建筑物容积、面积、长度等表示的新增生产能力或效益,则按建成的实际数量计算。

新增固定资产 指通过投资活动所形成的新固定资产价值。包括已经建成投入生产或交付使用的工程和达到固定资产标准的设备、工具、器具的投资以及有关的应摊入的费用。

施工房屋建筑面积 指报告期内施工的全部房屋建筑面积。包括本期新开工的面积和上期开工跨入本期继续施工的房屋建筑面积,以及上期已停建在本期继续施工的房屋建筑面积。

竣工房屋建筑面积 指在报告期内房屋建筑按照设计要求,已全部完工,达到住人或使用条件,经验收鉴定合格,正式移交比例使用或建设单位的房屋建筑面积总和。

建设项目投产率 指一定时期内全部建成投产项目与同期正式施工项目个数的比率。

建设周期 指报告期(年)所有正式施工项目全部建成平均需要的时间。其计算方法有两种:

(1)按建设项目计算

$$\text{建设周期}=\frac{\text{报告期正式施工项目个数}}{\text{报告期全部建成投产项目个数}}$$

(2)按投资额计算

$$\text{建设周期}=\frac{\text{报告期正式施工项目计划总投资之和}}{\text{报告期正式施工项目完成投资之和}}$$

固定资产交付使用率 又称固定资产运用动用系数,指一定时期新增固定资产与同期完成投资额的比例。

未完工程占用率 指年底未完工程累计完成投资占全年实际完成投资额的比率。

房屋建筑面积竣工率 指一定时期内房屋竣工面积与施工面积的比率。

平均投资规模 指每一个施工项目平均占用计划总投资的数额”

建筑业总产值 是以货币表现的建筑安装企业和附营施工单位在一定时期内生产建筑产品的总和。

建筑业竣工产值 是以货币表现的建筑业生产所形成的成品的价值,反映建筑业的成就之一。

建筑业增加值 是建筑业企业在报告期内以货币表现的建筑业生产经营活动的最终威果。

工程结算收入 指企业或单位按工程的分项自行完成的建筑产品价值并已与甲方在报告期内办理结算手续的工程价款收入,以及向甲方收 取的除工程价款以外的按规定列作营业收入的各种款项,如临时设施费、劳动保险费、施工机械调迁费等以及向甲方收取的各种索赔款。

工程结算利润 指已结算工程实现的利润。计算公式为:

工程结算利润=工程结算收入-工程结算成本-工程结算税金及附加

七、城乡建设

城区实有房屋建筑面积 指座落在城区范围内的各类房屋建筑面积之和,包括私有房屋。

住宅居住面积 指住宅中专供日常生活起居使用的卧室、起居室的房间面积

年底水厂生产能力 指年底城建部门管理的自

来水厂和社会单位自备水源的取水、净化、送水、出厂输水干管等环节的实际生产能力。

供水总量 指公用自来水和社会单位自备水源的供水总量。包括有效供水量和损失水量。

生活用水量 指居民日常生活与公共福利设施的用水量,包括饮食店、旅游、医院、理发店、浴地、洗衣店、游泳池、商店、学校、机关、部队等单位的用水量。

年底实有铺装道路长度 指除土路外,路面经过铺装、宽度在3.5米以上的道路。包括高级、次高级道路和普通道路。

城市下水道总长度 指所有排水总管、干管、支管及暗渠、检查井、连接井进出水口等长度之和。

年底实有公共汽车数 指年底可以参加营运的全部车辆数。包括年底营运车辆数和库存查封未参加营运的车辆数。不包括非营运车辆,如架线车、油罐车、工程车、货车和其他专用车辆及借入的客运车辆数。

营运线路长度 指设置的固定营运线路长度,包括郊区营运线路长度,不包括临时行驶的线路长度。

园林绿地面积 指城市公共绿地、专用绿地、生产绿地、防护绿地和郊区风景名胜区全部面积。

公共绿地 指供游览休息的各种公园、动物园、植物园、陵园和花园及游览休息用的林荫道绿地、广场绿地,不包括一般栽植的人行道树和林荫道树的面积。

工业废水排放总量 指经过工业企业所有排放口排到企业外的生产废水总量,包括外排的直接冷却水和矿区超标排放的有毒有害矿井地下水。不包括外排的间接冷却水。

废气排放总量 指燃料燃烧和生产工艺过程中排放的各种废气总量。

净化处理的废气量 指生产工艺过程中排放的废气经过各种处理装置净化、处理的数量。

工业粉尘排放量 指生产工艺过程中排放的固体微粒重量。

工业粉尘回收量 指经过各种回收处理装置回收的工业粉尘和尘泥量。

"三废"综合利用产品产值 指企业利用"三废"作为主要原料生产和回收利用的产品产值。

"三废"综合利用利润 指企业销售"三废"综合利用产品所得的利润额。

八、财政和金融保险

财政收入 指国家为实现职能,运用税收等手段集中起来的归国家掌握和支配的资金。它包括的内容几经变化,目前主要包适:(1)各项税收,包括增值税、营业税、消费税、土地增值税、城市维护建设税、资源税、城市土地使用税、印花税、固定资产投资方向调节税、个人所得税、企业所得税、关税、农牧业税和耕地占用税等;(2)专项收入、包括征收排污费、征收城市水资源费收入、教育附加费等收入;(3)其他收入,包括基本建设贷款归还收入、国家能源交通重点建设基金收入、国家预算调节基金等;(4)国有企业计划亏损补贴,该项为负收入,冲减财政帐入。

中央财政收入和地方财政收入 指财政体制划分的中央本级收入和地方本级收入。1994年分税制财政体制以后,属于中央的财政收入,包括在关税、海关代征消费税和增值税、消费税,中央企业所得税,地方银行和外资银行及非银行金融企业所得税,铁道、银行总行、保险总公司等集中缴纳的营业税、所得税利润和城市维护建设税,增值税的75%部分,海洋的石油资源税和证券(印花)税的50%部分。属于地方的财政收入,包括营业税、地方企业所得税、个人所得税、固定资产投资方向调节税、土地使用税、城镇维护建设税、房产税、车船使用税、印花税、屠宰税、农牧业税、农业特产税、耕地占用税、契税,增值税的25%部分,证券(印花)税的50%部分和扣除海洋石油资源税以外的其他资源税。

财政支出 指国家对筹集起来的资金有计划地分配使用到各种用途上的数额。它体现政府的活动范围和方向,反映财政资金的分配关系。它主要包括:基本建设支出,企业挖潜改造资金,地质勘探费用,科技三项费用,支援农业生产支出,农林水利气象等部门的事业费用，工业交通商业等部门的事业费，文教科学卫生事业费，抚恤和社会福利救济，国防支出，行政管理费，价格补贴支出。

存　款　指企业、事业、机关、团体或居民根据可发收回的原则，把货币资金存入银行或其他信用机构保管，并取得一定利息的一种信用活动形式。按存款对象不同可分为：企业存款、财政存款、机关团体存款、城镇居民储蓄存款、农村存款等科目。

城乡居民储蓄存款余额　指某一时点城镇居民储蓄存款和农村居民储蓄 存款余额之和，不包括工矿企业、事业、机关团体等集团存款。

城镇居民储蓄存款余额，是各国家银行的城镇居民储蓄、城市信用社居民储蓄及邮电储蓄等。

农村居民储蓄存款余额，是在农村信用社的农户储蓄。

贷　款　指银行或其他信用机构根据必须归还的原则，按一定的利率，为企业、个人等提供资金的一种信用活动形式，按贷款项目不同可分为：短期贷款、中长期货款、信托类贷款、其他类贷款和国家投资债券贷款等科目。

保险金额　指保险人对被保险人负担损失补偿或约定给付的金额，又称承保额，它是保险合同上的最高合同额，也是计算保费的依据。

保　费　指被保险人按其所得到保险利益的保障程度（保险金额）的一定比率向保险人缴付的费用，又叫保险费。

赔　款　指保险人对财产保险和保险事故给予的经济补偿或对人身保险的保险事故给付的保险金，分为已决赔款和未决赔款。

九、国内商业

社会消费品零售总额　指各种经济类型的批发零售贸易业、餐饮业、制造业和其他行业对城乡居民和社会集团的消费品零售额和农民对非农业居民零售额的总和。它反映通过各种商品流通渠道向居民和社会集团供应的生活消费品来满足他们生活需要，是研究人民生活、社会消费品购买力、货币流通等问题的重要指标。

商品购进总额　指从本企业以外的单位和个人购进（包括从国外直接购进）作为转买或加工后转买的商品之反映批发零售贸易企业从国为国外市场上购进商品的总量。

商品销售总额　指对本企业以外的单位和个人出售（包括对国外或境外直接出口）的商品（包括售给本单位消费用的商品）。它反映批发零售贸易企业在国内市场上销售商品以及出口商品的总量。

期末库存　指批发零售贸易企业已取得所有权的全部商品。它反映批发零售贸易企业的商品库存情况，对市场商品供应的保证程度。

商品交易市场　指有固定场所、设施，有若干经营者入场实行集中、公开交易各类实物商品的市场。包括各类消费品市场和生产资料市场。

消费品市场　指从事生活消费资料商品交易的市场。包括农副产品市场和工业消费品市场；按市场消费品交易范围包括综合市场和专市场。

生产资料市场　指从事生产建设用的物质资料交易的市场，生产用物质资料主要包括劳动资料和劳动对象中的生产工具、设备和原、辅材料。生产资料市场包括工业生产资料市场和农业生产资料市场，按交易范围分为综合市场和专业市场，不包括临时的生产资料商品展销会，交易会。

十、物价和人民生活

居民消费价格指数　是反映一定时期内城乡居民所购买的生活消费品价格和服务性项目支出价格变动趋势和程度的相对数。该指标可以观察和分析消费品零售和服务价格变动对城乡居民实际生活费用支出的影响程度。编制居民消费价格指数是根据各调查商品和服务项目的基期和报告期的平均价格，采用加权算术平均公式计算。

商品零售价格指数　是全面反映市场商品零售价格总水平变动趋势和程度的相对数。该指标可以观察国营商业零售价格和集市贸易价格的总的升降水平，以及物价变动对城乡人民生活支出的总影响。编制商品零售价格指数是根据各调查商品的基期和报告期的平均价格采用加权算术平均公式计算。

城镇居民家庭人口 指居住在一起、经济上合在一起共同生活的家庭成员，即在同一家庭内共同生活、共同消费的成员。

城镇居民家庭就业人口 指城镇居民从事社会劳动并取得劳动报酬或经营收入的人口。就业人口包括通过国家统筹规划和指导由劳动部门介绍就业，自愿组织起来就业和自谋职业等方式，在国有单位、集体单位、中外合资、中外合作、外资在华独资的企业事业单位和私营企业单位工作或从事个体劳动的有固定性职业或临时性职业的人口。被聘用和留用的离退休人员也计入就业人口。它是反映城镇居民的就业情况，计算就业面、负担系数的资料之一。

城镇居民家庭实际收入 指被调查户的全部实际的现金收入包括经营性或固定性得到的收入和一次性收入，不包括借贷收入，如提取银行存款、向亲友借入款、收回借出款以及其他各种暂收款。

城镇居民家庭可支配收入 指被调查户家庭支付个人所得税之后，所剩余的实际收入。

城镇居民家庭消费性支出 指调查户用于日常生活的全部支出，包括食品、衣着、家庭设备用品及服务、医疗保健、交通和通讯、误乐教育文化服务、居住、杂项商品和服务等8大类支出，均按用途划分归类。

十一、劳动力和职工工资

劳动力资源总数 指在劳动年龄内，具有劳动能力，在正常情况下可能或实际参加社会劳动的人口数。

从业人员 指从事一定社会劳动并取得劳动报酬或经营收入的全部劳动力。它包括：全部职工、城镇私人企业从业人员、城镇个体劳动者、农村社会劳动者、其他社会劳动者。

职工年底人数 指年底最后一天的实有人数。已经招用但年底尚未报到的人员和尚未用完的招工指标，均不得作为年底人数统计。

城镇个体劳动者 指经工商行政管理部门核准登记，邻取营业执照，参加生产经营活动，户口在城镇的全部人员，。包括个体经营者本人，家庭辅助人员、帮手、学徒、雇用人员，以及离、退休从事个体劳动的人员。

乡村劳动者 指农村人口中经常参加合作经营组织（包括乡、镇办企事业单位）和家庭副业生产劳动的劳动力。凡是由合作组织分配劳动任务或承包各种生产任务中，并从中直接取得实物、现金收入和从承包的生产任务中获得实物现金收入的劳动力，不管从事何种劳动，都统计为乡村劳动者。还包括：国家从乡、村调用的建勤民工；由集体经费支付工资或补贴的乡、村脱产管理干部；乡、村劳动力到国有经济单位或城镇集体经济单位工作，其收入交给合作经济组织，并从中取得实物或现金收入的合同工、临时工、亦工亦农人员；自行外出，但户口没有转出的劳动力。

城镇失业员 指有非农业户口，在一定的劳动年龄（16岁及以上和男50岁及以下、女45岁及以下）内，有劳动能力，无业而要求就业，并在当地就业服务机构进行求职登记的人员。包括失业青年、失业职工、其他失业人员。

城镇登记失业率 指城镇登记失业人数同城镇从业人员与城镇登记失业人数之和的比。

计算公式为：

$$城镇登记失业率=\frac{城镇登记失业人数}{城镇从业人员+城镇登记失业人数}\times 100\%$$

职工工资总额 指各单位在一定时期内直接支付给本企业、事业全部职工的全部劳动报酬总额。包括：计时工资、计件工资、奖金、津贴和补贴、加班加点工资和其他工资。工资总额的计算原则应以直接支付给职工的全部劳动报酬为根据。各单位支付给职工的劳动报酬以及其他根据有关规定支付的工资，不论是计入成本的还是不计入成本的，不论是按国家规定未列入计征奖金税项目的，还是未列入计征奖金税项目的，不论是以货币形式支付的还是以实物形式支付的，均包括在工资总额内。

职工平均工资 指企业、事业、机关单位的职工在一定时期内平均每人所得的货币工资额。它表明一定时期职工工资收入的高低程度，是反映职工工资水平的主要指标。计算公式为：

$$职工平均工资 = \frac{报告期实际支付的全部职工工资总额}{报告期全部职工平均人数}$$

十二、教育、科技及文化事业

普通高等学校 指按照国家规定的审批程序批准举办，通过全国统一招生考试，招收高级中等学校毕业生和具有同等学历者，实施高等教育，培养高等专门人才学校。包括大学、独立设置的学院和高等专科学校、短期职业大学。

专任教师数 指主要从事教育工作人员数。包括临时（一年以内）调出帮助做其它工作的教学人员。不包括调离教学岗位，担任行政领导工作或其他工程的原教学人员。

文化事业机构 指从事专业文化工作和为专业文化工作服务的独立建制的单独核算单位。不包括这些单位举办独立核算的其他机构和各部门的业余文化组织。

艺术表演团体 指从事戏曲、音乐、舞蹈、杂技等专业艺术表演，有独立帐户，实行单独核算的团体。不包括半工半艺、半农半艺和民间职业剧团。

电影放映单位 指有放映机器设备、有固定或不固定的放映场所，有专职或兼职的电影放映技术人员，经文化行政部门批准，经常为观众放映电影的单位。包括电影院、影剧院、电影放映队、对外开放俱乐部等。

十三、体育、卫生及其他事业

等级运动员人数 指经过考核正式批准授予等级运动员称号的人数。运动员等级分为国际级运动健将、运动健将、一级运动员、二级运动员、三级运动员和少年运动员。

医 院 指名称为医院，设有固定床位，能收容病人住院，并能为病人提供医疗、护理服务的医疗机构。

卫生技术人员 指从事卫生技术工作的专业人员。包括中医师、西医师、中西医结合高级医师、医士、护师、护士、药剂师、药剂士、检验师、检验士、检验员、助产士、护理员、其他中医、其他技师和初级卫生技术人员等。

医 生 指经卫生部门审查合格，从事医疗工作的专业人员。分为中医医生和西医医生。系卫生技术人员中的中医师、西医师、中西医结合高级医师、中医士、西医士和其他中医。

中国统计出版社最新资料书简目